효의 이론과 실제 3

효와 소통의 현대적 리더십

김종두 지음

〚프롤로그〛

"효와 소통은 현대 리더십의 기본이자 전제(前提)이다."

사람은 세상을 살아가면서 누군가를 이끌고 누군가에 이끌리면서 살아가기 마련이다. 그래서 공자(孔子)는 "세 사람이 길을 가면 그중에는 반드시 나를 이끌어주는 리더가 있다(三人行必有我師焉)."고 했다. 특히 사람은 태어나서 죽을 때까지 자신 · 가정 · 조직을 이끌어야 하고, 크고 작은 리더십을 발휘하며 살아가게 된다는 점에서 리더십은 중요하다. 그러나 우리는 그동안 "한국에는 리더는 있지만 리더십은 없다."는 어느 책의 제목처럼, 리더십의 불안정 속에 살아가고 있는 것이 현실이다. "송충이는 솔잎을 먹어야 살 수 있다."는 속담이 말해주듯, 한국의 리더십은 한국의 문화를 기초로 개발한 리더십이어야 함에도 서양에서 서양인을 대상으로 개발된 리더십을 여과 없이 적용하다보니 리더십 부재 현상이 나타나고 있다고 보여진다. 따라서 한국적인 것이 가장 세계적이라는 말처럼 글로벌 문화에 적응하면서도 한국인에게 맞는 리더십이 그 어느 때보다도 요구되고 있다.

한국사회는 그동안 농경사회에서 산업사회로, 대가족제도에서 핵가족제도로 변화하면서 효에 대해서도 새로운 패러다임이 요구되고 있다. 그리고 현대사회는 개인의 욕구와 요구가 다양해지고 이해관계가 복잡해지면서 소통(疏通)의 필요성과 함께 윤리 · 도덕에 기초한 리더십이 강조되는 추세이다. 노자(老子)는 "리더십은 리더가 하고 싶은 일을 마치 부하들이 자신의 일인 것처럼 할 수 있도록 하는 것이다(以無爲而有爲)."라고 했다. 부하들의 자발적 참여를 유도해내는 리더의 능력이 무엇보다 중요하다는 것이다. 이런 점에서 리더가 부하의 마음을 움직이고 뜻을 함께하며 신뢰받기 위해서는 '소통'이 전제되어야 하고, 여기에는 인륜질서의 근본이며 한국인 정서의 가장 깊은 곳에 자리잡고 있는 효 사상이 뒷받침되어야 한다. '효'가 아닌 '불효', '소통'이 아닌 '불통'으로는 리더십 자체가 존재할 수 없기 때문인데, 한국의 문화적 토양에선 더욱 그렇다.

최근 이슈가 되고 있는 자살, 이혼, 지역 · 세대별 이기주의, 묻지마 범죄, 학교폭력 등 사회적 병리 현상은 '효'와 '소통'의 리더십과 연관이 깊다. 『효경』에 "효는 덕의 근본이요, 모든 가르침이 그로 말미암아 생겨난다.", "효 하는 사람은 남을 미워하거나 업신여기지 않으며 서로 다투지 않는다." 『불경』에 "효는 선을 행하게 하는 근본이요, 모범이 되게 한다.", 『성경』에 "만일 어떤 과부에게 자녀가 있거든 먼저 자기 집에서 효를 배우게 하라." 『논어』에 "효와 우애가 있는 사람이 윗사람에게 불손한 경우는 드물다."는 표현에서 보듯이, 효는 인륜질서의 근본이자 인간관계의 출발점임을 알 수 있다. 따라서 이 책은 다음과 같은 내용에 중점을 두고 집필하였다.

첫째, 한국의 리더십은 한국의 문화적 토양을 기반으로 해야 한다. 이규태(李奎泰)는 "강남(江南)에 있는 귤나무를 강북(江北)에 옮겨 심으면 귤이 아니라 탱자가 열린다."* 면서 리더십의 원리는 동서양이 같지만 마음을 움직이게 하는 동인(動因)은 문화적 요소를 감안해야 한다는 점을 지적했다.

둘째, 21세기의 리더십은 윤리 · 도덕성을 기초로 소통을 통해 변화를 추구해야 한다. '소통해야 대통한다.' 는 말은 우리에게 시사하는 바가 크다. 지식 · 정보화 시대, 문화의 시대라 불리는 21세기의 리더십은 소통을 전제로 한다. 그리고 윤리와 도덕을 기초로 변화와 혁신을 추구한다는 점에서, 인륜 질서의 근본인 효가 바탕이 되었을 때 사회적 병리 현상을 치유할 수 있는 힐링(healing)의 리더십이 효과를 발휘할 수 있다.

셋째, 효는 한국의 현안과제를 극복하는데 철학적 기초로 작용한다는 점이다. 현재 한국이 안고 있는 현안과제는 사회적 병리 현상과 함께 저

* 이규태(李奎泰), 『리더십 한국학』

출산과 고령화, 다문화가정의 문제 등을 들 수 있다. 이런 것은 궁극적으로 교육의 세 마당이라고 하는 가정 · 학교 · 사회 교육으로 풀어야 하고, 이는 효와 같은 가치를 바탕으로 가정의 기능을 살려서 치유해 나가야 한다. 그러나 현재의 가정은 '자녀 돌봄'과 '부모 봉양'을 국가로 떠넘기는 형국이다. 그러다보니 '보육비'와 '노인수당' 등 엄청난 복지예산은 국가재정 파탄을 불러올까 걱정해야 할 판이다. 이제라도 대가족제도의 장점은 살리면서 정부가 가정을 살리는 시스템으로 가야 한다. 그러기 위해서는 조부모가 손자녀를 보육하게 함으로써 인성을 함양하고 국가의 재정파탄을 막는 리더십을 필요로 한다.

이런 목적으로 집필된 이 책은 『효의 이론과 실제』라는 원제(原題)하에 제③권에 해당하는 책이다. 이미 발간된 제①권은 "효란 무엇이며, 효를 어떻게 이해할 것인가?"에 대한 책으로 『효의 패러다임과 현대적 개념(효학개론)』이고, 제②권은 "효는 가르침과 배움을 통해 행할 수 있다."에 대한 책으로 『새로운 패러다임의 효 교육(효교육론)』이며, 이번 제③권은 "가정과 학교, 사회는 어떤 리더십이어야 하며, 현대 리더십에서 효와 소통은 어떤 작용을 하는가?"에 대한 책으로 『효와 소통의 현대적 리더십(효리더십론)』이다.

따라서 본서(本書)의 전개는 전체 3부로 나누어 제1부는 「효와 소통의 리더십 이해」, 제2부는 「효와 소통의 리더십이 요구되는 이유」, 제3부는 「효와 소통의 리더십 적용방향」에 대하여 『효경』, 『불경』, 『성경』, 『논어』, 『맹자』, 『예기』, 『소학』, 『명심보감』, 『격몽요결』 등에 나타난 효의 의미를 기초로 기술하였다. 그리고 율곡 이이(李珥)의 교육사상과 다산 정약용(丁若鏞)의 실사구시(實事求是)적 효 철학에 바탕을 두고자 노력하였다.

이 책이 발간되기까지 큰 가르침을 주신 효대학원대학교 최성규(崔聖奎) 총장님과 김덕균(金德均) 교수님, 그리고 경민학원의 홍우준(洪禹俊) 설립자님과 홍문종(洪文鐘) 이사장님께 감사드리며, 대한민국의 효를 살리는데 함께 노력하자며 흔쾌히 본서(本書)의 출판을 맡아주신 명문당 김동구(金東求) 사장님께 감사드린다. 또한 지난 35년을 한결같이 고락을 함께 하며 내조해준 아내 전성희(全晟希)와 군인가족이라는 열악함 속에서도 바르게 성장해준 딸 혜진(惠珍), 연진(娟珍), 경진(敬珍)에게 고마움을 전한다. 그리고 무엇보다도 나를 낳아 길러주시고 이런 책을 집필할 수 있는 성품을 갖도록 해주신 부모님께 이 책을 바친다.

2013. 2. 1

경민대학교 소석수련원 연구실에서 **김종두**

차례

제2부 「효와 소통의 리더십」이 요구되는 이유

1부 「효와 소통의 리더십」 이해

제1부에서는 효와 소통, 그리고 리더십을 현대적 관점에서 이해하는데 주안을 두었다. 지식(知識) · 정보화(情報化) 시대로 일컬어지는 21세기의 리더십은 리더가 '알고 있는 내용(知)' 을 '식별(識)' 해서 리더가 '뜻하는 바(情)' 를 구성원에게 '알려줌(報)' 으로써 구성원을 '변화(化)' 되게 하는데 초점이 있다. 여기에는 교화(敎化)의 과정(知情意行)이 작용하는데, 리더 자신이 먼저 효 · 소통 · 리더십이 무엇인지를 '알아야(知)' 구성원에게 '느낌(情)' 을 줄 수 있고, 그럼으로써 비로소 각자가 '다짐(意)' 하게 됨으로써 '실천(行)' 하게 되기 때문이다. 그리고 리더십의 궁극적 목적이 인간의 행복을 추구하는데 있고, 현대를 살아가는 인간이 느끼는 행복은 사회적 관계에서 비롯되며, 사회적 관계는 가정에서부터 소통을 기초로 형성된다는 점이다. 예컨대 불효자식을 둔 '부모' 와 부모에게 불효하는 '자식' 이 행복할 리 없고, 소통이 아닌 불통의 상태에서 행복을 느낄 수 없으며 이런 상태에서는 좋은 리더십이 나올 수 없다. 또한 소통은 단순히 대화가 잘 통하는 것으로 되는 것이 아니라 서로의 기본적인 도리가 잘 지켜져서 상대방을 존중하고 배려할 때 비로소 소통이 잘될 수 있다. 이런 점에서 효와 소통은 리더십의 전제(前提)인 것이다.

따라서 제1부에서는 먼저 '효', '소통', '리더십' 에 대하여 이해하는데 지향점을 두었다. 제1장(효의 패러다임과 현대적 의의)에서는 이 시대가 요구하는 효가 무엇인지를 살펴보고, 제2장(소통은 효와 리더십의 전제)에서는 소통의 의미, 그리고 소통이 효와 리더십의 전제가 되는 이유를 설명하였다. 제3장(리더십의 변천과 의의)에서는 리더십이 어떤 모습으로 출현되어 어떻게 변천되어 왔으며, 현대 리더십은 어떻게 이해해야 할 것인가에 대하여 제시하였다.

제 1 장

효 패러다임과 현대적 의의(意義)

효와 리더십을 연계하기 위해서는 먼저 "이 시대에 요구되는 효는 어떤 효인가?"에 대해서 아는 것이 중요하다. 그리고 이를 위해서는 효에 대한 올바른 패러다임을 필요로 한다. 왜냐하면 리더십을, 상대방의 마음을 움직여 목표를 달성하게 하는 과정으로 볼 때, 그 과정은 사랑과 신뢰를 통해 서로의 마음이 움직이게 되고, 그 사랑과 신뢰는 인륜질서의 근본인 효의 영향을 받기 때문이다. 그리고 효는 사람이 태어나 부모로부터 맨 처음 받게 되는 원초적 사랑이고, 부모와 자식이라는 상호성을 기초로 이웃과 사회, 국가와 자연으로 확대되는 보편적 · 이타적 가치로 작용한다. 특히 효라는 것이 자식이 부모에게 향하는 일방향성의 감정이라기보다는 부모와 자식이 서로에게 주고받는 쌍방향성의 감정으로 이해해야 한다. 이런 점에서 효는 자식이 부모에게 향하는 '희생(犧牲)의 효' 보다는 부모와 자식이 함께하는

'상생(相生)의 효', '공존(共存)의 효', '하모니(harmony)의 효'로 인식되어야 한다. 이 점에 대해 공자(孔子)는 "부모는 자식을 사랑하고 자식은 부모에게 효도해야 한다(父慈子孝)."고 했고, 맹자(孟子)는 "부모와 자식은 서로 어떤 경우라도 친함을 유지하여야 한다(父子有親)."고 했으며, 동중서(董仲舒)는 "부모는 자식의 벼리가 되어야 한다(父爲子綱)."고 했다. 그러므로 효를 어떤 패러다임으로 보느냐가 중요하며, 그 패러다임은 현자(賢者)들이 기록해놓은 문헌을 통해서 효에 대한 본질적 의미를 이해해야 한다. 율곡 이이(李珥)는 이점에 대해 "배우는 사람은 항상 그 마음을 학문에 두어 다른 사물에 현혹되어서는 안 되며, 반드시 이치를 깊이 연구하고 선(善)을 밝힌 연후에 마땅히 행할 도리를 밝혀야 하는데, 이를 위해서는 이치를 연구하는 것보다 먼저 할 것이 없고, 이치를 연구함에는 책을 읽는 것보다 먼저 할 것이 없으며, 성인(聖人)과 현인(賢人)이 마음을 쓴 자취와 선과 악의 본받아야 할 것과 경계하여야 할 것을 책에서 찾아야 한다."[1]라고 했다. 그러나 사람들은 "효는 인륜질서의 근본이다."라고 하면서 교육에 인용하는 사례는 반인륜적이거나 비현실적이어서 효를 교육받는 사람들로 하여금 혼동케 하고, 심지어 효 교육을 외면하게 하는 현상이 일어나고 있다. 예를 들면, '나무꾼과 선녀', '손순매아(孫順埋兒)', '향득사지(向得舍知)' 등의 사례를 들 수 있는데, 이런 것들은 효에 대한 '일방향성'의 패러다임에서 온 것으로 볼 수 있다.

1) 『격몽요결』「독서장」: "學者 常存此心 不被事物所勝 而必須窮理明善 然後 當行之道 曉然在前 可以進步故入道 莫先於 窮理 窮理 莫先乎讀書 以聖賢用心之迹及善惡之可戒者 皆在於書故也."

따라서 현대적 관점에서의 효는 「효행장려지원법」의 제1조(목적)에 "효를 국가차원에서 장려함으로써 고령사회 문제를 해결하고 국가발전의 원동력으로 삼는 외에 세계 문화발전에 이바지 한다."라고 기록되어 있듯이, 시대에 부합할 수 있는 효이어야 한다. 이런 맥락에서 효에 대해 어떤 패러다임을 가져야 하며, 효가 현대적으로 어떤 의의(意義)를 가지는지에 대하여 살펴본다.

I 효 패러다임의 현대적 이해

1. 패러다임의 의미

Tip
패러다임이란 '생각의 틀'이자 '의식의 지도'이다. 따라서 패러다임은 사람이 세상을 바르게 볼 수 있는 역량이자 능력이다.

패러다임에 대한 정의는 다양하다. 그 중에 미국의 과학자이자 철학자인 토마스 쿤(Thomas Kuhn)은 "패러다임이란 한 시대를 지배하는 과학적 인식 · 이론 · 관습 · 사고 · 관념 · 가치관 등이 결합된 총체적인 개념의 집합체로써 동시대의 학자들이 공통적으로 갖고 있는 생각의 틀이다."[2]라고 정의했다. 쿤은 그의 저서 『과학혁명의 구조』에서 '패러다임'은 '사례 · 예제 · 실례' 등을 뜻하는 그리스어 파라데이그마(paradeigma)에서 유래한 용

2) 최병순, 『군리더십』, 북코리아, 2010, p.114

어이며, 이는 언어학에서 빌려온 개념이라고 설명하고 있다. 그리고 『서번트 리더십』의 저자인 제임스 헌터는 "패러다임이란 삶의 방식을 조율하는 의식의 지도(mind map)이다."라고 했다. 이렇듯 패러다임은 그 시대의 사물에 대한 인식과 객관적 사고의 틀로 이해할 수 있는데, 개인의 관점보다는 집단의 관점, 즉 '나무를 보는 시야' 보다는 '숲을 보는 시야' 로 이해해야 한다. 그러므로 패러다임은 마음의 안경(眼鏡, mind glasses)이자 의식의 지도(地圖, mind map)에 비유할 수 있다. 사람이 어떤 안경을 끼고 세상을 바라보느냐에 따라 색깔이 다르게 보이고, 어떤 지도를 가지고 목적지를 찾아가느냐에 따라 목적지를 찾는데 영향을 준다. 예컨대 어떤 색깔의 안경이냐에 따라 세상이 노랗게도 보이고 빨갛게도 보이며 파랗게도 보인다. 혹자는 패러다임을 관점(觀點), 준거틀(frame of reference), 사고방식(way of thinking) 등과 같은 의미로 해석하기도 한다. 이처럼 패러다임은 삶에 대해 가치기준을 설정해 주고 세상을 바라보는데 영향을 미친다는 점에서 세상을 살아가는데 필요한 능력으로 보기도 한다. 따라서 효의 패러다임은 '이 시대의 효를 어떻게 볼 것인가?', '효와 삶을 어떻게 연계하고 조율해 나갈 것인가?' 에 대한 인식이자 객관적인 관점이라 할 수 있으며, 효를 실천하는데 필요한 역량이라 할 수 있다.

현대의 21세기를 일컬어 지식(智識)·정보화(情報化)의 시대, 문화(文化)의 시대라고 하는데, 이 말은 효에 대한 지식(知識)이라는 것이 효에 대해 바로 알고(知), 시대적으로 맞는 개념인가를 식별(識)할 수 있을 때 비로소 '효 관련 지식(知識)' 이 되는 것이고, 정보화(情報化)라는 것도 리더가 뜻(情)하는 바를 상대방에게 알려줘서(報) 상대를 변화(化)시킬 수 있을 때 리더로서 '정보화(情報化) 역량'을 구비했다고 할 수 있다. 그리고 문화의 시대에서 문화(文化)는 용어의 범주가 넓어서 한마디로 설명하기는 어렵지만, 글자의 의미로 보면 문(文)은 '밝게 하다', '빛나게 하다', 화(化)는 '되게 하다', '변화하게 하다'의 뜻이므로 문화(文化)는 '인간의 삶을 밝게 변화시켜주는 그 무엇'으로 해석할 수 있다. 이런 맥락에서 '효 문화(文化)'는 효를 통하여 인간세상이 밝은 모습으로 변해가도록 하는 것으로 이해할 수 있다. 따라서 효를 가르치기 위해서는 리더 자신부터 효에 대한 올바른 패러다임을 가져야 하며, 효를 지식(知識)과 정보화(情報化), 그리고 문화(文化)에 부합하도록 하는 역량이 요구된다.

2. 효와 패러다임

Tip

효 패러다임은 효에 대한 생각의 틀이자 효를 보는 안경이다. 효를 바르게 볼 수 있는 역량이자 능력이라 할 수 있다.

효를 패러다임의 관점에서 보면, 시대에 따라, 이념에 따라 다르게 인식되어 왔다. 다시 말해서, 공맹(孔孟)시대의 효와 조선시대의 효, 그리고 현대의 효는 실체와 인식이 다를 수 있다는 점이다. 예를 들면, 조선시대의 어느 장수가 부모상(喪)을 당하고서도 전장(戰場)에서 소임을 다했을 경우, 조정에서는 "그런 불효막심한 장수는 처벌하는 것이 마땅하다."고 갑론을박(甲論乙駁)하는 것이 당시 효에 대한 인식이었다면, 얼마 전 탤런트 이순재(李順才) 씨가 모친상(喪)을 당하고서도 관객과의 약속을 지키기 위해 공연했던 예(例)는 효에 대한 변화된 패러다임이라 할 수 있다. 또한 필자가 군대에서 효를 교육할 때도, 모(某) 상관이 "자네 군대에서 효를 교육하면 장병들이 전투를 하지 않게 되네. '신체발부수지부모불감훼상효지시야(身體髮膚受之父母不敢毁傷孝之始也)' 라고 하지 않았던가?! 군대에서 효 교육하면 안되네…"라고 훈계(?)했던 것도 효에 대한 잘못된 패러다임 때문이다. 화랑 관창, 충무공 이순신, 안중근 의사, 김구 선생 등의 부모는 나라를 위해 싸우는 자식을 대견하게 생각했지 불효로 여기지 않았다는 점이다. '신체발부' 라는 말은 『효경』에서 "몸을 함부로 해선 안된다"는 공자의 말이지만, 『예기』 「제의편」에 "군인이 전쟁터에서 용감하지 않으면 효가 아니다."[3], "가

3) "身也者 父母之遺體也 行父母之遺體 致不敬乎? 居處不莊非孝也. 事君不忠非孝也 蒞官不敬非孝也 朋友不敬非孝也 戰陣無勇非孝也 五者不遂 裁及其 親恥不敬乎?"

장 큰 효는 부모의 뜻을 존중하는 것이고, 그다음은 부모를 욕되게 하지 않는 것이며, 마지막이 부모를 봉양할 능력을 가지는 것이다."[4] 라고 한 것처럼, 효는 의(義)로우면서도 부모가 원하는 방향으로 행(行)하는 것임을 알 수 있다.

원래 공맹(孔孟)시대부터도 효는 부모가 자식을 사랑하고, 자식은 부모에게 효도해야 한다는 '부자자효(父慈子孝)'와 부모와 자식은 어떤 경우라도 친함을 유지해야 한다는 '부자유친(父子有親)', "부모는 자식의 벼리가 되어야 한다"는 '부위자강(父爲子綱)'이라는 표현에서 보듯이 '상호성(相互性)'과 보편성(普遍性)·이타성(利他性)을 가지고 있었다. 그런데 조선시대에 오면서 상호성에 기초한다기보다는 자식은 부모를 공경해야 하고, 신하는 임금에게 복종해야 한다는 일방향성에 맞춰진 면이 있다. 부모는 부모답고, 임금은 임금다워야 한다는 순리가 아니라 무조건 복종해야 한다는 일방성의 논리에 따라 교육해온 것이 이런 결과를 가져온 것이다. 이는 다산(茶山) 정약용(丁若鏞)이 주자학을 주장하는 조선시대 학자들에게 "공자와 맹자 시대의 본연의 사상으로 돌아가야 한다."라고 주장했던 것과 맥을 같이 하는 것으로, 오늘날의 효에 있어서도 공자와 맹자시대의 본연의 가르침을 따라야 하는 것이다. 따라서 21세기의 효는 상호성에 기초한 소통의 효로 여겨야 하고 가정의 기능을 회복하는 가치임을 새롭게 인식해야 할 것이다.

4) "大孝尊親 其次不辱 其下能養."

3. 효 패러다임 관련 사례

'효를 어떤 패러다임으로 볼 것인가?', 이해를 돕기 위해 두 가지 관점에서 사례를 살펴볼 수 있다. 하나는 효에 대한 인식과 관련된 것이고, 또 하나는 효에 대한 정체성과 관련되는 내용이다. 이 중에서 효의 인식과 관련된 사례는, 현재 효에 대한 인식이 효를 분별하고 판단하여 알고 있는 상태가 과연 바른 것인지를 살펴보기 위한 것이다. 다시 말해서, 효의 본질적 의미와 다르게 해석되어 교육에 인용되고 있는 경우로, 예컨대 동화 '나무꾼과 선녀'에서 나무꾼의 행위는 과연 효인가?, 소설 '심청전'에 나타난 심청의 행위를 오늘날 실천할 수 있는가?, 삼국유사의 '손순매아(孫順埋兒)'에서 손순의 행위를 효로 볼 수 있는가? 등이다. 이러한 사례에 대해서는 제①권(효의 패러다임과 현대적 개념)의 사례1(p.26)~사례6(p.46)에 해설과 함께 제시하였다.

〈표 1〉 효 패러다임 사례[5)]

① '신생의 효성'에 대한 인식
② '원각의 효와 지게 이야기'에 대한 인식
③ '손순매아'의 효에 대한 인식
④ '향득사지'에서의 효에 대한 인식
⑤ '성무구어의 효'에 대한 인식
⑥ '효녀 심청' 사례에 대한 인식
⑦ '나무꾼과 선녀' 사례에서 나무꾼의 효행에 대한 인식

5) 김종두, 『효의 패러다임과 현대적 개념』, 명문당, 2011, pp.26-47

다음을 효의 정체성과 관련된 사례는 역사의식과도 연관된다. 효의 유래가 "효는 한국의 고유사상이다.", "효는 중국에서 비롯되었다." 라는 시각이 있는데, 이는 효야말로 인류의 시작과 함께 어디에서나 존재해왔던 것임을 알아야 한다. 따라서 한국인에게는 한국의 문화와 함께 존재했을 것이라는 점을 알 수 있는데, 관련 사례에 대해서는 제①권(효의 패러다임과 현대적 개념)의 사례8(p.48)~사례11(p.63)에 해설과 함께 제시하였다.

〈표 2〉 효 정체성 관련 사례[6)]

① '동족의 오랑캐족' 의미와 정체성
② '고려장의 진실' 과 고려의 효
③ '남존여비의 유래' 에 대한 인식
④ '사이토 교육시책' 에 의한 역사 · 문화 왜곡

6) 김종두, 『효의 패러다임과 현대적 개념』, 명문당, 2011, pp.48-63

Ⅱ 효의 본질과 정의, 효의 개념적 의미

1. 효의 본질적 의미

본질(本質)이란 사전적으로 '[어떤 것이 지니고 있는] 가장 중요한 근본적인 성질이나 요소'를 말한다.[7] 따라서 효의 본질적 의미는 효가 지니고 있는 의미 중에서 가장 바탕이 되는 성질로 이해할 수 있는데, 본질(本質)의 의미는 한자(漢字)의 의미를 통해서 알아낼 수 있다. 본(本)은 '근본'을 의미하고, 질(質)은 '바탕'을 뜻하므로 '본질(本質)'은 '근본'과 '바탕'을 뜻한다. 여기서 질(質)자를 파자(破字)해보면 '斦(모탕은)'자와 '貝(조개 패)'자가 합쳐진 글자인데, '모탕'은 도끼로 나무를 패거나 쪼갤 때에 받쳐 놓는 받침목이므로 '바탕'을 뜻한다. 또한 '조개'는 재화를 의미하므로 사람이 살아가는 데는 기본과 재화가 있어야 바탕이 공고해진다는 뜻이 담겨 있다.

가. 어원(語源)으로 살펴본 효의 의미

어원(語源)은 단어가 가지는 근원(根源)을 뜻한다. 근원이라는 것이 어떤 사물이 비롯되는 근본이나 원인을 말하는 것이므로 효에 대한 의미는 한자(孝)와 영문자(HYO)에서 찾아볼 수 있다.

7) 이기문 감수, 『새국어 사전』, 두산 동아, 2004, p.1004

〈표 3〉 어원 중심으로 본 효의 의미

① 효 = 考(생각할 고) + 子(자식 자): 정신적인 효
② 효 = 老(늙을 로) + 子(자식 자): 물질적인 효
③ HYO = Harmony of the Young and Old: 조화로움의 효

(1) 한자에 나타난 효의 의미

Tip
한자에 나타난 효의 어원적 의미는, 부모와 자식은 정신적으로 서로 생각하는 관계, 물질적으로 서로 돕는 관계라는 '상호성'을 발견할 수 있다.

孝라는 한자를 파자해보면, 孝는 考(고)와 子(자), 老(노)와 子(자)의 합자로 구성된 글자이다. 첫째, 孝(효)를 '생각할 고(考)'와 '자식 자(子)'의 합자로 보는 관점이다. 이는 부모와 자식이 서로를 생각하는 관계라는 뜻으로 정신적인 효를 뜻한다. 여기서 고(考)는 '생각하다', '깊이 헤아리다', '돌아가신 아버지를 기리다' 등의 의미를 가지는데, 전통적으로 조상 제사 때 올려놓는 지방(紙榜)의 '현고학생부군신위(顯考學生府君神位)'에서 '현고(顯考)'는 '조상의 행적을 드러내어 생각하다'는 의미를 담고 있다. 따라서 孝(考+子)는 부모는 자식을 위해 생각하고, 자식은 부모를 위해 생각해야 하는 상호성에 바탕을 둔 '정신적 효'로 이해할 수 있다.

둘째, '늙을 노(老)자'와 '자식 자(子)'의 합자로 보는 관점이다. 『설문해자(說文解字)』에는 자식(子)이 늙은 부모(老)를 봉양하는 모습의 글자로 설명하고 있는데, 물질적 효를 뜻한다. 다시 말해, 늙은 부모를 등에 업고 가는 모습, 젊은이가 고령자를 업고 가는 모습을 연상케

하는 글자로 설명하고 있다. 그러나 사람은 누구나 어렸을 때 의식주(衣食住) 등 모두를 부모님이 해결해 주셨듯이, 부모님의 연세가 많아 나약해지면 그때부터는 자식들이 보살펴 드려야 한다. 성경에도 "물질을 드림으로써 마음이 함께하도록 해야 한다(마태복음 6:21)."고 한 것처럼, 부모님이 물질적으로 불편함이 없도록 해드리는 효이다. 그러므로 孝(老+子)는 '부모와 자식이 서로를 물질적으로 위한다'는 의미로, 자식이 어렸을 때는 부모가, 부모가 늙으시면 자식이 물질적 도움을 드려야 한다는 의미로 이해하여야 한다.

(2) 영문자에 나타난 효의 의미

> **Tip**
> 영문자에 나타난 효의 어원적 의미는 젊은(자식)세대와 노인(부모)세대의 하모니(조화)를 추구하는 쌍무호혜적임을 발견할 수 있다.

지금까지는 효를 Filial Piety, 또는 Filial Duty 등으로 표기해 왔는데, 이러한 표기는 효를 일방향성으로 해석한 데서 온 것으로 전통적 효에 대한 영문 표기로 볼 수 있다. 효를 '자식으로서 부모를 섬기는 도리', '부모에 대한 자식의 사랑과 정성' 등 일방성에 기초하여 해석하다보니 영어의 표기도 그렇게 된 것인데, 현대적 효(HYO)는 부모와 자식이 서로 조화(하모니)를 추구하는 것이므로 '김치'나 '태권도'처럼 우리말 발음 그대로인 'HYO(효)'로 표기해야 한다. 이는 이미 1990년대부터 국제효학술회의 등에서 사용해오고 있는데, 공자(孔子)와 맹자(孟子)가 생존했던 춘추시대에도 "부모는 자식을 사랑하고, 자식은 부모에게 효도해야 한다."는 '부자자효(父慈子孝)'와 "부모와 자식은 어떤 경우라도 친함을 유지해야 한다."는 '부자유친(父子有親)', "부모는 자식의 벼리(모범)가 되어야 한다."는 '부위자강(父爲子綱)'의 원리가 적용되어 왔기 때문이다. 또한 우리 민족은 상고시대부터 "부모는 마땅히 자식을 사랑하고, 자식은 마땅히 부모에게 효도해야 한다(爲父當慈 爲子當孝)."고 했고, 율곡 이이(李珥)도 『격몽요결』에서 이 같은 내용을 강조하고 있다. 이를 종합해 볼 때, 효의 영문자는 HYO로 표기해야 하고, 그 의미는 Harmony of the Young & Old(노인세대와 젊은 세대의 조화)의 약자로 해석하면, 자식세대와 부모세대의 조화, 또는 젊은 세대와 노인세대의 조화를 의미하므로 '상생(相生)의 효', '공존(共存)의 효', '하모니의 효' 등으로 해석이 가능하다.

나. 효의 본질(本質)

효의 본질은 『제①권(효의 패러다임과 현대적 개념)의 5장(문헌에 제시된 효의 의미)』에 제시된 내용을 기초로 살펴볼 수 있는데, '효란 무엇인가'에 대한 내용을 분석하고 그 가운데에서 본질적 의미를 찾아낼 수 있다. 각종 문헌에 제시된 내용을 근거로 효의 본질적 의미를 정리하면 〈표 4〉와 같다.

〈표 4〉 효의 본질

① 효는 부모와 자식 사이에 형성된 원초적(原初的) 사랑이다.
② 효는 부모와 자식의 상호성(相互性)에 기초한다.
③ 효는 보편적(普遍的)·이타적(利他的) 가치로 작용한다.
④ 효는 의(義)를 추구한다.
⑤ 효는 예(禮)와 충(忠)의 기초(基礎)이다.

(1) 효는 부모와 자식의 원초적 사랑이다.

원초적(原初的)이란 어떤 일이나 현상이 비롯하는 맨 처음이 되는 것을 뜻한다. 효(孝, HYO)는 인간이 부모로부터 생명을 얻게 되면서 가장 먼저 접하게 되는 사랑의 감정이다. 그 사랑은 태아(胎兒)가 어머니의 뱃속에서부터 받는 원초적 사랑으로, 태아는 그 감정을 마음과 몸으로 느끼는 가운데 세상에 나오게 된다. 세상에 나와서는 부모가 베푸는 자애(慈愛)를 통해 자식으로서 응답의 이치를 터득하게 되는데, 그 응답은 인간의 도리(道理)로써 책임의식의 원천으로 발전하게 되고, 그 책임의식은 성장하여 주위로부터 신뢰를 얻는데 도움을 주게 됨으로 성공의 원동력으로 작용한다.

Tip
효는 인간이 세상에 나와서 가장 처음 느끼는 사랑의 감정이다. 내리사랑은 사람과 동물 모두에게 있지만, 올리효도는 사람에게만 있다.

그러므로 효는 궁극적으로 조화(Harmony)를 이루는 삶을 이루게 해주고, 이를 통해 행복의 길로 안내되는 것이다. 가나안 농군학교에서 효를 '내리사랑 · 올리효도'로 표현하는 것도 이러한 조화(調和)의 이치 때문이다. 부모는 자식을 잉태(孕胎)하면 그 순간부터 자식에게 모든 것을 집중한다. 감기가 걸려도 약을 먹지 못하고 오직 뱃속의 아기가 온전하기만을 바라는 마음으로 고통을 감내(堪耐)한다. 그러다 아기가 세상에 나오면 젖꼭지를 입에 물리고, 젖을 빨 때 엄마의 눈을 쳐다보는 아기의 눈과 마주하면서 '눈빛'과 '마음'으로 사랑의 대화를 나눈다. 모유수유(母乳授乳)가 중요한 이유도 이 때문이다. 『효경』에 "효는 사랑(德)의 근본이다"[8], "효는 하늘의 법칙(經)이며 땅의 질서(義)이다."[9]라고 했고, 『부모은중경』에 "부모님이 우리를 낳으실 때 서 말 서 되의 피를 흘리시고, 여덟 섬 너 말의 젖으로 키우셨다."라고 이르고 있다. 이렇듯 효는 원초적 사랑으로 보아야 하는 것이다.

이런 관점에서 볼 때, 현재 대한민국의 국가적 현안과제 중 저출산 문제를 극복함에 있어 "0세부터 5세까지의 영유아에 대하여 국가가 책임진다."는 논리의 '무상보육'은 한번쯤 되새겨볼 문제이다. 왜냐하면 부모의 원초적 사랑을 자녀에게 베풀도록 해야지, 남의 손에 맡겨 기르도록 해서는 안 되기 때문이다. '야생소년', '늑대자매' 사례에서 보듯이 사랑이 없는 보육이나 교육은 '나쁜' 결과를 낳기 마련이다. 현재와 같은 보육정책, 즉 아기를 보육원에 맡기면 보육수당을

8) "孝德之本也."
9) "孝天之經也 地之義也."

많이 주고, 부모가 키우는 가정에게는 보육수당을 적게 주는 것은 천륜(天倫)의 이치에 어긋난 정책이라는 점에서 재고(再考)해야 한다.

(2) 효는 부모와 자식의 상호성(相互性)에 기초한다.

Tip
효는 부자자효(父慈子孝)와 부자유친(父子有親), 부위자강(父爲子綱)을 원리로 부모와 자식이라는 상호성에 기초한 원초적 사랑의 감정에서 시작되는 것이다.

효는 부자자효(父慈子孝)와 부자유친(父子有親), 부위자강(父爲子綱) 등에서 보듯이 '부모'와 '자식'이라는 상호적 관계에서 출발한다. 부모(父)와 자식(子)의 관계는 "윗물이 맑아야 아랫물이 맑을 수 있다.", "Give & Take"라는 표현처럼 부모의 도리가 선행되고 나서 자식으로서의 도리가 뒤따를 수 있는 것이다. '상호성'과 관련하여 『불경』에는 "자식은 부모를 다섯 가지로 섬겨야 하고, 부모는 역시 자식을 다섯 가지로 돌보아야 한다. 자식의 다섯 가지는 ①살림살이 ②식사제공 ③걱정 끼치지 않음 ④부모의 은혜를 생각 ⑤병을 치료해드리는 것이고, 부모의 다섯 가지는 ①자식을 위해 좋은 일을 함 ②학업을 가르침 ③경전과 계율을 지니게 함 ④장가들임 ⑤자식의 재산을 맡아주는 것이다(불설시가리월육방예경)."라고 했고, 『성경』에는 "효는 (자녀가) 부모를 기쁘게 하고 걱정 끼치지 않는 것이며, (부모가) 자녀를 돌보고 사랑하는 것이다(잠언 23:25, 골로새서 3:21)."라고 했으며, 『맹자』에 "부모와 자식은 어떤 경우라도 친함이 있어야 한다(등문공 상편)."[10]고 했다. 또한 『예기』에 "인의(人義)란 부

10) "父子有親 君臣有義 夫婦有別 長幼有序 朋友有信."

모는 자식을 사랑하고 자식은 부모에게 효도하며, 형은 현량하고 아우는 형을 공경하며, 남편은 의롭고 아내는 남편 말을 들어야 하며, 어른은 은혜로워야 하고 어린이는 순해야 하며, 리더(군주)는 인자해야 하고 구성원(신하)은 충성해야 한다. 이 열 가지를 이르러 인의(人義)라고 한다(예운편)."[11]고 했고, 『격몽요결』에도 "부모가 되어서는 마땅히 자식을 사랑하고, 자식이 되어서는 마땅히 부모에게 효도하고, 형제가 되어서는 마땅히 우애가 있어야 한다(서문)."[12]라고 했다. 본디 우리 민족은 상고시대부터 효에 대해 "부모가 마땅히 자식을 사랑하고, 자식은 마땅히 부모에게 효도해야 한다(爲父當慈爲子當孝)."고 가르쳐온 것으로 나타나 있다.[13]

(3) 효는 보편적(普遍的) · 이타적(利他的) 가치로 작용한다.

Tip
효는 시대 불문, 지구촌 어느곳에서든 인류의 출현과 함께 존재해 왔으며 홍익인간정신에 기초하는 남을 이롭게 하는 정신의 출발이다.

보편적(普遍的)이란 '모든 것에 공통되거나 들어맞는 것', '두루 널리 미치는 것'을 의미한다. 효를 보편적 가치로 보는 이유는 세상이 아무리 변한다고 해도 부모와 자식의 관계는 영원할 수밖에 없으며, 부모와 자식 사이에 형성된 사랑의 감정이 이웃과 사회, 국가와 자연으로 확대되어진다는 것은 불변의 진리이기 때문이다. 이타적(利他的)이란

11) "何謂人義 父慈子孝 兄良弟弟 夫義婦聽 長惠幼順 君仁臣忠 十者謂之人義."
12) "爲父當慈 爲子當孝 爲兄弟當友."
13) 『격몽요결』의 서문과 『환단고기』 내용 중 「중일」에 명시되어 있음.

'내가 희생해서 남에게 이로움을 준다' 는 의미로 '이기적(利己的)' 과 반대되는 말이다. 이기적(利己的)은 '나를 이롭게' 하는 것이고, 이타적(利他的)은 '타인을 이롭게' 한다는 것이니, 이타적이란 '남을 이롭게 해주는', '남을 더 생각한다' 는 뜻이다. 그래서 남을 위해 헌신하는 사람을 이타적인 사람이라고 하는데, 우리의 전통문화인 효가 이타적 가치인 점은 홍익인간(弘益人間) 정신에 잘 나타나 있다. 인류만이 아닌 자연까지도 이롭게 하라는 홍익인간 정신은 고조선(B.C. 2333~B.C. 108)의 건국이념임과 동시에 대한민국 교육법 제2조(교육이념)에 "홍익인간의 이념 아래 모든 국민으로 하여금 인격을 도야하고 자주적 생활능력과 민주시민으로서 필요한 자질을 갖추게 하여 인간다운 삶을 영위하게 하고 민주국가의 발전과 인류공영의 이상을 실현하는데 이바지함을 목적으로 한다."고 규정하고 있다. 『효경』에도 "부모님을 섬기는 사람은 윗자리에 있어도 거만하지 않고, 아랫자리에 있어도 질서를 어지럽히지 않으며, 같은 무리와 함께 있어도 서로 다투지 않는다(기효행장)."[14], "부모님을 사랑하는 사람은 다른 사람을 미워하지 않고, 부모님을 공경하는 사람은 다른 사람을 업신여기지 않는다(천자장)."[15]고 했고, 『맹자』에 "자기 집 노인을 공경하여서 그 마음의 다른 집 노인을 공경하는 데까지 미치게 하고, 자기 집 어린이를 사랑하여서 그 마음의 다른 집 어린이를 사랑하는 데까지 미치게 한다. 이렇게 마음을 쓴다면 천하를 쉽게 다스릴 수 있다(양혜왕 상)."[16]라고 했으

14) "事親者 居上不驕 在醜不爭."
15) "愛親者 不敢惡於人 敬親者 不敢慢於人."
16) "老吾老以及人之老 幼吾幼以及人之幼 天下可運於掌."

며, 『예기』에 "수목(樹木)은 때에 맞춰 베고 금수(禽獸)도 때에 맞춰 죽이지 않으면 효가 아니다(제의편)."[17], 『격몽요결』에도 "항상 온순하고 공손하며, 자애로우며, 남에게 은혜를 베풀며, 사물을 구제함으로써 마음가짐을 삼고, 만약 남을 침노하며 사물을 해치는 따위의 일들은 조금도 마음속에 두어서는 안 된다. 무릇 사람들은 자기에게 이롭게 하려고 반드시 남이나 다른 사물을 침해하게 된다. 그러므로 배우는 자는 먼저 이기심을 끊어 버린 다음에야 이것으로써 어진 것을 배울 수 있다."[18]라고 했다. 이렇듯이 효는 상대방을 이롭게 하는 이타성을 가지는 것이다.

(4) 효는 의(義)를 추구한다.

Tip
효는 부모의 그릇됨이 있을시 간(諫)함으로써 부모를 불의함에 빠지지 않게 해야 하는데, 이것은 의(義)로움에 기초하는 것이다. 그러나 부모의 잘못이 있을 경우에 세 번 간하고 그래도 들어주지 않으면 울면서 따르지만, 상관에게 세 번 간해서 들어주지 않으면 곁을 떠날 수 있다.

효는 부모나 자식이 의롭지 않은 일을 행하려고 하면 못하게 말려서 불의함에 빠지지 않도록 하는 것이다. '신생의 효', '원각과 지게 이야기' 등[19]의 사례에서 볼 수 있듯이 부모가 잘못하면 간(諫)함으로써 불의(不義)를 행하지 않도록 해야 하는 것이다. 자식의 간언에 대해 여러 문헌에서 제시하고 있는 것을 보면 『효경』에 "마땅히 의롭지 않은 일이라면 자식은

17) "樹木以時伐焉 禽獸以時殺焉 不以其時 非孝也."
18) "常以溫恭慈愛惠人濟物, 爲心, 若其侵 人害 物之事, 則一毫不 可留於心曲, 凡人, 欲利於己, 必至 侵害人物, 故學者, 先絕利心, 然後 可以學 仁矣."
19) 김종두, 『효의 패러다임과 현대적 개념』, 명문당, 2011, pp.26－30

부모에게 간언하지 않을 수 없고, 구성원(신하)은 리더(임금)에게 간쟁하지 않을 수 없다. 그러므로 옳지 않다면 간쟁을 해야 하는 것이지 부모님의 명령에 무조건 복종하는 것은 효라고 할 수 없는 것이다(간쟁장)."[20]라고 했고, 『논어』에 "부모에게 효를 행함에 있어 (부모의) 잘못이 있을 때 슬쩍 간하고, 설령 나의 뜻을 따르지 않더라도 여전히 공경하여 부모의 뜻을 어기지 않아야 하며, 수고로워도 원망하지 말아야 한다(이인편)."[21]라고 했다. 또한 『예기』에 "부모가 잘못하시는 일이 있을 때에는 마음을 억누르고 웃음 띤 얼굴로 부드럽게 간한다. 만일 간함을 받아들이지 않으면 일어나서 공손히 대하고 효성을 다하여 마음이 풀려서 기뻐하면 다시 간한다. (부모가) 기뻐하지 않는다고 (간하지 않다가) 동네에서 죄를 얻는 것보다 차라리 (용기 있게) 간하는 게 낫다(내칙편)."[22]고 했고, 『소학』에도 "자식이 부모를 섬김에 있어서는 세 번 간하여 부모가 듣지 아니하거든 부르짖어 울면서 따라야 한다(명륜편)."[23], "부모와 아들은 뼈와 살이 있는데, 신하와 임금은 의리로 이어져 있으므로 부모에게 잘못이 있으면 자식은 세 번 간하여 듣지 아니하면 따르면서 울고, 리더(임금)가 잘못이 있어 구성원(신하)이 세 번 간하여도 듣지 아니하면 그 의리를 버리고 떠날 수 있다

20) "當不義 則子不可 以不爭 於父 臣不可以不爭於君 故 當不義 則爭之 從父之令 又焉得爲 孝乎."

21) "事父母 幾諫 見志不從 又敬不違 勞而不怨."

22) "父母有過 下氣怡色 柔聲以諫 諫若不入 起敬起孝 說則復諫 不說, 與其得罪 於 鄕黨州閭 寧孰諫."

23) "子之事親也 三諫而不聽 則號泣而隨之."

(계고편)."[24]고 이르고 있다. 『명심보감』에 "입신(立身)에는 의(義)가 있으니 효(孝)가 그 근본이다(입교편).[25]라고 했고, 『순자』에도 "효자가 [부모의] 명령을 따르면 부모가 욕되고 명령을 따르지 않아서 부모가 명예로우면 명령을 따르지 않는다. 이것이 의(義)이다. 따라야 할 것과 따르지 않아야 할 대의를 밝혀서 공경과 충성을 다하고 단정하며 신중하게 행동한다면 '큰 효'라 할만하다. '도를 따르는 것이지 임금을 따르는 것이 아니며, 의를 따르는 것이지 부모를 따르는 것이 아니다(자도편)."[26]라고 했다. 이렇듯이 효는 예와 함께 의를 추구하는 것임을 알 수 있다.

(5) 효는 예(禮)와 충(忠)의 기초이다.

Tip
가정윤리인 '효'는 사회윤리인 '예', 국가윤리인 '충'의 기초가 된다. 가정이 안정되지 않으면 사회의 안정과 부강한 국가를 이룰 수 없다. 따라서 효는 예와 충의 기초이다.

가정윤리인 효(孝)는 사회윤리인 예(禮), 국가윤리인 충(忠)의 기초가 된다. 효·예·충의 관계는 이런 점에서 연계성이 있다. 가정에서 부모에게 효도하는 사람이 타인과 이웃, 나라와 자연을 위해서 사랑을

24) "父子有骨肉而臣主以義屬 故父有過子三諫而不聽 則隨而號之 人臣三諫而不聽 則其義可而去矣 於是遂行."

25) "子日 立身有義而孝爲本 喪紀有禮而哀爲本 戰陣有列而勇爲本 治政有理而農爲本 居國有道而嗣爲本 生財有時 而力爲本."

26) "孝子所以不從命有三 從命則親危 不從命則親安 孝子不從命乃衷 從命則親辱 不從命則 親榮 孝子不從命乃義 從命則禽獸 不從明則修飾 孝子不從命乃敬 故可以從而不從 是不子也 未可以從而從 是不衷也 明於從不從之 義而能致 恭敬忠信 端愨以愼行之 則可謂大孝矣 傳日 從道不從君 從義不從父 此之謂也."

실천하게 되는 것이다. 본시 효 · 예 · 충은 하나의 정신 덕목으로 간주되어 왔는데 옛말에 "자식이 부모에게 예를 다하면 이것이 효이다.", "예로써 임금을 섬기면 이것이 충이다.", "자기가 맡은 일에 정성을 다하는 것이 충이며, 충의 실천은 곧 부모를 기쁘게 하는 일이다.", "충효는 손의 양면과 같다." 등의 표현에서 알 수 있는 것처럼 '충효'는 연관된 덕목이며, '예'는 충과 효를 잇는 정신 덕목으로 간주되어 온 것이다. 『후한서』에 "나라를 구할 충성된 신하는 효자의 가문에서 나온다."[27]하여 효와 충을 연계하고 있으며, 『충경』에도 "무릇 충이란 자신에게서 일어나 집안에서 드러나고 나라에서 완성되는데 실행하는 것은 모두 한결같다. 그러므로 그 몸을 하나로 하는 것은 충의 시작이요, 그 집안을 한결같게 하는 것은 충의 중간단계요, 그 나라를 하나로 만드는 것은 충의 마지막이다. 몸이 하나가 되면 모든 복록이 이르게 되고, 집안이 한결같게 되면 모든 친족이 화목하게 되며, 나라가 하나가 되면 만인이 다스려지게 된다(천지신명)."[28]라고 했다.

일반적으로 효 · 예 · 충을 설명할 때 우리는 효를 가정윤리이자 가족사랑, 예를 사회윤리이자 이웃사랑, 충을 국가윤리이자 나라사랑으로 이해한다. 다시 말하면, '효 · 예 · 충'을 같은 맥락의 덕목으로 볼 때, 효는 가정에서 부모와 자식 간에 행해져야 할 덕목이므로 인간이 행하는 모든 행위의 근본이고, 예는 사람이 사람다운 도리를 하

27) "求忠臣必於孝子之門."

28) "夫忠興於身 著於家 成於國 其行一焉. 是故 一於其身 忠之始也 一於其家忠 之中也 一於其國 忠之終也. 身一 則百祿至 家一則六親和 國一則萬人理."

게 하는 것으로서 사회 구성원 간의 조화와 질서를 형성케 하는 덕목이며, 충은 애국심의 발로로써 국가를 지탱해주는 법도의 대강(大綱)이며 언제나 조국을 생각하게 하는 덕목인 것이다. 건강한 가정이 건전한 사회를, 건강한 가정과 건전한 사회가 부강한 국가를 형성케 할 수 있다는 의미에서 효 · 예 · 충은 연관된 하나의 정신 덕목으로 볼 수 있으며, 이를 도식화하면 〈표 5〉와 같다.

〈표 5〉 孝 · 禮 · 忠의 연계성[29]

孝(가정)	➡	禮(사회)	➡	忠(국가)
(부모와 자식 간의 정성)		(만인 간의 조화 및 질서)		(나라에 대한 충성)

이런 맥락에서 볼 때 대한민국이 안고 있는 안보, 경제, 복지 문제를 풀어감에 있어서 가정의 안정을 기반으로 풀어가야 하고, 가정의 안정은 효 윤리에서 출발하게 된다. 따라서 사회복지와 국가정책도 효 철학을 기반으로 할 때 순조로워질 수 있는 것이다. 예컨대 아이 보육 문제에 있어서 '보육을 국가가 책임진다' 보다는 '국가가 가정의 기능을 살려서 보육을 돕는다' 는 쪽으로 사고의 전환이 필요하다고 본다. 결론적으로 문화의 시대인 21세기인 만큼 문화가 중요한데, 문화는 결국 교육을 통해서 바꿀 수 있고, 교육은 효를 가르침으로써 바꿀 수 있다는 점을 감안해서 가정교육, 학교 교육, 사회교육을 보듬어야 한다고 본다.

29) 김종두, "군장병의 효심과 복무자세간 관계에 관한 연구", 「영남대학교 석사 학위 논문」, 1996, p.6

2. 효의 정의

정의(定義)란 사전적으로 '어떤 사물의 뜻을 옳게 규정함'을 뜻한다. 그러므로 효를 정의한다는 것은, 효가 갖는 본질적 의미를 기초로 그 뜻을 올바르게 정하는 일이다. 그런데 기존의 효 정의는 '상호성'에 바탕을 둔 상생(相生)의 효가 아닌 '일방성'에 기초한 희생(犧牲)의 효였다는 점에서 효에 대한 올바른 정의를 필요로 한다. 예컨대 기존의 효는 '어버이를 잘 섬기는 일', '어버이를 섬기는 자식의 도리' 등으로 표현함으로써 '효(HYO)'를 '효도(Filialpiety)'와 같은 의미로 기술하고 있는 것이다. 따라서 효에 대한 정의는 협의적(俠義的) 정의와 광의적(廣義的) 정의로 구분할 수 있다. 여기서 말하는 협의(俠義)는 가정윤리의 영역을, 광의(廣義)는 가정윤리를 기초로 타인과 이웃, 사회와 국가, 자연으로까지 확대하는 영역을 뜻한다.

Tip
효의 정의(定義)는, 효가 갖는 본질적 의미를 기초로 효의 의미를 올바르게 정한 것이다. 따라서 효는 광의적으로, 협의적으로 정의할 수 있으며 상황과 관점에 따라 정의하는 사람의 수 만큼이나 많을 수 있다.

가. 협의의 효

효의 협의적 정의(定義)는, 효를 부모와 자식의 관계에 국한해서 보는 것이다. 즉 "부모는 자식을 사랑하고, 자식은 부모에게 효도해야 한다."는 '父慈子孝(부자자효)'와 "부모와 자식은 어떠한 경우라도 친함을 유지해야 한다."는 '父子有親(부자유친)', "부모는 자식의 벼리가 되어야 한다."는 '父爲子綱(부위자강)'에서 그 의미를 찾는 것이다. 한마디로 소통(疏通)과 친함을 추구하는 것이 효이다. 따라서 효에 대한 협의적 정의는 "효는 가족구성원이 각자의 도리를 다하는 가정윤리이다.", "효는 가족구성원이 서로를 위하는 가족사랑이다.", "효는 가족구성원이 각자의 도리를 다하는 쌍무호혜적 노력이다.", "효는 가족구성원이 서로를 위하는 사랑과 정성이다." "효는 가족구성원이 서로를 위하는 보편적 · 이타적 가치이다." 등으로 정의할 수 있으며 정리해보면 〈표 6〉과 같이 제시할 수 있다.

〈표 6〉 효에 대한 협의적 정의[30]

입장	정 의
부모	• 부모로서 자식에 대한 사랑과 정성이다. • 부모로서 자식에 대한 도리이다.
자식	• 자식으로서 부모에 대한 사랑과 정성이다. • 자식으로서 부모를 섬기는 도리이다.
형(언니)	• 형으로서 동생을 사랑하고 우애함으로써 부모가 걱정하지 않고 기뻐하시도록 하는 일이다.
동생	• 아우로서 형을 공경하고 우애함으로써 부모가 걱정하지 않고 기뻐하시도록 하는 일이다.
남편	• 남편으로서 아내와 자녀를 사랑하여 가족이 걱정하지 않게 하고 가정을 화목하게 하는 일이다.
아내	• 아내로서 남편과 자녀를 사랑하여 가족이 걱정하지 않게 하고 가정을 화목하게 하는 일이다.

30) 김종두, 『효의 패러다임과 현대적 개념』, 명문당, 2011, pp.316-317

나. 광의의 효

효를 광의적(廣義的)으로 해석하면, 가정에서의 부모와 자식의 관계에서 비롯된 사랑의 가치를 타인과 이웃, 사회와 국가, 자연에 이르기까지 확대하여 보는 것이다. 효란 부모와 자식의 관계에서 시작되는 것으로, 세상 어디에서나 존재하며 보편성(普遍性)과 이타성(利他性)을 가진다. 그리고 이러한 이타적 작용은 사람에게만이 아니라 국가와 나무 · 짐승 · 환경 등 자연에 이르기까지 확대해야 한다고 『후한서』, 『예기』, 『맹자』 등에 제시되어 있다. 이러한 내용을 기초로 정리하면 〈표 7〉과 같다.

〈표 7〉 효에 대한 광의적 정의[31]

▪효는 가족사랑과 가정윤리를 바탕으로 이웃과 사회, 나라와 자연을 사랑하는 인류의 보편적 · 이타적 가치이다. ▪효는 가정에서의 원초적 사랑을 바탕으로 이웃과 사회, 나라와 자연을 사랑하는 인류의 보편적 · 이타적 가치이다.

3. 효의 개념적(概念的) 의미

개념(概念)이란 '여러 관념 속에서 공통적 요소를 뽑아 종합하여 얻은 하나의 보편적인 관념'[32], 또는 '어떤 사물의 현상에 대한 일반적

31) 김종두, 『효의 패러다임과 현대적 개념』, 명문당, 2011, pp.318－319
32) 네이버 국어사전(2011. 3. 2).

인 지식'을 말한다. 그러므로 효의 개념은 여러 문헌에 나타나 있는 공통요소를 뽑아 종합하여 얻은 하나의 보편적인 관념이라 할 수 있다. 따라서 효의 개념은 가정에서 부모와 자식의 관계로부터 형제·자매 등 가족구성원에게 적용되는 '가정윤리'적 측면과 가정에서 형성된 사랑의 가치를 이웃과 사회, 자연과 국가 등에 확대하여 적용되는 '보편적(普遍的) 가치·이타적(利他的) 가치', 그리고 효는 실천에서 의의를 찾을 수 있으므로 행위적·실천적 관점에서 이해할 수 있다.

효는 문헌에 나타나 있듯이, 부모와 자식의 원초적 사랑을 기초로 의(義)를 추구하는 가운데 선(善)의 모범이 되고 인간의 삶의 기준으로 작용한다. 그리고 부모에게 효도하는 사람은 남을 업신여기거나 거만하지도 않고 주변사람들과 사이좋게 지내는 등 타인(他人)을 배려하는 성품을 가진다. 『성경』에도 효를 행하는 사람에게는 복을 주고 장수의 축복이 따른다고 이르고 있는데, 이처럼 남을 이롭게 하는 홍익인간(弘益人間) 정신에 기초하는 효는 조화(調和, Harmony)의 이치이자 보편적·이타적 가치로 작용한다. 또한 효는 실천에서 그 의미를 찾을 수 있다는 점에서 행위적·실천적 관점의 효로 볼 수 있는데, 이를 정리하면 〈표 8〉과 같다.

〈표 8〉 효의 개념[33)]

① 가정윤리로서의 효
② 보편적·이타적 가치로서의 효
③ 행위적·실천적 관점에서의 효

33) 김종두, 『효의 패러다임과 현대적 개념』, 명문당, 2011, pp.205-315

가. 가정윤리(家庭倫理)로서의 효

> **Tip**
> 효는 가족사랑과 가정윤리를 기초로 부모는 자식을, 자식은 부모를 기쁘게, 걱정하지 않게 하는 것이다. 윗물이 맑지 않고 아랫물이 맑을 수는 없는 이치와 같다.

가정윤리로서의 효는 가족구성원이 각자의 도리를 다하는 효를 말한다. 본디 家庭(가정)은 집(家)과 뜰(庭)이 있는 곳이다. 여러 식구가 정원이 가꾸어져 있는 집에서 오순도순 모여 사랑을 나누는 곳이 바로 가정이고 생활 공동체이다. 가정은 가족의 모든 구성원이 편안하고 단란한, 행복한 삶을 이루는 소망을 가진 곳이다. 가정은 경제적 안정을 기반으로 자녀를 낳아 기르고, 가르치며 도덕성을 함양시키는 곳이라 하여 인간 최초의 학교, 사회의 기초단위 등으로 표현하기도 한다. "자식이 효도하면 부모가 즐겁고, 가정이 화목하면 만사가 이루어진다(子孝雙親樂 家和萬事成)."라고 『명심보감』에 나와 있는 것처럼, 효는 가정이 역할과 기능을 수행하는데 그 바탕을 이루는 덕목이자 윤리이고 가치이다. 최근 서구문물이 여과 없이 들어오고 농경사회에서 산업사회 · 정보화 사회로, 대가족에서 핵가족으로 변화하면서 가정의 역할과 기능이 약해지고 있다. 그러나 아무리 세상이 변한다 해도 가정의 역할과 기능은 보존되어야 하는데, 이를 위해서는 가족구성원간 각자의 도리를 다하게 하는 것이 '효(孝. HYO)' 이다. 가정을 사회의 축소판으로 보는 이유도 가정에서 가족구성원의 관계가 곧 사회 구성원간 관계로 이어지기 때문이다. 결과적으로 가정에서의 인간관계가 사회에서의 인간관계로 발전되는 것이다. 가정윤리가 중요한 또 다른 이유는 가정이 무너지면 자녀교육이 실패하게 되는 것은 물론 사회를 혼란에 빠뜨리고 국가도 흔들릴 수 있기 때문이다. 가정윤리로서의 효를 정리하면 〈표 9〉와 같이 나타낼 수 있다.

〈표 9〉 가정윤리로서의 효[34)]

① 효는 부모가 자식을 사랑하는 것이다.
② 효는 조상과 부모를 공경하는 것이다.
③ 효는 부모를 물질로 봉양하는 것이다.
④ 효는 입신양명을 통해 부모를 기쁘게 해드리는 것이다.
⑤ 효는 부모에게 간(諫)함으로써 불의함에 빠지지 않게 하는 것이다.
⑥ 효는 가족사랑을 실천하여 우애(하모니)를 이루는 것이다.
⑦ 효는 부모와 자식이 서로 도리를 다하는 쌍무적인 노력이다.

나. 보편적(普遍的) · 이타적(利他的) 가치로서의 효

보편적(普遍的)이란 '모든 것에 공통되거나 들어맞는 것', '두루 널리 미치는 것'을 의미하고, 이타적(利他的)이란 '남에게 이로움을 주는'의 뜻이다. 가치(價値)란 '인간정신의 목표가 되는 보편타당의 당위', 또는 '행동의 기준이 되는 주요원칙' 등을 뜻한다. 효를 보편적이면서 이타적 가치로 보는 것은 가정에서 부모 · 자식, 형제 · 자매간 형성된 따뜻한 마음이 타인과 이웃, 사회와 국가, 자연으로 확대 작용되어지기 때문이다. 제①권 『효의 패러다임과 현대적 개념』 제6장(효의 본질과 개념)에 제시한 내용을 요약하여 제시하면 〈표 10〉과 같다.

34) 김종두, 『효의 패러다임과 현대적 개념』, 명문당, 2011, pp.205－236

〈표 10〉 보편적 · 이타적 가치로서의 효[35)]

① 효는 하늘을 경외하는 마음이다.
② 효는 어른과 스승을 공경하는 마음의 발로(發露)이다.
③ 효는 타인과 이웃을 위하는 마음의 발로(發露)이다.
④ 효는 어린이와 제자를 사랑하는 마음의 발로(發露)이다.
⑤ 효는 나라를 사랑하는 마음의 발로(發露)이다.
⑥ 효는 자연을 사랑하는 마음의 발로(發露)이다.

다. 행위적 · 실천적 관점에서의 효

행위적 · 실천적 관점에서의 효는, 효를 실천에서 의의를 찾자는 개념이다. 예컨대 부모가 자식을 돌보아야 한다는 것을 알고 있으면서도 보지 않는 부모의 행위나, 늙으신 부모님에게 말로만 효도하겠다고 하면서 실천을 하지 않는 자식의 행위는 인륜의 기본질서를 무너뜨리는 것이다. 따라서 효는 실천이 따라야 하는데, 이는 '3통의 효'와 '7행의 효'로 설명할 수 있다.

(1) 3통의 효

'3통'이란 종교를 초월하는 통교(通教), 시대를 초월하는 통시(通時), 이념을 초월하는 통념(通念)을 뜻한다. 유구한 역사를 이어온 우리 민족의 자랑스러운 유산은 경천애인(敬天愛人)과 홍익인간(弘

Tip
효는 종교 및 종파, 이념, 시대의 벽을 뛰어넘는 보편적(普遍的) · 이타적(利他的) 가치이다. 따라서 효를 통해 모든 인간을 하모니의 세계로 안내할 수 있는 것이다.

35) 김종두, 『효의 패러다임과 현대적 개념』, 명문당, 2011, pp. 267－300

益人間) 정신이다. 이는 모두를 잘 살게 하는 정신으로 우리 민족의 정체성을 발현해 온 원동력이며 숭고한 정신적 자산이다. 이 시대를 살아가는 인간을 인간답게 지켜내고 세대 · 지역 · 계층간 갈등을 불식시키며, 종교적 · 이념적 위화감을 화해와 평화로 용해해 낼 수 있는 힘은 바로 '효' 에서 찾을 수 있다는 것이다. 3통의 효를 정리하면 〈표 11〉과 같다.

〈표 11〉 '3통'의 효

① 통교적(通教的) 효	② 통시적(通時的) 효	③ 통념적(通念的) 효

(2) 7행의 효

'7행' 은 효를 실천하는 일곱 가지 행동을 말한다. 이 내용은 한국효운동단체총연합회에서 비전으로 선포한 내용을 일부 보완해서 요약, 정리하였다. 이를 정리하면 〈표 12〉와 같다.

〈표 12〉 7행의 효[36)]

① 경천애인(敬天愛人)을 실천한다.
② 부모와 스승, 어른을 공경한다.
③ 가족을 사랑하며 이웃을 사랑한다.
④ 자식, 어린이, 제자를 사랑한다.
⑤ 자기 자신을 사랑한다.
⑥ 나라를 사랑한다.
⑦ 자연을 사랑하고 환경을 보호한다.

※〈표 12〉에 대한 설명은 제①권 『효의 패러다임과 현대적 개념』 6장 2절 (pp.302-315)에 자세히 제시하였다.

36) 김종두, 『효의 패러다임과 현대적 개념』, 명문당, 2011, pp.302-315

Ⅲ 효행의 이유와 방법

1. 효행의 이유

Tip
효를 행해야 할 이유는 '효의 본질적 의미', '효의 개념적 의미', '3통 7행의 효'에서 찾을 수 있으며, 가장 큰 이유는 하늘의 뜻(天倫)에 따라야 하기 때문이다.

'효를 왜, 행해야 하는가?'에 대한 답은 '효의 본질적 의미'와 '효의 개념적 의미', '3통 7행의 효'에서 찾을 수 있다. 효의 본질적 의미는 「①원초적 사랑 ②보편적 · 이타적 가치 ③상호성에 기초 ④의를 추구 ⑤예와 충의 기초」 등 다섯 가지로 요약할 수 있다. 다음 효의 개념적 의미는, 개념(概念)이란 '여러 관념 속에서 공통적 요소를 뽑아 종합하여 얻은 하나의 보편적인 관념'을 뜻하므로, 효의 개념은 여러 문헌에 나타나 있는 공통요소를 뽑아 종합하여 얻은 하나의 보편적인 관념이다. 따라서 ①가정윤리로서의 효 ②보편적 · 이타적 가치로서의 효 ③행위적 · 실천적 가치로서의 효를 말한다. 마지막으로 '3통 7행의 효'에서 3통의 효는 「①종교를 초월하는 통교(通教) ②이념을 초월하는 통념(通念) ③시대와 세대를 초월하는 통시(通時)」적 의미를 뜻하며, 7행의 효는 「①하늘경외 ②부모 · 어른 · 스승 공경 ③가족 · 이웃사랑 ④자녀 · 어린이 · 제자 사랑 ⑤자기 사랑 ⑥나라사랑 ⑦자연사랑 · 환경보호」 등이다. 이를 기초로 효를 행해야 할 이유는 다음과 같다.

첫째, 부모와 자식은 서로 사랑해야 하기 때문이다. 이는 가정윤리의 협의적 관점의 효를 실천해야 하는 이유이다. 효는 부모와 자식의 원초적인 사랑이다. 자식이 어렸을 때는 부모의 사랑을 자양분으로 성장한다. 그리고 부모가 늙어서 생활력을 잃게 되면 자식의 봉양으로 살아가기 때문에 부모와 자식은 서로 사랑해야 하는 것이다. 『효경』에 "효는 사랑(德)의 근본이다.", "효는 하늘의 법칙(經)이며 땅의 질서(義)이다."라고 했고, 『부모은중경』에 "부모님이 우리를 낳으실 때 서 말 서 되의 피를 흘리시고, 여덟 섬 너 말의 젖으로 키우셨다."라고 이르고 있다. 이렇듯 효는 원초적 사랑인 것이다. 그리고 효는 부자자효(父慈子孝)와 부자유친(父子有親), 부위자강(父爲子綱)에서 보듯이 부모와 자식의 쌍무적인 노력으로 볼 수 있다. "윗물이 맑아야 아랫물도 맑다"고 했다. 부모의 역할이 바라야 자식으로서의 도리가 바를 수 있는 것이다. 이와 관련하여 『불경』에는 "자식은 부모를 다섯 가지로 섬겨야 하고, 부모는 역시 다섯 가지로 자식을 돌보아야 한다. 자식의 다섯 가지는 살림살이 · 식사제공 · 걱정 끼치지 않음 · 부모의 은혜를 생각하는 일 · 병을 치료해 드리는 것이고, 부모의 다섯 가지는 자식을 위해 좋은 일을 하고 학업을 가르치며 경전과 계율을 지니게 한다. 장가들이고 자식의 재산을 맡아주는 것이다(불설시가리월육방예경)."라고 했고 『성경』에는 "네 아버지와 어머니를 공경하라, 이것은 약속이 있는 첫 계명이니 이로써 네가 잘되고 땅에서 장수하리라. 또 아비들아 너희 자녀를 노엽게 하지 말고 오직 주의 교훈과 훈계로 양육하라(에베소서 6:2–4).", "효는 부모를 기쁘게 하고 걱정 끼치지 않는 것이며, 자녀를 돌보고 사랑하는 것이다(잠언 23:25, 골로새서 3:21).", 『맹자』에 "부모와 자식은 친함이 있어야 한다(등문공 상편).”[37], 『예기』에 “인의(人義)란, 부모는 자식을 사랑하고 자식은 부모에게 효도하며, 형은 현량하고 아우는 형을 공경하며, 남편은 의롭고 아내는 남편 말을 들어야 하며, 어른은 은혜로워야 하고 어린이는 순해야 하며, 리더(군주)는 인자해야 하고 구성원(신하)은 충성해야 한다. 이 열 가지를 이르러 인의(人義)라고 한다(예운편).”[38] 『격몽요결』에도 “부모가 되어서는 마땅히 자식을 사랑하고, 자식이 되어서는 마땅히 부모에게 효도하고, 형제가 되어서는 마땅히 우애가 있어야 한다.”[39]라고 했다.

둘째, 부모와 자식은 천륜이므로 하늘의 이치를 따라야 하기 때문이다. 이는 광의적 관점의 효, 즉 보편적 · 이타적 가치로서의 효를 실천해야 하는 이유이다. 부모와 자식의 관계를 기초로 타인과 이웃, 사회와 국가, 자연에 이르기까지 확대된 개념의 효를 뜻한다. 효는 천륜이기 때문에 하늘의 이치에 따라 순리적으로 삶을 살아가야 한다. 우리는 예부터 하늘을 경외(敬畏)하고 인간을 널리 이롭게 하는 홍익(弘益)인간정신에 바탕을 두고 살아온 민족이다. 『효경』에 “효는 하늘의 법칙(經)이고 땅의 질서(義)이며 백성들이 실천(行)해야 할 것이다(삼재장).”[40], “부모와 자식의 도(道)는 하늘의 뜻에 따르는데 있고, 군주와 신하의 도는 의(義)를 따르는 데에 있다(부모생적장).”[41], “사람의 행위 가운데

37) “父子有親 君臣有義 夫婦有別 長幼有序 朋友有信.”
38) “何謂仁義 父慈子孝 兄良弟弟 夫義婦聽 長惠幼順 君仁臣忠 十者謂之仁義.”
39) 「序文」 “爲父當慈 爲子當孝 爲兄弟當友.”
40) “孝 天之經也 地之義也 民之行也.”
41) “父子之道 天性也 君臣之道 義也.”

효보다 큰 것이 없고, 효는 부모를 공경하는 것보다 큰 것이 없으며, 부모를 공경하는 것은 하느님과 같은(짝을 이루는) 존재로 생각하는 것보다 더 큰 것이 없다(성치장)."[42]고 했고, 『성경』에 "구약법에 있어 하나님을 저주한 자나, 부모를 저주한 자나 사법적 형량은 동일한 사형이다(레위기 20:9, 24:15).", "부모를 거역하는 것은 성령을 거스르는 것이므로 성령은 이러한 사람들을 반드시 사망케 한다(마태복음 15:4, 로마서 1:32)."고 했으며, 『맹자』에도 "하늘의 명령에 순종하는 자는 생존하고, 하늘의 명령을 거역하는 자는 망한다(이루 상편)."[43]라고 했다. 부모와 자식의 관계를 인륜(人倫)이 아닌 천륜(天倫)으로 표현하는 이유도 부모와 자식은 하늘이 맺어준 관계로 보기 때문이다.

셋째, 효는 보편적 · 이타적 가치로서 두루 남을 도와야 하기 때문이다. 보편적(普遍的)이란 두루 널리 미친다는 뜻이고, 이타적(利他的)이란 내가 희생해서 남에게 이로움을 준다는 뜻으로 이기적(利己的)의 반대되는 의미이다. 그래서 남을 위해 헌신하는 사람을 이타적인 사람이라고 한다. 우리의 전통문화인 효가 이타적 가치인 점은 홍익인간(弘益人間) 정신에도 나타나 있다. 인류만이 아닌 자연까지도 이롭게 하라는 홍익인간 정신은 고조선(B.C. 2333~B.C. 108)의 건국이념임과 동시에 교육법 제2조(교육이념)에 "홍익인간의 이념 아래 모든 국민으로 하여금 인격을 도야하고 자주적 생활능력과 민주시민으로서 필요한 자질을 갖추게 하여 인간다운 삶을 영위하게 하고 민주국가의 발전과 인

42) "人之行莫大於孝 孝莫大於嚴父 嚴父莫大於配天."
43) "順天者存 逆天者亡."

류공영의 이상을 실현하는데 이바지함을 목적으로 한다."고 규정하고 있다. 『효경』에도 "부모님을 섬기는 사람은 윗자리에 있어도 거만하지 않고 아랫자리에 있어도 질서를 어지럽히지 않으며, 같은 무리와 함께 있어도 서로 다투지 않는다(기효행장)."[44], "부모님을 사랑하는 사람은 다른 사람을 미워하지 않고, 부모님을 공경하는 사람은 다른 사람을 업신여기지 않는다(천자장)."[45]고 했고, 『맹자』에 "자기 집 노인을 공경하여서 그 마음의 다른 집 노인을 공경하는 데까지 미치게 하고 자기 집 어린이를 사랑하여서 그 마음의 다른 집 어린이를 사랑하는 데까지 미치게 한다. 이렇게 마음을 쓴다면 천하를 쉽게 다스릴 수 있다(양혜왕 상)."[46], "리더(군자)는 금수(禽獸)에 대해 그 살아있는 것을 보고서는 그것이 죽는 것을 차마 보지 못하며, 그 죽는 소리를 듣고서는 차마 그 고기를 먹지 못하는지라 군자는 주방과 푸줏간을 멀리하는 것이다(양혜왕 상편)."[47]라고 했으며, 『예기』에 "수목(樹木)은 때에 맞춰 베고 금수(禽獸)도 때에 맞춰 죽이지 않으면 효가 아니다(제의편)."[48] 『격몽요결』에도 "항상 온순하고 공손하며, 자애로우며, 남에게 은혜를 베풀며, 사물을 구제함으로써 마음가짐을 삼고, 만약 남을 침노하며 사물을 해치는 따위의 일들은 조금도 마음속에 두어서는 안 된다. 무릇 사람들은 자기에게 이롭게 하려고 반드시 남이나

44) "事親者 居上不驕 在醜不爭."
45) "愛親者 不敢惡於人 敬親者 不敢慢於人."
46) "老吾老以及人之老 幼吾幼以及人之幼 天下可運於掌."
47) "君子之於禽獸也 見其生 不忍見其死 聞其聲 不忍食其肉 是以 君子 遠庖廚也."
48) "樹木以時伐焉 禽獸以時殺焉 不以其時 非孝也."

다른 사물을 침해하게 된다. 그러므로 배우는 자는 먼저 이기심을 끊어 버린 다음에야 이것으로써 어진 것을 배울 수 있다."[49]라고 했다. 이렇듯이 사람은 상대방을 이롭게 하는 이타적 삶을 살아야 하는데, 이는 효에서 비롯되는 것이므로 효를 행해야 한다.

넷째, 부모와 자식이 서로에게 효를 하지 않으면 후회하기 때문이다. 부모와 자식은 쌍무(雙務)적으로 효를 행해야 할 의무가 있다. 어린 자식에게 부모가 사랑하지 않으면 부자유친(父子有親)이 유지될 리 없고, 그렇게 성장한 자식은 성장해서 사람다운 사람으로 세상을 살아가기가 쉽지 않다. 이런 이유에서 부모는 자식을 사랑해야 하며, 그랬을 때 자식은 온전한 인간으로 성장하게 되어 부모를 행복하게 해 드릴 수 있다. 다음은 자식은 부모에게 효도해야 한다. 사람은 어렸을 때 부모님이 보살펴주지 않았다면 생명을 유지할 수 없다. 인간은 다른 동물과 달리 완전 성인이 될 때까지 부모님이 보살펴 주지 않으면 사람으로 성장해 갈 수 없다. 이런 부모님의 은혜를 알지 못하고 부모님께 불효하면 부모님이 돌아가신 뒤 후회하게 되는 것이다. 『효경』에 "효는 덕의 근본이요, 모든 가르침이 그로 말미암아 생겨난다(개종명의장)."[50]고 했다. 덕은 사람다운 사람이 되기 위해 갖춰야 할 첫째 덕목이다. 효를 행하지 않으면 그러한 덕을 갖출 수 없는 것이다. 또한 "효자가 부모를 섬김에 평소에는 공경을 극진히 하고 봉양할 때에

49) "常以溫恭慈愛惠人濟物, 爲心, 若其侵 人害 物之事, 則一毫不 可留於心曲, 凡人, 欲利於己, 必至 侵害人物, 故學者, 先絕利心, 然後 可以學 仁矣."

50) "孝德之本也 敎之所由生也."

는 즐거움을 다하고, 질병에 걸렸을 때는 근심을 다하고, 돌아가셨을 때는 슬픔을 다하고, 제사지낼 때는 엄숙함을 다해야 한다. 이 다섯 가지를 갖춘 뒤라야 부모를 잘 섬긴다고 할 것이다(기효행장)."[51]라고 한데서 보듯이 부모님에게 불효하면 돌아가신 뒤 후회하게 되는 것이다. 그래서 주자(朱子)는 "부모님에게 불효하면 돌아가신 뒤 후회한다(不孝父母死後悔)."고 했다.

다섯째, 부모가 효를 수범(垂範)적으로 실천함으로써 자식이 본받도록 해야 하기 때문이다. 부모가 자식 앞에서 효 하는 모습을 보이지 않으면 자식들이 배울 수가 없다. 가정을 인간 최초의 학교로 보는 이유도 가정이 인간의 기본을 가르치는 곳이기 때문인데, 자식으로서 부모에게 효도하는 모습을 보여주는 것이야말로 기본 중의 기본이다. 『성경』에 "부모가 먼저 효자가 되라(갈라디아서 6:7).", "만일 어떤 과부에게 자녀나 손자들이 있거든 저희로 먼저 자기 집에서 효를 행하여 부모에게 보답하기를 배우게 하라. 이것이 하나님 앞에 받으실만한 것이니라(디모데전서 5:4)."라고 했고, 『예기』에 "사람이 마땅히 해야 할 의로움이라는 것(人義)은 부모는 자식을 사랑하고, 자식은 부모에게 효도하는 것이다(예운편)."[52], 『명심보감』에 "내가 어버이에게 효도하면 내 자식 역시 나에게 효도한다. 내가 효도하지 않는다면 어찌 자식이 나에게 효도하겠는가?, 효도하고 섬기는 자는 다시 효도하고

51) "孝子之事親也 居則致其敬 養則致其樂 病則致其憂 喪則致其哀 祭則致其嚴 五者備矣 然後能事其親."

52) "人義 父慈子孝."

섬기는 자식을 낳게 되지만, 어그러지고 거슬리는 자는 다시 패역하고 불효하는 자식을 낳게 되나니, 믿지 못할 것 같으면 처마 끝의 물방울을 보라, 방울방울 떨어짐이 어긋남이 없느니라(효행편)."[53]라고 하였다.

여섯째, 효는 예와 충의 기초이기 때문이다.

효는 가정윤리이자 가족사랑이고, 예는 사회윤리이자 이웃사랑이며, 충은 국가윤리이자 나라사랑을 뜻한다. 따라서 가정에서 효를 실천하는 사람이 이웃을 사랑하게 됨으로써 사회성이 높게 되고 애국심이 깊게 되는 것이다. 그래서 '효는 성공의 원동력'으로 표현한다.

부모에게 효 하는 사람, 자식을 사랑하는 사람이 대인관계에서 호감을 가지게 되고 상급자로부터 인정받게 되며, 부하들로부터 존경받게 됨으로 자연스럽게 승진의 기회가 빨리 오게 되는 것이다. 『후한서』에 "나라를 구할 충성된 신하는 효자의 가문에서 나온다."[54]하여 효와 충을 연계하고 있다. 일반적으로 효 · 예 · 충을 설명할 때 우리

53) "孝於親子亦孝之 身旣不孝子何孝焉 孝順還生孝順子 悖逆還生孝逆子 不信但看詹頭水 點點適適不差移."

54) "求忠臣必於孝子之門."

는 효를 가정윤리이자 근본(根本), 예를 사회의 윤리이자 질서(秩序), 충을 국가의 윤리이자 기강(紀綱)으로 설명한다. 다시 말하면, '효 · 예 · 충'을 같은 맥락의 덕목으로 볼 때, 효는 가정에서 부모와 자식 간에 행해져야 할 덕목이므로 인간이 행하는 모든 행위의 근본이고, 예는 사람이 사람다운 도리를 하게 하는 것으로서 사회구성원 간의 조화와 질서를 형성케 하는 덕목이며, 충은 애국심의 발로로써 국가를 지탱해주는 법도의 대강(大綱)이며 언제나 조국을 생각하게 하는 덕목인 것이다. 건강한 가정이 건전한 사회를, 건강한 가정과 사회가 부강한 국가를 형성케 할 수 있다는 의미에서 효는 예와 충의 기초인 것이다.

2. 효행의 방법

가. 전통적 관점의 효행 방법

전통적(傳統的)이란 예로부터 이어져 내려오는 것을 뜻한다. 따라서 효에 대해 전통적인 것은 옛 선조들이 행해 왔던 효를 일컬어 전통적 효라고 한다. 대체로 전통적으로 일컬어 오는 효의 표현은 양지(養志)의 효, 양구체(養口體)의 효, 공경(恭敬)의 효, 순종(順從)의 효, 시봉(侍奉)의 효, 봉사(奉祀)의 효, 경신(敬身)의 효, 계지(繼志)의 효, 양안(養安)의 효, 예절(禮節)의 효, 입신양명(立身揚名)의 효, 교화(敎化)의 효, 간언(諫言)의 효, 근친(近親)의 효 등으로 표현되고 있다. 그러나 이러한 표현은 국어사전에도 나오지 않을 정도로 시대에 맞지 않고, 이해하기도 어렵다는 점에서 알기 쉽도록 표현할 필요가 있다고 보는데, 이를 크게 구분하면 정신적 영역과 물질적 영역, 조화로움의 영역으로 구분할 수 있다.

나. 현대적 관점의 효행 방법

현대적(現代的)이란 현대에 적합한 느낌이 있거나 현대에 특징적인 것을 의미한다. 따라서 효를 현대적으로 이해하고 이를 행동으로 옮기기 위해서는 용어를 쉽게 이해할 수 있어야 하며, 간단 명료화할 필요가 있다.

효행 방법에는 정신적인 효와 물질적인 효, 하모니(調和)의 효로 구분할 수 있다. 첫째, 정신적인 효는 정신적으로 마음을 편안하게 하는 효이다. 이를 자식의 입장에서 보면 세 단계로 설명할 수 있는데, 첫 번째 단계는 부모님을 걱정 끼쳐드리지 않는 '낮은 단계의 효', 두 번째 단계는 부모님을 기쁘게 해드리는 '높은 단계의 효', 세 번째 단계는 자신이 스스로 노력해서 입신양명(立身揚名)하는 '더 높은 단계의 효'이다.

둘째, 물질적인 효는 물질적으로 불편함이 없도록 도와주는 효이다. 이를 자식의 입장에서 보면 의식주(衣食住)문제와 용돈 드리기 등 생활에 불편함이 없도록 해드리는 것이다. 사람은 누구나 어렸을 때는 부모님의 도움으로 살아간다. 부모님의 도움이 없이는 생명조차 부지할 수 없다. 낳으실 때의 고통, 교육시키실 때의 고생, 키워서 시집 · 장가보낼 때의 고달픔 등 이루 말할 수 없는 힘든 삶으로 자식을 뒷바라지 해주신 부모님을 물질적으로 불편함이 없도록 하는 것은 자식으로서 당연한 도리이다.

셋째, 하모니의 효는 조화를 추구하는 효이다. 하모니(harmony)는 미술작품과 음악 연주회에서 잘 어울리는 상태를 말한다. 미술에서 상호 간에 성질 및 수량성 모순이 없이 통일 관계가 잘 어울리는 것을 말하고, 음악연주에서는 관악기와 현악기, 타악기가 서로 조화를 이루어 아름다운 화음을 이루는 것을 뜻한다. 또한 조화(調和)는 서로 잘 어울리는 상태를 말하므로, 부모는 자식과 잘 어울리기 위해 노력하고, 자식은 부모님과 잘 어울리도록 노력하는 것을 뜻한다. 자식의 입장에서 보면 한마디로 부모님이 원하시는 방향으로 행하는 것이라 할 수 있다. 『예기』에 "가장 큰 효는 부모님의 뜻을 존중하는 것이다(大孝尊親)."라는 말이 나오는데, 이것도 조화의 효를 일컫는다.

IV 현대적 효의 영역과 미래 가치로서의 효

1. 현대적 효의 영역

현대적 효는 21세기에 적용해야 할 효를 말하며, 가정의 영역에서 확장된 패러다임의 효이다. 현대 사회는 과거 대가족이 함께 생활했던 농경사회와 달리 핵가족 시대가 도래(到來)하면서 생활패턴이 많이 바뀌었다. 특히 이농(離農) 현상이 증가하면서 농촌에 혼자 사는 노인이 많아졌으며, 가족이 아닌 이웃이나 종교 단체 등의 도움으로 살아가야 하는 노인들이 늘어나고 있다. 그리고 경제 사정 등으로 부모가 가출하는 현상이 늘어나면서 조부모나 위탁시설에 맡겨지는 어린이들도 늘어나고 있다. 자식이 있는 노인이라 하더라도 어쩔 수 없는 사정으로 혼자 살아가야 하는 경우도 있다. 이제는 효를 가정의 문제로만 보아서는 안 되고, 개인과 가정, 사회와 국가라는 각각의 영역이 있어야 한다. 이런 맥락에서 현대의 효 패러다임은 자식이 부모를 공경하고 가족을 사랑하는 의미라는 '가정윤리' 의 틀에서 확대해서 해석되어야 한다.

최근 '가족 실태조사' 에 대한 설문에서 한지붕 아래서 함께 살지 않으면, 혈연의 관계라 할지라도 가족으로 여기지 않는 사람의 수가 80%를 넘는 것으로 나타났다. 우리나라 국민들이 생각하는 가족의 범위를 보면, 할머니 · 할아버지를 '우리 가족' 으로 인식하는 비율이 23.4%로 5년 전 63.8%에 비해 크게 낮아졌다. 국민 10명 중 무려 8명이 '조부모는 우리 가족이 아니다' 라고 생각한다.[55]는 충격적인 조사가 발표된 것이다.

지식과 정보화 사회, 문화의 시대로 불리는 현대는 그 특성상, 자식의 효심이 있고 없고를 떠나서 부모의 사랑이 깊고 얕음을 떠나서 가정의 힘으로는 어찌할 수 없는 경우가 발생하고 있는 것이다. 때문에 현대적 효는 개인과 가정, 사회와 국가의 영역에서 각각의 역할을 필요로 한다. '개인영역의 효' 는 자기 자신에게 충실함으로써 입신양명(立身揚名)을 통해 부모님에게 기쁨을 드리는 것이고, '가정영역의 효' 는 가족구성원 서로가 도리를 다함으로써 가정윤리를 실천하는 것이

55) 이미정 기자, 『노년시대신문(256호)』, 2011. 2. 10

며, '사회영역의 효'는 가족의 도움이나 보살핌을 받을 수 없는 어린이나 노인을 이웃이나 종교단체에서 보살피는 것이다. 그리고 '국가영역의 효'는 국가가 나서서 정부주도로 법과 제도를 통해 효를 구현해 나가는 것이다. 이런 맥락에서 '개인, 가정, 사회, 국가'의 영역에 대한 효는 〈표 13〉에서와 같이 정리할 수 있다.

〈표 13〉 효의 구분과 영역[56)]

① 자기적 효	② 가정적 효
③ 사회적 효	④ 국가적 효

가. 자기적 효

'자기적 효'는 일명 수신(修身)의 효이다. 자식의 입장에서 자신의 수양을 통해 부모를 걱정 끼쳐드리지 않고 기쁨을 드리는 효이다. 자기를 알고 부모의 존재를 아는 정체성을 바탕으로, 성실성에 기초한 자기계발(自己啓發)과 입신양명(立身揚名)으로 부모님을 기쁘게 해드리는 효인 것이다. 부모님은 나를 잉태하시고 열 달 동안 애지중지 품어주셨다가 온전한 몸으로 낳아주셨고, 젖먹이로부터 유치원 · 초 · 중 · 고등학교와 대학에 이르기까지 온 몸으로 돌봐주신 부모님을 위로하고 기쁘게 해드리기 위해 노력하는 효이다.

Tip
'자기적 효'는 자기 자신에게 성실함으로써 입신양명에 이르고, 이를 통하여 부모를 기쁘게 해드리는 효이다.

56) 김종두, 『효의 패러다임과 현대적 개념』, 명문당, 2011, pp.323-388

'나'는 곧 부모님의 분신이다. 그러므로 부모님 기대에 보답하는 삶을 살아야 한다. 자기적 효는 나로 인하여 부모님이 걱정하시지 않도록 내 몸을 잘 간수하는 데서부터 시작한다. 『부모은중경』에 "부모님께서는 나를 낳으실 때 서 말 서 되의 피를 흘리시고, 여덟 섬 너 말의 젖으로 키우셨으니 내 몸을 소중히 해야 한다."고 했고, 『효경』에 "몸과 머리카락, 피부까지도 부모님으로부터 받았으므로 다치거나 상하게 하지 않는 것이 효의 시작이다(개종명의장)."[57], "성공함으로써 후대에 이름을 날려 부모님 이름을 드러나게 하는 것이 효의 마지막이다(개종명의장)."[58], "효는 어버이를 섬기는 일에서 시작하여 다음에는 나라를 위해 일하고, 마지막에는 자신이 성공하여 이름을 날리는 것이다(개종명의장)."[59]라고 하였으며, 『예기』에 "효자가 어두운 곳에서 일을 하지 않으며 위험한 곳에 오르지 않는 것은 어버이를 욕되게 할까 두렵기 때문이다(곡례상편)."[60]라고 하였다. 『성경』에 "무릇 지킬만한 것보다 더욱 네 마음을 지키라. 생명의 근원이 여기에서 남이니라(잠언 5:23)"라 하였고, 『불경』에는 "우주만물 중에서는 '나' 자신이 가장 존엄한 존재다(서응경)."[61]라고 하였으며, 『격몽요결』에 "예의에 어긋나는 것은 보지 말고, 예의에 어긋나는 것은 듣지 말고, 예의에 어긋나는 것은 말하지 말고, 예의에 어긋나는 것은 행하지 말라. 이

57) "身體髮膚 受之父母 不敢毁傷 孝之始也."
58) "立身行道 揚名後世 以顯父母 孝之終也."
59) "孝始於事親 中於事君 終於立身揚名."
60) "孝子不服闇 不登危 懼辱親也."
61) "天上天下唯我獨尊."

네 가지는 몸을 닦는 데 가장 요긴한 것이다. 예의와 예의에 어긋나는 것을 처음 공부하는 이는 분별하기 어려우니, 반드시 사물의 이치를 깊이 궁리하여 밝혀서 다만, 이미 아는 데까지 만이라도 함께 행한다면 생각한 바가 이미 반을 넘었다 할 것이다(지신장)."[62], "마땅히 신심(身心)을 바르게 해서 표리(表裏)가 하나 되게 하여 아무리 깊숙한 곳에 있어서도 드러난 곳에 있는 것같이 하고, 혼자 있더라도 여럿이 있는 것같이 해서 내 마음이 명백하여 조금도 은페하기나 의혹하는 것이 없어서 남들이 나를 볼 수 있도록 할 것이다(지신장)."[63], "날마다 자주 자기 몸을 돌이켜 자세히 검사하여서 혹시 마음이 올바른 데 있지 않은가, 학문이 진보되지 않는가, 행실에 힘쓰지 않는가를 살핀다. 만일 이 세 가지 중에 한 가지라도 있으면 이것을 고치고, 없으면 더 힘써서 부지런히 하고 게으르지 말아서 자기 몸이 죽은 뒤에라야 그만둘 것이다(지신장)."[64]라고 하여 자기 성실을 강조하고 있다.

이처럼 자기 자신은 부모님으로부터 받은 소중한 존재이므로 자신을 사랑하는 마음을 기초로 타인을 사랑함과 함께 타인에게서 신의를 얻는 등 부모님이 원하시는 방향으로 자기 자신을 이끌어야 하는데, 이처럼 자신에게 충실하는 효를 자기적 효라고 한다.

62) "非禮勿視非禮勿聽非禮勿言非禮勿動四者修身之要也禮與非禮初學難辨必須窮理而明之但於已知處力行之則思過半矣."

63) "當正身心表裏如一處幽如顯處獨如衆使此心如靑天白日人得而見之."

64) "每日頻自點檢心不存乎學不進乎行不力乎有則改之無則加勉孜孜毋怠斃而後已."

나. 가정적 효

> **Tip**
> '가정적 효'는 가정윤리와 가족사랑을 기초로 가족구성원이 서로를 위하며, 각자의 도리를 다하는 효이다.

'가정적(家庭的) 효'는 가정에서 가족구성원 각자가 서로를 위해 도리를 다하는 것을 말한다. 가족구성원은 부모, 형제, 자매, 부부 등 혈육으로 맺어진 관계를 말한다. 부모는 자식을 사랑하고, 자식은 부모를 공경하는 가운데 형은 아우를, 동생은 형을 위하고, 언니는 동생을, 동생은 언니를 위하며 부부가 서로 존중하는 등 가족구성원이 상부상조하는 가운데 사랑을 실천하는 것인데, 이렇게 가족구성원이 서로를 위하는 마음으로 서로 사랑하는 것을 가정적 효라고 한다.

가정은 우리에게 특별한 의미를 준다. 우리가 가정에서 태어나 가정에서 자라고, 가정에서 행복을 찾아간다. 이처럼 가정의 중요성 때문에 우리나라는 5월을 '가정의 달'로 정하고 가정의 소중함을 일깨우고 있다. 『명심보감』에 "가정이 화목하면 모든 일이 잘 이루어진다(家和萬事成)."고 했고, 『대학』에 "몸과 마음을 닦아 수양하고 집안을 가지런히 하며 나라를 다스리고 천하를 평정할 수 있다(修身齊家治國平天下)."고 했다. 가정이 화목하지 않고, 가정이 평탄치 않고, 가족을 잘 이끌지 못하는 상태에서는 어떤 일도 이루어내기 어렵다. 그래서 가정을 인생의 안식처, 사랑의 보금자리 등으로 표현한다. 그렇다면 성공적인 가정, 화목한 가족은 어디에서 오는 것일까? 그것은 부모는 자식을 사랑하고, 자식은 부모에게 효도하는 효(孝)와 제(弟), 자(慈)에서 온다. 맹모삼천지교(孟母三遷之敎)와 단기지훈(斷機之訓)은 가정에서 효 교육사례라 할 수 있다. 맹자의 어머니가 아들을 교육시키기 위해 세 번이나 이사했고, 아들이 공부하러 갔다가 어머니가 보고 싶다 하여 수학 할 기간을 다 채우지 않고 중도에 집으로 돌아왔다 해서 그의 어머니는 짜던 베를 끊어 경계했는데, 아들 맹자는 이러한 어머니의 뜻에 따르며 어머니를 기쁘게 해드리기 위해 노력하다 보니 성현으로 칭송받는 인물이 될 수 있었다. 그러나 오늘날의 어머니들은 학교가 좋다는 학군(學群)을 따라 이사하는 일은 맹모를 닮아가고 있지만, 자식의 잘못에 대해 나무라는 일은 매우 부족한 것으로 보인다. 바람직한 가정은 진정한 의미의 부자자효(父慈子孝)와 부자유친(父子有親), 부위자강(父爲子綱)이 살아 있어야 하며, 부모의 본보기를 우선으로 자식이 따라 행할 때에 가정적 효가 잘 지켜나갈 수 있는 것이다.

다. 사회적 효

'사회적(社會的) 효'는 가정에서 돌봄을 받지 못하는 어린이나 노인을 타인과 이웃, 종교 및 사회 단체가 보살펴주는 인류봉사의 효를 말한다. 제①권 『효의 패러다임과 현대적 효』에 수록된 사례 중에 [**사례 20:** 한국인 슈바이처 '이태석 신부'], [**사례 21:** 입양한 장애아를 최고의 수영선수로 키운 '양정숙 여사'], [**사례 30:** 효녀 가수 현숙 씨의 노인 돌봄]의 경우라 할 수 있다. 현대와 미래사회의 복지 욕구가 늘어나면서 사회복지라는 용어와 함께 '보편적 복지', '맞춤형 복지', '한국적 복지'라는 용어가 등장했다. 그러나 아무리 좋은 복지정책이라 해도 가정이 안정되지 않

Tip
'사회적 효'는 사회가 나서서 가정에서 보살핌을 받지 못하는 어린이와 고령자 등 사회적 약자를 보살피는 것이다.

으면 진정한 의미에서의 복지를 누릴 수 없다.

사회란 통상 '가정－사회－국가'라는 표현에서 보듯이, 가정을 벗어난 영역에서 공동생활을 하는 모든 형태의 인간 집단을 뜻하며, 마을 · 종교 · 계급 · 정당 · 회사 등이 포함된다. 그리고 사회생활은 인간이 사회의 일원으로서 집단적으로 모여서 질서를 유지하며 살아가는 공동생활을 뜻한다. 『목민심서』「애민육조」에 노인을 봉양하는 일(養老), 고아를 거두어 보살피는 일(慈幼), 병으로 고통 받는 사람을 돕는 일(寬疾) 등의 내용이 나오는데, 이 또한 사회적 효에 속하는 내용이라 할 수 있다.

우리 사회는 최근 들어 가정의 보살핌을 받지 못하고 생활하는 어린이와 노인들이 늘어나고 있다. 그러한 어린이를 보호하고 상담하며 사회적으로 보살피고, 가정에서 자녀들로부터 부양받지 못하는 노인을 보살피는 효가 사회적 효이다. 특히 현대 고령사회의 노인문제는 심각하다. 오늘날 '노후난민(老後難民)'이라는 용어가 등장했는데, 이는 가정의 문제로만 볼 수 없다. 가난의 대물림과 함께 나이 많고 병들고 소득 없는 노인들에게 사회적 도움을 주어야 하는데, 이러한 역할을 하는 사람들을 일컬어 사회적 효를 실천하는 사람으로 표현한다. 그리고 노인 복지는 노인들이 원하는 쪽으로의 정책이 발전되어야 하는데 노인들이 그동안 생활해왔던 가족과 터전, 알고 지내던 사람들이 함께 공동체를 이루고 소외되지 않게 건강한 노년을 보낼 수 있도록 보살피는 일이 사회적 효라 할 수 있을 것이다. 주변에는 가정의 안식처를 잃고 고통 받는 노인들이 있는데, 이들에 대해 가족을 대신해서 이웃과 사회가 나서서 돕는 효이다.

따라서 사회적 효는 가정의 보살핌이 아닌 이웃, 종교, 동호인들로부터 보살핌을 받는 효이다. 예컨대 지역단위로 운영되고 아동보호 및 상담소, 마을 단위로 행해지는 경로잔치, 종교단체에서 노인들을 대상으로 실시하는 무료 급식, 독거노인에 대한 요양보호 활동, 지하철이나 버스에서 노인에게 자리를 양보하는 일 등이 포함된다. 최근 결손가정이 아닌 정상가정이면서도 행동장애, 정서장애 등 적응장애를 겪고 있는 아이들, 치매 등 노인성 질환으로 고생하는 노인들이 늘어나고 있다. 이들에 대해 가정에서 보호받지 못하는 삶을 이웃과 사회가 보듬어야 할 것인데, 예컨대 박봉에도 소임을 다하다가 순직한 고(故) 이청호 경사의 자녀교육비를 후원하기로 한 두산그룹의 미담 사례[65]도 사회적 효라고 할 수 있다.

라. 국가적 효

'국가적(國家的) 효'는 정부가 주축이 되어 법과 제도 등을 통해 가정의 기능을 회복시키고 사회를 훈훈하게 만들어 가는 효를 말한다. 제①권 『효의 패러다임과 현대적 개념』에 제시된 **[사례 32: 정조대왕과 오륜행실도]**, **[사례 33:**

Tip
'국가적 효'는 정부가 주축이 되어 법과 제도 등을 통해 효를 권장하며, 국가차원에서 가정적·사회적 효를 관리하는 것이다.

65) 2011년 12월 12일 이청호 경사를 비롯한 대한민국의 해양경찰이 우리 영해를 침범하여 불법조업을 하던 중국 어선을 단속하는 과정에서 중국 선원들이 휘두른 흉기에 순직한 이청호 경사의 세 자녀(2남 1녀)에게 두산그룹 연강재단에서 대학을 졸업할 때까지 학비를 지원키로 하고 2012년 1월 16일 장학증서를 전달하였음.

어린이날, 어버이날, 노인의 날 제정과 효], [사례 34: 효행장려 및 지원에 관한 법률과 효] 등이 이에 해당된다. 그리고 『효행장려 및 지원에 관한 법률』을 통한 효문화진흥원 설립, 효행자에 대한 주거 및 세제를 지원하는 일, 『노인복지법』, 『저출산고령사회기본법』, 『다문화가족지원법』, 『노인장기요양보험법』 등에서 가족과 가정을 돌보는 내용이 국가적 효에 해당된다.

과거 삼국시대나 고려시대, 조선왕조시대에는 조정(朝廷)이 직접 나서 효를 권장한 예가 있다. 21세기는 저출산 · 고령화 현상 등 정부가 직접 나서서 출산을 장려하고 고령자를 보살피는 문제에 대하여 관심을 가져야 하는 시대가 되었는데, 이처럼 국가(정부)가 나서서 제도적으로 효를 구현하는 것을 국가적 효라고 한다.

우리는 예로부터 '충효일신(忠孝一身)', '충효일본(忠孝一本)' 이라 하여 가정윤리인 효와 국가윤리인 충이 함께 하는 것으로 여겨온 면이 있다. 『후한서』에 "나라를 구할 충성된 신하는 반드시 효자의 가문에서 나온다."[66], 『효경』에 "어버이를 섬기는 효심을 임금에게 옮기면 그것이 곧 충이다."[67], 『충경』에 "무릇 충이란 자신에게서 일어나 집안에서 드러나고 나라에서 완성되는데 실행하는 것은 모두 한결같다. 그러므로 그 몸을 하나로 하는 것은 충의 시작이요, 그 집안을 한결같게 하는 것은 충의 중간단계요, 그 나라를 하나로 만드는 것은 충의 마지막 단계이다. 몸이 하나가 되면 모든 복록이 이르게 되고, 집

66) "求忠臣必於 孝子之門."
67) "君子之事親, 故忠可移於君."

안이 한결같게 되면 모든 친족이 화목하게 되며, 나라가 하나가 되면 만인이 다스려지게 된다."[68]고 한 것처럼 건강한 가정이 모여서 건전한 사회, 부강한 국가가 될 수 있다는 점에서 정부차원에서 효를 구현할 필요가 있는데, 이러한 효를 국가적 효라고 한다.

2. 미래 가치로서의 효

앞으로 다가올 세상에서 효는 어떤 작용을 하게 될 것인가? 사람들은 대체로 효를 과거의 전통 가치 정도로 생각하는 경향이 있으나 그건 그렇지 않다. 아무리 세상이 바뀌고 변한다 해도 변할 수 없는 것이 있는데, 그것은 바로 부모와 자식의 관계이고, 부모와 자식의 관계를 사랑으로 연결시켜 주는 그 무엇이 있어야 하는데, 그것을 우리는 효라고 한다. 이런 의미에서 효는 전통적 가치이면서 미래 가치로 보아야 하는데, 가정에서 부모 · 자식의 원초적 사랑으로 형성된 인간관계가 이웃과 사회, 나라와 자연으로 확대되어야 하기 때문이다.

가치(價値, Value)는 '인간정신의 목표가 되는 보편타당의 당위(當爲)', '인간행동의 기준이 되는 주요원칙', '어떤 대상이 인간관계에 의하여 지니게 되는 중요성' 등으로 해석된다. 그러므로 미래(未來) 가치란 앞으로 다가올 세상에서 인간의 정신적 목표가 되고 행동의 기준이 되는 원칙이 무엇이 될 것인가에 대한 답이 될 것인데, 필자는 그 중

68) "夫忠興於身 著於家 成於國 其行一焉. 是故 一於其身 忠之始也 一於其家 忠之中也 一於其國 忠之終也. 身一則百祿至 家一則六親和 國一則萬人理."

에 하나가 효라는 보편적(普遍的) · 이타적(利他的) 가치라고 본다. 이는 "장차 한국 문화가 세계 인류 문명에 기여할 것이 있다면 그것은 바로 효 사상일 것이다."라는 미래 학자 '아놀드 토인비', 그리고 "세계 어디에서도 노인이 대한민국에서처럼 존경받는 곳은 없다. 한국의 노인 공경은 다른 문명국의 모범이 되고 있으며 다른 나라가 본받을 만한 일이다."라는 『한국찬가』와 『25시』의 작가 '콘스탄틴 게오르규' 가 예찬한 바 있다. 특히 오늘날 한국이 안고 있는 현안과제, 예컨대 학교폭력, 묻지마 범죄, 저출산 문제, 고령화 문제, 다문화가정의 문제 등은 효와 무관할 수가 없다. 복잡 다양해지는 현대의 삶의 현장에서 노인부양을 기피하고 결혼과 아이 출산을 망설이는 젊은 세대가 많아지면서 자연스럽게 외국인과 결혼해서 살게 되는 가정이 늘어나는 것은 필연이다. 그리고 이러한 문제를 해결할 수 있는 철학적 가치 · 덕목 · 윤리가 필요한데 그 중의 하나가 효이다. 이 내용에 대해서는 제①권(효의 패러다임과 현대적 개념)의 제8장(p. 389~418)에 자세히 설명했으며, 제목 위주로 정리하면 〈표 14〉와 같이 제시할 수 있다.

〈표 14〉 한국의 현안과제와 미래 가치로서의 효[69]

① 가정의 역할 및 기능 회복에서의 효
② 교육의 문제와 효
③ 한국적 복지구현과 효
④ 저출산 문제와 효
⑤ 고령화 문제와 효
⑥ 다문화가정의 문제와 효
⑦ 학교폭력 및 묻지마 범죄와 효

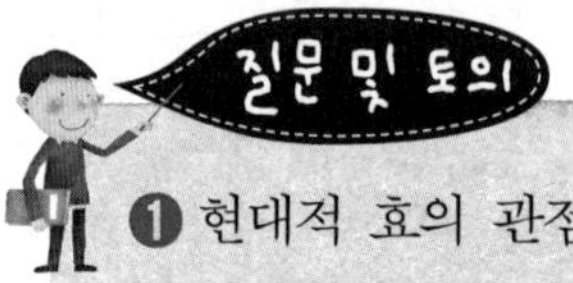

❶ 현대적 효의 관점에서 패러다임의 중요성과 가치에 대해 주관적 입장에서 발표해봅시다.

❷ '효심'과 '효행'에 대해 전통적 효와 현대적 효의 관점에서 공통점과 차이점을 설명하고, 효행의 이유와 방법을 각자의 입장에서 발표해봅시다.

❸ 효의 본질적 의미와 개념적 의미를 통해 효에 대한 정의(定義)를 주관적 입장에서 발표해봅시다.

69) 김종두, 『효의 패러다임과 현대적 개념』, 명문당, 2011, pp.389－418

제 2 장

'소통'은 효와 리더십의 전제(前提)

현대 사회에서 소통(疏通)의 중요성이 부각되고 있다. 소통을 해야 대통(大通)을 할 수 있기 때문이기도 하지만, 소통이 아닌 불통(不通)으로는 가정과 학교, 사회적으로도 정상적인 리더십을 발휘할 수 없기 때문이다. 이런 이유에서 소통은 효와 리더십의 전제이다. 전제(前提)란 어떠한 사물이나 현상을 이루기 위하여 논리적으로 추리(推理)를 해 나갈 때 먼저 내세우는 것을 말한다. 가정에서 부모와 자녀, 학교에서 교사와 학생, 군대에서 상관과 부하 사이에 소통이 되지 않으면 효행도 리더십도 기대하기 어려울 수밖에 없다. 최근 소통지능, 소통경영, 소통정치 등 소통과 관련된 다양한 용어를 보게 되는 것도 그 때문이다.

현대사회는 개인의 욕구(欲求)와 요구(要求)가 다양해진 가운데 각각의 개성을 가진 사람들이 함께 어울려 살아가다 보니 자연스럽게 소통의 필요성과 중요성이 부각되고 있다. 특히 우리나라는 그동안 '잘 살아보세' 라는 성장일변도의 산업화 정책을 추진하는 과정에서 빠른 의사결정에 의존했던 것도 이유가 되긴 하지만, 리더 중심의 독단적 의사결정이 체질화된 면과도 관련이 있다 하겠다. 따라서 지식 · 정보화시대, 문화의 시대인 21세기를 살아가는 우리로서는 상호 존중과 배려를 통한 쌍방향 패러다임을 견지해야 한다. 그리고 소통은 의사(意思)만이 아닌 가치(Vlaue), 비전(Vision), 미션(Mission) 등 패러다임까지를 포함하는 소통이 되어야 한다.

I 소통(疏通)이 요구되는 시대

1. 소통의 의미와 중요성

Tip
소통의 반대는 '불통'이다. 불통의 상태를 생각하면 소통의 중요성을 알게 된다. 소통이 안되면 효율성과 효과성이 떨어진다는 점에서 소통은 리더십의 전제이다.

오늘날의 21세기를 지식 · 정보화의 시대, 문화의 시대라고 한다. 그러면서 소통의 중요성이 부각되고 있는 가운데 소통의 형태도 변화하고 있다. 예컨대 어린아이 생일에 초대된 친구끼리 스마트폰 문자에 의존해서 대화를 한다든가, 또는 학교 교실 안에서도 학우들끼리 대화보다 스마트폰에 의존하는 현상이 일어나고 있다는 점이다. 때로는 과학의 발달이 우리의 삶을 좋지 않은 방향으로 몰고 가는 것이 아닌가 하는 생각도

든다. 따라서 인간은 욕구의 동물, 사회적 동물이며 관계적 존재라는 점에서 과학에 의존하는 것보다 과학을 활용하는 지혜와 함께 사람과 사람, 가슴과 가슴으로 의견을 나누는 소통이 필요하다고 하겠다.

소통(疏通)의 의미는 글자(漢字)에 잘 나타나 있는데, 소통은 '트일 소(疏)'와 '통할 통(通)' 자의 합자임에서 보듯이, 막히지 아니하고 잘 통하는 상태, 뜻이 서로 통하여 오해가 없는 상태를 말한다. 그러니 오해가 없으려면 문자보다는 몸과 마음으로 소통을 해야 한다. 소통과 반대되는 말이 불통이다. 불통의 상태를 생각하면 소통이 왜 중요한지를 알게 된다. 『동의보감』에 "통하면 안 아프고, 통하지 않으면 아프다(通卽不痛 不通卽痛)."라고 했는데, 인체에서 기(氣)와 혈맥(血脈)이 제대로 흐르지 않으면 어떤 부분이 막히게 되고, 막힌 곳에서는 통증이 유발되기 마련이다. 이른바 어혈(瘀血)이니 담(痰)이니 하는 것이 그것이다. 우리 몸이 이러하듯이 조직에서도 소통이 되지 않으면 효율성(效率性)과 효과성(效果性)이 떨어질 수밖에 없다는 점에서 리더십에서는 소통이 매우 중요하다. 소통은 흔히 인체의 혈관기능에 비유하기도 한다. 예컨대 사회에서도 언로(言路)가 막히면 듣는 말들이 왜곡되거나 듣기 좋은 소리만 들으려 하는 현상이 나타날 수 있다. 때문에 '간쟁의 효'와 같이 거슬리는 소리라도 귀를 기울여야 한다. 이처럼 한의학에서 첫 번째 단계가 막힌 것을 뚫어 혈관을 소통시키는데 있듯이 가정과 학교, 종교, 군대, 직장 등의 리더십에서도 언로가 막히지 않아야 하는 것이다. 가령, 부모와 자녀가 불통 상태라면 자녀의 탈선을 막기 어렵고 늙으신 부모님을 봉양하기도 어렵다. 학교 친구들 간에도 소통이 원활하면 신뢰 관계가 유지되겠지만, 그렇지 못하면 작은 문제가 자칫 큰 문제로 비화되기가 쉽다. 특히 지위가 높고 낮음에 관계없이 입장의 처함이 다를지라도 상호 존중하고 배려하는 마음을 가져야 한다. 때문에 나의 생각을 말하지 않고 무조건 남의 주장을 잘 들어주라는 것은 진정한 의미에서 소통이라 할 수 없다. 나의 생각과 소신을 이야기하되 상대편의 입장과 마음도 헤아려 공감하도록 하는 것이 소통이다. 최근 정치권에서 소통의 문제가 자주 거론되고 있는 이유도 국민들이 볼 때 정치인들의 진정성(眞正性)이 부족하다고 보이기 때문이다. 상호 존중과 배려하는 모습이 아닌 상호 비방과 기만 등 흑색선전으로 일관하는 오늘날 우리 정당들의 모습은 편가르기 등으로 오히려 소통에 장애를 주고 있다. 때문에 국가를 이끌어가는 정치 지도자들부터 소통에 모범을 보일 필요가 있다고 하겠다.

2. 소통의 수단과 적용 범위

Tip
소통의 수단은 언어적 요소보다 비언어적 요소의 의존도가 크다. 소통의 적용범위는 '의사(意思)' 뿐아니라 비전과 가치 · 정책 등이 포함돼야 한다.

소통은 본디 의사소통(意思疏通, communication)의 줄임말에서 나왔다. 즉 각자가 가지고 있는 의사(意思)가 서로 통해야 한다는 뜻이다. 그런데 이런 의사(意思)는 언어적 요소보다 비언어적 요소가 더 큰 비중을 차지한다는 것이 통설이다. 언어학자인 엘버트 메라비안(Albert Mehrabian)은 "의사(意思)를 전달함에 있어서 말과 글 등 언어수단은 7%에 불과하고 손짓, 눈빛, 몸짓, 스킨십 등 비언어적 수단이 93%에 이른다." 고 했다. 공자도 "말을 교묘하게 하고 얼굴빛을 꾸미는 사람이 어진 경우는 드물다."[70]하여 비언어적 소통에 대해 은유적으로 표현한바 있다. 이에 비춰볼 때 가정에서도 언어적(言語的) 수단보다도 비언어적(非言語的) 수단이 더 큰 영향을 주게 된다.

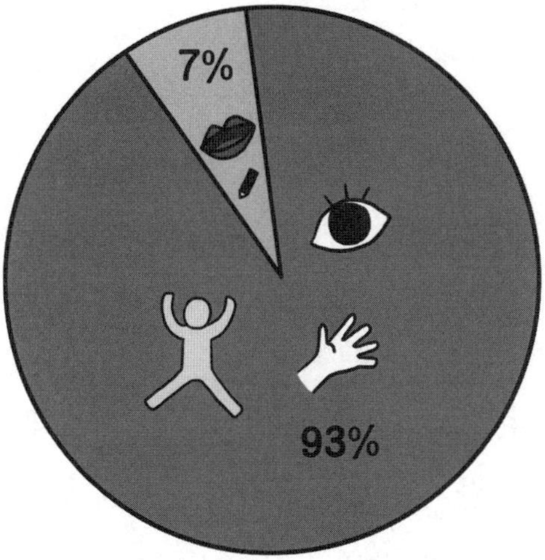

예컨대 가정에서의 태교, 모유수유, 밥상머리 교육 등은 다분히 언어보다 비언어적 수단으로 봐야 한다. 태교(胎敎)에 있어서 6개월 정도가 경과된 태아는 청각기능이 완전히 발육된 상태라서 부모가 독서, 음악, 대화 등으로 뱃속의 아이를 자극하게 되면 출산 전 태아의 지능이 발달하는 것으로 나타났는데, 이 또한 산모(産母)의 사랑이 심장박동 소리 등에 의해 아기에게 전달된 것으로 볼 수 있다. 모유수유(母乳授乳)에 있어서도 젖을 먹이는 산모나 유아가 함께 서로의 사랑을 확인하면서 심장박동소리를 들으면서 시선을 교환하는 전달효과가 있는 것으로 나타났다. 밥상머리 교육도 마찬가지다. 엄마가 차려준

70) 『논어』「양화편」: "巧言令色 鮮矣仁."

밥상의 음식을 먹으면서 나누는 대화 속에는 엄마 사랑이 녹아들어 있는 것이다. 또한 학교 교육에서도 선생님이 지식을 전달하는 데서 가르침을 얻는 것이 아니라 선생님의 눈빛과 몸짓을 보고 학생은 스승의 가르침을 받아들이는 것이다.

다음은 소통의 적용범위에 관해서이다. 소통은 자기의 생각을 말하는 '의사(意思)' 뿐 아니라 비전과 가치, 정책과 사업 집행 등 패러다임 전반에 관한 내용까지도 포함해야 한다. 예를 들면, 학교 무상급식과 보육비 집행으로 예산이 바닥 난 지방자치단체의 재정 문제를 들 수 있는데, 충분한 소통이 됐다고 말하지만 진행과정을 들여다보면 소통이 제대로 되지 않았음을 알게 된다. 예컨대 학교재정을 무상급식에 쏟아붓다 보니 시급한 시설보수도 하지 못하게 되고, 지자체의 보육비 지원 등의 정책추진에 많은 문제들이 나타나고 있는데, 이런 현상은 정책과 비전 등이 포함된 소통이 아닌 단순 대화에서 나온 결과로 볼 수 있다. 정책과 사업을 비전과 전략이 생략된 상태에서 선심성으로 집행하다 보면 결국 부메랑이 되어 '문제'를 안은 채 돌아올 수밖에 없는 것이다. 그래서 소통은 정직하고 용기 있는 사람만이 진정으로 할 수 있는 것이라고 보고 있다.

3. 소통은 상호성에 기초한 쌍방향 커뮤니케이션

"가는 말이 고아야 오는 말이 곱다", "윗물이 맑아야 아랫물도 맑다", "Give & Take" 등의 표현은 상호적 관계를 나타내는 말이다. 그렇기 때문에 소통을 단순한 의사전달(Communication skill)의 문제가 아니라 타인에 대한 이해와 배려, 존중이 기반이 된 상호작용(Mutual understanding)의 문제이다. 이런 이유에서 원활한 소통이 되기 위해서는 우선 상대방과의 차이를 인정하려는 자세가 필요하다. 상대방은 틀린(Wrong) 생각을 가진 존재가 아니라, 나와 다른(Different)생각을 가진 존재로 이해하는 자세가 바로 소통의 기본자세라는 것인데, 상대방에 대한 편견을 버리고 다양성을 인정하는 마음가짐을 가져야 한다. 그리고 상대방이 뭘 원하고 있는지를 생각하며 소통하는 자세를 가져야 하는데, 상대방과의 차이를 인지했다면 그다음으로는 상대방에게 적합한 소통, 즉 맞춤형 소통방식을 모색해야 한다. 그리고 소통 그 자체가 중요한 것이 아니라 소통을 통해 자신을 변화시키려는 마음이 있어야 한다. 소통을 통해 자신을 변화시키는 것은 소통의 패러다임 변화(Paradigm shift)를 의미한다. 따라서 본인 중심의 사고를 버리고 타인과 소통하려는 노력을 통해 리더는 본인 중심의 독단적 소통방식보다는 구성원의 의견을 경청하고 존중하는 자세, 구성원을 동반자로 인식하는 가운데 비전과 가치를 공유하는 조직문화를 구축해 나가야 한다.

소통경영(疏通經營)이라는 말이 있다. 적극적인 소통을 통해서 조직이나 모임을 효과적으로 경영하고 관리하는 방법을 소통경영이라고 한다. 예컨대 가족구성원들이 아버지의 권위에 짓눌려 할 말을 제대로 못하고 눈치만 본다면 언젠간 그 가정에 큰 불화가 일어나는 것처럼 회사나 국가도 마찬가지이다. 권위적이고 폭압적인 지도자나 경영자 밑에선 행복할 수가 없다. 혈관에 노폐물이 쌓여 혈류를 막는 것을 동맥경화라고 하듯이, 혈관계통의 이상은 바로 소통이 안되는 데서 오는 것이다. 그래서 조직이 비대해질수록 그 조직은 동맥경화를 앓게 되어 결국 소통장애가 발생하게 되고 이로 인해, 최고결정권자와의 소통의 길도 막히게 된다. 따라서 소통경영을 보다 효과적으로 하기 위해서는 구성원들의 소통욕구를 높여주고 소통기술을 훈련시켜야 한다. 여기서 리더가 주의할 점은 소통이 안 되는 것이 마치 아랫사람의 잘못인 것처럼 생각하는 것이다. 하지만 조직의 소통장애는 대부분 윗사람들 때문에 발생한다는 것임을 알아야 한다. 예컨대 엄부(嚴父) 밑에서 자녀들이 오금이 저려 말도 못하고 고개만 숙이고 있는 가정이 있다고 하면, 그것은 자녀들의 잘못이 아닌 것이다. 따라서 소통지능을 높이기 위한 훈련은 조직원 전부에게 필요하지만 무엇보다도 리더가 먼저 깨달아야 한다. 위가 바뀌면 아래는 자연히 바뀌게 되는 것이 조직의 생리이기 때문이다.

II 소통은 효행(孝行)의 실마리

'실마리'는 어떤 일이나 사건을 풀어 나가게 하는 첫머리를 말한다. 따라서 소통은 효행의 대상인 부모, 그리고 효행의 주체인 자식이 '효(HYO)'를 하기 위해 풀어나가야 할 첫머리이다. 즉 부모는 자식을 사랑하고, 그 사랑을 받은 자식이 부모님께 보은(報恩) 하기 위해서는 서로를 위하는 마음이 통해야 한다는 점에서 소통은 효행의 실마리인 것이다. 그리고 그러한 소통은 자식의 도리 이전에 부모의 도리가 전제(前提)되어야 한다. 그 전제는 부모의 정성어린 태교(胎教)와 산후(産後)의 모유수유(母乳授乳), 밥상머리 교육 등 기본이 따르지 않고서는 효도를 기대하기 어렵다는 점이다. 따라서 소통과 효의 관계를 가정윤리로서의 효, 보편적 · 이타적 가치로서의 효, 행위적 · 실천적 관점에서의 효 등으로 구분하여 살펴본다.

1. 가정윤리로서 효와 소통

Tip
가정에서의 소통은 '효'와 같은 기본가치가 지켜져야 하고, 가정의 화목은 소통을 전제로 한다. 따라서 효와 소통이 잘되면 가정윤리는 저절로 서게 된다.

가정윤리로서의 효는 가정에서 가족구성원이 서로의 도리를 다하는 것을 말한다. 또한 소통은 가족구성원 간의 원활한 커뮤니케이션의 상태를 말한다. 가정은 가족이 생활하는 집, 또는 가까운 혈연관계가 있는 사람들이 모여 있는 생활 공동체이다. 그리고 가족은 혼인과 혈연의 관계로 인해 구성된 사람이다. 최근 어린이들이 강아지와 고양이 등 애완동물을 가족으로 알고 있는 경우가 있는데, 이는 잘못된 현상이다. 다만 애완동물은 사람들이 좋아하여 가까이 두고 귀여워하고 즐기는 것이므로 가족간 소통에 도움을 준다고는 할 수 있다.

가정은 가족의 모든 구성원이 편안하고 행복한 삶을 이루는 소망을 가진 곳이다. 『명심보감』에 "자식이 효도하면 부모가 즐겁고, 가정이 화목하면 만사가 이루어진다(子孝雙親樂 家和萬事成)."고 한 것처럼, 효는 가정의 화목과 행복을 가져다주는 것이다.

최근 서구 문물이 여과 없이 들어오고 농경사회에서 산업사회 · 정보화 사회로 대가족에서 핵가족 제도로 변화되면서 가정의 역할과 기능이 약화되는 면이 있다. 그러나 아무리 세상이 변한다 해도 가정의 역할과 기능은 유지되어야 하는데, 여기에서 철학적 기초로 작용하는 것이 효이고, 이를 원활하게 하는 것이 소통이다. 특히 핵가족으로 맞벌이 부부 시대가 되면서 가정에서 밥상머리 교육 등 소통의 기회를 만들기가 점점 어려워지고 있다.

가정을 사회의 축소판으로 보는 이유도 가정에서 가족구성원 관계는 곧 사회구성원 관계로 출발하기 때문인데, 가정이 무너지면 자녀교육은 물론이고 행복 자체를 기대할 수 없다. 특히 사회활동의 근간을 이루는 요소는 사람이며, 사회활동이 시작되는 곳이 가정이다. 그리고 부모와 자식의 관계를 비롯한 가족구성원의 관계를 연결해주는 것이 소통이다. "세 살 버릇 여든 간다."는 속담처럼 결과적으로 어렸을 때부터 소통을 경험한 사람은 친구와 스승, 윗사람과도 소통을 잘하게 되는 것이다. 이런 점에서 가정의 윤리이자 가족사랑을 의미하는 효는 소통과 밀접한 관계를 가지게 되는 것이다.

2. 보편적 · 이타적 가치로서 효와 소통

효를 보편적 · 이타적 가치로 보는 견해는 광의(廣義)적인 효 개념이다. 보편적(普遍的)이란 '모든 것에 공통되거나 들어맞는 것', '두루 널리 미치는 것'을 의미한다. 효를 보편적 가치로 보는 것

Tip
보편성과 이타성을 가진 사람은 대인관계가 원만할 수밖에 없는데, 그 이유는 광의적 의미의 효를 실천함으로써 타인들로부터 호감과 신뢰를 받기 때문이다.

은 하늘의 이치에 따라 어느 가정에서든 부모와 자식, 형제와 자매 등은 서로 사랑하며 화목하게 지내야 하고, 가정에서 형성된 따뜻한 마음을 타인과 이웃, 사회와 국가, 자연으로 확대해야 하기 때문인데, 여기서도 소통을 전제로 한다. 이타적(利他的)이란 자신보다 남을 이롭게 한다는 의미로 부모는 자식을 사랑하고, 자식은 부모를 사랑하는 것도 이타적 현상이다. 특히 부모와 자식이 사랑을 나누는 사람일수록 가족뿐 아니라 타인과 이웃을 사랑하는 마음이 깊다는 점을 예견할 수 있는데, 이 또한 소통에서부터 시작되는 것이다.

효를 보편적 · 이타적 가치로 보는 이유는 세상이 아무리 변한다고 해도 부모와 자식의 관계는 존속될 수밖에 없으며, 부모와 자식 사이에 형성된 사랑의 감정이 이웃과 사회, 국가와 자연으로 확대된다는 점에서다. 보편성 · 이타성을 달리 표현하면 하늘의 이치에 따라 순리적으로 삶을 살아가는 모습이라 할 수 있다. 우리는 예부터 하늘을 경외(敬畏)하고 인간을 널리 이롭게 하는 홍익인간(弘益人間) 정신에 바탕을 두고 살아온 천손(天孫) 민족이다. 우리의 전통문화인 효는 홍익정신의 기반이다. 이는 인류만이 아닌 자연까지도 이롭게 하라는 홍익인간 정신은 고조선(B.C. 2333~B.C. 108)의 건국이념임과 동시에 대한민국 교육의 이념이다.

보편적 가치로서의 효는 하늘의 뜻에 따라 가정에서의 효를 널리 이웃과 사회, 국가와 자연으로까지 확대하여 적용하는 것이니 여기에도 소통이 전제되어야 하는 것이다. 『효경』에 "사람의 행위 가운데 효보다 큰 것이 없고, 효는 부모를 공경하는 것보다 큰 것이 없으며, 부모를 공경하는 것은 하나님과 같은 (짝을 이루는) 존재로 생각하는 것보다 더 큰 것이 없다(성치장)."[71]하여 하늘의 뜻과 연계하고 있고, 『성경』에 "구약법에 있어 하나님을 저주한 자나, 부모를 저주한 자나 사법적 형량은 동일한 사형이다(레위기 20:9, 24:15).", "부모를 거역하는 것은 성령을 거스르는 것이므로 성령은 이러한 사람들을 반드시 사망케 한다(마태복음 15:4, 로마서 1:32)."고 했으며, 『맹자』에도 "하늘의 명령에 순종하는 자는 생존하고, 하늘의 명령을 거역하는 자는 망한다(이루 상편)."[72]라고 했다. 이처럼 부모와 자식의 관계는 인륜(人倫)이 아닌 천륜(天倫)으로서 하늘이 맺어준 관계인 것이다.

이타적 가치로서의 효는 가정에서의 효를 이웃과 사회, 국가와 자연으로까지 이타적으로 확대하여 적용하는 것이니 여기서도 소통이 전제되어야 한다. 『효경』에 "부모님을 섬기는 사람은 윗자리에 있어도 거만하지 않고, 아랫자리에 있어도 질서를 어지럽히지 않으며, 같은 무리와 함께 있어도 서로 다투지 않는다(기효행장)."[73], "부모님을 사랑하는 사람은 다른 사람을 미워하지 않고, 부모님을 공경하는 사람은 다른 사람을 업신여기지 않는다(천자장)."[74]고 했고, 『맹자』에 "자기 집 노인을 공경하여서 그 마음의 다른 집 노인을 공경하는 데까지 미치게 하고, 자기 집 어린이를 사랑하여서 그 마음의 다른 집 어린이를 사랑하는 데까지 미치게 한다. 이렇게 마음을 쓴다면 천하

71) "人之行莫大於孝 孝莫大於嚴父 嚴父莫大於配天."
72) "順天者存 逆天者亡."
73) "事親者 居上不驕 在醜不爭."
74) "愛親者 不敢惡於人 敬親者 不敢慢於人."

를 쉽게 다스릴 수 있다(양혜왕 상)."[75], "리더(군자)는 금수(禽獸)에 대해 그 살아있는 것을 보고서는 그것이 죽는 것을 차마 보지 못하며, 그 죽는 소리를 듣고서는 차마 그 고기를 먹지 못하는지라, 군자는 주방과 푸줏간을 멀리하는 것이다(양혜왕 상편)."[76]라고 했으며, 『예기』에 "수목(樹木)은 때에 맞춰 베고 금수(禽獸)도 때에 맞춰 죽이지 않으면 효가 아니다(제의편)."[77] 『격몽요결』에도 "항상 온순하고 공손하며, 자애로우며, 남에게 은혜를 베풀며, 사물을 구제함으로써 마음가짐을 삼고, 만약 남을 침노하며 사물을 해치는 따위의 일들은 조금도 마음속에 두어서는 안 된다. 무릇 사람들은 자기에게 이롭게 하려고 반드시 남이나 다른 사물을 침해하게 된다. 그러므로 배우는 자는 먼저 이기심을 끊어 버린 다음에야 이것으로써 어진 것을 배울 수 있다."[78]라고 했는데, 이러한 이타성은 효에서 나오게 되는 것이다.

3. 행위적 · 실천적 관점에서 효와 소통

효를 행위적 · 실천적 개념으로 보는 견해는, 효는 실천적 영역이며 실천하지 않는 효는 의미가 없기 때문이다. 예컨대 부모가 자식을 돌보아야 한다는 것을 알고 있으면서도 돌봄의 실천이 없는 부모의 행

75) "老吾老以及人之老 幼吾幼以及人之幼 天下可運於掌."
76) "君子之於禽獸也 見其生 不忍見其死 聞其聲 不忍食其肉 是以君子 遠庖廚也."
77) "樹木以時伐焉 禽獸以時殺焉 不以其時 非孝也."
78) "常以溫恭慈愛惠人濟物, 爲心, 若其侵 人害 物之事, 則一毫不 可留於心曲, 凡人, 欲 利於己, 必至 侵害人物, 故學者, 先絕利心, 然後 可以學 仁矣."

위는 부모사랑으로서의 가치가 없고, 자식이 늙으신 부모님에게 말로만 효도하겠다고 하면서 실천하지 않는 것은 하늘의 이치를 어기는 것임은 물론 부모님의 속을 두 번 상하게 하는 결과가 된다. 따라서 효는 실천이 따라야 하는데, 여기에서도 소통이 되지 않으면 안되는 것이다. 실천의 영역으로써 효는 '3통'의 효와 '7행'의 효로 구분할 수 있다.

> **Tip**
> 효는 '실천'에서 가치를 찾는다. 효가 실천되려면 소통이 전제되어야 한다. 그리고 현대적 효가 실천되기 위해서는 '3통 7행의 실천적 효' 패러다임이 필요하다.

가. '3통'의 효와 소통

'3통'이란 종교를 초월하는 통교(通教), 시대를 초월하는 통시(通時), 이념을 초월하는 통념(通念)을 의미하는 것으로 소통을 강조하는 개념(概念)이다. 유구한 역사를 이어온 우리 민족의 자랑스러운 유산은 경천애인(敬天愛人)과 홍익인간(弘益人間)정신이며, 그 선(善) 의지(意志)의 중심축은 효(孝)사상이다. 효(孝)사상은 우리 민족의 정체성을 발현해 온 원동력이며 숭고한 정신적 자산이다. 그런데 시대의 급격한 변화는 우리의 삶을 이끌던 올바른 가치관들을 깊은 혼돈에 빠뜨리는 우(愚)를 범하고 말았다. 이러한 때에 인간을 인간답게 지켜내고 세대, 지역, 계층간 갈등을 불식시키며, 종교적, 이념적 위화감을 화해와 평화로 용해해 낼 수 있는 힘은 오직 효(孝)정신으로 소통하는 길 밖에는 없다. 따라서 효(孝)를 실천하기 위해서는 3통이어야 하는데, 정리하면 〈표 15〉와 같다.

〈표 15〉 '3통'의 효

① 통교적 효	② 통념적 효	③ 통시적 효

첫째, 효는 종교와 종파를 포괄하는 통교(通教)적인 가치이다. 어떤 종교든 부모를 공경하라고 가르치고 있고, 부모에게 효도하는 삶이 종교의 가르침을 바르게 따르는 삶이므로 소통하는 것이 중요하다.

둘째, 시대와 공간을 아우르는 통시(通時)적인 문화이다. 부모와 자식의 관계는 아무리 세상이 변한다 해도, 어떤 나라를 간다고 해도 있기 마련이다. 따라서 효는 시대를 초월하는 가치이고 문화이므로 세대간의 소통을 중요시해야 한다.

셋째, 이념과 사상을 뛰어넘는 통념(痛念)적인 정신이다. 효는 공산주의와 민주주의의 이념을 초월한다. 때문에 효가 살아야 한다. 효가 살면 나라가 살고 모두가 살 수 있다. 효는 사랑을 실천하는 보편적 · 이타적 가치이므로 소통이 전제되어야 한다.

나. '7행'의 효와 소통

'7행'의 효는 '효를 실천해야 할 일곱 가지 행동'으로 가정윤리의 효를 확대해서 보편적 · 이타적 개념으로 해석하는 것이다. 이는 한국효운동단체 총연합회에서 효 비전으로 선포한 내용을 일부 수정한 내용이다. 효 연합회의 효 비전은 「①경천애인(敬天愛人) 실천 ②부모 · 스승 · 어른 공경 ③가족사랑 ④자식 · 어린이 · 제자 사랑 ⑤이웃사랑 · 인류봉사 ⑥나라사랑 ⑦자연사랑 · 환경보호」 등으로 '가족사랑'과 '이웃사랑'을 분리해서 7가지로 제시했지만, 필자는 ⑤번에 '자기 사랑'을 넣고 가족사랑과 이웃사랑을 수평적 개념으로 보아서 하나로 묶은 것인데, 여기서도 소통이 전제되지 않고서는 일곱 가지의 효행을 리더십과 연계할 수 없는 것이다. 필자가 제시한 '7행'은 '천상평하기국자(天上平下己國自)'라는 용어로 압축하면 이해 및 암기하기가 쉽다.

첫째, (天): 경천애인을 실천하는 리더십이어야 한다. 이는 하늘의 뜻을 공경하며 타인을 사랑한다는 의미다. 부모와 자식의 관계는 인륜이 아닌 천륜인 관계로 하늘의 뜻에 따라야 하는 것이다. 부모에게 잘 못하는 자식이나 자식에게 잘 못하는 부모에게 "천벌을 받을 것이다!"라고 하는 이유도 이 때문인데, 인간은 종교 등을 통하여 하늘과 소통하려는 자세가 요구된다.

둘째, (上): 부모 · 어른 · 스승 공경을 실천하는 리더십이어야 한다. 가정에서 부모를 공경하는 마음으로 어른과 스승을 공경해야 하는데, 그러기 위해서는 부모 · 어른 · 스승과 소통이 전제되어야 한다.

셋째, (平): 가족과 이웃사랑을 실천하는 리더십이어야 한다. 가족이란 부부와 같이 혼인으로 맺어지거나, 부모 · 자식, 형제 · 자매와 같이 혈연으로 이루어진 구성원을 뜻한다. 가정에서 형제 · 자매끼리의 화목을 통해서 부모를 기쁘게 해드리고, 그런 마음으로 가까이에 사는 사람들, 즉 이웃에 사는 사람들에 대한 사랑을 실천해야 하는데 소통이 전제되어야 한다.

넷째, (下): 자식 · 어린이 · 제자에 대한 사랑을 실천하는 리더십이어야 한다. 자식은 인륜이 아닌 천륜으로 하늘이 준 축복이다. 이러한 자식을 사랑하는 마음으로 어린이를 사랑하고 제자를 사랑해야 하는데 소통이 전제되어야 한다.

다섯째, (己): 자기 사랑을 실천하는 리더십이어야 한다. 자기 사랑은 자기 성실을 의미한다. 세상을 살아가면서 자기 자신에게 주어진 사명에 대해 엄격해야 하고 성실함으로써 입신양명(立身揚名)의 길을 가야 하는데, 여기서도 자기 자신과의 소통으로 셀프리더십을 발휘해야 한다.

여섯째, (國): 나라사랑을 실천하는 리더십이어야 한다. 나라는 일정한 영토와 국민, 그리고 주권(主權)으로 구성된다. 따라서 나는 국민에 해당하므로 국가가 있어야 나라 가족이 주권을 가지고 살아갈 수 있는 것이다. 나라는 나의 가정과 가족을 지켜주고 보호해준다. 때문에 나라가 있어야 하며 나라를 사랑해야 하는데, 여기에도 소통을 통해 국가지도자와 국민이 함께 해야 하는 것이다.

일곱째, (自): 자연사랑 · 환경보호를 실천하는 리더십이어야 한다. 자연과 환경은 우리가 세상을 살아갈 수 있도록 해주는 천연 자원이다.

이를 사랑함으로써 부모형제, 내 나라가 온전하도록 해야 하는데 소통이 전제되어야 한다. 이러한 일곱 가지 행동으로 실천해야 할 효를 정리하면 〈표 16〉과 같이 나타낼 수 있다.

〈표 16〉 7행의 효

① (天): 경천애인(敬天愛人)을 실천한다.
② (上): 부모와 스승, 어른을 공경한다.
③ (平): 가족을 사랑하며 이웃을 사랑한다.
④ (下): 자식, 어린이, 제자를 사랑한다.
⑤ (己): 자기 자신을 사랑한다.
⑥ (國): 나라를 사랑한다.
⑦ (自): 자연을 사랑하고 환경을 보호한다.

III 소통은 리더십 발휘의 관건

Tip
리더십의 결과는 리더와 부하의 소통의 산물로 나타난다. 소통이 없는 집단이나 조직에서는 '리더십'도 있을 수 없다.

관건(關鍵)은 어떤 문제를 해결함에 있어서 가장 중요한 부분이 되는 것을 뜻한다. 소통은 리더십을 발휘하는데 있어 리더와 구성원이 상하동욕(上下同欲)을 추구하는데 가장 중요하게 영향을 미친다는 점에서 하나의 관건이다. 리더십은 리더와 구성원, 상황이라는 세 요소의 역동적 작용에 의해 발휘되는데, 이 세 요소 간 소통이 되지 않으면 리더십 자체가 성립될 수 없는 것이다. 여기서 중요한 것은 리더와 구성원(팔로어) 간의 소통뿐 아니라 상황(환경)과의 소통도 중요하다. 리더와 팔로어에게 공히 영향을 미치는 상황요인을 유리하게 작용하도록 하기 위해서는 소통의 자세가 필요하다는 점에서 소통은 리더십의 관건인 것이다.

1. 소통과 경청의 리더십

경청(傾聽)은 상대방의 말에 귀를 기울여 듣는다는 의미이다. 소통에서 경청이 중요한 이유는 상대편의 말을 들어줄 때 비로소 상호 교호적 작용이 일어나기 때문이다. 우리는 흔히 상대방의 말을 들을 때는 귀로 듣지 말고 가슴(마음)으로 들으라고 한다. "상대의 말을 들어줌으로써 마음을 얻는다."는 이청득심(以聽得心)은 정주영 회장의 좌우명으로 알려지고 있다. 성인(聖人)으로 일컫는 공자(孔子)도 나이 육십이 되어서야 귀를 열고 순하게 듣는 이순(耳順)의 경지에 도달했다고 했을 정도로 경청의 자세를 유지하기가 쉽지 않다. 이런 의미에서 경청은 소통을 위한 전제이자 관건인 셈이다.

Tip
경청은 소통의 전제이자 조건이다. 상대가 경청하기를 바라기 전에, 말하는 자신이 먼저 기본적인 도리를 지킬 때 상대방도 더욱 경청하려 하게 된다.

사람은 소통이 안되면 답답함을 느끼면서 끝내 스트레스로 연결되고 주변 환경요인의 영향 등으로 암(癌) 발병과도 연계된다고 한다. 즉 소통과 경청이 잘 되면 암은 예방할 수 있다는 말이다. 여기서 말하는 '癌(암)' 은 곧 정신적 스트레스와 연관되기 때문인데, 이는 암(癌)이라는 한자에 잘 나타나 있다. 암(癌)자를 파자해 보면 '병들어 누울 녁

(疒)' 자와 세 개의 '입 구(口)' 자, 그리고 '뫼 산(山)' 자가 합해져서 만들어진 글자이다. 다시 말하면, "병들어 누워 있는 환자는 평소 입이 세 개라서 하고 싶은 말이 많은 법인데, 그걸 '산(山)' 이 가로막고 있다 보니 말을 못해서 병(癌)이 생겼다."는 해설이다. 알려져 있다시피 암(癌)은 외부에서 침입한 세균이나 바이러스 등 외부요인보다도 정신적 스트레스 등 자기 몸의 내부 원인에 의해 발병하는 비율이 높은 것으로 알려져 있다. 이렇듯 상대방의 말을 들어줌으로써 상대의 마음을 편하게 해주는 것이 중요한데, 그 방법은 '청(聽)' 이라는 글자를 통해 알 수 있다. '聽(청)' 자를 파자해보면 '귀 이(耳)', '임금 왕(王)', '열 십(十)'. '눈 목(目)', '하나 일(一)', '마음 심(心)' 으로 구성돼 있다. 즉 "백성의 의견을 잘 듣는 귀(耳)를 가져야 백성들로부터 존경받는 훌륭한 임금(王)이 될 수 있으며, 백성의 의견을 들을 때는 열(十) 개의 눈(目)으로 백성들을 살피면서 백성과 하나(一)된 마음(心)이 되도록 들어야 한다."는 뜻이 담겨 있다. 리더가 가져야 할 이러한 자세는 "지혜는 들음으로써 생기고, 후회는 말함으로써 생긴다(영국 속담).", "듣고 있으면 내가 이득을 얻고, 말하고 있으면 남이 이득을 얻는다(아라비아 속담)."는 표현에서 경청의 중요성을 발견할 수 있다.

그런데 경청에서 간과해선 안될 것이 있다. 그것은 상대방이 자신의 말을 들어주기를 원한다면, 말을 하는 자신부터 기본적인 예의와 도리를 지키면서 말을 해야 한다는 점이다. 예컨대 수업에 임하는 교사와 학생이 기본 예의가 결여된 상태라면 서로가 하는 말을 듣기 어렵고, 법정에서 법관이 막말을 해댄다면 듣기 거북하며, 국회의원이 막말을 해대는 것도 국민으로서 경청하기 어렵다. 때문에 말에는 격

(格)이 있어야 하고 정직과 진실성이 바탕이 되어야 한다. "상대를 적으로 만들고 싶다면 내가 상대보다 잘났다는 사실을 증명하면 되고, 친구로 만들고 싶다면 상대가 나보다 잘났다는 점을 느끼게 해주라."는 격언은 이를 뒷받침하고 있다. 소통의 목적이 상대와 어우러져 하모니를 이루는 데 있다면 먼저 상대를 존중하고 배려하는 마음으로 말을 들어주라는 것이다. 앞에서 이청득심(以聽得心)은 정주영 회장의 좌우명인데, 목계지덕(木鷄之德)은 이병철 회장의 좌우명으로 알려져 있다. 목계지덕(木鷄之德)은 "나무 닭처럼 움직임을 무겁게 하고 교만함과 조급함, 성냄의 눈빛이 아닌 온화한 눈빛으로 듣는다. 상대가 어떤 말을 하더라도 목계처럼 참고 듣는다."는 의미라고 한다. 이병철 회장은 목계지덕 문구를 거실에 걸어 놓고, 상대의 어떤 모욕에도 화내지 않고 나무 닭처럼 들어준다는 신조(信條)를 지킴으로써 대한민국의 경제를 일으키는 큰 리더십을 발휘할 수 있었던 것이다.

2. 소통과 상호 존중 · 배려의 리더십

경청과 마찬가지로 상호 존중과 배려 또한 소통에서 중요하다. "덕이 있는 사람은 외롭지 않다. 반드시 이웃이 있다(德不孤必有隣)."는 말에는 존중과 배려의 중요성이 담겨있다. 이 말은 『논어』에 나오는 공자(孔子)의 말이다. 인간에게는 존엄과 배려의 인(仁)이 있어야 한다는 공자의 인(仁) 철학(哲學)은 한국을 비롯한 동아시아 인본주의(人本主義)의 근

Tip
선생님이 좋아야 과목이 재미있는 법이다. 좋아하게 되는 선생님은 학생을 존중하고 배려하는 선생님이다. 존중과 배려는 리더십의 효과를 배가 시킨다.

간이 되어 우리의 무의식 속에 남아 있다. "존중과 배려는 인간은 본디 세상에서 가장 소중한 존재이며, 그런 까닭에 인간은 존중받아야 할 권리가 있고 서로 배려해야 할 의무가 있다."[79]는 논리에서 출발한다. 이런 맥락에서 존중과 배려는 소통의 전제인 셈이다.

존중(尊重)은 사전적으로 '높이어 귀중하게 대한다.', 배려(配慮)는 '도와주거나 보살펴 주려고 마음을 쓰다.'는 의미이다. 존중과 배려에 대한 설명은 이솝우화 '여우와 황새'에서 그 예를 찾아볼 수 있다. 여우는 황새를 골탕 먹이기 위해 황새를 자기 집으로 초대하여 음식을 대접했다. 그런데 음식을 넓고 바닥이 납작한 접시그릇에 담아 내놓았던 탓에 황새는 하나도 먹을 수가 없었다. 결국 황새는 배가 고팠지만 맛있게 먹는 여우의 모습만 바라볼 수밖에 없었다. 이 일을 당한 황새가 여우를 초대했는데, 황새는 목이 긴 병에 음식을 담아 여우 앞에 내놓았다. 마찬가지로 여우는 먹을 수가 없었고 맛있게 먹고 있는 황새의 모습만 바라볼 수밖에 없었다. 상대방의 입장에서 바꾸어 놓고 생각하는 역지사지(易地思之)에 문제가 있었던 것이다. 이 일로 인해 결국 황새와 여우는 관계가 소원해질 수밖에 없었다는 일화이다. 사람의 관계는 특히 역지사지 입장에서 상대방을 존중하고 배려하는 것이 중요하다. 그런 가운데 소통이 원활해질 수 있기 때문이다.

한국의 역사에서 소통을 가장 잘한 리더를 꼽는다면 세종대왕과 이

79) 정두근, 『덕불고』, 21세기 북스, 2012, p.7

순신을 들 수 있다. 세종대왕은 국정을 수행하면서 백성의 말에 귀를 기울이는 노력과 백성을 배려하는 마음에서 한글을 창제했고 선정을 베푼 임금으로 알려지고 있다. 이순신 역시 한 번의 사형(死刑) 언도와 두 차례의 백의종군(白衣從軍)을 당하면서도 오직 나라와 백성을 위하는 마음으로 풍전등화(風前燈火)의 위기를 극복했던 인물이지만, 그의 리더십에는 백성과 부하 장병의 의견을 존중하고 배려하는 정신이 저변에 깔려 있었다. 이렇듯이 존중과 배려는 소통의 전제이자 리더십의 관건인 것이다.

3. 소통과 갈등관리의 리더십

Tip
갈등상태의 개인 · 조직 · 집단은 리더십의 성과가 나타나기 어렵다. 갈등관리의 실마리는 '소통'이고, 소통은 상대를 이해하고 배려하는 데서부터 시작된다.

갈등(葛藤)이란 칡과 등나무라는 뜻이다. 칡과 등나무가 서로 복잡하게 얽히는 것과 같이 개인이나 집단 사이에 의지나 처지, 이해관계 따위가 달라 서로 적대시하거나 충돌을 일으킴을 이르는 말이다. 또한 갈등이란 개인의 마음속에 상반되는 두 가지 이상의 감정이나 의지 따위가 동시에 일어나 갈피를 못 잡고 괴로워하는 것을 말하기도 한다. 사회는 서로 다른 이해관계를 추구하는 개인과 집단으로 구성되어 있으며, 이들이 대립과 경쟁, 갈등과 변화의 관계에 있다고 주장하는 이론을 갈등이론이라고 한다.

현대사회는 정보통신기기가 발달되면서 오히려 소통의 저해 현상이 발생하는 경향이 있다. 스마트폰, 모바일, 디지털 TV, 카톡, 페이

스북, 트위터, 블로그, 와이브로, 인터넷 등은 증가했지만 오히려 갈등 현상은 더욱 깊어지고 있다. 그 이유는 홍익인간 정신과 같은 상대를 존중하고 배려하는 마음이 부족한데서 나온 결과이다.

그렇다면 이러한 갈등요인을 치유하는 길은 무엇인가, 그것은 바로 소통을 잘하도록 하는 일이다. 갈등현상을 소통으로 풀어야 하는데, 소통의 방법 중에 하나는 상대방의 말과 행위에 공감하는 것이다. 이런 사례가 있다. 어느 한 노인이 말기 암(癌) 판정을 받고 얼마 남지 않은 삶을 이어가고 있었다. 그런데 그 노인은 암 환자라는 충격으로 말미암아 얼마 남지 않은 자신의 삶을 비관하며 난폭한 행동을 보이기 시작했다. 가족이나 주위 사람에게 심한 욕설을 퍼붓는가 하면, 사소한 일에도 마구 트집을 잡곤 하였다. 사람들은 조금씩 그의 주변에서 떠나기 시작할 즈음 평소 할아버지와 가깝게 지내던 동네에 사는 한 소년이 할아버지의 입원소식을 듣고 병문안을 다녀간 일이 있었다. 30분 정도 할아버지를 만나고 간 이후부터 노인의 모습은 확연히 달라지기 시작했다. 말투도 부드러워지고 사람들에게도 친절하게 대했다. 이러한 노인의 모습에 놀란 가족이 소년을 찾아가 물어보았다. "애야, 도대체 할아버지에게 어떤 이야기를 했기에 할아버지의 태도가 바뀐 것이니?" 소년의 답은 간단했다. "저는 아무 이야기도 하지 않았어요. 다만 저는 할아버지가 너무 안쓰러워서 할아버지와 함께 울었을 뿐이에요."라는 것이었다. 소년이 노인의 고통을 자신의 고통처럼 생각하고 함께 눈물을 흘리는 순간, 죽음에 임박한 노인의 아픔이 치유되었던 것이다. 이처럼 자기의 삶과 의지를 포기해야 하는 암 환자의 복잡한 마음을 풀어주는 데는 공감이 제일이다. 이처럼 소통은 공감을 통해서 원활해지고 소통이 원활해질 때 갈등의 실마리를 풀어가는 리더십이 가능하게 되는 것이다.

❶ 소통이 왜, 리더십 발휘의 전제이자 관건이 되는 지를 경청, 존중과 배려, 갈등관리 등과 연계하여 발표해봅시다.

❷ 소통의 수단, 그리고 소통의 적용 범위에 대하여 발표해봅시다.

❸ 소통을 효행의 실마리라고 합니다. 가정윤리로서의 효, 보편적·이타적 가치로서의 효, 행위적·실천적 관점에서의 효를 소통과 연계하여 발표해봅시다.

제 3 장

리더십의 변천과 의의(意義)

효와 리더십의 관계를 이해하고, 이를 기초로 효와 리더십을 연계하기 위해서는 리더십은 무엇이고, 언제, 어떤 모습으로 시작되어 어떻게 변화되어 왔으며, 우리의 삶에 있어서 왜 중요한지를 이해할 필요가 있다. 그랬을 때 21세기 한국에 요구되는 리더십은 어떤 리더십이며, 왜 효가 바탕이 되어야 하는지를 이해할 수 있기 때문이다. 대체로 리더십은 인류의 출현과 함께 시작되었지만 이것이 현대적 이론으로 체계화된 것은 서양에서 20세기 초부터인 것으로 알려지고 있다. 그리고 이때의 리더십 주체는 리더였다. 그러나 시대가 변하면서 리더십은 리더뿐 아니라 구성원과 상황이라는 3대 요소의 역동적 관계 속에서 발휘된다는 점에 대해 관심을 가지게 되었다. 이렇게 리더십의 패러다임이 변화하면서 리더십 이론도 발전하게 되었다. 그리고 리더십 정의(定義)도 구성요소 [리더, 구성원, 환경] 중 어떤 요소에 초점을 두느냐에 따라 다양한 형태로 나타나게 되었다. 그렇지만 분명한 것은, 사람은 사회적 동물인 까닭에 누군가에 이끌리고, 누군가를 이끌며 살아갈 수밖에 없고, 그러한 인간관계에 미치는 영향요인도 시대의 변화와 함께 변해왔다는 점이다. 이런 맥락에서 리더십은 어떤 모습으로 형성되고 리더십 이론이 변화되어 왔는지에 대한 이해를 바탕으로 리더십의 본질적 의미와 정의를 살펴본 다음, 현대 리더십의 변화추세와 리더십의 역할 및 기능에 대해 살펴본다.

I 리더십의 형성과 이론의 변천

1. 리더십의 형성

Tip
리더십의 형성은 인류의 출현과 동시이지만, 이론으로 체계화된 것은 1900년대 초부터이다.

리더십은 인류의 시작과 함께 존재했던 것으로 알려지고 있다. 본디 인간은 누군가를 이끌고, 누군가에 이끌리며 살아가는 존재이기 때문이다. 다만 리더십이라는 용어의 출현과 이론의 발전은 인류문명의 발전과 함께해왔다고 볼 수 있다. 그리고 이런 인간관계의 시작은 가정에서부터이고, 가정에서 가족의 조화를 추구하는데서 리더십이 시작됐다고 할 수 있으며, 그 원리에 대한 연구가 리더십 이론으로 발전되어 왔다고 볼 수 있다.

공자(孔子, B.C. 551~B.C. 479)는 "세 사람이 길을 가면 그 중에 반드시 나를 이끌어 주는 사람, 즉 리더가 있기 마련이다(三人行必有我師焉)." 라고 했고, 『대학』에는 "리더는 먼저 자기의 심신(心身)을 닦고 집안을 정제(整齊)한 다음에 나라를 다스리고 천하(天下)를 평정할 수 있다(修身齊家治國平天下)."하여 다른 사람의 모범이 되어야 진정한 리더가 될 수 있다고 했다. 또한 노자(老子)의 『도덕경』에는 "리더가 없는 듯이 행동하더라도 과업을 성공적으로 해낼 수 있어야 한다(以無爲而有爲)." 즉 과업이 모두 완성되었을 때 "부하들이 우리가 그 일을 우리 스스로 해냈다."라고 생각하도록 지도력을 발휘하는 리더가 진정한 리더라고 했다.[80] 그리고 세조(世祖, 1417~1468)는 『병장설』[81]에서 "인의에 근본하지 않으면 적이 없어도 (내부의 적에 의해) 자멸하고 말 것이다(不本仁義 則無敵自破)."라 하여 리더는 사랑(仁)을 베풀고 의로움(義)을 잃지 않아야 한다는 점을 강조하였다. 정약용(丁若鏞, 1762~1836)은 수기안인(修己安人), 즉 "나 자신을 먼저 수양하고 백성을 편안하게 해주어야 한다."를 강조하면서 리더의 자질을 강조하였다. 그러면서 『목민심서(牧民心書)』 서문에 "리더(君子)의 학문은 수신(修身)이 반이고, 목민(牧民)이 반이다."라고 하면서 리더의 자기 수양을 통한 리더십 역량을 쌓아야 한다는 점을 강조하고 있다. 또한 군주에게 있어서 민(民)은 통치의 대상이긴 하지만 언제든지 계기가 주어지면 주체로 전환될 수 있는 가능성이 있다고 함으로써 민본주의(民本主義)를 주장하기도 하였다.

80) 박태섭 譯, 『무위경영』, 선재, 1999, pp.102~124
81) 세조, 『병장설(군사문헌집①)』, 국방부 전사편찬위원회, 1983, pp.7~9

리더십은 어느 집단과 조직을 막론하고 인류가 출현한 이래 많은 사람들에게 관심의 대상이 되어 왔다. 이를 테면, 이집트의 상형문자로 된 리더십(seshemet) · 리더(seshemu) · 부하(shemsu) 등은 5,000년 전에 쓰인 것으로 추정되고 있고, 리더와 리더십이라는 단어는 영국의 옥스퍼드 백과사전(1943년 발행)의 기록에 의하면, 리더는 12세기, 리더십은 19세기 초에 등장한 것으로 나타나 있다.[82)]

서양에서의 리더십은 기원전 1,400년에 "재판관을 세울 때는 재주와 덕을 겸비한 자를 지도자로 임명하였다."라는 『모세 5경』을 비롯하여 플라톤(Platon, B.C. 427~B.C. 347)의 『국가론』 등에 잘 나타나 있다. 그리스의 대철학자이자 정치사상가인 플라톤은 '동굴의 비유'에서 "리더인 철인(哲人)은 동굴 밖을 내다보지 못하는 사람들을 선(善)의 이데아인 태양의 세계로 향하도록 인도해야 한다."면서 리더의 존재와 역할을 강조했는데, "리더란 철인, 즉 현자의 능력을 보유하여 인류가 염원하는 이상주의로 안내할 수 있는 자로서 범인(凡人)들과 인식의 차원이 달라야 한다."[83)]고 하였다. 또한 그리스의 플루타르크(?~?)는 그의 저서 『플루타르크 영웅전』에서 "리더는 높은 도덕심과 정의감에 입각하여 리더십을 발휘해야 하며, 그럼으로써 구성원에게 덕(德)스러운 마음을 일으키게 할 수 있다."고 하였다. 이처럼 동양과 서양의 리더십 관(觀)은 도덕과 윤리성을 포함한 인격 중심의 리더십이

82) 남기덕 외, 『리더십』, 학지사, 1994, p.14

83) 박치정, 『21세기 조직을 움직이는 지도자와 리더십』, 삼경문화사, 2000, pp.98~99

주장되었음을 볼 수 있다.

중세 및 근세의 리더십은 종교적 교훈이 지배적인 사회적 분위기 속에서 최고권위의 근거를 신(神)에 두고 있었기 때문에 종교적 · 윤리적 기준이 요구되었다. 그리고 중세의 윤리적 기준은 고대보다 더욱 엄격했으며 전제적이고 명령적인 형태로 발휘되었다고 할 수 있다. 이러한 윤리적 기준은 기사도 및 중세의 군대 리더들의 애국심과 명예심을 강조하는 기초가 되었다. 한편, 중세 리더십이 윤리적 측면을 강하게 내포하는 것과는 다르게 보다 현실적인 통치차원의 리더십 관(觀)을 형성하고 있는 것도 있었다.[84] 리더십의 형태를 지배(支配)라는 개념으로 인식하고 지배자와 피지배자 간에 있어 권리의 정당성에 대한 근거에 따라 지배구조의 유형을 분류하기도 하였다.[85]

이처럼 리더십은 인류가 사회공동체를 이루기 시작한 이래로 동 · 서양을 막론하고 인류 공동의 선(善)의 추구와 올바른 삶으로 유도하기 위해 지속적으로 연구되어온 주제였다. 그리고 이러한 리더십은 특정한 시기에 그 중요성이 부각되었다가 사라지는 성격이 아니라 인류 역사와 함께 해 왔음을 알 수 있는데, 이런 것은 효 사상과도 맥을 같이 하는 것으로 볼 수 있다.

84) 마키아벨리(1469~1527)는 『君主論』에서 리더는 잔인성, 부정직성을 지녀야 하며, 리더가 이끌 조직의 힘보다 리더 개인의 힘을 더 중시하는 등 인간의 성악설(性惡說)에 가까운 리더십 관을 가지고 있었음.

85) 베버(1864~1920)는 지배구조의 유형을 전통적 지배, 카리스마적 지배, 합법적 지배로 분류하였음.

2. 리더십 이론의 변천

Tip
리더십 이론은 특성론, 행동론, 상황론에 이어 변혁론으로 변화되고 있다. 그리고 변혁론은 도덕적 가치를 기준으로 변화와 혁신을 추구하는 리더십이다.

리더십의 원리는 인류의 기원과 함께 존재한다고 할 수 있지만, 리더십 이론에 대한 체계적인 연구가 본격적으로 이루어진 것은 미국에서 20세기 초부터인 것으로 알려지고 있다. 그리고 현대로 오면서 진정성(眞正性)에 바탕을 둔 윤리와 도덕을 중시하는 리더십으로 변화하고 있다. 리더십 연구의 초기 이론들은 대부분 리더십의 유효성이 리더의 자질과 행동, 상황요인 등 주로 리더의 역할에 초점이 맞추어져 있었다. 그러나 1980년대 이후부터 리더만이 아닌 구성원과 상황요인 등이 모두 '그 이상'의 역할을 통해 유효성을 높일 수 있다는 변혁적 리더십에 관심을 갖기 시작했다. 이러한 리더십 이론의 발전과정은 대체로 특성론 · 행동론 · 상황론 · 변혁론으로 변화과정을 거쳐 발전되어오고 있다. 그리고 1980년대를 기점으로 해서 그 이전을 전통적 리더십으로, 그 이후를 현대적 리더십으로 구분하는데 특성론, 행동론, 상황론 등을 전통적 리더십으로, 변혁적 리더십이 발표된 1980년 이후의 리더십을 현대적 리더십으로 분류한다.

특성론(特性論)은 "리더는 선천적으로 타고 난다."는 관점에서 접근한 이론이다. 아리스토텔레스(Aristotle)가 "인간은 출생의 순간부터 추종자와 지배자로 운명 지어진다."고 한데서 '위인론'과 '특성론'이 대두되기 시작했다. 이 이론은 대략 1920년대부터 1950년대에 이르기까지 스톡딜(Stogdill)을 중심으로 전개되었는데, 스톡딜은 리더십과 연관된 인간적 특성을 5개 범주로 구분했다. 첫째, 재능(capacity)으로, 이는 지능 · 기민성 · 언어의 유창성 · 독창력 · 판단력 등 지적능력과 관련된 것들이다. 둘째, 성취(achievement)다. 이는 학문 · 지식 · 운동선수의 성공 등 성과와 연관되는 것으로, 그러한 특성을 가진다는 것이다. 셋째, 책임(responsibility)이다. 이는 신뢰 · 솔선 · 인내력 · 적극성 · 자신감 · 성취욕 등의 특성을 가지는데, 책임질 줄 아는 것이 리더의 모습이라는 것이다. 넷째, 참여(participation)이다. 이는 활동성 · 사교성 · 협동성 · 적응성 등을 통해 참여의식이 높아진다는 것이다. 다섯째, 지위(status)이다. 이는 사회적 위치 · 경제적 위치 · 인기 등의 특성으로 분류하였다. 이처럼 특성론은 주로 리더의 내면적인 면에 초점을 맞추어 연구되었는데, 이 이론은 성공적인 리더와 성공적이지 못한 리더, 리더인 사람과 아닌 사람을 구분시켜 주는 특성이 무엇인지를 규명하는데 초점을 두고 있다. 즉 리더의 신체적 특성, 성격적 특성 등이 리더십을 좌우한다는 접근법이다. 그러나 이 접근법은 리더는 부하들이 따르고 싶고 뭔가 다른 면, 즉 카리스마의 강약을 선천적으로 타고나는 것으로 인식하고 있으나 리더십을 결정지어주는 일반화된 특성이 존재하기 어렵고, 이를 검증할 만한 이론적 근거가 미약하다는 평가에 따라 리더의 선천적 특성보다는 행위적인 면에 관심을 가지게 되면서 행동론이 등장했다.

행동론(行動論)은 리더와 구성원의 관계에 초점을 맞추어 구성원에게 바람직한 영향을 미치거나, 집단이나 조직의 유효성을 높이는 리더의 행동 유형이 무엇인가를 규명하는 데 초점이 맞춰진 이론이다. 이는

1950~60년대에 이르기까지 아이오와 대학, 오하이오 주립대학, 미시간 대학 등에서 연구되었다. 맨 처음 아이오와 대학에서는 리더의 행위에 따라 권위적 · 민주적 · 자유방임적 리더십으로 분류하였고, 오하이오 주립대학의 연구에서는 구조 주도성과 배려성 차원에 의한 리더십 유형으로 분류하였으며, 미시간 대학의 연구에서는 직무중심 지도자의 행동과 종업원 중심 지도자의 행동으로 구분하였다. 그 후 브레이크(Blake)와 머튼(Mouton)에 의해 다섯 가지의 관리격자 이론이 나왔는데, 인간에 대한 관심(y축)과 생산에 대한 관심(x축)을 양 축으로 했을 때 태만형 · 권위형 · 사교형 · 중도형 · 팀형으로 구분하는 등 리더가 팔로어에게 바람직한 영향을 미치거나, 집단 및 조직의 유효성을 높이는 행동유형이 무엇인가를 규명하는 데 중점을 두고 있다. 이 접근법은 리더와 부하의 관계가 업무 중심적인가, 관계 중심적인가에 따라 여러 유형의 리더십형태로 분류하였다. 이 이론들은 리더와 부하, 그리고 조직이 처한 상황에 따라 리더와 팔로어가 영향을 받게 된다는 점이 부각되면서 상황론이 등장하였다.

상황론(狀況論)은 효과적인 리더십은 지도자의 개인적 특성, 지도자의 행위, 리더십 상황 요인 간의 상호작용이 리더십 성패를 좌우한다고 보는 접근이론이다. 1970~90년대에 이르기까지 피들러(Fiedler)의 상황론, 하우스(House)의 경로-목표이론, 허쉬(Hersey)와 브랜챠드(Blanchard) 등에 의해 연구된 상황적 리더십 유형 등이다. 피들러의 '상황론'은 조직의 상황에 영향을 미치는 변수를 3가지로 보는데, 하나는, 지도자와 조직원 사이의 인간관계이고, 둘은, 조직의 과업구조 상태이며, 셋은, 지도자의 지위권력(포지션 파워) 상태 등에 따라 리더의 행위를 과업중심 또는 관계중심을 택한다는 것이다. 다음 하우스의 '경로-목표이론'은 조직 구성원의 지각(知覺)여부를 중요시하는 것으로, 리더가 상황적 요인을 고려하여 목표달성을 위한 적절한 경로를 제시할 때, 구성원이 그것을 어떻게 지각하느냐에 따라 효과성이 달라진다는 것이다. 즉 리더의 행위를(리더 행위) 상황요인을 고려(상황적 요인)하여 목표달성을 위한 적절한 경로를 제시할 때, 구성원이 그것을 어떻게 지각하느냐(구성원 지각)에 따라 효과성이 달라진다는 것이다. 허쉬와 블랜챠드의 '상황적 리더십 유형'은 조직상황의 변수와 구성원의 성숙도(능력 · 의욕 유무)에 따라 리더의 리더십 행위가 지시형(능력과 의욕이 모두 낮은 경우), 지도형(능력은 있으나 의욕이 낮은 경우), 지원형(능력은 낮으나 의욕이 높은 경우), 위임형(능력과 의욕이 모두 높은 경우) 등을 선택하여 구사한다는 이론이다.

상황이론은 리더와 팔로어 간의 상호작용에 영향을 미치는 환경적 요인을 규명하거나 리더가 지닌 특성, 또는 리더가 행하는 행동이 부하의 성숙도와 상황적 요인에 따라 유효성이 어떻게 다른가를 규명하려 했다. 이는 행동론의 보편성을 부정하여 리더 · 부하 · 조직이 처한 상황에 따라 유효한 리더십이 다르게 나타난다고 본 것이다. 그러나 이 접근법은 다양한 상황이 매우 빠르게 변화될 때 리더가 리더십을 발휘할 시간이나 상황처리에 한계가 있고, 특히 리더와 부하, 상황이라는 리더십 구성요소 간의 역동적 관계 속에서 발휘되어야 할 리더십이 필요하다는 점에서 변화와 혁신의 리더십, 즉 변혁적 리더십(transformational leadership)이 등장했다.

변혁론(變革論)은 1980년대에 들어서면서 변화와 혁신을 강조하는 새로운 장르의 리더십이다. 이러한 리더십이 등장하게 된 원인은 조직 내·외적 환경의 급격한 변화에 대한 적응 및 전통적 리더십의 한계 때문이다.

조직을 둘러싼 외부 환경이 현대로 오면서 급변함에 따라 기존의 안정적 환경을 전제로 정립되었던 전통적 리더십 이론들이 변화를 요구받게 되었다. 이러한 변화는 새로운 패러다임을 요구하게 되었고, 그 핵심은 조직의 유연성과 혁신에 있었다. 또한 혁신적 패러다임들은 리더십에도 영향을 미쳐 리더십의 새로운 패러다임을 요구하게 되었으며, 이러한 뉴 패러다임들은 구성원의 신념, 욕구, 가치 등을 변화시켜 급변하는 조직 환경에 능동적으로 대처할 수 있도록 하는 구성원의 능력 향상과 인본주의에 바탕을 두고 있다.

3. 현대 리더십의 변화 추세

1980년대 들어서면서 새로운 리더십(new leadership theories)으로 불리는 리더십 이론들이 발표되면서 리더십에 대한 새로운 접근이 시도되었다. 조직을 둘러싼 외적 환경은 1980년대 들어서면서 급변하기 시작하여 기존의 안정적 환경을 전제로 정립되었던 전통적 리더십 이론들이 그 타당성에 의문을 갖기 시작하면서 시대에 부합되는 새로운 장르의 리더십을 요구하기에 이르렀다.

1990년대 초반 WTO체제의 출범과 자유무역주의 확산으로 인한 세계화를 필두로 정보 및 지식기술의 급격한 발달, 소비자 계층의 다양한 요구, 인터넷이라는 새로운 가상 시장의 형성, 기업 간 경쟁의 격

화 등 조직의 외부환경이 급변하게 되면서 새로운 유형의 리더십이 출현하게 된 것이다.

이러한 외적 환경의 변화는 새로운 리더십 패러다임을 필요로 하게 되었고, 그 핵심은 조직의 유연성과 혁신성에 있었다. 이러한 뉴 패러다임들은 인본주의 철학에 입각하여 구성원의 신념 · 욕구 · 가치 등을 변화시켜 급변하는 조직 환경에 능동적으로 대처할 수 있도록 구성원의 능력을 향상시키는데 있었다. 특히 변혁적 리더십(Transformational Leadership)을 주창한 번즈(Burns)는 변혁적 리더십을 "리더와 부하가 상호간 더 높은 도덕적 및 동기적 수준을 갖도록 만드는 과정이다."라고 정의하면서, 변혁적 리더는 '공포 · 탐욕 · 질투 · 미움' 등과 같은 하등 수준의 감정을 이용하는 것이 아니라 '자유 · 정의 · 평등 · 평화 · 인본주의' 등과 같은 고등 수준의 이상과 도덕적 가치에 호소함으로써 부하의 의식을 고양하여 집단의 목표 달성을 추구한다. 매슬로우(Maslow)의 욕구 단계설에 비추어 본다면, 변혁적 리더는 부하들의 고차원적 동기를 불러일으키는 사람이다. 이러한 리더 밑에 있는 부하들은 '일상적인 자신' 에서 '더 훌륭한 자신' 으로 인식하게 되는데, 변혁적 리더십은 조직의 직책위계상에서 어느 누구에 의해서도 발휘될 수 있는 것으로 보고 있다. 번즈는 변혁적 리더십을 거래적 리더십(Transactional Leadership)과 대비시키고 있는데, 거래적 리더십은 개인의 이기적 관심을 자극하여 부하를 동기화하는 방법으로, 예컨대 지방자치단체장 선거 출마자들은 '고용정책 · 각종 보조수당 지급 · 교통난 해결' 등의 공약사업을 내걸어서 주민들의 표와 거래를 하고, 회사의 고용자는 임금과 직위를 이용해서 피고용자의 노동과 교환한다. 이에 비해 변혁적 리더십은 구성원의 욕구 · 가치 · 신념 등을 감안하여 고차원적인 가치관과 도덕성을 자극하여 동기화하는 것으로 부하의 반응에 따라서 행동을 변경해가면서 고차원적 동기가 유발되도록 하는 것이다.

변혁적 리더는 이러한 변혁적 목표를 달성하기 위하여 개인적 수준에서의 영향력 과정에만 관심을 갖는 것이 아니라, 조직 전체의 구조적 수준에서도 체제의 변화와 기구의 개혁을 시도한다는 관점에서 접근하고 있다.

이처럼 1980년대 이후에 등장한 변혁적 리더십의 접근은 변화와 혁신을 위하여 도덕적 가치와 함께 비전 제시 등을 통해 구성원의 신념, 가치, 욕구 등을 변화시키고자 했는데, 서번트 리더십 · 원칙중심의 리더십 · 가치중심의 리더십 · 감성적 리더십 · 오센틱 리더십 · 윤리적 리더십 · 멘토링과 코칭 리더십 · 문화중심 리더십 · 팔로어십 등은 변혁적 시각에서 접근한 현대적 리더십의 트랜드라고 볼 수 있다.

II 리더십의 본질적 의미와 리더십의 의의

1. 리더십의 본질적 의미

Tip
리더십의 본질은 리더십이 지니고 있는 의미 중에서 가장 바탕이 되는 성질이다.

본질(本質)이란 사전적으로 '[어떤 것이 지니고 있는] 가장 중요한 근본적인 성질이나 요소'를 말하는 것이니, 리더십의 본질적 의미는 리더십이 지니고 있는 의미 중에서 가장 바탕이 되는 성질로 이해할 수 있다.

리더십이 갖는 본질적 의미에 대해서는 이를 기술하는 학자들에 따라 여러 가지의 경우로 기술하고 있음을 볼 수 있다. 즉 리더십의 구성요소인 리더, 구성원, 상황이라는 요소의 역동적 관계, 그리고 각각의 구성요소 중 어떤 요소에 초점을 맞추느냐에 따라 리더십을 보는 관점이 달라질 수 있다. 그러나 리더십의 원리는, 리더와 조직구성원이 함께 상황에 맞게 노력함으로써 목표가 달성되어지는 과정이고, 구성원으로 하여금 타의(他意)가 아닌 자의(自意)에 의해 기꺼이 행하도록 해야 한다는 점에서 효와 연관하여 본질적 의미를 제시한다면 다음과 같다.

〈표 17〉 리더십의 본질적 의미

① 리더십은 사랑을 기초로 한다.
② 리더십은 가치 지향적이다.
③ 리더십은 상호성을 기초로 한다.
④ 리더십은 의(義)를 추구한다.
⑤ 리더십은 믿음(信)에 근거한 인간관계의 과정이다.

가. 리더십은 사랑을 기초로 한다.

리더가 구성원을 사랑하느냐, 그렇지 않느냐는 리더십의 성패에 크게 영향을 미친다. 사랑이란 남을 돕고 이해하려는 마음, 또는 어떤 사물이나 대상을 몹시 아끼고 소중히 여기는 마음을 뜻한다. 그리스어로는 혈육간의 사랑을 스토르게(storge), 친구간의 사랑을 필리아(philia), 조건 없는 절대적인 사랑을 아가페(agqpe), 이성(異性)의 사랑을 에로스(eross)로 표현하는데, 리더십에서의 사랑은 남을 이해하고 아끼는 마음, 존중과 배려하는 마음 등으로 이해할 수 있다.

사랑은 리더십에서 중요한 자양분이다. 서번트 리더십을 주창한 로버트 그린리프(Rovert K. Greanleaf)는, 리더십은 곧 사랑의 리더십이라고 말하면서 "리더가 사랑을 잃었을 때 권력에 의존하게 되고, 권력에 의존한 리더십으로는 어떤 조화도 이룰 수 없으며 어떤 문제도 해결할 수 없다."고 했다. 가정에서 부모의 사랑이 없는 리더십, 학교에서 스승의 사랑이 없는 리더십, 종교시설에서 성직자의 사랑이 없는 리더십, 군대에서 지휘관(자)의 사랑이 없는 리더십, 직장에서 오너가

회사원에 대해 사랑이 없는 리더십을 생각해볼 때, 그 리더십은 결코 성공할 수 없는 것이다. 머튼(Merton)은 "리더십은 사람들이 의무감 때문이 아니라 스스로 하고 싶어서 자발적으로 순응하는 대인적 관계에서 출발한다.", 박정기는 "리더십이란 사람을 이끄는 기술이며, 따르게 하는 기술이다. 리더는 이를 위해 사람을 사랑하고 심신을 단련하며 힘든 일에 앞장서야 한다. 그리고 목표와 방향을 정하고 박력 있게 추진하며, 세상을 밝게 보고 용기와 희망을 고취하며, 어떤 경우든 절망하지 않고 모든 일에 책임을 진다. 그러면서 하늘을 두려워한다."고 하여 사랑이 바탕이 되어야 한다는 점을 강조했다.

나. 리더십은 가치 지향적이다.

인간은 가치 지향적 존재다. 때문에 어떤 가치를 지향하느냐에 따라 목표 달성에 크게 영향을 준다. 가치란 일반적으로 '물건의 값어치', '사물의 중요도', '인간 정신의 목표가 되는 보편타당의 당위', 또는 '행동의 기준이 되는 주요원칙' 등으로 해석된다. 리더십은 목표를 달성하기 위해 존재하고, 많은 조직에서 리더와 구성원간의 동일한 가치가 아니더라도 동일한 방향을 추구한다. 때문에 핵심가치를 기준으로 방향성을 가지도록 하는 것이 중요하다. 그래서 리더십은 가치 지향적이어야 한다. 그런데 가치는 대체로 문화적 배경에 대한 믿음을 반영하게 된다. 어려서부터 인간은 문화적 영향, 개인적 경험, 가정교육 등을 근간으로 가치체계를 형성하는데 이것은 우리에게 세상을 보는 '안경'으로 작용한다. "인간이 가지는 앎(知)의 기저에는 문화적 체계가 있다."는 미셀푸코의 주장도 여기에 근거하는 것이다.

우리는 '안경'을 통해 삶을 바라보는 방식으로 가치를 평가하고, 우선순위를 결정하고 판단하고 행동으로 선택하는 것이다. 이런 이유에서 구성원들이 가치를 공유하는 것이 중요하다. 가치공유(價値公有)란 리더와 조직 구성원 모두가 공통의 가치를 추구하는 것을 의미한다. 손자(孫子)가 상하동욕자승(上下同欲者勝), 즉 "리더와 부하가 하고자 하는 마음이 같은 쪽이 승리한다."고 한 것과 맥락을 같이한다. 가치 공유가 이루어진 조직에서는 목표달성은 물론 지속적인 성장과 발전이 가능한 조직으로 만들어준다는 점에서 가치는 중요하다. 나우스(Naus)는 "비전 제시를 통하여 추종자들의 자발적 몰입을 유인하고 그들에게 활력을 줌으로써 조직을 혁신하여 보다 큰 잠재력을 갖는 새로운 조직 형태로 변형시키는 과정이다."라고 한 표현에서도 리더십의 본질은 가치지향적임을 알 수 있다.

다. 리더십은 상호성을 기초로 한다.

리더십은 상호적 관계에서 출발한다. 리더십(Leadership)이라는 용어도 선장(leader)과 배(ship)가 합쳐진 말이라고 표현하는 경우에서도 볼 수 있듯이, 리더십은 누군가를 이끌고 또 누군가에 의해 이끌리는 상호적 관계에서 출발하는 것이다. 상호성(相互性)이란 상대가 되는 이쪽과 저쪽의 성향을 말한다. 리더십은 리더와 구성원이라는 상호적 관계를 기반으로 존재한다는 점에서 상호성의 의미를 가진다. 가정의 리더는 리더인 부모와 구성원인 자녀가 있고, 군대는 리더인 지휘관과 구성원인 부하가 있으며, 학교에는 리더인 교사와 구성원인 학생이 있는 것처럼 리더십은 상호적 관계에서 발휘되는 것이다.

제이콥스는 "리더십이란 한 사람이 다른 사람에게 그가 요구하거나 제안하는 대로 행동하면 결과가 개선될 것이라는 확신이 들도록 정보를 제공해주는 사람들간의 상호작용이다."라고 했고, 스톡딜은 "리더십이란 기대와 상호 작용 속에서 조직을 만들고 유지하는 것이다."라고 정의했는데, 여기에서도 상호성을 발견할 수 있다.

라. 리더십은 의(義)를 추구한다.

사람을 이끈다는 것은 무엇이든 옳게 하는 것과, 옳은 일을 하는 것이 중요하다. 리더가 의를 쫓는 사람인가, 불의를 쫓는 사람인가는 리더십에 큰 영향을 준다. 가정의 리더인 부모가 의(義)를 행하지 않고 불의(不義)를 행하면 자녀들을 올바르게 이끌 수 없고, 학교에서 교사가 의(義)를 쫓지 않고 불의(不義)를 쫓는다면 학생들을 이끌 수 없고, 이끌어서도 안된다. 종교지도자, 기업오너, 군대 리더, 시민단체 리더들도 마찬가지이다. 리더가 의(義)를 행하는 것은 당연하고 팔로어들에게도 의(義)를 쫓도록 해야 하는 것은 물론이다.

우리는 흔히 사람을 이끌어가는 사람을 리더, 또는 보스라는 호칭하게 되는데 리더와 보스의 차이도 의를 추구하느냐, 그렇지 않으냐에 따라 구분된다. 리더는 의를 추구하지만 보스는 이익을 추구하기 때문이다. 그리고 리더가 옳은 일을 옳게 하지 않으면 구성원을 올바른 방향으로 이끌 수가 없다. 이런 점에서 베니스는 "관리자는 일을 옳게(right)하는 사람이고, 리더는 옳은 일을 하는 사람이다."라고 했다. 성경에도 "빛의 열매는 모든 착함과 의로움과 진실함에 있느니라(엡 5:9)."고 했고, 『묵자』「천지상편 (2)」에 "하늘은 의로움을 바라고 불의를 싫어한다(天欲義而惡不義)."고 했다. 구성원을 거느리는 리더가 불의를 따르게 되면 하늘이 벌을 내리게 된다고 믿는 것도 이 때문이다.

마. 리더십은 믿음(信)에 근거한 인간관계의 과정이다.

리더십에서 신뢰는 중요하다. 리더에 대해 구성원들이 신뢰할 수 있을 때 구성원들은 리더를 따르게 된다. 리더십에서 신뢰는 크게 두 가지 측면에서 생각할 수 있는데, 하나는 리더의 능력에서 오는 신뢰이고, 또 하나는 리더의 인격에서 오는 신뢰이다. 능력에서 오는 신뢰는 어떤 일을 할 수 있을까에 대한 믿음으로, 예컨대 군대의 리더가 전장에서 승리로 이끌 수 있는 역량이 있는가, 기업에서 상사가 큰 프로젝트를 성사시킬 수 있을까에 대한 믿음이다. 그리고 인격에서 오는 신뢰는 서로의 인간관계에 대한 믿음에서 오게 된다. 내가 리더를 소중하게 생각하듯이 리더도 나를 소중하게 생각할 것인가에 대한 믿음이다. 리더가 나를 속이지 않고 약속을 지켜줄 것인가, 내가 이룬 공적을 과연 얼마나 인정해줄 것인가, 자기가 한 것으로 둔갑시키지는 않을 것이라는 믿음이다. 그래서 공자는 '무신불립(無信不立)' 이라 했다. 리더가 구성원들로부터 신뢰받지 못하면 리더의 자리에 설 수 없다는 것이다. 상대방이 믿어주거나 따라주지 않기 때문에 끈끈한 인간관계 형성이 어렵다는 뜻이다. 그리고 황석공은 "믿음은 족히 다른 것들을 하나로 만들어 준다(信足以一異)."고 했다. 의견이 서로 다른 사람들이 모인 집단이라 하더라도 리더가 믿음을 주면 구성원들의 의견을 하나로 묶을 수 있다는 것이다. 그래서 몽고메리는

"리더십이란 남자든 여자든, 젊은 사람이든 늙은 사람이든 그 모든 사람을 공동의 목적으로 단결시키는 능력과 의지이며 모든 사람에게 신뢰의 염(念)을 불러일으키는 이상한 힘이다."라고 했다. 신뢰는 불가능을 가능하게 하고 초인적인 힘을 생기게 해주기도 한다. "리더십은 복종과 신뢰, 그리고 존경과 충심으로부터의 협력을 일으킬 수 있는 방법으로 다른 사람에게 의지를 행사하는 기술이다(미, 육사).", "충은 믿음을 근본으로 삼고, 믿음은 충을 불러 일으킨다(주자, 忠是 信之本, 信是 忠之發).", "아랫사람은 충성을 다하고 윗사람은 신의를 지키는데서 비로소 이룰 수 있다(下忠上信之 所致也, 충경).", "아랫사람이 실행에 옮기는 것은 상관이 신뢰하기 때문이다(下行而上信, 충경)."라는 표현에서 보듯이 리더십은 신뢰성에 기초한 인간관계의 과정이라 할 수 있다.

2. 리더십의 정의(定義)

Tip
리더십은 현대 조직사회에서 가장 빈번하게 사용되는 용어이지만, 그 이론과 개념이 다양한 관계로 리더십을 정의하려는 사람이나 연구자에 따라 정의(定義)는 달라질 수 있다.

사회적 존재로 표현되는 인간은 누군가를 이끌고 누군가에 이끌리며 살아가는 존재라는 점에서 리더십은 언제나 우리에게 관심사였다. 특히 가정 · 군대 · 학계 · 종교계 · 기업 · 국가 등을 막론하고 어떤 리더에 의해 조직(또는 집단)이 움직이느냐에 따라 성패가 좌우된다는 점에서 리더십은 중요할 수밖에 없다.

리더십의 원류를 살펴보면, 이집트의 상형문자로 된 리더십(seshemet), 리더(seshemu), 그리고 부하(shemsu) 등의 단어는 5000년 전에 쓰인 것으로 추정되고 있고, 리더와 리더십이라는 단어는 영국의 옥스퍼드 백과사전(1943년 발행)의 기록에 의하면 리더라는 단어는 12세기, 리더십이라는 단어는 19세기 초에 등장한 것으로 알려져 있다.[86] 현대 조직사회에서 가장 빈번하게 사용되고 있는 어휘 중 하나가 리더십이지만 그 이론과 개념이 다양하여 명쾌하게 정의되지 못하고 있는 것도 사실이다. 그래서 많은 학자들이 '리더십은 일반적으로 정의하기가 어렵다' 고 말하고 있는데, 스톡딜(Stogdill)은 "리더십의 정의는 리더십을 정의하려는 사람의 수만큼이나 많다.", 카멜(Carmel)은 "리더십의 정의는 연구자의 목적에 따라 달라질 수 있다." 고 했고, 베니스(Warren Bennis)는 "수십 년간에 걸친 학문적 분석의 결과 리더십에 대한 850가지 이상의 정의를 찾을 수 있었다. 하지만 유능한 리더와 무능한 리더, 성공하는 조직과 실패하는 조직을 구분하는 것이 무엇인지에 대해 명확하고도 뚜렷한 기준은 존재하지 않았다."[87]라고 기술하고 있다. 이처럼 리더십 정의는 (리더 · 구성원 · 환경)이라는 리더십의 구성 요소 중 어디에 초점을 두느냐에 따라 다양하게 표현될 수 있다. 그리고 리더와 구성원이 처해진 상황과 여건에 따라 리더십 적용을 달리할 수 있는 것인데, 리더십 이론의 변천과 함께 변화되어 온 리더십의 정의를 살펴보면 〈표 18〉과 같다.

86) 남기덕 외, 『리더십』, 학지사, 1994, p.14

87) 김원석 譯, Warren Bennis & Burt Nanus 著, 『리더와 리더십』, 황금부엉이, 2005, p.25

〈표 18〉 리더십의 정의

학 자	정 의
Bennis(1959)	리더가 부하들을 바람직한 방향으로 행동하도록 이끌어 가는 과정이다.
Samuel H. Hays (1967)	리더가 바라는 방식으로 임무를 달성하도록 인간 행동에 영향을 미치는 예술이다.
Jacobs(1970)	한 사람이 다른 사람에게 그가 요구하거나 제안하는 대로 행동하면 결과가 개선될 것이라는 확신이 들도록 정보를 제공해 주는 사람들 간의 상호작용이다.
Stogdill(1974)	기대와 상호작용 속에서 조직을 만들고 유지하는 것이다.
Yukl(1989)	집단 및 조직의 목표 결정 과정에 참여하고 이들 목표 추구를 위한 동기를 유발하며, 집단의 유지 및 문화형성에 영향을 미치는 과정이다.
Bass(1995)	부하들을 변화시키고 성취할 수 있는 목표의 비전을 창조하여 그 목표들을 성취할 수 있는 방법을 명확히 표명하는 것이다.
박정기(1996)	리더십이란 사람을 이끄는 기술이며, 따르게 하는 기술이다. 리더는 이를 위해 사람을 사랑하고 심신을 단련하며 힘든 일에 앞장서야 한다. 그리고 목표와 방향을 정하고 박력 있게 추진하며, 세상을 밝게 보고 용기와 희망을 고취하며, 어떤 경우든 절망하지 않고 모든 일에 책임을 진다.

3. 리더십의 역할 및 기능

모든 조직은 각기 지향하는 목표가 있고, 리더와 구성원은 목표 달성을 추구한다. 그리고 리더는 구성원들에게 목표와 방향을 제시하고 업무여건을 개선시켜주기 위해 노력한다. 또한 조직의 구성원들은 그들의 개인적인 역량을 바탕으로 부여된 임무를 완수하기 위해 적극적으로 참여하면서, 또 한편으로는 개인의 기본욕구 충족과 자아실현을 추구한다. 따라서 리더십의 역할은 조직에서 리더와 구성원, 상황이 역동적으로 조화를 이루어 목표를 효율적이고 효과적으로 달성케 하고, 또한 이와 함께 구성원의 개인적인 욕구와 자아를 실현토록 해주는 과정이라 할 수 있다. 미 육군에서는 리더십의 역할을 "임무를 완수하고 조직을 개선하는 동시에 목표 및 방향, 그리고 동기부여를 통해서 사람들에게 영향을 미치는 것이다."[88]라고 정의하고, '가치(values)', '특성(attributes)', '기술(skills)', '행동(actions)'을 리더십의 네 기둥으로, 그리고 'Be(되어라)－Know(알아라)－Do(행하라)'를 리더의 기본 요건으로 제시하고 있다.

Tip
리더십의 역할은 조직에서 리더와 구성원, 상황이 역동적으로 조화를 이루어 목표를 효율적이고 효과적으로 달성케 하고, 또한 이와 함께 구성원의 개인적인 욕구와 자아를 실현시켜 주는 것이다.

스티븐 코비는 리더십의 네 가지 역할(4ROLES MODEL)[89]을 ①목표 및 방향제시(pathfinding), ②조직의 한 방향정렬(aligning), ③개인의 내적 동기부여(empowering), ④본보기(Modeling) 등으로 제시했는데, 이를 그림으로 나타내면 〈그림 1〉[90]과 같다.

88) 육군본부, 『육군(미 야전교범－1)』, 2006, p.31
89) 한국리더십 센터, 『THE 4ROLES OF LEADERSHIP』, 1999, pp.13~79.
90) 본 그림은 스티븐 코비의 '성공하는 사람의 일곱 가지 습관'과 '원칙중심 리더십'의 내용을 효와 연관시켜서 작성하였음.

〈그림 1〉 리더십의 4가지 역할(4ROLES MODEL)

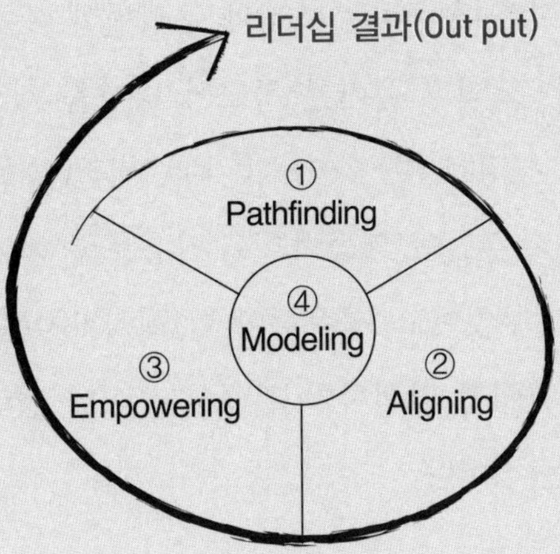

1. 목표와 방향제시
   ① 사명(mission) ② 가치(value)
   ③ 비전(vision) ④ 전략(strategy)
2. 조직의 한 방향 정렬: 조직수준
   ① process(과정) ② structure(구조)
   ③ 시스템
   - Right People(사람)
   - Right Information(정보)
   - Right Decision(결심)
   - Right Reward(보상)
   - Right Evaluation(평가)

3. 내적 동기유발: 6가지의 개인수준
   ① 지시를 기다림
   ② 지시를 건의
   ③ 의견제시 및 행동
   ④ 실행 및 즉시보고
   ⑤ 실행 및 정기보고
   ⑥ 자율수행
4. 리더의 본보기
   * 신뢰성(성품과 역량)

그림에서 보듯이 리더의 본보기(Modeling)를 바탕으로 목표와 방향을 제시(Pathfinding)하고 조직을 한 방향으로 정렬(Aligning)시키며 개인별 내적 동기를 부여(Empowering)함으로써 리더십의 좋은 결과(Output)를 나오게 한다는 것이다. 따라서 본서에서는 리더십의 역할 및 기능을 코비 박사가 주장한 '4ROLES' 모델의 내용을 기초로 제시하면 다음과 같다.

가. 목표와 방향제시(Pathfinding) 기능

목표와 방향제시(Pathfinding)는 조직과 구성원이 나아가야 할 방향을 제시하는 것이다. 그리고 올바른 목표와 방향을 제시하기 위해서는 조직과 구성원이 사명(Mission)과 가치(Value), 비전(Vision)과 전략(Strategy)을 가지게 하고, 이것들이 역동적으로 작용토록 해야 한다. 즉 조직과 개인의 사명이 무엇이고, 공유해야 할 핵심가치는 무엇이며, 지향하고 있는 비전과 이를 달성하기 위해서는 어떤 전략(戰略)을 구사해야 할 것인가 하는 점이다.

첫째, 사명(使命, Mission)이다. '맡겨진 임무', '부여받은 명령'을 뜻하는 사명은 우리가 존재하는 이유를 알게 하는 '그 무엇'이다. 스티븐 코비는 사명을 "왜, 우리는 존재하는가(Why we exist)!"를 아는 것이라고 했다. 이렇듯이 개인의 입장에서는 내가 왜 존재하고, 조직의 입장에서 "우리는 왜 존재하는가?"를 아는 것이 중요하다.

둘째, 가치(價値, Value)이다. '물건의 값어치', '사물의 중요도', '인간이 지향해야 할 정신적 목표', '행동기준의 원칙' 등으로 해석되는 가치는 인간을 가치 지향적 삶으로 이끌어주는 '그 무엇'으로 작용한다. 스티븐 코비는 "가치란 우리를 믿고 의지하게 해주는 그 무엇(What we believe in)?"으로 설명하고 있다. 가치에는 보편적 · 이타적 가치, 목적적 · 수단적 가치, 정신적 · 물질적 가치 등이 있는데, 개인적으로 어떤 가치를 기준으로 어떻게 살아갈 것인가?, 집단과 조직은 구성원에게 어떤 가치를 제시할 것인가가 중요하다. 이런 맥락에서 가정에서 '가훈(家訓)', 학교에서 '교훈(校訓)', 회사에서 '사훈(社訓)' 등을 설정함으로써 개인과 집단, 조직에서 가치 지향적 삶을 유도하고 있는 것이다.

셋째, 비전(Vision)이다. '꿈', '희망', '목표', '이상', '전망', '내다보이는 장래의 상황' 등으로 해석되는 비전은 우리가 이루고자 하는 '그 무엇'을 의미한다. 비전은 여러 의미로 해석되지만 대체로 발음 그대로 사용되는데, 코비는 "비전은 우리가 이루고자 하는 그 무엇(What we want to be)이다."라고 했다.

넷째, 전략(戰略, Strategy)이다. 전략이란, 전쟁 · 전투의 계략, 전쟁을 치루기 위한 국가적인 방략, 운동경기나 정치적 승부와 관련된 세부적인 방책 등을 뜻한다. 코비는 전략을 싸워 이기기 위해 실행계획(Action plan)화 하는 것이라고 설명하고 있다. 즉 "구슬이 서 말이라도 꿰어야 보배다."라는 속담이 의미하듯이 비전 · 미션 · 가치를 실행화시키는 것이라고 할 수 있다.

나. 조직의 한 방향 정렬 기능

조직의 한 방향 정렬(Aligning)은 부분과 전체의 관계 속에서 리더와 구성원 간의 사고(思考)를 정렬케 하는 것을 뜻한다. 스티븐 코비는 조직이 정렬되기 위해서는 구조(Structure)와 과정(Process), 시스템을 어떻게 작동케 하느냐가 중요하다고 했다. 그리고 여기서 말하는 시스템은 올바른 사람(Right People), 올바른 정보(Right Information), 올바른 결심(Right Decision), 올바른 보상(Right Reward), 올바른 평가(Right Evaluation)에 의해 올바른 피드백이 있어야 한다고 했다.

첫째, 조직의 구조(構造, Structure)에 관한 문제이다. 구조는 부분이나 요소가 어떤 전체를 짜서 이루는 상태를 말한다. 어느 조직이건 부서의 편성이 어떻게 짜이느냐에 따라 조직의 효율성과 직결된다. 즉 조직의 구조가 잘못 짜여지면 조직을 한 방향으로 정렬하기가 어렵고 서로의 이해관계와 맞물려서 결과를 도출하기도 어렵다. 이는 결국 업무진행과정과 시스템에 영향을 미친다.

둘째, 업무 진행의 과정(過程, Process)이다. 과정은 일이 되어 가는 경로이다. 아무리 구조가 잘 되어있다고 해도 업무의 진행 경로가 잘못 되었거나 불합리하며, 투명하지 않다고 생각하게 되면 소통이 되지 않는 관계로 조직을 한 방향으로 정렬시키기가 어렵게 된다.

셋째, 조직의 시스템(System)이다. 시스템이란 어떤 과업의 수행이나 목적 달성을 위해 공동 작업하는 조직화된 구성 요소의 집합이다. 따라서 조직의 시스템이 원활하게 움직이기 위해서는 올바른 사람을 필요로 하고, 올바른 정보를 공유해야 하며, 리더가 올바른 결심을 해야 한다. 그리고 어떤 일의 결과에 대하여 공정한 보상이 따라야 하고 올바른 평가를 통해서 피드백돼야 한다. 이렇게 되었을 때 그 조직이 한 방향으로 정렬될 수 있고, 좋은 결과를 기대할 수 있게 되는 것이다.

다. 개인의 내적 동기유발 기능

내적 동기유발(Empowering)은 구성원들이 신바람 속에서 자신이 가지고 있는 재능 · 정열 · 공헌 등을 발휘케 하는 것인데, 여기에는 리더십 여건과 리더십 스타일이 중요시된다. 리더십 여건은 리더가 부하를 대상으로 리더십을 발휘하는데 미치는 상황요인을 뜻하고, 리더십 스타일은 리더가 리더십을 통제형 · 방임형 · 감독형 · 자율형 중 어떤 스타일을 적용하느냐의 문제이다. 스티븐 코비는 부하의 임파워먼트 수준을 여섯 부류로 나누고 있는데, 첫째는 리더의 지시를 기다리는 부하이고, 둘째는 리더에게 지시를 건의하는 부하이며, 셋째는 리더에게 의견을 제시하고 행동으로 옮기는 부하이다. 네 번째는 해야 할 일을 실행하고 즉시 보고하는 부하, 다섯 번째는 해야 할 일을 실행하고 정해진 시기에 보고하는 부하, 여섯 번째는 자율적으로 알아서 일을 수행하는 부하로 구분하는데, 가장 이상적인 부하의 모습은 여섯 번째의 경우이다.

여기서 여섯 부류의 부하에게 적용할 리더십 스타일을 구분하자면 세 번째까지는 '감독형' 스타일로, 네 번째에서 여섯 번째까지는 '자율형' 스타일을 적용하는 것이 효과적인데, '통제형'과 '방임형'은 가급적 배제하는 것이 좋고 '자율형'을 적용하는 것이 가장 바람직한 리더십 스타일이라 할 수 있다.

라. 리더의 본보기 기능

본보기는 리더의 성품과 역량을 바탕으로 신뢰를 구축해 가는 것을 의미한다. 그리고 리더의 본보기는 어쩌면 리더십의 시작과 끝이라고 할 수 있는데, 여기에는 리더의 성품과 역량이 뒷받침되어야 한다. 여기서 성품(性品)이란 리더의 성질이나 됨됨이를 뜻하는 것으로, 인간으로서의 품격을 말한다. 속담에 “선생님이 좋아야 과목이 재미있다.”는 말이 있듯이 리더의 인간됨이 뒷받침 되지 않으면 좋은 인간관계를 구축할 수 없고 좋은 리더십을 기대하기도 어렵다. “사람이 되고 나서 학문이다.”는 말 또한 같은 맥락이다. 성품이 결여된 사람이 높은 지위에 오르면 그 휘하에 있는 구성원은 스트레스를 받아야 하고 업무의 효율도 기대하기 어렵다.

그리고 역량(力量)은 어떤 일을 해낼 수 있는 힘으로, 리더가 그 일을 감당할 수 있는 힘이 있어야 한다는 말이다. 군대에서 역량이 모자라는 사람을 임명해 놓으면 전쟁에서 승리를 이끌기 어렵다. 기업에서 역량이 모자라는 사람을 친인척이라 해서 그 자리에 앉히게 되면 그 기업이 성공하기 어려운 것은 불 보듯 뻔하다. 종교시설에서 역량이 모자란 자녀에게 세습해서는 안 된다는 것도 이런 이유이다. 굳이 군대나 기업뿐만 아니라 가정에서 부모로서의 역량이 안되는 사람이 가정을 이끌게 되거나, 학교에서 역량이 모자란 교사가 학생을 가르치게 되면 교육이 제대로 될 리 없다. 이래서 리더십에서 성품과 역량은 중요하다. 이런 점에서 성품과 역량은 신뢰를 높여가는 첩경이다. 신뢰(信賴)는 서로 믿고 의지하는 것을 뜻한다. 좋은 성품을 가진 사람이, 일을 할 수 있는 역량을 갖춘 사람이 상대방에게 신뢰를 줄 수 있다. 효심을 가진 사람은 좋은 성품을 가지기 마련이고, 부모와 자식의 관계가 좋은 사람이 상대에게 호감을 줄 수 있으며 신뢰의 바탕이 되는 것은 당연하다. 이런 면에서 리더의 본보기, 즉 노블리스 오블리제가 중요한 이유인 것이다.

질문 및 토의

❶ 리더십의 형성, 리더십 이론의 변천, 현대 리더십의 변화 추세에 대하여 발표해봅시다.

❷ 리더십의 본질적 의미를 기초로 리더십의 정의(定義)를 각자의 주관적 관점에서 발표해봅시다.

❸ 리더십의 역할 및 기능을 '효행장려지원법의 추진력' 과 연계하여 발표해봅시다.

2부 「효와 소통의 리더십」이 요구되는 이유

제 2부에서는 효와 소통의 리더십이 이 시대에 왜, 필요한지에 대하여 제시하였다. 리더십은 효와 소통이 전제되지 않으면 발휘되기 어렵다. 효가 아닌 불효를 하는 사람과는 대화하기가 부담스러우므로 소통에 제한을 주게 되고, 소통이 아닌 불통의 상태에서 리더와 구성원간 '동욕(同欲)' 을 기대할 수 없기 때문이다. 그리고 리더십의 궁극적인 목적이 인간의 행복을 추구하는데 있고, 효와 소통이 되지 않는 상태에서는 행복을 기대할 수 없다. 또한 지식정보화 시대, 문화의 시대로 불리는 21세기에 가정과 학교, 사회와 국가를 이끌어 가는 리더십에서는 더욱 그렇다. 대한민국 역사상 가장 훌륭한 리더로 일컬어지고 있는 '세종(世宗)' 과 '정조(正祖)' 는 효와 소통을 중요시했던 인물이다. 따라서 오늘날의 리더들이 효를 바탕으로 소통의 기반을 조성하고, 이를 통하여 좋은 리더십을 발휘해야 한다. 리더 자신이 가정에서 부모와의 관계, 자녀와의 관계를 바로 하게 될 때 학교에서, 사회에서, 국가에서 좋은 리더십을 발휘할 수 있게 되는 것이다.

따라서 효와 소통의 리더십이 요구되는 이유를 알아봄에 있어서 먼저 '효는 한국적 리더십의 철학적 기초(4장)' 라는 점을 제시하고, '문헌에 제시된 효와 소통의 리더십(5장)' 에 대하여 살펴본 다음, '현대 리더십의 추세로 본 효와 소통(6장)' 을 통해서 왜, 효와 소통의 리더십이 요구되는지를 살펴보고자 한다.

먼저 제4장(효는 한국적 리더십의 철학적 기초)에서는 효는 한국문화의 토양이고 현재 한국이 안고 있는 현안과제인 학교폭력, 저출산, 고령화, 다문화가정의 문제 등을 풀어가는 데는 효가 철학적 기초로 작용되어야 한다는 점을 다루었다. 다음 제5장(문헌에서 제시된 효와 소통의 리더십)에서는 『효경』과 『불경』, 『성경』과 『논어』, 『맹자』와, 『예기』, 『소학』, 『명심보감』, 『격몽요결』 등 여러 경전에 제시된 내용을 통해서 지도자의 리더십은 효가 전제되어야 하다는 점을 제시하였다. 제6장(현대 리더십의 추세로 본 효)에서는 현대 리더십의 흐름이라 할 수 있는 서번트 리더십을 비롯한 감성적 리더십, 가치중심 리더십, 원칙중심 리더십, 오센틱 리더십, 멘토링 및 코칭 리더십, 팔로어십 등을 효와 연계하여 제시하였다.

제 4 장

효는 한국적 리더십의 철학적 기초

문화의 시대로 불리는 21세기의 리더십은 변화관리의 능력과 함께 높은 윤리 · 도덕성이 요구된다. 그리고 윤리 · 도덕성은 한국적 문화에 부합되어야 한다. 특히 현대 리더십은, 리더십 이론이 서양에서 서양문화와 서양인을 대상으로 발전시켜 왔지만, 그 기본사상은 동양의 정신에 기초하고 있다는 점에서 동양의 정신에 서양의 이론을 접목하는 '동도서기사혼양재(東道西器士魂洋才)' 적 패러다임이 요구된다. 이런 점에서 한국의 문화와 관련 있는 효를 리더십과 연계하는 노력이 필요하다.

리더십 이론의 발전추세는 특성론 · 행동론 · 상황론 등 전통적 리더십에서 1980년대를 기점으로 변혁적(Transformational) 리더십으로 변화해오고 있다. 그리고 그 변화와 혁신은 문화에 바탕을 두고 있다. 일찍이 백범 김구는 "대한민국이 세계에서 가장 아름다운 나라가 되기 위해서는 높은 문화의 힘을 필요로 한다. 문화의 힘은 우리 자신을 행복하게 하고 나아가서 남에게 행복을 주기 때문이다."[91]라고 하여 문화를 강조한 바 있다. 오늘날 한류 열풍이 일고 있는 것도 민족 지도자 김구 선생의 기대와 희망, 그리고 통찰력과 무관하지 않다고 본다. 이런 점에서 효는 한국적 리더십의 철학적 기초라 할 수 있다.

I 효 문화는 한국적 리더십의 토양

한국적 리더십이란 한국 문화에 바탕을 두고 한국인이 한국인을 대상으로 발휘하는 리더십을 뜻한다. 그리고 토양(土壤)은 식물에 영양을 공급하여 자라게 할 수 있는 흙으로, 어떤 활동이 이루어질 수 있는 밑받침을 비유적으로 표현할 때 쓰는 말이다. 따라서 한국적 리더십이 발휘될 수 있기 위해서는 리더와 구성원에게 자양분을 주는 토양으로 작용하는 것이 있는데, 그것이 문화이고, 효는 문화를 형성하는 기초라는 점에서 효 문화는 한국적 리더십의 토양이라고 할 수 있다. 그러나 안타깝게도 그동안 우리가 배우고 가르쳐온 리더십은 서양에서 서양 사람의 의식구조에 맞게 발전시켜 온 것을 차용해서 사용해왔다고 볼 수 있다. 그러다보니 "한국에는 리더는 있으나 리더십은 없다"는 표현에 '긍정'할 수밖에 없는 형편이다. 서양인과 의식구조가 확연히 다른 한국인에게, 서양인에게 적용되는 리더십을 가르친

91) 김구, 『백범일지』, 범우사, 1998, p.331

것은 분명 짚어볼 문제라고 생각한다. 왜냐하면 문화가 다르기 때문인데, 이점에 대해 말리노프스키는 "인간은 문화가 다르기 때문에 가치(價値)도 약간 다르다. 사람들은 다른 목적(目的)을 추구하고 다른 충동(衝動)을 가지며 다른 형태의 행복(幸福)을 그리워 한다."고 했다. 그리고 미셸 푸코는 "앎(知)의 기저에는 문화적 체계가 작용한다."고 하여 리더십은 문화와 밀접한 관련이 있음을 밝힌 바 있다. 이렇듯 한국에서 적용할 리더십은 한국의 문화가 바탕이 되지 않으면 안 되는 것이다. "강남(江南)의 귤나무를 강북(江北)에 옮겨 심으면 귤이 아니라 탱자가 열린다."는 회남자(淮南子)의 말은 이를 대변해주고 있다. 미국인의 의식구조를 기반으로 발전시킨 리더십 이론을 한국인에게 적용하게 되면 "미국의 귤나무를 한국에 심어놓고 미국에서와 같은 맛이 담긴 귤이 열리기를 바라는 것과 같다."[92]는 말과 맥을 같이 하는 것이다. 이런 점에서 효는 한국적 리더십의 문화적 토양으로 작용하게 되는 것이다.

92) 이규태, 『리더십 한국학』, 신태양사, 1987, 서문.

1. 리더십은 문화의 영향을 받는다.

리더십에 대한 수많은 정의 중에 "리더십이란 조직의 일상적 지시에 대한 기계적 복종 이상의 영향력 증대이다(Katz & Kahn).", "리더십이란 목표달성을 위해 집단의 활동에 영향을 주는 과정이다(Rauch & Beling).", "리더십이란 주어진 상황 하에서 개인이나 집단의 목표 달성을 위한 활동에 영향을 미치는 과정이다(Hersey & Blanchard).", "리더십이란 공동 목표를 향하여 스스로 즐겨 일하도록 집단 성원에게 영향을 미치는 것이다(G, R. Terry).", "리더십이란 두 사람 이상의 사람들 사이에서 영향력을 발하는 관계의 존재이다(Hollander & Julian).", "리더십이란 집단 목표의 달성과 집단 유지를 위하여 권력에 의존하지 않는 효과적인 영향력의 행사이다(Hartley)." 등의 정의에서 보듯이 영향력과 깊은 관계가 있다. 그리고 사람의 마음을 움직이게 하는 영향력은 문화를 기반으로 한다.

문화(文化)는 정의가 200여 개에 달할 정도로 다양하지만, 그 중의 하나는 '인간의 삶을 밝게 해주는 정신적 · 예술적 영역의 총체' 라는 정의이다. 이는 문화(文化)라는 한자에 잘 나타나 있는데, 문(文)자는 '밝게하다', '빛나게 하다' 는 의미이고, 화(化)자는 '되게 하다', '변화시키다' 는 의미이므로 문화(文化)는 인간의 삶을 밝게 하는 '그 무엇' 으로 해석할 수 있다. 그래서 백범 김구는 『백범일지』에서 문화를 예찬하고 있는데, "나는 우리나라가 세계에서 가장 아름다운 나라가 되기를 원한다. 그것은 가장 부유한 나라가 아니며, 결코 세계를 무력으로 정복하거나 경제적으로 지배하려는 것이 아니다. 오직 한없이 갖고 싶은 것은 높은 문화의 힘이다. 문화의 힘은 우리 자신을 행복하게 하고 나아가서 남에게 행복을 주기 때문이다."[93]라고 했다. 이렇듯이 리더십은 문화와 연관이 깊은 것이다.

일반적으로 문화란 개인이 사회생활을 통해서 학습되어진 모든 것, 즉 형식적 · 비형식적 교수 · 학습과정을 통해 얻어진 신앙 · 관습 · 규범 · 기술 · 생활방식 등과 같은 의미로 해석되지만, 문화는 사람들의 필요에 의해 만들어지고, 문화는 사회생활을 통하여 공유되며 문화는 습득 · 전승되어진다는 특징이 있다. 또한 문화는 보편성과 특수성을 가지지만 변화한다는 특징도 있는데, 리더십에서 문화에 대한 연구는 대체로 샤인(Schein)에 의해 포괄적 검토와 정리가 이루어진 것으로 알려져 있다. 샤인은 "문화는 조직 활동의 근본 패턴으로 작용하는 기본적인 가정들과 신념들이다."[94]라고 정의하면서 심층에 깔려 있는 '기본적 가정(basic assumptions)'과 겉으로 공표되어 있는 '표면적 가치(exposed values)'로 구분하였다. 여기서 표면적 가치는 기본적 가정과 일치하지 않을 수도 있으며, 그 집단의 문화를 제대로 반영하지 않는 것이 될 수도 있다. 예를 들면, 어떤 조직에서 공식적으로는 자유로운 의사 개진을 허용한다고 하지만, 실제에 있어서는 비판이나 반대 발언자는 여러 가지 인사상의 불이익을 당하는 경우, 이 조직의 기본적 가정은 표면적 가치와 일치하지 않고 있는 것이다. 집단 구성원의 행동에 실질적인 영향을 미치는 것은 표면적 가치가 아니라 바로 기

93) 김구, 『백범일지』, 범우사, 1998, p.331
94) 임창희, 『조직행동』, 비앤엠북스, 2008, p.523

본적 가정이라는 것이다.

리더십에서 문화가 기본이 되는 이유는 '리더 · 구성원 · 상황' 이라는 구성요소의 역동적 관계 속에서 리더와 구성원에게 영향을 주는 '상황' 은 넓은 의미에서 '문화' 이기 때문이다. '리더십은 리더와 구성원이 문화를 중심으로 목표를 달성해 가는 과정(process)' 이라는 표현에서 보듯이 리더십은 문화의 영향을 받는데, 이런 까닭에 헌팅톤은 "21세기를 문화의 시대이다."라고 표현했다. 그리고 문화와 관계되는 상황요인은 지역적 특성에 따라 영향을 주기 마련이라는 점에서 한국문화와 관계되는 효(孝, HYO)는 한국의 리더십에서 연관이 클 수밖에 없다.

리더십이 문화를 기반으로 하는 이유는 문화가 개인과 사회에 영향을 주기 때문이다. 먼저 개인에 대한 문화의 기능은 인간은 태어나면서부터 가정 · 이웃 · 학교 · 사회 등과 함께 의식적이든 무의식적이든 문화 속에서 생활하게 된다. 그런데 먹고, 잠자고, 성에 대한 충동 등 생리적 욕구만이 아니라 개인에게 가치 · 목표 · 희망 · 포부 등을 갖게 해서 소속감을 갖게 해주고, 개인의 인성(人性)형성에 영향을 준다. 개인의 인성은 그 사회의 문화를 내면화함으로써 형성되기 때문에 개인이 어떤 문화 환경 속에서 자랐느냐가 중요하다. 그래서 어릴 때의 육아방법과 사회적 환경이 중요시되며 '맹모삼천지교(孟母三遷之敎)' 는 좋은 사례이다.

다음은 사회에 대한 문화의 기능이다. 문화는 한 사회의 집단과 개인의 행동양식을 규정하고 모든 사회구성원이 이에 맞게 행동하도록 사회의 질서를 유지하여 한 사회가 통합 · 유지 · 존속되게 하는 기능이 있다. 이런 면에서 사회에 대한 문화의 기능은 곧 사회통제 기능이라고 할 수 있다. 사회통제 기능은 주로 그 사회의 문화적 규범에 의해 수행되며, 이 규범은 비교적 강제성이 적은 민습(民習)과 보다 강제성이 큰 관행(慣行)과 법률(法律) 등의 형태로 나타난다.

2. 효는 한국 문화의 토양이다.

미래학자 아놀드 토인비는 "장차 한국인이 세계 인류문명에 크게 기여할 것이 있다면, 그것은 바로 효 사상일 것이다."라고 했다. 지금 세계적으로 한류 열풍이 강하게 불고 있다. 태권도와 김치에 이어 '케이팝(K-pop)' 등 한류 열풍은 일본, 중국 등 동남아를 넘어 미국과 유럽을 비롯한 서양 세계로 무섭게 번지고 있다. 특히 2012년 후반에 대한민국 가수 '싸이'가 부른 '강남스타일' 노래가 7주 동안 미국 빌보드챠트 2위, 영국 빌보드챠트 1위에 이어 유튜브 조회 수 12억 명을 기록하여 명실상부한 세계정상에 오른바 있다. 그렇다면 그 원천이 어디에서 나온 것인가에 대해 생각하게 되는데, 여기에는 여러 원인이 있겠지만 그 중에 하나가 효 문화이다. 한국 사람은 성장하면서 '크게 성공해서 부모님을 기쁘게 해드리고 싶다.'는 욕구를 누구나 가지고 있다. 이는 '성공해서 아내에게 기쁨을 주고 싶다.'는 서양 사람들의 인식과 차이가 있는 것인데, 이처럼 우리 사회에서 효는 성공의 원동력으로 작용하는 것이다.

효는 한국의 전통사상이라는 점에서 문화와 관련이 깊다. 전통사상(傳統思想)은 '전통'과 '사상'이 합쳐진 단어이다. 전통(傳統)은 '계통(系

統)을 받아 전한다.'는 의미인데, 이는 단순히 과거의 것이 이어져 온다는 의미만이 아니라 세대에서 세대로 이어지는, 과거의 어느 부분들이 새로운 양식과 조합되어 재생산되고 있다는 것을 뜻한다. 따라서 전통은 과거로부터 전해 내려오는 문화유산(文化遺産)으로도 이해할 수 있는데, 이는 가시적이고 유형적인 것보다는 그 민족 고유의 생활습속과 의식을 지배해온 불가시적인 문화유산, 즉 철학(哲學)·사상(思想)·종교(宗敎)·윤리규범(倫理規範) 등의 정신적인 의미가 더 강하다. 또한 이러한 정신적인 문화유산은 서책(書冊)의 내용물에 의해서만이 아니라, 그 민족의 혈맥 속에 면면히 시비(是非)와 선악(善惡), 정사(正邪)를 판단하고 질량(質量)을 선택하는 생활원리로 작용되는 과정과 함께 전해진다는 점이다.

다음 사상(思想)은 사전적으로 '사고(思考) 작용의 결과로 얻어진 체계적 의식 내용'으로 해석된다. 따라서 '전통사상'은 '사고(思考)의 작용과 함께 계통(系統)으로 이어지는 체계화된 의식내용'이라는 점에서 효의 문화와 깊은 연관이 있다. '문화'와 '전통사상'을 리더십과 연계해야 하는 이유는 리더와 부하, 모두가 우리들 자신의 삶을 근원적으로 이해하는 가운데 자기인식을 바탕으로 진취적 삶을 개척해 나가는 과정(Process)에 있기 때문이다. 특히 리더십은 사람들의 마음을 움직이게 하는 능력이라는 점에서, 리더가 부하의 마음을 어떻게 움직이게 하느냐 하는 동인(動因)은 리더십의 주체인 리더와 리더십의 객체인 구성원간 상호 작용에 있어 문화의 영향을 받을 수밖에 없고, 그 문화 속에는 효라는 보편적·이타적 가치가 작용하는 것이다.

3. 효는 인간관계에서 신뢰성과 호감을 증대시켜 준다.

우리는 흔히 부모님께 함부로 대하는 불효자와 지극정성으로 모시는 효자를 놓고 '누구와 관계할 때 더 편한 마음을 갖게 되는가?'를 물으면 십중팔구는 후자를 택할 것이다. 그리고 그 이유는 효 하는 사람은 타인과 이웃, 자연에게 관대하기 때문이다. 『맹자』에 "아랫자리에 있으면서 윗사람의 신임을 얻지 못하면 부하를 이끌어가지 못한다. 윗사람의 신임을 얻는 데는 방법이 있으니, 벗들 사이에 신임을 받지 못하면 윗사람에게 신임을 얻지 못할 것이다. 벗에게 믿음을 얻는 방법이 있으니, 어버이를 섬겨 기쁘게 하지 못하면 벗에게 믿음을 받지 못한다. 어버이를 기쁘게 하는 데는 방법이 있으니, 자신에게 성실하지 못하면 어버이를 기쁘게 하지 못한다. 자신을 성실하게 하는 데에는 방법이 있으니, 선(善)에 밝지 못하면 자신이 성실해질 수 없다. 그러므로 성(誠)은 하늘의 도(道)요, 성(誠)해지기를 생각함은 사람의 도(道)이다. 지성(至誠)으로 감동하지 않을 사람이 없고, 불성(不誠)으로 남을 감동하게 한 사람은 없었다(이루 상편)."[95]하여 효는 인간관계의 근본임을 밝힌바 있다. 그리고 "자기 집 노인을 공경하여서 그 마음이 다른 집 노인을 공경하는 데까지 미치게 하고, 자기 집 어린이를 사랑하여서 그 마음이 다른 집 어린이를 사랑하는 데까지 미치

95) "居下位而不獲於上, 民不可得而治也. 獲於上有道 不信於友, 弗獲於上矣. 信於友有道 事親弗悅, 弗信於友矣. 悅親有道 反身不誠, 不悅於親矣. 誠身有道 不明乎善, 不誠其身矣. 是故誠者, 天之道 也. 思誠者, 人之道 也. 至誠而 不動者, 未之有也. 不誠, 未有能動者也."

게 한다. 이렇게 마음을 쓴다면 리더십을 잘 발휘할 수 있다(양혜왕 상편)."[96]고 했고, 『예기』에 "수목(樹木)은 때에 맞춰 베고 금수(禽獸)도 때에 맞춰 죽여야 하며, 때를 맞추지 않으면 효가 아니다(제의편)."[97] 라고 했다. 또한 『효경』에 "부모를 섬기는 사람은 윗자리에 있어도 거만하지 않고 아랫자리에 있어도 질서를 어지럽히지 않으며, 같은 무리와 함께 있어도 서로 다투지 않는다(기효행장)."[98], "부모를 사랑하는 사람은 다른 사람을 미워하지 않고, 부모를 공경하는 사람은 다른 사람을 업신여기지 않는다(천자장)."[99] 『논어』에 "효도와 우애를 다하는 사람이 윗사람과 관계를 나쁘게 하는 사람은 드물다. 리더(군자)는 근본을 세우는데 힘써야 하며 근본이 서면 길과 방법이 저절로 생긴다. 효(孝)와 우애(弟)는 인(仁)을 이루는 근본이다(학이편)."[100]라고 한 내용에서 효 하는 사람은 타인과의 관계에서 신뢰성과 함께 호감을 얻게 됨을 알 수 있다.

96) "老吾老以及人之老 幼吾幼以及人之幼 天下可運於掌."
97) "樹木以時伐焉 禽獸以時殺焉 不以其時 非孝也."
98) "事親者 居上不驕 爲下不亂 在醜不爭."
99) "愛親者 不敢惡於人 敬親者 不敢慢於人."
100) "其爲人也孝弟 而好犯上者 鮮矣, "君子務本 本立而道生 孝悌也者 其爲仁之本與.""

II 국가적 현안과제로 본 효와 소통의 리더십

향후 대한민국의 최대 현안은 안보와 경제, 복지가 될 것이다. 천안함 폭침과 연평도 포격 사건, 3차 핵실험 등에서 보듯이 선군정치로 체제유지와 전쟁준비에 명운(命運)을 걸어온 북한으로서는 내부 불안의 돌파구 마련을 위해 어떤 형태로든 도발을 하려 할 것이고, 고유가(高油價)의 행진 등 경제적 여건은 점점 우리를 힘들게 할 것이며, 천정부지의 대학등록금과 주택가격 등은 자식을 키우는 부모들에게 계속적인 부담으로 작용할 것이다. 또한 이러한 문제들은 결국 각종 사회 병리 현상, 저출산 및 고령화, 다문화가정 문제 등과 맞물리게 됨으로써 삶의 질을 향상시키는데 제한 요소로 작용될 것이다. 그러므로 이런 문제들을 풀어감에 있어 근본으로 작용될 '그 무엇'을 필요로 하게 되는데, 필자는 그것을 지도자가 발휘할 '리더십', 그리고 리더와 구성원의 기본을 튼실하게 해줄 '효(孝, HYO)'라는 철학적 가치로 보았다. 왜냐하면 아무리 세상이 바뀐다고 해도 가족사랑과 가정윤리를 바탕으로 보편성과 이타성에 기초한 가치 지향적 삶은 불변이고, 가정의 기능이 지켜지지 않는 상태에서 안보나 경제, 복지를 기대할 수 없기 때문이다. 이러한 맥락에서 2007년도에 효행장려지원법이 제정되었는데, 이러한 취지는 제1조(목적)에 잘 나타나 있다. "효를 국가차원에서 장려함으로써 고령사회문제를 해결할 뿐 아니라 국가발전의 원동력으로 삼는 외에 세계 문화발전에 이바지하는데 있다."라는 내용이다. 복지를 살리려면 가진 자들의 소비 패턴을 바꾸고 배려 문화를 살려야 한다. '가진 자' 와 '없는 자' 의 조화를 위해서는, 마치 부모 마음이 '있는 자식' 보다 '없는 자식' 에게 마음이 더 가듯이 효 사상이 바탕이 되어야 하는 것이다. '나만 잘 살면 된다' 가 아니라 '함께 잘 살아야 한다' 는 배려와 존중의 문화가 필요한데, 이는 홍익인간(弘益人間) 정신이 바탕이 될 때 가능하다.

1. 학교폭력 등 사회적 병리 현상에서 효와 소통의 리더십

최근 학교폭력을 비롯한 묻지마 범죄 등이 불특정 다수를 대상으로 행해지면서 대책수립에 부심하고 있다. 학교에서의 폭력이나 왕따가 어제 오늘의 일은 아니지만, 그러나 폭력의 정도와 수법이 놀라울 정도로 진화하고 있다는 점에서 가정의 기능이 약화되고 있는 것과 연관이 있으며, 이에 대한 근본적인 대책이 요구된다. 지금까지 대책이라는 것이 학교 내에 경찰을 배치하고 특별 위원회를 만든다, 상담사를 배치한다는 등의 안(案)을 내놓고 있지만, 이는 근본적인 대책이 되긴 어렵다고 본다. 왜냐하면 학교폭력은 감시나 체벌, 설득으로 해결할 수 있는 문제가 아니라 가정교육과 학교 교육 등 교육과 문화로 풀어야 할 문제이기 때문이다.

Tip
학교폭력의 진원지는 가정이다. 가정에서 사랑받지 못한 아이들이 화풀이하는 곳이 학교이다. 가정의 역할과 기능을 살리기 위해서는 효가 살아야 하고 소통이 전제되어야 한다.

따라서 근본적인 대책이 필요한데, 그 중의 하나가 학교에서 효를 가르쳐서 교육의 근본을 세우는 것이다. 효(HYO, 孝)는 가정윤리이자 가족사랑이고, 보편적 · 이타적 가치로 작용하기 때문에 학교에서 효를 가르치면 학생들이 의(義)로움을 기초로 부모가 원하는 방향으로 부모를 걱정시키지 않으려 하기 때문에 태도가 온순해진다. 『효경』에 "효는 덕의 근본이요, 모든 가르침이 그로 말미암아 생겨난다(개종명의장)."[101], "부모를 사랑하는 사람은 다른 사람을 미워하지 않고, 부모를 공경하는 사람은 다른 사람을 업신여기지 않는다(천자장)."[102], "부모를 섬기는 사람은 윗자리에 있어도 거만하지 않고 아랫자리에 있어도 질서를 어지럽히지 않으며, 같은 무리와 함께 있어도 서로 다투지 않는다(기효행장)."[103] 고 했고, 『논어』에도 "효도와 우애를 다하는 사람이 윗사람 말을 듣지 않는 사람은 드물다. 리더(군자)는 근본을 세우는데 힘써야 하며 근본이 서면 길과 방법이 저절로 생긴다. 효(孝)와 우애(弟)는 인(仁)을 이루는 근본이다(학이편)."[104]라고 했다. 또한 맹자는 '역자교지(易子敎之)' 라 하여 "사람됨 교육은 부모가 가르치는 데는 한계가 있으므로 누군가와 바꾸어 가르치는 것이 효과적이다."라고 했는데, 오늘과 같은 상황에서는 가정보다 학교에서 가르치는 것이 효과적이라는 뜻으로 이해할 수 있다.

그렇지만 효를 교육한다고 하면서 교육내용은 농경사회의 패러다임이어서는 안된다. 농경사회의 효(孝, Filial Piety)는 자식이 부모에게

101) "孝 德之本也 敎之所由生也."
102) "愛親者 不敢惡於人 敬親者 不敢慢於人."
103) "事親者 居上不驕 爲下不亂 在醜不爭."
104) "其爲人也孝弟 而好犯上者 鮮矣, "君子務本 本立而道生 孝悌也者 其爲仁之本與.""

향하는 일방성의 효라면, 현대의 효(HYO)는 '부자자효(父慈子孝)', '부자유친(父子有親)', '부위자강(父爲子綱)' 에서 볼 수 있듯이 상호성에 기초한 소통의 효(Harmony of Young & Old)이어야 한다. 그리고 효는 의(義)를 추구하기 때문에 도덕적 정당성과 절차의 합리성이 따라야 한다. 그런데 사람들은 효를 인륜질서의 근본이라고 말하면서도 '나무꾼과 선녀', '손순매아(孫順埋兒)', '향득사지(向得舍知)' 등처럼 반인륜적이고 비현실적 사례를 교육에 인용함으로써 교육받는 이들에게 혼란을 주고 있다. 때문에 효심으로 성공에 이른 김연아, 박찬호, 박태환, 신지애, 이대호, 지소연, 홍수환 선수 등이 더 적합한 사례가 될 것이다. 『성경』에도 "부모에게 효도하라, 그리하면 네가 잘되고 장수하리라." 고 한 것처럼 효를 하면 그 복이 나에게 돌아오는 것임을 알게 해야 한다.

미래학자 아놀드 토인비는 "한국이 21세기 인류문명에 기여할 것이 있다면 그것은 효 사상일 것이다."라고 예언했고, 미국의 오바마 대통령도 한국의 가족제도와 효 교육을 예찬한 바 있다. 또한 2008년도부터 시행되고 있는 「효행장려지원법」 〈제5조〉에는 "유치원과 초·중·고교, 군대와 평생교육기관 등에서 효를 기르치도록 노력해야 한다."고 기록돼 있다. 이런 맥락에서 오늘의 학교폭력 대책은, 자녀들이 부모의 은혜를 알고 부모님을 걱정시키거나 욕되게 하는 행동을 하지 않게 하며, 스승을 존경하고 학생의 본분을 다하게 하도록 효를 가르침으로써 교육의 근본을 세우고 건전한 학교 교육 문화를 조성하는 데서 찾아야 할 것이다.

2. 출산장려 정책에서 효와 소통의 리더십

Tip
출산장려 정책이 살아나려면 가정의 역할과 기능을 복원시켜야 한다. 그것이 교육과 리더십의 출발점이다. 출산은 물질보다는 '가치' 문제로 접근해야 한다.

저출산 문제는 아이를 적게 낳음에서 오는 문제이다. 저출산의 원인은 핵가족의 증가, 여성의 사회참여 증가, 결혼연령의 상승, 고령출산 및 출산기피, 보육시설 부족, 주택마련비용의 증가, 사교육비의 증가, 보육 및 육아의 어려움 등에서 오는 것으로 보고 있지만, 무엇보다도 "아이를 낳아봐야 득이 없고 고생만 한다."는 가치(價値, Value)의 문제가 가장 큰 원인이라고 본다. 설상가상으로 정부에서 추진하는 산아제한, 출산장려 정책의 혼선과 근본을 도외시하는 정책도 하나의 원인이 되고 있다. 예컨대 "육아휴직 기간은 근무경력으로 인정하기 어렵다."는 법제처의 유권해석이다.[105] 남녀고용평등법은 '육아휴직 기간은 근속기간에 포함한다.' 고 명시해놓고 있음에도 불구하고 법제처의 이런 해석은 이해하기 어렵다. 육아휴직을 다녀왔다고 급여 · 연차휴가 · 퇴직금 · 승진 등에서 차별하거나 불이익을 주는 것은 남녀고용평등법 규정에 어긋난 것이다. 남녀고용평등법에서 '육아휴직을 이유로 불리한 처우를 하지 말라.' 고 한 것은 출산과 보육이 그만큼 국가적으로 중요한 기여(寄與)라고 판단하기 때문이다. 세계 최저 수준인 출산율을 올리려면 아이 낳아 기르는 엄마 · 아빠들에게 세계에서 가장 파격적인 대접을 해줘야 하고, 그래도 그 효과가 나타나려

105) 조선일보 사설(2012. 1. 13).

면 십수 년이 걸린다. 정부부터가 공무원들 육아휴직에 이렇게 불이익을 주면서 어떻게 기업들에 저출산 극복을 위해 근로자들의 육아휴직을 적극 보장하라고 설득할 수 있을지 정부 정책을 이해하기 어렵다. 또한 보육원에 보내는 가정에는 상대적으로 높은 보육비를 지원하고, 부모나 조부모가 키우는 가정에는 보육비를 낮게 지원하는 정부당국의 정책도 문제이다. 부모가 자식을 낳아 직접 키우기보다 남에게 맡겨서 키우는 것을 권장하는 것은 교육 차원에서 큰 문제가 아닐 수 없다. 유럽이나 일본 등 선진국에서는 이미 국가가 가정의 역할을 대신하는 것이 아니라 가정의 기능을 복원하는 쪽으로 정책을 바꾸고 있음을 살펴봐야 한다. 또한 세계적으로 저출산 문제를 성공적으로 극복한 프랑스의 경우를 타산지석(他山之石)으로 삼을 필요가 있다.

다산 정약용은 "오직 나라와 백성을 위해서라면 옳고 옳은 일을 구해서 해야 한다(唯是是求)."고 했다. 육아휴직은 심각한 저출산 극복을 위한 고육지책으로 나라를 위하는 일이다. 나라를 위하는 일에 희생하는 사람에게 불이익을 주어서는 안된다. 육아휴직자에게 불이익을 주면 결국 미혼여성에게 혜택이 돌아갈 것인데, 자식을 낳아 고생하는 사람이 손해를 보고 자식을 낳지 않아 국가적 재앙(災殃)을 불러올 사람이 혜택을 받는 것은 형평에 맞지 않다. 차제에 인성함양이 뒷받침된 육아여건을 제공하는 정책으로, 조부모가 손자녀를 돌보도록 권장하고, 여의치 못한 맞벌이 가정에 대해서는 정부가 지원하는 시스템으로 보완하는 것에 대해 국민적 토론을 해볼 필요가 있다고 본다.

그리고 십수 년 새 '남아선호'에서 '여아선호'로 바뀐 것도 그렇지만 노후에 고생하는 사람들이 대부분 자식과 연관되어 있는 것도 문제다. 죽도록 고생해서 키워 놓은 자식이 성장하고 나면 부부중심, 자녀중심으로 살아가는 세태를 볼 때, 미래에 닥칠 허망함으로 비쳐질 수 있다. 저출산의 문제는 가치기준과 연결되어 있고, 가치기준은 '효 교육'과 연계된다. 과거의 전통사회에 비해 경로효친(敬老孝親), 장유유서(長幼有序) 등의 교육보다 물질과 출세지향의 교육풍토가 이어지면서 '인간다움'의 교육이 소홀해지고 있는 것이 문제이다.

과거에는 부모가 아무리 힘들어도 자식을 함부로 내다버리거나 살해하는 일은 지금처럼 흔치 않았다. 내 자식을 버려야 할 정도로 삶이 궁핍하다면 부잣집 대문 앞이나 심성 좋은 사람을 택해서 그 사람이 볼 수 있는 곳에 아이를 놓고 잘되기를 비는 것이 부모의 마음이었다. 따라서 저출산에 대한 해법은 효를 바탕으로 한 리더십을 통해 풀어야 한다. 『효경』에 "(리더가) 백성들을 서로 친애하도록 하는 데에는 효보다 좋은 것이 없고, 백성들을 예에 순응하게 가르치는 데는 공경함보다 좋은 것이 없다(광요도장)."[106]고 했고, 『맹자』에도 "불효에는 세 가지가 있는데, 그중에서도 후사(後嗣)가 없는 것이 가장 큰 불효이다(이루 상편)."[107]라고 했으며, 『중용』에는 "무릇 효라는 것은 부모의 뜻을 잘 계승하며 조상의 일을 잘 따라가는 것이다.[108]라고 했다. 이는 단순히 아이를 낳아 기르는 것만이 아니라 자신의 자식에게 효를 가르쳐 조상님들의 뜻을 잘 계승하도록 가르쳐야 한다는 것을 이르고 있는 것이다.

106) "教民親愛 莫善於孝 教民禮順 莫善於悌."
107) "不孝有三 無後爲大."
108) "夫孝者 善繼人之志 善述人之事者也."

현재까지 알려진 한국 사회의 다둥이 가정은 경북 구미의 김석태(55) · 엄계숙(46) 씨의 13자녀, 경남 통영의 이철락(44) · 김남숙(40) 씨의 11자녀, 서울 양천구 박경수(47) · 원이화(35) 씨의 7자녀 등이다. 이 분들이 다둥이를 낳게 된 동기는 어디까지나 물질이 아닌 가치에 있다는 점이다.

3. 고령사회 정책에서 효와 소통의 리더십

Tip
고령자가 찾는 마음의 고향은 가정이다. 사람은 누구나 늙기 마련이다. 고령화 문제를 국가재정으로 해결하기보다는 생활여건과 수준에 따라 가정의 기능을 살려서 가정이 고령자의 안식처가 되도록해야 한다.

고령화의 문제는 한국 사회에 나이 많은 노령인구가 많아짐으로 인하여 나타나는 문제이다. 한국은 지난 2000년도를 기준으로 65세 인구비율이 7.2%에 이르러 고령화 사회로 진입하였다. 우리나라의 고령화 추세는 1960년도에 평균연령이 52.4세였는데, 2010년도에 79.6세에 이르렀으니 대략 10년에 6세 정도 늘어나고 있는 셈이다. 현재 우리의 고령화 현상은 도시보다 농촌이, 남성보다 여성이 더 많고 늘어나는 고령자의 비중에 비해 노인 일자리, 실버산업 등이 뒷받침되지 못하고 있어 노인의 '삶의 질' 이 점점 나빠지는 추세이다. 특히 경로효친에 대한 교육이 감소하면서 부모를 모시겠다는 자녀가 점차 줄어드는 추세이다. 사람은 누구나 늙기 마련이고 몸이 늙으면 마음도 함께 늙고 쇠약해져서 혼자의 생활이 곤란하므로 가족이 함께 생활하기를 원하게 된다. 노인복지국가로 일컬어지고 있는 유럽에서 노인들이 "우리는 정부의 잘못된 노인 정책 때문에 자식을 잃었다, 노인 정책을 수정하라."는 피켓을 들고 시위하는 장면을 볼 수 있는데, 65세 이상 된 노인을 모두 정부에서 관리하다 보니 결국 자식들의 부모봉양의지를 저하시키는 결과를 낳고 있다는 것이다. 노인요양소에서 생활하는 고령자 대부분은 가족들이 노인 요양소에 찾아오도록 하거나 함께 생활할 수 있기를 원하고 있다. 이렇듯 고령화의 문제는 물질로 풀 것이 아니라 효 교육과 소통을 통해 경로효친사상으로 풀어야 하는 것이다. 『맹자』에 "자기 집 노인을 공경하여서 그 마음이 다른 집 노인을 공경하는 데까지 미치게 하고, 자기 집 어린이를 사랑하여서 그 마음이 다른 집 어린이를 사랑하는 데까지 미치게 한다. 이렇게 마음을 쓴다면 리더십을 잘 발휘할 수 있다(양혜왕 상편)."[109], 『성경』에 "부모 된 자는 먼저 마음을 다하고 성품을 다하고 힘을 다하여 하나님을 사랑하고 하나님 말씀을 자신의 마음에 새겨 그 말씀을 자녀에게 부지런히 가르쳐야 한다(신명기 6:4-9)."라고 했다. 특히 지금의 노인세대들은 일제시대와 8.15광복, 6.25 사변, 보릿고개를 이겨내고 새마을 운동과 조국 근대화에 앞장섰던 세대이다. 고령세대들에 대한 노고를 알고 감사할 줄 알도록 하기 위해서는 가정과 학교, 사회교육을 통해 가르쳐야 한다. 따라서 오늘의 고령자를 공경하고 배려하는 효 문화를 진흥해야 하고, 이를 위해서는 효행장려지원법에 의한 효 리더십이 확산되어야 한다. 그리고 기업에서 고령자를 활용할 방안이 마련되어야 한다. 다산 정약용은 "노인들은 앉아서 감독할 바가 있고, 어린이는

109) "老吾老以及人之老 幼吾幼以及人之幼 天下可運於掌."

다니면서 받들 바가 있다. 장정은 힘쓸 일을 맡고, 병자는 지키는 일을 맡는다."라고 했다. 청년실업자 문제가 있긴 하지만, 이를 해치지 않는 범위 안에서 고령자를 활용하는 방안을 찾아야 한다. 사실 지금도 중소기업에서 젊은이들이 해야 할 일자리는 많이 남아 있는데, 청년 실업자가 많은 것은 젊은이들의 가치전도 현상과도 연계된다. 본인의 역량에 따라 근면 성실한 자세로 일하려 하기보다는 '좋은 일자리'만 가려고 하는 정신자세에 문제가 있는 것이다. 어찌됐거나 '물질'보다 '가치'의 문제로 보고, 노마지혜(老馬智慧) 차원에서 고령자 활용방안을 찾아야 한다.

4. 다문화가정 정책에서 효와 소통의 리더십

Tip
다문화가정도 대한민국의 소중한 국민이다. 다문화가족을 홍익인간 정신으로 보듬기 위해서는 효에 기초한 교육과 리더십을 필요로 한다.

한국 사회에서의 다문화가정의 의미는 우리와 다른 민족, 또는 다른 문화적 배경을 가진 사람들이 포함된 가정을 총칭하는 용어로 해석된다. 우리나라는 단일민족국가라는 민족주의, 순혈주의가 다른 나라에 비해 강한 편이며, 혼혈가정 등으로 불리며 소외시 되는 면이 있었다. 그러나 최근 국제결혼의 빈도가 높아지고 외국인 근로자가 증가하면서 '다문화'에 대해 인식이 바뀌고 있다. 특히 젊은이들의 결혼 적령이 높아지고 농촌지역 총각들의 결혼이 어려워지면서 외국여성들과 결혼하는 인구가 점점 많아지고 있고, 영세한 중소기업의 노동임금 등의 문제로 외국 근로자들의 취업이 늘어나면서 외국과 결혼하는 사례도 증가하고 있다.

최근 자료에 의하면, 한국인과 외국인이 결혼하는 비율이 11%를 차지하고 있고, 그 비율은 매년 증가폭이 커지고 있다. 이런 점에서 다문화가정도 '가화만사성(家和萬事成)'이라는 기본 가치에서 벗어날 수 없는 것이므로 효를 통하여 건강한 가정으로 자리매김 되도록 노력해야 할 것이다. 다시 말해서, 나의 가족이 소중하면 남의 가족도 소중한 것이고, 대한민국 국민이 소중하면 다른 나라 국민도 소중한 것이다. 하물며 외국인 신분으로 한국에 와서 결혼하고 자녀를 낳아 저출산 문제 해결에 앞장서는 것은 고마운 일이다. 때문에 그러한 다문화가정에 대해 감사해야 하고, 그 가정들이 건강한 모습으로 생활할 수 있도록 도와줘야 할 것인데, 여기에는 보편적 · 이타적 가치인 효가 바탕이 된 홍익인간 정신에 기초한 리더십이 발휘되어야 한다. 『효경』에 "[리더가 효를 하면] 가르침이 엄숙하지 않아도 이루어지고 그 정치가 엄하지 않아도 다스려진다. 리더(선왕)는 효를 가르침으로써 백성을 교화시킬 수 있다고 보았다(삼재장)."[110], "[리더가] 백성들을 서로 친애하도록 하는 데에는 효보다 좋은 것이 없고, 백성들을 예에 순응하게 가르치는 데는 공경함보다 좋은 것이 없다(광요도장)."[111], "[리더가] 사랑과 공경함을 다하여 부모님 섬긴 연후에 도덕적 교화가 백성들에게 전해져 온 나라에 본보기가 될 수 있다(천자장)."[112], "[리더(선왕)]가 먼저 박애를 실천함으로써 성원들이 부모님을 버리지 않게 되고 덕과 의로써 베풀어 성원들이 자발적으로 [그것을] 실천하였다. 리더가 앞에서 공경하고 겸양하니 성원들이 다투지 않고, 예악으로 이끄니 백성들이 화목하게 되고, 리더가 호오(好惡)로써 보여주자 성원들 스스로가 하지 않아야 할 것을 알게 되었다(삼재장)."[113]라고 한 것처럼, 효가 바탕이 된 삶을 살아가는 사람은 다문화가정을 보살필 것은 당연하다. 따라서 효가 바탕이 된 리더십을 통하여 다문화가정 문제를 해결해 나가야 한다.

110) "其教不肅而成 其政不嚴而治 先王見教之可以化民也."

111) "教民親愛 莫善於孝 教民禮順 莫善於悌."

112) "愛敬 盡於事親 然後 德教加於百姓 刑於四海."

113) "先之以博愛 而民莫遺其親 陳之以德義 而民興行. 先之以敬讓 而民不爭 導之以禮樂 而民和睦 示之以好惡 而民知禁."

5. 한국적 복지정책에서 효와 소통의 리더십

Tip
복지의 근본 목적은 인간의 행복을 찾아주는데 있다. 인간의 행복은 가정의 안정적 기능 발휘와 소통으로부터 출발한다.

복지정책(福祉政策)은 삶의 질에 대한 기준을 높이고, 국민 전체가 행복하게 살아갈 수 있도록 하는 데 중점을 두어 노력하는 것이다. 복지라는 것이 사람이 사람답게 행복하게 살아가는 삶의 질에 대한 기준을 말하는 것이라는 점에서 많은 국가들이 복지제도를 잘 운영하기 위해 노력하고 있다.

효라는 보편적 가치와 관련되는 복지(福祉)는 궁극적으로 인간의 행복한 삶을 추구한다. 복지(福祉)는 한자에서 그 의미를 찾을 수 있는데, 하늘을 상징하는 示(바칠 시)자와 畐(가득할 복)자의 합자인 '福'은 '하늘에서 가득히 내린 복'을 뜻하고, 示(시)자와 止(멈출 지)자의 합자인 '祉'는 '하늘에서 준 복을 적당한 선에서 멈춰야 한다'는 의미이니 하늘의 이치에 따라야 한다. 따라서 복지는 끊임없이 국가에서 개인에게 베푸는 것이 아니라 적당한 선에서 만족할 수 있도록 교육이 뒷받침되어야 한다. 지나친 복지혜택으로 국민들의 삶의 동기가 약해져 자살률이 높은 북유럽의 사례는 우리에게 좋은 선례(先例)가 될 수 있다. 이런 점에서 물질적 복지와 정신적 복지의 균형을 이루는 국가적 시혜(施惠)가 필요하다. 사람은 누구나 행복을 원하지만 그 조건은 각기 다른데, 그러나 원치 않는 불행을 막는 데에는 공통적으로 '가정(家庭)'을 필요로 한다는 점에서 가정윤리인 '효'는 복지와 밀접한 관련이 있다. 특히 우리는 그동안 고도의 경제성장을 통해 물질적으로는 크게 성장했지만, 정신적인 면에서는 상대적으로 미흡했다는 자성(自省)이 크다. 인간의 행복은 정신과 물질이라는 두 기둥을 필요로 한다는 점에서 '정신(家庭, 孝)'의 영역을 아우르는 리더십이 요구된다. 『효경』에 "효는 덕의 근본이요, 모든 가르침이 그로 말미암아 생겨난다(개종명의장)."[114], "[리더가] 백성들을 서로 친애하도록 하는 데에는 효보다 좋은 것이 없고, 백성들을 예에 순응하게 가르치는 데는 공경함보다 좋은 것이 없다(광요도장)."[115], "[리더가] 사랑과 공경함을 다하여 부모님 섬긴 연후에 도덕적 교화가 백성들에게 전해져 온 나라에 본보기가 될 수 있다(천자장)."[116], "[리더(선왕)]가 먼저 박애를 실천함으로써 성원들이 부모님을 버리지 않게 되고 덕과 의로써 베풀어 성원들이 자발적으로 [그것을] 실천하였다. 리더가 앞에서 공경하고 겸양하니 성원들이 다투지 않고 예악으로 이끄니 백성들이 화목하게 되고, 리더가 호오(好惡)로써 보여주자 성원들 스스로가 하지 않아야 할 것을 알게 되었다(삼재장)."[117]라고 했다.

사회복지가 실현되기 위해서는 가정복지가 먼저 해결되어야 하고 가정의 복지는, 안으로는 가정윤리이자 가족사랑인 효가 살아야 하고, 밖으로는 정부가 기업의 어린이집 운영에 관한 철저한 관리·감독을 통해 보육여건을 개선하는 등 실사구시(實事求是)적 행정에 앞장서야 한다. 이런 점에서 국가의 복지 정책은 가정의 기능을 국가가

114) "孝德之本也 教之所由生也."
115) "教民親愛 莫善於孝 教民禮順 莫善於悌."
116) "愛敬 盡於事親 然後 德教加於百姓 刑於四海."
117) "先之以博愛 而民莫遺其親 陳之以德義 而民興行. 先之以敬讓 而民不爭 導之以禮樂 而民和睦 示之以好惡 而民知禁."

대신하는 것이 아니라, 국가는 가정의 기능을 복원시키는 노력이 있어야 한다. 이를 위해서는 효에 대한 패러다임의 전환과 함께 21세기적 효를 바탕으로 하는 리더십이 요구되는 것이다.

질문 및 토의

1. 효와 한국 문화의 관계, 효와 대인간 신뢰성 증진과의 관계에 대하여 발표해봅시다.
2. 리더십의 관점에서 학교폭력, 묻지마 범죄 사고의 발생이 효 교육과 어떤 관계에 있는지에 대해 발표해봅시다.
3. 출산장려 및 보육정책, 고령사회정책, 다문화가정정책 등 한국적 복지정책과 효를 연계시켜야 할 필요성과 발전방안에 대해 발표해봅시다.

제 5 장

문헌에 제시된 『효와 소통의 리더십』

리더십은 소통이 전제되지 않으면 리더십 자체가 성립될 수 없으며, 소통은 효가 바탕이 되었을 때 원활할 수 있음을 제2장(소통은 효와 리더십의 전제)에서 살펴보았다. 그렇다면 문헌에서는 리더십과 효는 어떤 관계에 있으며, 어떻게 발휘해야 하는지에 대하여 알아본다.

율곡 이이는『격몽요결』에서 "배우는 사람은 이치를 강구하는 것보다 먼저 할 것이 없고, 이치를 강구함에는 책을 읽는 것보다 먼저 할 것이 없으며, 성인(聖人)과 현인(賢人)들이 마음으로 쓴 자취(自取)와 선과 악에서 본받아야 할 것과 경계하여야 할 것을 책에서 찾아야 한다(독서장)."[118]고 했다. 지도자나 통수권자가 발휘해야 할 리더십에서

118) "學者 常存此心 不被事物所勝 而必須窮理明善 然後 當行之道 曉然在前 可以進步故入道 莫先於窮理 窮理 莫先乎讀書 以聖賢用心之迹 及善惡之可戒者 皆在於書故也."

효가 바탕이 되어야 하는 이유는 문헌에 제시된 바와 같이, 리더가 먼저 본보기를 통해 구성원이 효를 행하도록 이끌어야 한다고 제시하고 있다. 그렇게 되었을 때 인간의 행복 추구라는 리더십의 궁극적인 목적이 달성될 수 있는 것이다. 그리고 한국인을 대상으로 하는 한국적 리더십은 당연히 한국문화가 바탕이 되어야 하고, 그 문화의 기저(基底)에는 효가 작용되어야 소통이 될 수 있다. 이런 맥락에서 현자(賢者)들이 제시한 효와 리더십의 관계를 『효경』을 비롯한 『불경』, 『성경』 등의 경전과 『논어』, 『맹자』, 『예기』, 『소학』, 『명심보감』, 『격몽요결』, 『기타 문헌』 등을 통해 살펴본다.

I 『효경』에 제시된 『효와 소통의 리더십』

Tip
효는 리더십의 기본요건인 '인격', '지식', '행동' 요소를 함양하는데 근본으로 작용한다. 이는 덕성함양과 배움의 욕구를 통해 생성되어진다.

『효경』은 공자가 효에 관련해서 그의 제자인 증자와 논설할 내용을 훗날 제자들이 편저(編著)한 유교 경전의 하나이지만 이 책의 저자와 저술된 연대(年代)에 대해서는 아직 정확히 밝혀지지 않았다. 공자가 저자(著者)라는 설과 증자가 저자라는 설, 또는 그들의 제자에 의해 저술되었다는 등 여러 가지 설(說)이 있으나 후세들이 평가하는 바에 의하면, 공자와 증자의 제자들이 저술했을 가능성이 큰 것으로 보고 있다. 이 책은 『논어』와 함께 삼국시대에서 조선시대에 이르기까지 교육기관에서 필수과목으로 지정했던 필독서였다는 점에서 효 교육에 크게 영향을 미쳤다고 할 수 있다. 『효경』에 제시된 효가 바탕이 된 리더십의 당위를 살펴보면 다음과 같다.

① 효는 덕의 근본이요, 모든 가르침이 그로 말미암아 생겨난다(개종명의장).[119]

② 윗자리에 있으면서도 교만하지 않으면 높은 지위에 있어도 위험하지 않고, 절제하며 정도를 삼가 하여 지키면 가득 차도 넘치지 않는다(제후장).[120]

③ [리더가 효를 적용하면] 가르침이 엄숙하지 않아도 이루어지고 그 정치가 엄하지 않아도 다스려진다. 리더(선왕)는 그것을 가르침으로써 백성을 교화시킬 수 있다고 보았다(삼재장).[121]

④ [리더가] 백성들을 서로 친애하도록 하는 데에는 효보다 좋은 것이 없고, 백성들을 예에 순응하게 가르치는 데는 공경함보다 좋은 것이 없다(광요도장).[122]

⑤ [리더]한 사람이 공경하면 천만인이 기뻐하게 되는 것이다. 공경하는 사람은 적지만 기뻐하며 기꺼이 따르는 사람은 많으니 이것이 중요한 도(道)이다(광요도장).[123]

⑥ [리더가] 사랑과 공경함을 다하여 부모님 섬긴 연후에 도덕적 교화가 백성들에게 전해져 온 나라에 본보기가 될 수 있다(천자장).[124]

119) "孝德之本也 敎之所由生也."
120) "居上不驕 高而不危 制節謹度 滿而不溢."
121) "其敎不肅而成 其政不嚴而治 先王見敎之可以化民也."
122) "敎民親愛 莫善於孝 敎民禮順 莫善於悌."
123) "敬一人 而千萬人悅 所敬者寡 而悅者衆 此之謂要道也."
124) "愛敬 盡於事親 然後 德敎加於百姓 刑於四海."

⑦ [리더(선왕)]가 먼저 박애를 실천함으로써 성원들이 부모님을 버리지 않게 되고 덕과 의로써 베풀어 성원들이 자발적으로 [그것을] 실천하였다. 리더가 앞에서 공경하고 겸양하니 구성원들이 다투지 않고 예악으로 이끄니 백성들이 화목하게 되고, 리더가 호오(好惡)로써 보여주자 구성원들 스스로가 하지 않아야 할 것을 알게 되었다(삼재장).[125]

⑧ [리더가] 효로써 가르치는 것은 날마다 집집마다 찾아가서 대면해서 가르치는 것이 아니다. 효로써 가르치는 것은 세상의 부모 되는 사람을 공경케 하는 것이다(광지덕장).[126]

⑨ [리더가] 그 아버지를 공경(효)하면 아들이 기뻐하며 기꺼이 따르고, 그 형을 공경하면 동생이 기뻐하며 기꺼이 따르며, 그 군주가 존경하면 신하가 기뻐하며 기꺼이 따르게 되는 것이다(광요도장).[127]

⑩ 리더(선왕)들은 지극한 덕과 중요한 도를 갖고서 천하 백성을 가르쳤다. [그러자] 성원들은 화목하고 윗사람, 아랫사람들은 서로 원망이 없었다(개종명의장).[128]

⑪ [리더가] 부모를 사랑하지 않고 다른 사람을 사랑하는 것은 패덕(悖德)이고, 부모를 공경하지 않고 다른 사람을 공경하는 것은 패례(悖禮)이다. 이렇게 가르치면 백성들이 본받을 게 없다. 이 [패덕과 패례]로써 가르쳐 혼란(거역)해지면 백성들은 본받을 게 없다.

125) "先之以博愛 而民莫遺其親 陳之以德義 而民興行. 先之以敬讓 而民不爭 導之以禮樂 而民和睦 示之以好惡 而民知禁."

126) "君子之教以孝也 非家至而日見之也. 教以孝 所以敬天下之爲人父者也."

127) "敬其父則子悅 敬其兄則弟悅 敬其君則臣悅."

128) "先王有至德要道 以順天下 民用和睦 上下無怨."

선덕(善德)이 없어지면 모두가 흉덕(凶德)에 놓인다. [그렇다면] 비록 지위를 얻었다 해도 군자는 따르지 않는다(효우열장).[129]

⑫ [리더는] 그 공경(효)하는 마음을 근거로 공경하는 법을 가르치고 친애하는 마음을 근거로 사랑을 가르친다(성치장).[130]

⑬ 옛날에 명철한 리더(왕)는 아버지를 섬김에 효를 다했던 고로 하늘을 섬기는 것도 분명하였다. 어머니를 섬김에 효를 다했던 고로 땅을 섬김에 살피었다. 어른과 어린 이가 질서를 잘 지켰던 고로 상하가 잘 다스려지고, 하늘과 땅을 밝게 살핌으로써 귀신이 감응하여 잘 드러났다(응감장).[131]

⑭ [리더가 효를 행하면] 그 성원들은 [리더를] 경외하면서 사랑하고, 법도로 삼으면서 본받는 것이다. 그러므로 [리더는] 도덕교육을 이룰 수 있고, 그 정치적 명령을 실시할 수 있다(효우열장).[132]

⑮ 리더(부모)에게 간쟁하는 팔로어(자식)가 있으면 리더(부모)는 불의(不義)함에 빠지지 않는다(간쟁장).[133]

129) "不愛其親而愛他人者 謂之悖德 不敬其親 而敬他人者 謂之悖禮 以訓則昏 民無則焉 以訓則昏 民無則焉 不在於善 而皆在於凶德 雖得之 君子弗從也."

130) "人因嚴以 教敬 因親以教愛."

131) "明王 事父孝故 事天明 事母孝故 事地察 長幼順故 上下治 天地明察 神明彰矣."

132) "其民畏而愛之 則而象之 故 能成其德教 而行其政令."

133) "父有爭子 則身不陷於不義."

『효경』에 나타나 있듯이 리더십에서 효와 소통이 바탕이 되어야 하는 당위(當爲)는 첫째, 리더가 효를 행함으로써 덕(德)으로 구성원을 이끌 수 있다는 점이다. 효는 덕의 근본이요, 모든 가르침이 이로 말미암아 생겨난다는 점에서, 그리고 덕은 곧 구성원에게 선의를 베풀어서 그들의 마음을 얻는 것이다. 이처럼 효를 하는 사람은 덕을 베풂으로써 상대방의 마음을 얻게 된다는 점에서 리더십과 연계성이 있다. 또한 효는 입신양명의 길을 안내하는 보편적 가치로서 셀프 리더십의 기본 가치임을 알 수 있다. 둘째, 리더가 효를 솔선수범(率先垂範)적으로 행함으로써 구성원이 저절로 이끌리게 된다는 점이다. 즉 리더가 먼저 효를 행하게 되면 구성원이 리더를 존경하고 따르게 되어 소통이 저절로 이루어진다는 것이다. 셋째, 효를 근거로 교화(敎化)가 이루어지도록 해야 한다는 점이다. 효를 하는 사람은 상대방을 업신여기거나 교만하지 않으며 여럿이 함께 있어도 서로 다투지 않는 등 부모님이 원하시는 방향으로 행하기 때문에 저절로 교화가 이루어져서 리더십이 발휘되어지는 것이다. 넷째, 효는 팔로어십을 살릴 수 있는 기본 덕목이라는 점이다. 가정의 리더인 부모에게 잘못이 있을 때는 자식이 간함으로써 소통과 함께 부모의 불의함을 막을 수 있는 것처럼, 조직에서 리더에게 간하는 팔로어가 있으면 리더의 불의함을 막을 수 있어서 리더십의 역할과 기능을 살릴 수 있다. 이처럼 효는 소통을 위한 기본이고, 또한 리더십에서 리더가 행해야 할 기본 가치이자 덕목임을 『효경』에서 발견할 수 있다.

Ⅱ 『불경』에 제시된 『효와 소통의 리더십』

Tip
효는 선(善)의 모범이 되게 하며 수행자의 삶의 기준이 되게 한다. 따라서 이러한 효는 가정에서 '정(情)과 '엄(嚴)'이 조화된 리더십을 통해 형성되어진다.

『불경』은 불교의 가르침을 담은 책이다. 불교에서 경(經)이란 암송되어오던 석가모니의 설법내용을 훗날에 집성하여 문자화한 것을 뜻한다. 불교에서의 경(經)은 석가의 제자가 설법한 교의(敎義)와 교단의 규율을 규정한 율(律)과 철학적 이론서인 논(論), 그리고 이상의 것들을 주석한 책들에 이르기까지 모두를 가리킨다. 이 중 효와 관련된 불교 경전은 많으나 그중에서도 『부모은중경』이 대표적이다. 『불경』에 제시된 효가 바탕이 된 리더십의 당위를 살펴보면 다음과 같다.

① 효는 모든 선(善)의 모범이 되는 것이다(부모은중경).

② 효는 수행자의 삶의 기준과 준거, 죄악을 범하지 못하게 하는 규정이다(범망경).

③ 자식은 부모를 다섯 가지로 섬겨야 하며, 부모도 역시 자식을 다섯 가지로 돌보아야 한다. 자식이 해야 할 다섯 가지는 살림살이 · 식사제공 · 걱정 끼치지 않음 · 부모의 은혜를 생각하는 일 · 병을 치료해드리는 일이고, 부모가 해야 할 다섯 가지는 자식에게 좋은 것을 하고 학업을 가르치며 경전과 계율을 지니게 한다. 장가들이고 재산을 맡아주는 것이다(불설시가리월육방예경).

④ 부모의 은혜를 잊고 부모에게 불손하고 업신여기며 형제끼리 다투고 스승의 가르침도 따르지 않아 영(令)이 서지 않는 것은 부모가 자식을 귀엽게만 여기고 어른들이 감싸주기만 하기 때문임을

알게 한다(부모은중경).

⑤ (리더가) 부모에게 불효하고 스승과 어른들을 공경할 줄 모르며, 어린이를 확대하고 오로지 남녀 간의 육체만을 즐기는 자가 만일 높은 자리에 오르면, 자기가 마치 세상의 모든 이치를 다 아는 듯 더욱 뽐내고 거만하게 함부로 권세를 부리며 남을 업신여기기를 너무 손쉽게 한다. 그러므로 (리더의) 기본이 중요하다(삼세인관경).

『불경』에서 제시하고 있듯이 리더십에서 효가 바탕이 되어야 하는 당위(當爲)는 첫째, 효는 선(善)의 모범이자 삶의 기준과 준거이고, 죄악을 범하지 못하게 하는 규정으로 작용하기 때문이다. 따라서 리더는 조직의 문화를 건강한 모습으로 바꾸기 위해서는 효를 바탕으로 리더십을 발휘해야 한다. 둘째, 리더십은 상호적 작용에 의해 발휘된다는 점이다. 가정의 리더인 부모와 팔로어인 자식이 서로의 역할을 다함으로써 건강한 가정이 될 수 있듯이, 조직에서도 리더가 역할과 도리를 다할 좋은 리더십이 나올 수 있는 것이다. 셋째, 가정의 리더인 부모가 자녀를 엄(嚴)과 정(情)으로 이끎으로써 영(令)이 서도록 해야 한다. 이를 위해서는 자식을 귀엽게만 여겨서는 안되며, 엄한 가르침을 통해 기본을 세우는 가정의 리더십이 필요하다. 이것이 소통을 위한 전제인 것이다. 넷째, 리더십은 리더가 효를 수범적으로 행함으로써 하모니를 이룰 수 있다는 점이다. 가정에서 리더가 자녀를 돌보는데서 시작하듯이 리더십에서도 리더가 팔로어를 돌보는 데서부터 시작되는 것이다. 리더가 부모에게 불효하는 모습을 보이면, 리더가 기본이 서지 않은 것으로 인식되어져서 결국 신뢰를 잃게 되는 것이다. 부모에게 불효하고 스승과 어른을 공경할 줄 모르는 사람은 결국 리더로서의 자질에 맞지 않게 되는 것이므로 좋은 리더십이 나올 수 없는 것이다.

III 『성경』에 제시된 『효와 소통의 리더십』

Tip
효는 부모가 먼저 자녀를 사랑하고, 자녀는 부모를 공하는 가운데 형성되어지며, 이러한 효를 하는 사람은 성공하고 건강의 축복을 받는다. 따라서 리더십 중에서 가장 먼저 할 일은 자녀에게 효를 가르치는 것이다.

『성경』은 기독교의 경전으로 구약과 신약으로 구성되어 있다. 『성경』에는 십계명을 비롯하여 여러 곳에 효를 강조하고 있으며, 효를 행하면 소통이 원활해져서 성공과 건강의 축복을 받을 수 있는 것으로 나와 있다. 따라서 효가 바탕이 되면 소통의 원활함과 함께 리더십을 발휘하면 구성원들을 잘되고 건강하게 하는 리더십이 나오게 되는 것이다. 『성경』에 제시된 효가 바탕이 된 리더십의 당위를 살펴보면 다음과 같다.

① 네 아버지와 어머니를 공경하라, 이것이 약속 있는 첫 계명이니, 이는 네가 잘되고 땅에서 장수하리라(에베소서 6:2-3).

② 너는 센 머리 앞에 일어서고 노인의 얼굴을 공경하라(레위기 19:32).

③ 만일 어떤 과부에게 자녀나 손자들이 있거든 저희로 먼저 자기 집에서 효를 행하여 부모에게 보답하기를 배우게 하라, 이것이 하나님 앞에 받으실 만한 것이니라(디모데전서 5:4).

④ 아비들아 너희 자녀를 노엽게 하지 말고 오직 주의 교양과 훈계로 양육하라(에베소서 6:4).

⑤ 아비들아 너희 자녀를 격노케 말지니 낙심할까 함이라(골로새서 3:21).

⑥ 부모 된 자는 먼저 마음을 다하고 성품을 다하고 힘을 다하여 하나님을 사랑하고 하나님 말씀을 자신의 마음에 새겨 그 말씀을 자녀에게 부지런히 가르쳐야 한다(신명기 6:4-9).

⑦ 부모는 먼저 자녀들이 부모로부터 사랑받고 있는 존재임을 알리고 사랑을 표현해야 한다(데살로니카전서 2:8).

『성경』에 제시된 리더십에서 효가 바탕이 되어야 하는 당위는 첫째, 리더와 구성원이 효를 하면 복을 받게 된다는 점이다. 리더십의 목표가 조직의 목표를 달성함으로써 성공하는데 있다고 할 때, 효를 행하면 성공하게 된다는 점을 제시하고 있다. 둘째, 리더는 노인을 공경하는 솔선수범적 자세를 보여야 한다. 센 머리 앞에서 일어나고 노인을 공경함으로써 팔로어들의 효행을 이끌어 낼 수 있는 것이다.

셋째, 부모는 가정에서 효를 가르침으로써 리더십이 살아나도록 해야 한다는 점이다. 자녀나 손자들로 하여금 먼저 효를 행함으로써 부모에게 보답하도록 하라는 의미는, 곧 가정에서 효를 바탕으로 리더십을 발휘하라는 의미이다. 넷째, 리더는 구성원을 사랑으로 베풀어야 한다는 점이다. 가정에서 부모가 자녀를 사랑함으로써 자녀들이 사랑받고 있음을 알게 해야 하는 것처럼, 리더는 팔로어들로 하여금 사랑받고 있는 존재임을 알게 해야 한다. 이러한 리더십이 결국 효를 낳고 소통이 원활해지게 되어 좋은 리더십이 나오게 되는 것임을 『성경』을 통해 발견할 수 있다.

IV 『논어』에 제시된 『효와 소통의 리더십』

『논어』는 유교경전인 사서(四書)의 하나로 공자와 그의 제자들의 언행을 적은 책이다. 주 내용은 공자사상의 중심이 되는 효제(孝弟), 그리고 인(仁)의 도(道)에 대하여 설명하고 있다. 『논어』는 삼국시대에서 조선시대에 이르기까지 교육기관에서 『효경』과 함께 필수과목으로 지정됐던 책이다. 율곡은 『격몽요결』에서 "『논어』를 읽어서 인(仁)을 구하여 자기 수양으로 하고 근본적이고 원칙적으로 학식을 넓혀서 심성을 닦는 공부에 대하여 하나하나 세밀히 생

Tip
리더가 가장 먼저해야 할 일은 사랑(仁)의 근본인 효를 가르치는 일이다. 근본이 서면 길과 방법이 저절로 생기기 때문인데, 사람이 되고 나서 학문이라는 점을 알도록 하는 리더십이어야 한다.

각하여 깊이 이것을 체험하여 자기의 것으로 만들어야 할 것이다."[134] 라 하여 『논어』의 중요성에 대해 밝히고 있다. 『논어』에 제시된 효와 소통에 의한 리더십의 당위를 살펴보면 다음과 같다.

① 리더(군자)는 근본을 세우는데 힘써야 하며 근본이 서면 길과 방법이 저절로 생긴다. 효(孝)와 우애(弟)는 인(仁)을 이루는 근본이다(학이편).[135]

② 젊은이들은 들어와서는 효도를 하고 나가서는 우애(友愛)를 지키며 근신하고, 신의를 지키고 널리 여러 사람들은 사랑하며 인(仁)을 친근히 하여야 한다. 이렇게 하고도 남는 힘이 있으면 공부하는 것이다(학이편).[136]

③ 리더(군자)가 부모에게 독실하면 백성들 사이에 인(仁)이 진작(振作)되고 옛 친구를 버리지 않으면 백성들이 박절하지 않게 된다(태백편).[137]

④ 백성을 장중(莊重)하게 대하면 공경스러워지고 효와 자애(慈愛)를 행하게 하면 충하게 되고, 선인(善人)을 등용하고 무능한 사람을 가르쳐 주면 부지런히 힘쓰게 될 것이다(위정편).[138]

⑤ 부모에게 효를 행함에 있어 (부모의) 잘못이 있을 때 슬쩍 간하고, 설령 나의 뜻을 따르지 않더라도 여전히 공경하여 부모의 뜻을 어

134) "次讀論語於求仁爲己涵養本源之功一一精思而深體之."
135) "君子務本 本立而道生 孝弟也者 其爲仁之本與."
136) "弟子入則孝 出則悌 謹而信 汎愛衆 而親仁 行有餘力 則以學文."
137) "君子篤於親 則民興於仁 故舊不遺 則民不偷."
138) "臨之以莊則敬 孝慈則忠 擧善而教不能則勸."

기지 않아야 하며, 수고로워도 원망하지 말아야 한다(이인편).[139)]

『논어』에 제시된 리더십에서 효가 바탕이 되어야 하는 당위는 첫째, 리더십에서 근본이 중요하기 때문이다. 그 이유는 근본이 서면 소통이 원활해질 수 있는 기본이 서게 되고, 나가야 할 방향과 방법이 저절로 생겨나기 때문이다. 그런데 효는 리더십의 근본으로 작용하며, 그 근본은 사랑이라는 점이다. 둘째, 리더십에서 주안을 두어야 할 것은, 사람이 되는 일에 우선을 두어야 한다는 점이다. 사람이 되고 나서 학문과 명예와 재물을 가지게 해야 하는 것이다. 셋째, 리더가 솔선하여 효를 행함으로써 구성원들의 인(仁)을 진작시키고 부지런해지도록 해야 한다는 점이다. 리더가 자애를 행함으로써 구성원들로 하여금 서로 사랑하게 하고 저절로 충(忠)의 가치를 지향하게 되기 때문이다. 넷째, 리더십에서 팔로어의 역할이 중요하다는 점이다. 가정의 리더인 부모에게 잘못이 있을 때는 간하되 원망하는 마음이 없이 공경하는 마음으로 간함으로써 소통을 통하여 부모가 불의함에 빠지지 않게 해야 한다는 점을 이르고 있다. 이렇듯이 리더는 효를 통하여 근본을 세움으로써 소통의 여건을 마련하는 일에 힘써야 하며, 구성원들의 근본을 세우는 것은 효를 행하게 함으로써 조직의 성과를 제고할 수 있음을 제시하고 있다.

139) "事父母 幾諫 見志不從 又敬不違 勞而不怨."

V 『맹자』에 제시된 『효와 소통의 리더십』

Tip
리더십은 '선(善)'을 내세움으로써가 아니라 '선'을 행함으로써 발휘되는 것이다. 그리고 리더십은 신뢰를 기초로 발휘되는데, 이러한 효는 '선(善)'과 신뢰(信賴)'의 기초이며, 이타적 효의 실천을 통해 형성되어진다.

『맹자』는 유교 경전인 사서(四書)의 하나로 맹자와 그 제자들의 대화내용 등을 기술한 책으로, 양혜왕, 이루, 문공 등 7편으로 구성돼 있다. 율곡은 『격몽요결』에서 "『맹자』를 읽어서 의리와 이익을 명확히 판별하고 사람의 지나친 욕심을 막고 하늘의 이치가 있다는 주장에 있어 하나하나 밝게 살펴서 이것을 더욱 확충해야 할 것이다."[140]라 하여 『맹자』의 성격을 설명하고 있다. 『맹자』에 제시된 효가 바탕이 된 소통의 리더십 당위를 살펴보면 다음과 같다.

① (리더가) 아랫자리에 있으면서 윗사람의 신임을 얻지 못하면 백성을 다스리지 못한다. 윗사람의 신임을 얻는 데는 방법이 있으니, 벗들 사이에 신임을 받지 못하면 윗사람에게 신임을 얻지 못할 것이다. 벗에게 믿음을 얻는 방법이 있으니, 어버이를 섬겨 기쁘게 하지 못하면 벗에게 믿음을 받지 못할 것이다. 어버이를 기쁘게 하는 데는 방법이 있으니, 자신을 돌이켜 살펴 성실하지 못하면 어버이를 기쁘게 하지 못할 것이다. 자신을 성실하게 하는 데에는 방법이 있으니, 선(善)에 밝지 못하면 자신이 성실해질 수 없는 것

140) "次讀孟子於明辨義利遏人慾存天理之說一一明察而擴充之."

이다. 그러므로 성(誠)은 하늘의 도(道)요, 성(誠)해지기를 생각함은 사람의 도(道)이다. 지성(至誠)으로 감동하지 않을 사람이 없고, 불성(不誠)으로 남을 감동하게 한 사람은 없었다(이루 상).[141]

② 군자한테는 세 가지 즐거움이 있는바 거기에 왕자가 되어 천하에 군림하는 것은 더불어 존재치 아니한다. 부모가 생존해 계시며 형제들에게 연고가 없는 것이 첫 번째 즐거움이요, 하늘을 우러러보아도 하늘에 부끄럽지 않고 땅을 굽어보아도 사람한테 부끄럽지 않은 것이 두 번째 즐거움이요, 천하의 뛰어난 인재를 얻어서 교육할 수 있는 것이 세 번째 즐거움이니, 군자한테는 세 가지 즐거움이 있으나 거기에 왕자가 되어 천하에 군림하는 것은 더불어 존재치 아니한다(진심 상)."[142]

③ 현명한 리더(군주)는, 그렇기 때문에 백성들의 생활바탕을 마련해주되 반드시 위로는 그것으로 부모를 섬기기에 넉넉하도록 만들고, 아래로는 처자식을 먹여 살리기에 넉넉하도록 만들어 풍년에는 내내 배불리 먹고, 흉년에도 굶어죽는 것을 면하게 해주고 난 다음에야 그들을 선한 길로 가도록 이끌수 있다. 그래서 백성들이 그것을 따르기가 손쉬운 것이다(양혜왕 상).[143]

141) "居下位而不獲於上, 民不可得而治也. 獲於上有道 不信於友, 弗獲於上矣. 信於友有道 事親弗悅, 弗信於友矣. 悅親有道 反身不誠, 不悅於親矣. 誠身有道 不明乎善, 不誠其身矣. 是故誠者, 天之道也. 思誠者, 人之道也. 至誠而不動者, 未之有也. 不誠, 未有能動者也."

142) "君子有三樂 而王天下 不與存焉 父母俱存 兄弟無故 一樂也 仰不愧於天 俯不怍於人 二樂也 得天下英才 而教育之 三樂也 君子有三樂 而王天下 不與存焉."

143) "是故 明君制民之産 必使仰足以事父母 俯足以畜妻子 樂歲 終身飽 凶年免於死亡 然後驅而之善故 民之從之也輕."

④ 젊은이들이 여가가 있을 적엔 효도와 우애와 충성과 신의를 배워 집에 들어가서는 그 부형을 섬기고, 밖에 나가서는 그 연장자와 윗사람을 섬기도록 만들어 놓으면 몽둥이만 가지고라도 진나라와 초나라의 견고한 갑옷과 예리한 병장기를 두드려 부수게 만들 수 있다(양혜왕 상).[144)]

⑤ 리더 [군자]가 보통 사람들과 다른 까닭은 그가 본심을 보존해 낼 수 있기 때문이다. 군자는 인자함을 본심에 지니고 예절을 본심에 지닌다. 인자한 사람은 남을 사랑하고 예절을 차리는 사람은 남을 공경하는데, 남을 사랑하는 사람은 남도 항상 그를 사랑하고, 남을 공경하는 사람은 남도 항상 그를 공경하는 법이다(이루 하).[145)]

⑥ 자기 집 노인을 공경하여서 그 마음의 다른 집 노인을 공경하는데까지 미치게 하고, 자기 집 어린이를 사랑하여서 그 마음의 다른 집 어린이를 사랑하는 데까지 미치게 한다. 이렇게 마음을 쓴다면 천하를 쉽게 다스릴 수 있다(양혜왕 상).[146)]

⑦ 자기가 하고 싶지 않은 것을 남한테 시키려 하지 말며, 자기가 바라지 않는 것을 남한테 바라도록 만들려 해서는 안된다. 그렇게 하는 것이 올바르게 살아가는 방법일 따름이다(진심 상).[147)]

⑧ 선(善)을 내세움으로써 남을 복종시키려는 사람은 아직껏 남을 제대로 복종시켜 낸 적이 없었다. 선으로써 사람들을 길러준 연후에

144) "修其孝悌忠信 入以事其父兄 出以事其長上 可使制梃 以撻秦楚之堅甲利兵矣."

145) "君子所以異於人者 以其存心也 君子以仁存心 以禮存心 仁者 愛人有禮者 敬人愛人者 人 恒愛之 敬人者 人恒敬之."

146) "老吾老以及人之老 幼吾幼以及人之幼 天下可運於掌."

147) "無爲其所不爲 無欲其所不欲 如此而已矣."

라야 천하가 복종하게 되는 법이니, 온 천하가 마음속으로부터 복종하지 않는데 리더 노릇 한 사람은 아직껏 있어본 적이 없었다(이루 하)."[148]

⑨ 인(仁)하면서 어버이를 버리는 자는 있지 않으며 의(義)롭고서 군주를 뒤로 하는 자 있지 않다(양혜왕 상).[149]

『맹자』에 제시하는 리더십에서 효가 바탕이 되어야 하는 당위는 첫째, 효는 리더십에서 중요시되는 신뢰의 관건이 된다는 점이다. 리더가 해야 할 근본은 효를 하는 것이며, 효를 행하면 상관과 부하로부터 신뢰를 받게 되고, 생활환경이 윤택해지므로 리더십을 발휘하는데 유리한 환경이 조성된다는 것이다. 따라서 리더는 자기 성실을 통하여 상관과 부하들의 신뢰를 받도록 노력해야 한다. 둘째, 효는 리더가 갖추어야 할 세 가지 조건 중에 우선이라는 점이다. 리더에게 부모 형제가 있어야 하고 가족들간 무고해야 한다는 점이다. 최근 수백억을 가진 재력가들이 부모의 유산을 놓고 형제끼리 법정 다툼을 벌이는 것은 맹자의 군자삼락을 알지 못하고 지키지 않아서라고 볼 수 있다. 셋째, 리더가 해야 할 일 중에 효를 실천할 수 있는 여건을 만들어주는 것이 중요하다는 점이다. 리더는 구성원들로 하여금 부모를 봉양하고 처자식을 부양할 수 있도록 하는 일에 관심을 가짐으로써 본심을 잃지 않도록 해야 한다. 넷째, 리더는 상대방을 이롭게

148) "以善服人者 未有能服人者也 以善養人然後 能服天下天下 不心服而王者 未之有也."

149) "未有仁而遺其親者也 未有義而後其君者也."

하는 이타적 가치를 구현하는 일에 역점을 두어야 한다는 점이다. 내가 하기 싫은 일을 남에게 시키지 않으며, 자기집 노인과 어린이를 돌보듯 남의 집 노인과 어린이를 돌보는 이타적 가치를 실천함으로써 리더십 발휘의 여건을 조성하도록 효를 가르쳐야 한다는 점을 제시하고 있다. 이처럼 효가 행해지게 되면 근본이 서게 되므로 소통과 함께 리더십이 저절로 발휘되는 것이다.

VI 『예기』에 제시된 『효와 소통의 리더십』

Tip
천하를 이끄는 리더십의 근본은 사람을 귀하게 여기는 데서 나온다. 그리고 리더가 만도(萬道)의 근본인 효를 행하면 구성원의 교화가 저절로 이뤄진다. 그런데 이러한 효는 가정에서 부모는 자녀를 사랑하고, 자녀는 부모를 사랑하는 데서부터 시작된다.

『예기』는 중국 고대 유가(儒家)의 5대 경전의 하나로 49편(編)으로 이루어져 있으며 『예기』를 『주례(周禮)』, 『의례(儀禮)』와 함께 삼례(三禮)라 부른다. 예경(禮經)이라 하지 않고 『예기』라고 할 것은 예에 관한 경전을 보완 · 주석(註釋)한 것이라는 의미가 담겨져 있다. 율곡은 『격몽요결』에서 "『예기』를 읽어서 천지(天地) 자연의 이치와 사리에 따라 정한 조리(條理)와 사람이 지켜야 할 법칙이 정한 정도에 관하여 좋은 방법을 궁리해서 마음가짐과 몸가짐이 잘 이루어지게 해야 할 것이다."[150]

150) "次讀禮經於 天理之節 文儀則之 度數一一講究而 有立焉."

라 하여 반드시 읽어야 할 책으로 말하고 있다. 『예기』에 제시된, 효가 바탕이 된 소통의 리더십의 당위를 살펴보면 다음과 같다.

① [리더가 해야 할] 가장 큰 효는 부모님을 공경하는 것이요, 그다음이 부모를 욕되게 하지 않는 것이며, 마지막 단계가 부모를 봉양하는 것이다(제의편).[151)]

② [리더가] 사랑의 도를 천하에 세우려면, 먼저 스스로 그 어버이를 사랑하는 것에서 시작한다. 이것이 백성들에게 자목(慈睦)의 도를 가르치는 방도이다. 경(敬)의 도를 천하에 세우려면 먼저 스스로 그 형장(兄長)을 공경하는 데서 시작한다. 이것이 백성에게 유순(柔順)의 도를 가르치는 방도이다. 자목의 도를 가르쳐서 백성이 어버이 있음을 귀하게 여기게 되고, 유순의 도를 가르쳐서 백성이 위의 명령을 들음을 귀하게 여기게 된다. 이리하여 백성이 모두 자목의 도로써 그 어버이를 섬기고, 유순의 도로써 위의 명령을 청종(聽從)하면 천하는 반드시 치평(治平)된다. 그러므로 이 두 가지 도로 천하에 실시하면 모든 일이 잘 행해진다(제의편).[152)]

③ 무엇을 인의(人義)라고 하는가, 부모는 자식을 사랑하고 자식은 부모에게 효도하며, 형은 현량하고 아우는 형을 공경하며, 남편은 의롭고 아내는 남편 말을 들어야 하며, 어른은 은혜로워야 하고 어린이는 순해야 하며, 군주는 인자해야 하고 신하는 충성해야 한다. 이 열 가지를 이르러 인의라고 한다(예운편).[153)]

151) "大孝尊親 其次不辱 其下能養."

152) "子曰 立愛自親始教民睦也 立敬自長始教民順也 教以慈睦 而民貴有親 教以敬長 而民貴用命 孝以事親 順以聽命 錯諸天下 無所不行."

153) "何謂人義 父慈子孝 兄良弟弟 夫義婦聽 長惠幼順 君仁臣忠 十者謂之人義."

④ 부모에게 잘못이 있을 때에는 마음을 억누르고 웃음 띤 얼굴로 부드럽게 간한다. 만일 간(諫) 함을 받아들이지 않으면 일어나서 공손히 대하고 효성을 다하여 마음이 풀려서 기뻐하면 다시 간한다. (부모가) 기뻐하지 않는다고 (간하지 않다가) 동네에서 죄를 얻는 것보다 차라리 (용기 있게) 간하는 게 낫다(내칙).[154]

⑤ 리더(선왕)가 천하를 다스릴 수 있는 도가 다섯이 있는데, 유덕한 사람을 존귀(尊貴)하는 것, 귀한 사람을 존귀하는 것, 노인을 존귀하는 것, 장자(長者)를 공경하는 것, 유자(幼者)를 사랑하는 것 등이 그것이다. 이 다섯 가지는 선왕이 천하를 안정시키는 길이다. 유덕한 자를 존귀함은 무엇 때문인가. 그 사람이 정도(正道)에 가깝기 때문이다. 귀한 사람을 존귀함은 무엇 때문인가. 그 자리가 리더(즉 자기)에게 가깝기 때문이다. 노인을 존귀함은 무엇 때문인가. 그 연치가 내 어버이에 가깝기 때문이다. 장자를 존경함은 무엇 때문인가. 그 연치가 나의 형에 가깝기 때문이다. 어린이를 사랑함은 무엇 때문인가. 그 연치가 나의 아들에 가깝기 때문이다. 그런데 이 다섯 가지를 행하는 근본은 효제에 있다. 그러므로 지효(至孝)의 리더는 그 도가 왕자(王者)다움에 가깝고, 지제(至悌)의 리더는 그 도가 패자(覇者)다움에 가깝다. 지효의 리더는 왕자다움에 가깝다고 한 것은 천자라 할지라도 반드시 아버지가 있는데, 아버지를 사랑하는 길이 효이다. 효는 만도(萬道)의 근본이다. 리더가 이를 행하여 지극하면, 만민이 이를 본받아 나라가 잘 다스려지므로 다른 리더(제후)가 모두 와서 따르기 때문에 이렇게 말하는 것

154) "父母有過, 下氣怡色, 柔聲以諫, 諫若不入, 起敬起孝, 說則復諫, 不說, 與其得罪 於鄕黨州閭, 寧孰諫."

이다. 리더(선왕)의 교화는 이 효제의 도를 근본으로 하기 때문에 그 천하를 통치하여 잃지 않는 것이다(제의편).[155]

『예기』에 제시하는 리더십에서 효가 바탕이 되어야 하는 당위는 소통의 원활함을 통해 리더십의 기본을 튼튼히 하는데 있다고 볼 수 있다. 이를 위해서는 첫째, 리더가 해야 할 것 중에서 가장 큰 것은 부모님이 원하시는 방향으로 하라는 것이다. 리더는 누구나 부모의 자식이기 때문에 매사를 행함에 있어서 부모님이 걱정하시지 않고 기뻐하시는 방향으로 행해야 한다. 둘째, 리더가 조직을 안정적으로 이

155) "先王之所以治天下者五 貴有德 貴貴 貴老 敬長 慈幼 此五者先王之所以定天下也 貴有德何爲也 爲其近於道也 貴貴 爲其近於君也 貴老 爲其近於親也 敬長 爲其近於兄也 慈幼爲其近於子也 是故至孝近乎王 至弟近乎覇 至孝近乎王 雖天子必有父 至弟近乎覇 雖諸侯必有兄 先王之教因而弗改 所以領天下國家也."

끌고 관리하기 위해서는 사랑을 바탕으로 해야 한다는 점이다. 부모를 공경하고 윗사람을 존귀하는 일에 우선해야 한다. 조직이 조화와 질서를 유지하기 위해서는 인륜질서가 뒷받침되어야 한다는 것이다. 셋째, 리더십에서 팔로어의 역할이 중요하다는 점이다. 『효경』과 『논어』에서와 마찬가지로 부모에게 잘못이 있을 때는 공경하는 마음으로 간해서 소통이 되도록 해야 하고, 이를 통해 부모가 불의함에 빠지지 않게 하여서 죄를 짓지 않도록 해야 한다는 점을 이르고 있다. 이렇듯이 구성원 서로가 사랑하고 화목해질 수 있는 길 또한 효를 가르치는 것이요, 구성원들을 유순(柔順)하게 하는 지름길이라는 점과 리더 자신이 부하들을 사랑해야 부하들이 리더를 위해 충성할 수 있다는 점을 제시하고 있는데, 이는 리더십의 원리가 효에서 나오고, 효는 소통을 원활하게 함으로써 결과적으로 리더십의 기본 토양이 마련되어진다는 점을 알 수 있다.

VII 『소학』에 제시된 『효와 소통의 리더십』

『소학』은 중국 송나라의 유자징(劉子澄)이 주희(朱熹)의 가르침을 주된 내용으로 기술한 초등(初等) 과정 학생들의 수양서이다. 이 책은 조선시대에 『효행실도(孝行實圖)』와 함께 어린이 교과서로 활용되었으며, 명칭은 교육기관(서당 등)에 입학하여 문자를 배운다는 데서 유래하였다. 율곡은 『격몽요결』에서 "『소학』을 읽어서 부모를 효도로 섬기고 형을 공경으로 대하며, 임금을 충성으로 섬기고, 벗과 친하게 사귐에 있어 이 책의 내용을 하나하나 자세하게 익혀서 힘써 이것들을 실행해야 할 것이다."[156)] 라고 하여 『소학』을 배워야 한다고 했다. 따라서 『소학』은 리더가 되기 위한 수양서라 할 수 있다. 『소학』에 제시된 효가 바탕이 된 리더십의 당위를 살펴보면 다음과 같다.

Tip
부모와 상관의 리더십이 갖는 차이점은, 부모에게 세 번 간(諫)해서 듣지 않아도 울며 따라야 하지만, 상관에게 세 번 간(諫)해서 듣지 않으면 갈라설 수 있다는 것이다. 훌륭한 리더로 키워지기 위해서는 유년 시절부터 기초를 가르쳐야 한다.

① 어린아이도 그 부모를 사랑해야 하는 것을 알지 못하는 아이가 없고, 자라면서는 그 형을 공경할 줄 알지 못하는 아이가 없다(명륜편).[157)]

② 리더(君子)가 사람을 가르침에는 순서가 있으니, 먼저 작은 것과 가까운 것부터 가르치고, 그런 뒤에 큰 것과 먼 것을 가르쳐야 하거니와, 먼저 가깝고 작은 것으로부터 전하고, 뒤에 멀고 큰 것을 가르쳐야 하는 것이다(가언편)."[158)]

③ 옛날에 부인이 자식을 임신하면, 잘 때 옆으로 눕지 아니하고, 앉을 때 모서리에 앉지 아니하고, 설 때 한쪽 발로 서지 아니하며, 간사한 맛을 먹지 아니하고, 벤 것이 바르지 않으면 먹지 아니하고, 자리가 바르지 않으면 앉지 아니하며, 눈으로 간사한 빛을 보

156) "先讀小學於事親敬兄忠君弟長隆師親友之道一一詳玩而力行之."
157) "孩提之童 無不知愛其親 及其長也 無不知敬其兄也."
158) "君子敎人有序 先傳以小者近者 而後 敎以大者遠者 非是先傳以近小 而後 不敎以遠大也."

지 아니하고, 귀로 음란한 소리를 듣지 아니하며, 밤이면 소경 악사로 하여금 시를 외우게 하고 올바른 일을 말하게 하였다(입교편).[159]

④ 조직의 구성원(백성)은 세 가지에 의하여 사는 것이니, 섬기기를 한결같이 해야 한다. 부모는 낳아주시고, 스승은 가르쳐 주시고, 임금은 먹여 주시니, 부모가 아니면 태어나지 못하였고, 먹이지 아니하면 자라지 못하였고, 가르치지 아니하면 알지 못하였으니 생명의 어버이들이다. 그러므로 한결같이 섬겨서 오직 죽음에 미칠 때까지 다해야 한다. 낳음 갚기를 죽음으로써 하고, 주신 것 갚기를 힘써 하는 것이 사람의 도리이다(명륜편)."[160]

⑤ 자식이 부모를 섬김에 있어서는 세 번 간하여 부모가 듣지 아니하거든 부르짖어 울면서 따라야 한다(명륜편).[161]

⑥ 부모와 아들은 뼈와 살이 있는데, 신하와 임금은 의리로 이어져 있으므로 부모에게 잘못이 있으면, 자식은 세 번 간하여 듣지 아니하면 따르면서 울고, 리더(임금)가 잘못이 있어 구성원(신하)이 세 번 간하여도 듣지 아니하면, 그 의리를 버리고 떠날 수 있다(계고편).[162]

『소학』에 제시하는 리더십에서 효가 바탕이 되어야 하는 당위는 첫째, 리더십에서 기본이 중요하다는 점이다. 여기서 기본이라는 것은

159) "古者 婦人 妊子 寢不側 坐不邊 立不蹕 不食邪味 割不正 不食 席不正 不坐目不視邪色 耳不聽淫聲 夜則令瞽 誦時 道正事 如此則生子 形容端正 才過人矣."

160) "民生於三 事之如一 父生之 師敎之 君食之 非父不生 非食不長 非敎不知 生之族也 故 一事之 唯其所在 則致死焉 報生以死 報賜以力 人之道也."

161) "子之事親也 三諫而不聽 則號泣而隨之."

162) "父子有骨肉 而臣主 以義屬故 父有過 子三諫而不聽 則隨而號之 人臣三諫而不聽 則其義可而去矣 於是 遂行."

나이에 걸맞게 가르치는 데서부터 갖춰지게 된다고 보고 있다. 그러므로 잠잘 때 사용한 이불은 자신이 개고, 마당 쓸고, 칫솔질 하는 것 등 작은 것에서부터 출발해야 한다는 것이다. 때문에 리더십에서도 리더 자신이 기본이 되는 것부터 솔선수범하는 것이 중요하다. 그 중의 하나가 효도를 하는 것이고, 효도는 부모로부터 받은 신체를 온전히 보존하는 것이며, 부모가 되어서는 온전한 아기를 낳을 수 있도록 매사에 조심하며 성심을 다하는 것이다. 둘째, 엄마로서 태교의 리더십이다. 아기를 잉태한 어머니로서 기본적으로 갖추어야 할 자세를 기록하고 있다. 셋째, 사람은 기본적으로 감사하는 마음으로 살아가며, 이를 기본으로 하는 마음으로 리더십을 발휘해야 한다는 점이다. 감사해야 할 대상은 가정에서 부모, 학교에서 스승, 나라에서는 나라를 이끌어가는 직분에 있는 사람에게 감사해야 한다는 것이다. 이런 마음으로 배우고 성장해야 올바른 리더가 될 수 있는 것이다. 넷째, 리더의 본보기와 팔로어의 간쟁에 의해 올바른 리더십을 발휘할 수 있다는 점이다. 『효경』과 『논어』, 『예기』에서와 마찬가지로 부모에 대한 간쟁을 설명하고 있는데, 여기서는 부모와 상급자의 관계를 구분 짓고 있다. 부모가 청을 들어주지 않으면 울면서 따르지만, 상관이 들어주지 않으면 갈라설 수 있다는 것이다, 이렇듯 바람직한 리더십을 발휘할 수 있는 인물로 키우기 위해서는 기본을 가르치는 것이 중요한데, 그러기 위해서는 리더가 작은 것부터 충실하는 자세를 가져야 하고, 이는 효에서 비롯된다는 것을 알 수 있다.

VIII 『명심보감』에 제시된 『효와 소통의 리더십』

Tip
리더십의 도(道)는 의(義)에 기초한 솔선수범에 있다. 이러한 솔선수범은 가정에서부터 출발함으로 리더인 부모가 효도하는 것부터 솔선수범하여 본(本)을 보여야 한다. 이러한 자세로 리더십을 발휘하면 목표를 쉽게 달성할 수 있는데, 효는 의(義)에 기초하기 때문이다.

『명심보감』은 고려 충렬왕(忠烈王) 때의 문신(文臣)인 추적(秋適)이 어린이들을 위하여 각종 고전에서 문구들을 발췌하여 만든 책이다. 19편으로 이루어져 있으며, 유불선(儒彿仙) 종교에 담긴 사상을 망라하여 마음에 새겨야 할 문장을 중심으로 구성하였다. 조선시대에 서당에서 어린이들을 위한 교과서로 채택하여 가르쳤으며, 주로 자신을 수양하고 반성하며 양심을 기르는 인격수양을 위한 책이었다. 『명심보감』에 제시된 효가 바탕이 된 리더십의 당위를 살펴보면 다음과 같다.

① 자신(自身)이 어버이에게 효도하면, 자식이 또한 나에게 효도한다. 자신이 어버이에게 효도하지 않는다면, 자식이 어찌 나에게 효도하겠는가?(효행편)[163]

② 삼강(三綱)이라는 것은 임금은 신하의 본(모범)이 되고, 어버이는 자식의 본(모범)이 되며, 남편은 아내의 본(모범)이 되는 것이다(입교편).[164]

③ 그 임금을 알고자 하면 먼저 그 신하를 살피고, 그 사람을 알고자 하면 먼저 그 친구를 살피며, 그 부모를 알고자 하면 먼저 그 자식

163) "太公曰 孝於親 子亦孝之 身既不孝 子何孝焉."
164) "三綱 君爲臣綱 父爲子綱 夫爲婦綱."

을 살핀다. 임금이 성인(聖人)답다면 신하가 충성하고, 부모가 자식을 사랑하면 자식은 부모에게 효도할 것이다(성심편 하).[165]

④ 처자(妻子)를 사랑하는 마음으로 어버이를 섬긴다면 효도를 극진히 할 수 있고, 부귀를 보전할 마음으로 임금을 받든다면 그 어디에서도 충성되지 않음이 없을 것이다. 남을 책망하는 마음으로 자기를 책망한다면 허물이 적을 것이요, 자기를 용서하는 마음으로 남을 용서한다면 사귐을 온전히 할 수 있다(존심편).[166]

⑤ 복은 맑고 검소한 데서 생기고, 덕은 몸을 낮추고 겸손한 데서 생기며, 도(道)는 편안하고 고요한 데서 생기고, 생명은 화창(和暢)한 데서 생긴다. 근심은 욕심이 많은 데서 생기고, 재앙은 탐(貪)하는 마음이 많은 데서 생긴다. 군왕(君王)을 높이고 부모에게 효도하며, 존장(尊長)을 공경하고 덕이 있는 이를 받들며, 어진 이와 어리석은 이를 분별하고 무식한 자를 용서하라(정기편).[167]

⑥ 선을 보거든 마치 미치지 못하는 것같이 하고, 악을 보거든 마치 끓는 물을 만지는 것같이 생각하여 멀리하라(계선편).[168]

⑦ 입신(立身)의 의(義)가 있으니 효(孝)가 그 근본이요, 상사(喪祀)에 예(禮)가 있으니 슬퍼함이 그 근본이요, 전진(戰陣)에 대열(隊列)이 있으니 용기가 그 근본이다. 나라를 다스림의 도리(道理)가 있으니 농사가 그 근본이고, 나라를 지킴에는 방도(方道)가 있으니 계승이

165) "欲知其君 先視其臣 欲識其人 先視其友 欲知其父 先視其子 君聖臣忠 父慈子孝."

166) "以愛妻子之心 事親則曲盡其孝 以保富貴之心 奉君則無往不忠 以責人之心責己則寡過 以恕己之心恕人則全交."

167) "福生於淸儉 德生於卑退 道生於安靜 命生於和暢 憂生於多慾 禍生於多貪."

168) "子曰 見善如不及 見不善如探湯."

근본이며, 재물의 생산함에 시기가 있으니 노력이 근본이다(입교편).[169]

⑧ 아침 일찍 일어나면서부터 밤이 깊어 잠들 때까지 생각하는 바가 충과 효인 자는, 사람들이 알지 못하더라도 하늘이 반드시 알 것이다. 배불리 먹고 따뜻하게 입고서 안락하게 제 몸만 보호하는 자는 몸은 비록 편안하나 그 자손을 어찌하랴?(존심편)[170]

⑨ 나무가 먹을 줄 좇으면 곧고, 사람이 간(諫)함을 받아들이면 거룩하게 된다(성심편 하).[171]

『명심보감』에는 리더가 기본적으로 갖추어야 할 덕목들이 많이 제시되어 있다. 리더십에서 바탕이 되어야 하는 것은 Be(인격, 자질) · Know(지식) · Do(행동)를 들 수 있는데, 이러한 기본요건을 갖추는데 필요한 덕목들이 『명심보감』에 제시되어 있다. 리더십에서 효가 바탕이 되어야 하는 당위는 첫째, 리더 자신이 효행을 솔선수범함으로써 벼리(綱)가 될 때 리더십을 발휘할 수 있다는 점이다. 일부의 책에서 벼리(綱)를 '섬김'으로 해석하는 경우가 있는데, 이는 잘못된 해석이며 '본보기', '모범' 등의 의미로 해석하는 것이 옳다. 둘째, 역지사지(易地思之)적 자세로 효를 행하고, 이런 마음으로 리더십을 발휘해야 한다는 점이다. 남의 입장을 헤아리는 마음이 리더의 자세이며,

169) "子曰 立身有義而孝爲本 喪紀有禮而哀爲本 戰陣有列而勇爲本 治政有理而農爲本 居國有道而嗣爲本 生財有時而力爲本."

170) "夙興夜寐 所思忠孝者 人不知 天必知之 飽食煖衣 怡然自衛者 身雖安 其如子孫何."

171) "子曰 木從繩則直 人受諫則聖."

이런 마음이 부하의 마음을 얻을 수 있기 때문이다. 셋째, 리더십은 의로움과 함께 근본에 충실해야 하는데, 이런 것들은 효에서 출발한다는 점이다. 그리고 이러한 효심이 선을 행하는 바탕이 되는 것이다. 넷째, 리더의 불의함에 대하여 간하는 팔로어가 있어야 올바른 리더십을 기대할 수 있다는 점이다. 『효경』과 『논어』, 『예기』, 『소학』에서와 마찬가지로 부모에 대해 간쟁하는 자식이 있어야 가정이 건강하듯이, 조직에서도 리더에게 간쟁하는 팔로어가 있어야 조직이 건강해질 수 있는 것이다. 이렇듯이 리더십은 근본이 중요한데, 그 근본은 효에 있으므로 리더 자신이 효를 솔선수범함으로써 구성원들이 자발적으로 행하게 해야 한다는 점을 발견할 수 있다.

Ⅸ 『격몽요결』에 제시된 『효와 소통의 리더십』

『격몽요결』은 율곡 이이(李珥, 1536~1584)가 황해도 해주에서 제자들을 가르친 경험을 기초로 1577년(42세)에 편찬한 책이다. 이 책이 담고 있는 의미는 '격몽(擊蒙)'과 '요결(要訣)'이라는 단어에서 찾을 수 있는데, '擊蒙(격몽)'에서 '격(擊)'은 '부딪치다'는 뜻이 담긴 '부딪칠 격' 자이고, '몽(蒙)'은 '덮어 가리다'는 뜻이 담긴 글자이니 "덮혀 있는 것과 부딪쳐서 깨우

Tip
리더가 학문을 하는 이유는 인간으로서의 기본도리를 저버리지 않는 가운데 리더십을 발휘하기 위해서이다. 그리고 그 기본도리는 부모는 자식을 사랑하고, 자식은 부모에게 효도하는 데서 갖춰지게 된다. 따라서 사람이 어렸을 때부터 효를 가르쳐서 부모의 은혜를 깨닫도록 해야 한다.

치게 한다"는 의미이다. '要訣(요결)'에서 '요(要)'는 '긴요하다', '결(訣)'은 '결단하다'는 의미이니, "요긴한 것을 얻기 위해 결단하다"는 의미를 담고 있다. 그러니 擊蒙要訣(격몽요결)은 "무엇인가로 덮혀 있는 젊은이의 두뇌를 깨우치게 하여 긴요한 결단을 하게 한다."는 의미를 담고 있다. 이 책의 구성은 뜻을 세운다는 '입지장(立志章)', 나쁜 습관을 버리고 바꾸어야 한다는 '혁구습장(革舊習章)', 올바른 몸가짐을 강조한 '지신장(持身章)', 책을 읽는 방법을 논한 '독서장(讀書章)', 어버이 섬기는 도리를 논한 '사친장(事親章)' 등 학문의 목적을 세우고 목표를 달성해가는 구체적인 실천 방법을 설명하고 있다. 『격몽요결(擊蒙要訣)』에 제시된 효가 바탕이 된 리더십의 당위를 살펴보면 다음과 같다.

① 대체로 부모에게는 당연히 효도해야 한다는 것을 알면서도 효도하는 사람이 별로 많지 않은 것은, 부모의 은혜를 깊이 깨닫지 못하기 때문이다. 이 세상 어느 물건도 내 몸보다 귀한 것은 없다. 곧 부모께서 주신 것이기 때문이다. 지금 남에게 재물을 주었다면 그 물건의 다소나 가치의 경중에 따라서 그 은혜에 감사하는 마음도 이로 하여 깊고 얕겠지만, 부모가 나에게 이 몸을 주셨으니 천하의 어떠한 물건과도 이를 바꿀 수는 없는 것이다(사친장).[172]

② (리더가 학문을 하는 이유는) 부모가 되어서는 마땅히 자식을 사랑하고, 자식이 되어서는 마땅히 부모에게 효도하고, 신하가 되어

172) "凡人莫不知親之當孝而孝者甚鮮由不深知父母之恩故也 天下之物莫貴於 吾身乃父母之所遺也 今有 遺人以財物者則隨其物之多小輕重而感恩之意爲之深淺焉父母遺我以身以擧天下之物無以易此身矣."

서는 마땅히 충성하고, 부부가 되어서는 마땅히 분별이 있어야 하고, 형제가 되어서는 마땅히 우애가 있고, 젊은이가 되어서는 마땅히 어른을 공경하고, 친구가 되어서는 마땅히 믿음을 주기 위함이다(서문).[173]

③ 성인(聖人)만이 유독 성인이 되고 나는 유독 평범한 사람이 되는 것은, 진실로 뜻을 세우지 못하고 아는 것을 분명히 못하고 행실을 독실(篤實)하게 못함이니, 모두가 내가 하기 달린 것뿐이다. 대체로 사람들은 스스로는 뜻을 세웠다고 말하면서 힘써 나가지 않으며, 우물쭈물하고 뒷날을 기다리는 사람은 명색만 뜻을 세웠다 할 뿐 실지로는 공부를 하려는 성의가 없기 때문이다(입지장).[174]

④ 일상생활에 잠깐 사이라도 부모를 잊지 않아야 한다. 그런 다음에야 곧 효도를 하는 사람이라 이름 지을 수 있다. 그리고 자기의 몸가짐을 삼가지 않으며, 하는 말에 법도가 없고 난잡하게 노는 것으로 세월을 보내는 사람은 모두 그 부모를 잊은 자의 행동들이다(사친장).[175]

⑤ 부모의 뜻하는 일이 만일 의리에 해가 되는 일이 아니라면, 마땅히 부모가 말씀하시기 전에 그 뜻을 받들어 잘 순종하고 조금이라도 소홀히 하여 어겨서는 안 된다. 만일 그것이 의리에 해로운 것이라면 온화한 기색과 기쁜 태도로써 부드러운 목소리로 바르게

173) "只是 爲父當慈 爲子當孝 爲臣當忠 爲夫婦當別 爲兄弟當友 爲少者當敬長 爲朋友當有信."

174) "何故獨爲聖人 我則何故獨爲 衆人耶 良由志不立 知不明 行不篤耳 志之立知之 明行之篤 皆在我耳 豈可他求哉. 凡人 自謂立志 而不卽用功 遲回等待者 名爲立志 而實無向學之誠故也."

175) "日用之間, 一毫之頃, 不忘父母然後乃名爲孝, 疲持身不謹, 出言無章, 嬉戲度日者, 皆是忘 父母者也."

간하되, 그 뜻을 여러 가지로 사유를 들어 거듭 설명해서 반드시 이해하여 들어주시기를 바라야 할 것이다(사친장).[176]

⑥ 학문을 하는 사람은 반드시 성실한 마음으로 그 학문하는 길로 향해야 하고, 속된 세상의 잡된 일로 그 학문하는 뜻을 어지럽게 하여서는 안 된다. 어지럽히지 않은 연후에 학문을 하는 터전이 잡히는 것이다(지신장).[177]

⑦ 무릇 부모를 섬기는 사람은 모든 일이나 모든 행실에 감히 제 맘대로 하지 말고, 반드시 부모의 명령을 받은 뒤에 실행해야 할 것이다. 만일 당연히 해야 할 일이라도 부모가 허락하지 않는다면 반드시 자세히 설명을 해드려서 허락을 받은 뒤에 행할 것이다. 만일 부모를 설득해도 끝끝내 허락을 않는다면 이 역시 제 생각대로 일을 할 수 없는 것이다(사친장).[178]

⑧ 모든 음식은 정도에 맞게 먹어야 하고 입에 맞는다고 기운을 상해서는 안 된다. 말과 웃음은 마땅히 간단하고 신중해야 한다. 시끄럽게 떠듦으로써 그 절도를 벗어나서는 안 되고, 행동거지는 마땅히 안정되고 세심해야 하며 거칠게 함으로써 그 몸가짐을 그르쳐서는 안 된다(지신장).[179]

⑨ 항상 한 가지라도 불의(不義)를 행하고, 한 사람이라도 죄 없는 사람을 죽이고서 천하를 얻는다 할지라도 해서는 안 된다는 것을 마

176) "父母之志, 若非害於義理, 則當先意承順毫忽不可違. 若其害理者, 則和氣怡色, 柔聲以諫, 反覆開陣, 必期於聽從."

177) "學者必誠心向道不以世俗雜事亂其志然後爲學有基址."

178) "凡事父母者, 一事一行, 毋敢自專, 必稟命而後行. 若事之可爲者, 父母不許則必委曲陳達, 頷可而後行, 若終不許則, 亦不可直遂其情也."

179) "凡飮食當適中不可快意有傷乎氣言笑當簡重不可喧譁以過其節動止當安詳不可粗率以失其儀."

음속 깊이 생각함으로써 이 생각을 가슴속에 명심하고 있어야 한다(지신장).[180]

⑩ 항상 일찍 일어나고 늦게 자야 하며, 의관을 반드시 단정히 하고 얼굴빛을 반드시 엄숙하게 하고, 두 손을 맞잡고 바르게 앉아야 하고, 걸음걸이는 조용하고 조촐해야 하고, 언어는 삼가고 무거워서 한 가지 한 가지의 동정을 소홀히 해서는 아니 되며, 조금이라도 아무렇게나 지나쳐 버려서는 안된다(지신장).[181]

180) "常以行一不義殺一不辜而得天下不爲底意思存諸胸中."

181) "常須夙興夜寐衣冠必正容色必肅拱手危坐行步安詳言語愼重一動一靜不可輕忽苟且放過."

『격몽요결』은 리더가 되기 위해 갖추어야 할 마음가짐과 행동으로 옮겨야 할 것들에 대하여 기술하고 있다. 따라서 효가 바탕이 된 리더십이 되어야 하는 당위는 첫째, 부모님 은혜를 알고 깨침으로 작용할 수 있도록 하기 위해서는 효를 가르쳐야 한다는 것이다. 그리고 효를 가르쳐야 할 이유는 부모가 자식을 사랑하고, 그 자식이 부모에게 효도하도록 하는 등 기본 도리를 다하도록 하기 위함이다. 둘째, 입신양명을 위해서는 먼저 뜻을 세우라는 점이다. 그 뜻은 부모님께 아뢴 다음 자기계발을 통해서 성공의 길로 나가야 한다는 점이다. 셋째, 리더가 하는 일은 항상 옳아야 하며, 그것은 부모님이 원하시는 방향과 일치시키는 일이다. 이러한 효는 부모님 걱정끼치지 않고 기쁘게 해드리려는 마음을 가지고 있으면 모든 것이 쉽게 해결될 수 있다. 넷째, 효를 하는 것은 궁극적으로 부모님을 위하고 자신을 위하며, 궁극적으로 나라를 강하게 하는 것이다. 그러므로 효를 실천하다가 건강을 잃는 경우가 있어서는 안 된다는 점을 이르고 있다.

X 기타 문헌에 제시된『효와 소통의 리더십』

① 『중용』 효는 사람(리더, 부모)의 뜻을 잘 계승하며 사람의 일을 잘 전술(傳述)하는 것이다.[182]

182) "夫孝者 善繼人之志 善述人之事者也."

② 『시경』 나의 아내에게 모범이 됨으로 해서 형제에 이르고, 집안과 나라를 거느린다.[183]

③ 『후한서』 나라를 구할 충성된 신하는 효자의 가문에서 나온다.[184]

④ 『손자병법』 병사보기를 어린아이 보듯 하면 병사들은 깊고 험한 골짜기라도 함께 들어가게 할 수 있고, 병사 보기를 사랑하는 자식같이 하면 가히 함께 죽을 수 있게 한다. 그러나 너무 사랑하여 명령하지 못하고 너무 후하여 부리지 못하며, 문란하여도 다스리지 못한다면 비유컨대 방자한 자식 같아서 아무 짝에도 쓸모가 없게 된다(지형편).[185]

Tip
리더십의 도(道)는 상하동욕(上下同欲)을 추구하는데 있다. 상하동욕은 상관과 부하의 관계를 부모와 자식의 관계처럼 만들어 가는 것이다. 그러자면 리더는 부하를 자식처럼 여기는 덕(德)이 있어야 하는데, 그 덕은 효를 통해 형성되어진다.

⑤ 『손자병법』 장군과 병사 상하 간에 하고자 하는 마음이 같은 팀이 승리한다. 준비되어진 상태에서 미리 헤아리지 못한 적과 대적하면 승리한다. 뛰어난 능력을 가진 장수를 군주가 통제하려 하지 않으면 승리한다. 이 다섯 가지가 승리를 예측하는 길이다(모공편).[186]

⑥ 『채근담』 아버지가 사랑하고 아들이 효도하는 것은 모두 당연히 그처럼 해야 하는 것이다. 만약 베푸는 자가 덕으로 자처하고 받는 자가 은혜로 생각한다면 문득 장사꾼의 도가 되어 버리리라.[187]

183) "刑于寡妻 至于兄弟 以御于家邦."

184) "求忠臣必於孝子之門."

185) "視卒如兒 故可與之赴深谿 視卒如愛子 故可與之俱死 愛而不能令 厚而不能使 亂而不能治 譬如驕子不可用也."

186) "上下同欲者勝, 以虞待不虞者勝, 將能而君不御者勝. 此五者, 知勝之道也."

187) "父慈子孝 俱是合當如此 如施者任德 受者懷恩 便成市道矣."

⑦ 『충경』 무릇 충이란 자신에게서 일어나 집안에서 드러나고 나라에서 완성되는데 실행하는 것은 모두 한결같다. 그러므로 그 몸을 하나로 하는 것은 충의 시작이요, 그 집안을 한결같게 하는 것은 충의 중간단계요, 그 나라를 하나로 만드는 것은 충의 마지막 단계이다. 몸이 하나가 되면 모든 복록이 이르게 되고, 집안이 한결같게 되면 모든 친족이 화목하게 되며, 나라가 하나가 되면 만인이 다스려지게 된다(천지신명).[188]

⑧ 『세실신어』 리더(군주)를 기만하는 것은 불충이고, 부모님을 멍들게 하는 것은 불효이다. 불충과 불효보다 더 큰 죄악은 없다(정사).[189]

기타문헌에 제시되어 있는, 리더십에서 효와 소통이 바탕이 되어야 하는 당위는 첫째, 부모님의 뜻을 잘 받들고 전수해야 한다는 점이다. 부모의 뜻을 받들고 기리며, 부모와 조상님의 가통을 후손들에게 물려줘야 한다는 것이다. 둘째, 가정에서 남편이 아내에게 모범을 보임으로 해서 자녀들을 이끌어야 한다는 점을 제시하고 있다. 가화만사성은 부부의 화목에서부터 출발하는 것이므로 부모로서의 도리를 먼저 행하는 것이 가정의 리더십에서 성패를 좌우하게 되는 것이다. 셋째, 나라를 위하는 마음은 효에서 비롯된다는 것이다. 가정에 충실하는 사람이 사회와 나라를 위해서도 충실하는 법이다. 넷째, 리더가 목표를 달성하기 위해서는 부모와 자식의 관계에 충실하라는 점이다.

188) "夫忠興於身 著於家 成於國 其行一焉. 是故 一於其身 忠之始也 一於其家忠之中也 一於其國 忠之終也. 身一 則百祿至 家一則六親和 國一則萬人理."

189) "欺君不忠, 病母不孝. 不忠不孝, 有罪莫大."

결국 가정에서의 리더십이 밖에서의 리더십으로 이어진다는 점을 강조하고 있다. 다섯째, 부모가 자식을 사랑하고 자식이 부모에게 효도하는 것은 당연한 것이며, 그러한 마음과 자세를 리더십에 적용해야 한다는 점이다.

질문 및 토의

❶ 『효경』, 『불경』, 『성경』에서 효와 리더십의 관계를 찾아내고, 그 내용을 리더의 인격(Be) · 지식(Know) · 행동(Do)요소와 연계하여 발표해봅시다.

❷ 『논어』, 『맹자』, 『예기』에서 효와 리더십의 관계를 찾아내고, 그 내용을 리더의 인격(Be) · 지식(Know) · 행동(Do)요소와 연계하여 발표해봅시다.

❸ 『소학』, 『명심보감』, 『격몽요결』, 『기타문헌』에서 효와 리더십의 관계를 찾아내고, 그 내용을 리더의 인격(Be) · 지식(Know) · 행동(Do)요소와 연계하여 발표해봅시다.

제 6 장

현대 리더십의 추세로 본 효와 소통

현대 리더십은 대체로 1980년대 이후부터 지금까지의 리더십 흐름을 말한다. 일반적으로 리더십은 1980년대를 기점으로 전통적 리더십과 현대적 리더십으로 구분하는데, 리더와 부하의 관계가 서비스에 대한 보상의 교환에 있는가, 아니면 리더가 팔로어를 가르쳐서 발전시키는데 치중하는가에 따라 전자를 거래적 리더십, 후자를 변혁적 리더십으로 명명하고 있다. 거래적 리더십은 리더와 구성원의 관계가 교환적 관계, 이른바 주고받는 식(give and take)의 관계를 통해 목표를 달성해 가는 반면, 변혁적 리더십은 카리스마 · 영감 · 개별적 배려 · 지적 자극 등을 통해 구성원의 신념 · 욕구 · 가치에 의한 사명감 · 신뢰감 · 존중감 등으로 보다 능동적으로 대처할 수 있도록 권한을 부여하여 자발적 참여와 조직몰입을 이끌어내는 리더십이다. 그렇지만 거래적 행위와 변혁적 행위가 간단하게 이분법적으로 구분되거나 상호

배타적인 것으로 보는 것은 맞지 않다.

현대 리더십은 '리더 · 구성원 · 상황'이라는 리더십 구성요소의 상호작용에서 '그 이상'의 다양성과 역동적 관계를 중시한다. 그리고 이에 걸맞는 리더십으로 대두된 용어가 서번트(Servant) 리더십을 비롯한 슈퍼 · 셀프 리더십, 원칙중심(Princeple Centered) 리더십, 가치(Value-based)중심 리더십, 윤리적(Ethics) 리더십, 감성적(Primal) 리더십, 오센틱(Authentic) 리더십, 멘토링과 코칭 리더십, 문화(Culture) 중심의 리더십, 팔로어십 등이다. 그러나 이러한 리더십은 서양에서 서양문화와 서양인을 대상으로 발전시킨 이론이라는 점에서 대한민국에서 적용할 리더십은 한국인 리더가 한국인 구성원을 대상으로 발휘해야 하는 리더십이라는 점에서 한국적 문화적 요인이 고려돼야 한다.

따라서 이러한 리더십을 효(孝, HYO)와 연관시켜보고자 한다. 효는 우리 문화의 근간이자 뿌리라는 점에서 효가 뒷받침될 때 우리 문화에 어울리는 한국적 리더십이 될 것이기 때문이다. 이런 맥락에서 현대 리더십의 추세에 효와 소통을 연계시켜보고자 한다. 그런데 현대 리더십의 추세에 나타난 여러 유형들이 서로 흡사한 점이 있어서 효와 연계함에 있어서도 내용이 중첩되는 면이 있다. 그렇지만 현대 리더십의 추세와 관련된 유형, 그리고 다양해진 리더십 용어들을 이해하고, 이것들이 왜 효와 연계성이 있는지를 살펴보기 위해 여러 유형들을 제시하였다.

I 서번트 리더십에서의 효와 소통

1. 서번트 리더십의 개관

> **Tip**
> 서번트 리더십의 철학은 '사랑'에 있다. 리더가 사랑을 잃었을 때 권력에 의존하게 되고, 권력에 의존한 리더십으로는 어떤 조화도 이룰 수 없으며, 어떤 문제도 해결할 수 없다는 점에 기초한다.

서번트(Servant) 리더십은 서번트적인 자세로 발휘하는 리더십이다. 서번트적 자세란, 타인을 위해 봉사하는 자세에 초점을 두며 구성원들과 소통을 최우선으로 여기고, 그들의 욕구를 만족시키기 위해 마치 하인(종)처럼 봉사와 헌신의 자세로 구성원을 이끌어가는 사랑의 리더십이다. 이를테면 자녀를 위해 평생 동안 뒷바라지하는 어머니의 모습, 종교에서 헌신적으로 성도를 이끌어 가는 성직자의 모습이다.

서번트 리더십은 1970년대 중반, 로버트 그린리프(Rovert K. Greanleaf)에 의해 제기된 리더십의 한 모델이다. "리더가 사랑을 잃었을 때 '권력' 에 의존하게 되고, 권력에 의존한 리더십으로는 어떤 조화도 이룰 수 없으며, 어떤 문제도 해결할 수 없다."[190]는 것이 이 리더십의 배경이다. 서번트 리더십은 리더가 먼저 구성원들에게 서빙(serving)하는 것을 시작으로 구성원들에게 영향력을 발휘할 수 있음을 강조한다. 서번트 리더는 가장 먼저 자신이 서번트라는 생각에서 출발해야 한

190) 김광수 譯, James C. Hunter 著, 『서번트 리더십』, 시대의 창, 2004, 서문

다. 사람이란 누구나 다른 사람에게 봉사하고자 하는 인간 본연의 감정을 가지고 있다는 전제에서 진정한 리더는 먼저 다른 사람에게 봉사하는 가운데 그들을 이끌어 가야 한다는 것이다. 어떤 리더가 서번트적인지를 검증하려면 먼저 리더의 지원을 받고 있는 구성원들이 인격적으로 성숙해가는지, 보다 건전하고 현명하며 자유로워지는지, 보다 자율적인 의사결정을 내리게 되는지, 구성원들 스스로 서번트 리더로 성장해 가는지를 살펴보면 알 수 있다는 것이다. 특히 구성원을 서빙하고 섬기고자 할 때, 그 기준을 '구성원의 성공과 성장' 에서 찾아야 한다는 점에서 서번트 리더는 다른 사람의 성공과 성장을 도와주는데 초점을 두는 리더십이다.

서번트 리더십이 출현될 당시 두 가지 관점에서 논란이 제기되었다. 하나는 리더십의 패러독스 때문이고, 또 하나는 '과업 중심' 과 '사람 중심' 에서 어디에 초점을 둘 것인가에 대한 문제 때문이었다. 패러독스와 관련된 문제는, 서번트 리더십이 제기된 1970년대 당시의 리더십 정서는 리더가 갖는 힘(권력)에 의해 리더십이 좌우된다고 인식 될 때여서 리더가 구성원을 섬긴다는 것은 정서상으로 받아들여지기 힘든 때였다. 즉 리더십은 리더가 구성원들이 따라오도록 이끌어 가는 행위로 보는데 반해, 서번트 리더십은 리더가 자세를 낮추어 섬기는 자세로 서빙을 강조했기 때문이다. 그러나 그린리프는 "이러한 패러독스 현상이야말로 급격한 변화와 치열한 경쟁구조에서 생존을 가능하게 만드는 리더십의 대안이 될 수 있다."[191]는 점을 강조하

191) 이관응 著, 『신뢰경영과 서번트 리더십』, 엘테크, 2002, p.145

였다. 다음으로 '과업에 중심을 둘 것인가', '사람에 중심을 둘 것인가'에 관한 문제는, 그 당시 적용되던 리더십 이론은 특성과 행위적 관점, 즉 과업 중심과 사람 중심 중 어느 한쪽에 중점을 두는 경향이 있었지만, 서번트 리더십은 조직에서 달성하고자 하는 목표와 구성원은 별개가 아니라 하나이며, 그것은 바로 서비스 정신과 결합되어 나타나게 된다는 점에서 업무성과의 증진과 구성원들의 욕구 및 자발성 등 모두에 관심을 가지게 하는데 있었다.

2. 서번트 리더십의 출현 배경

서번트 리더십의 출현 배경에 대해 대체로 사람들은 헤르만 헤세의 소설 『동방으로의 여행』에 나오는 주인공 '레오(Leo)'의 역할에서 찾은 것으로 알려져 있으나, 그 바탕에는 두 가지 측면에서 그린리프의 깊은 철학이 담겨져 있음을 알 수 있다. 하나는 그린리프의 학창시절 대학 은사인 '오스카 헤밍' 교수의 가르침이고, 또 하나는 그가 교수가 된 이후에 학생운동을 바라보면서 자신이 어떤 역할을 해야 할 것인가를 고민하면서 저술한 『서번트 리더십』에 나타나 있는 그의 정신에 나타나 있다.

첫째, 대학시절 은사 '오스카 헤밍' 교수의 가르침과 그 영향이다. 그린리프는 1904년 미국 인디애나주의 테레휴트(Terre Haute)라는 조그만 도시에서 태어나 평범한 청소년기를 보내게 되는데, 대학생이던 1920년대 중반, 한 평범한 교수로 알려진 '오스카 헤밍' 교수의 강의를 들으면서 공공기관이나 기업이 개인의 존엄성을 무시하거나 박탈해 가고 있는 현상에 대해 관심을 갖게 된 것이다. 헤밍 교수는 미국 사회가 공룡처럼 거대한 기관들로 채워져 가는 것을 우려 했는데 [거대한 교회 · 거대한 기업 · 거대한 정부 · 거대한 노동조합 · 거대한 대학 등]이 미국 사회를 지배하기 시작했다면서 어떤 조직이든 조직이 비대해질수록 조직의 시스템이 제대로 작동하기 어렵게 된다는 점을 지적했다. 그러면서 그는 "기관들의 역할이란 국민에게 서비스를 제공하면서 삶의 질을 높여주는데 있는 것임에도 불구하고 비대해진 기관들은 국민에게 제대로 서비스를 제공해 주지 않고 있다. 이런 점에 대해 나처럼 외부에서 비판만 하는 것은 바람직하지 않은 것이며, 누구든 이런 의식을 가지고 조직 내에서 구성원들이 보다 나은 서비스를 받을 수 있는 방법을 연구하고 실행하는 것이 중요하다."는 요지의 강의를 들은 것이다. 그러면서 그린리프 자신도 언젠가는 다른 사람의 삶의 질을 높이는데 기여할 수 있어야 하겠다는 사명감을 갖게 된 것이라고 기술[192]하고 있다.

둘째, 그가 성인이 된 후 대학교수가 되어 학생운동을 보면서 깨달음, 그리고 그의 저서 『서번트 리더십』을 저술하게 된 동기(動機)를 통해 밝힌 내용이다. "서번트 리더십은 1960년대 말과 1970년대 초, 대학이 학생운동으로 신음하는 동안 그들과 함께 고민하면서 깨달은 것을 내놓은 것이다. 유수한 대학들이 어떻게 손써 볼 사이도 없이 허물어지는 것을 지켜보면서 그들 앞에 닥친 사태를 이해하려 노력했고, 그 상처를 치유하는데 도움을 주고자 했던 당시의 경험은 매우

192) 강주현 譯, Rovert K. Greanleaf 著, 『서번트 리더십(원전)』, 참솔, 2007, pp.16~18

소중한 시간이었던 것으로 기억되는데, 나의 서번트 정신은 그때부터 싹트기 시작했다."[193]라고 밝히고 있다. 그리고 『서번트 리더십』을 저술하게 된 동기(動機)에 대해 "우리 세대에 산적한 문제들을 시스템이나 이데올로기 시대의 흐름 탓으로 돌리려는 경향이 있는데, 그 근본적인 이유는 '서번트'와 '지도자'의 능력을 동시에 갖춘 주도자(主導者)가 사라진 때문이고, 또 하나는 섬길 수 있는 기회가 왔을 때 앞장서서 섬기려 하지 않고, 실행보다 지적(知的)인 준비만으로 최대의 성공을 보장할 것이라는 암묵적(暗默的) 합의를 받아들이는 현실에 대한 안타까움 때문이다."라는 표현에서 찾을 수 있다.

셋째, 헤르만 헤세의 소설 『동방으로의 여행』에서 주인공 '레오(Leo)'의 역할을 통해 깨달은 내용이다. 어느 날 동방국가를 찾아 여행을 떠나는 순례자 집단에서 '레오(Leo)'라는 인물이 안내를 하게 되는데, 레오(Leo)는 순례자 집단의 서번트, 즉 하인으로서 그들과 함께 여행하면서 그들의 모든 일을 보살핀다. 그는 하찮은 일을 도맡아 할 뿐만 아니라 순례자들의 지친 영혼을 위로하고 그들의 불평이나 하소연을 마다하지 않고 들어주며, 순례자들이 이상을 잃지 않도록 격려해주는 드높은 영혼의 소유자인 동시에 순례자들이 여행에 차질이 없도록 헌신적으로 봉사하는 사람이었다. 레오는 순례자들의 여행과정에서 필요한 욕구를 채워줄 뿐만 아니라 그들의 지친 영혼이 쉴 수 있는 쉼터가 되어 주고 가야 할 방향을 안내하는 역할을 잘 수행한다. 그래서 레오와 함께 하는 동방으로의 여행객들을 순조로울 수 있었는데, 그

193) 강주현 譯, Rovert K. Greanleaf 著, 『서번트 리더십(원전)』, 참솔, 2007, p.18

러던 어느 날 레오가 순례집단에서 갑자기 사라지는 사건이 발생한다. 그동안 순례자들에게 비친 레오는 한낱 서번트(하인)에 불과했기 때문에 순례자들은 레오의 존재를 거의 느끼지 못했다. 그러나 레오가 사라진 그 순간부터 순례자들은 큰 혼란에 휩싸이게 되고 여행은 엉망이 되어 버렸으며, 순례자들은 방향을 잃고 헤매게 되는데, 결과적으로 레오는 그들에게 있어서 공기와도 같은 존재였던 것이다. 순례자들은 레오가 없이는 아무것도 할 수 없게 되자 순례자들 중의 한 사람이 어느 교단의 후원을 얻어 자신들의 서번트였던 레오를 찾아 나서게 됐고, 몇 년을 헤맨 끝에 드디어 찾아내지만 알고 보니 레오는 그들의 수색작업을 후원했던 교단의 최고 책임자이자 정신적 지도자였던 것이다. 이 사례에서 보듯이 레오는 실질적인 리더였지만 리더이기 이전에 먼저 서번트로 행세했던 것인데, 그린리프는 바로 이 소설에서 '레오'의 역할을 통해 서번트 리더십을 착안(着眼)하게 된 것이다. 서번트 리더십은 이처럼 그린리프가 스승으로부터의 영향, 동방으로 여행이라는 책을 통한 깨침, 리더의 진정한 역할 등을 바탕으로 리더십 패러다임을 전환시키려는 의도에서 나온 것이라 할 수 있다.

3. 서번트 리더십의 성공적 고려사항

서번트 리더십을 성공적으로 발휘하기 위해 고려되어야 할 사항은 서번트 리더십의 특징[194]에서 찾을 수 있다. 서번트 리더십의 특징은

194) 김재득, 『리더십』, 대영 문화사, 2008, p.182

첫째, 서번트 리더는 설득과 대화로 소통을 중시하는 자세로 과업을 수행한다는 점이다. 부하에게 강압적으로 지시하거나 윽박지름이 없이 소통을 통해서 일을 추진해 나가야 한다는 것으로, 격언에 “선생님이 좋아야 과목이 재미있다.”라는 말과 같은 맥락이다. 리더의 강압적 요구보다 설득과 대화로 과업을 수행하다 보면 좋은 분위기 속에서 성공적인 과업 수행이 가능하다는 점에서 설득과 대화가 요구된다.

둘째, 서번트 리더는 자신을 서번트(하인, 머슴) 또는 지원자(supporter)로 인식한다는 점이다. 어떤 일을 해야 할 때, 그 일을 하는데 필요한 것이 무엇이고 다가올 수 있는 문제점이 무엇인가를 예측해서 구성원들이 일을 추진하는데 대비할 수 있도록 하고 문제점을 미리 없애 주는 역할을 해야 한다는 것이다.

셋째, 서번트 리더는 조직원을 성장하도록 돕는다는 점이다. 리더는 구성원들 중에 누군가가 새로운 것을 발견했거나 알아냈을 때 진정으로 그를 격려하고 칭찬함으로써 자신감을 가지고 조직에 기여할 수 있도록 해야 하는 것이다.

넷째, 서번트 리더는 언제나 겸손한 자세로 학습하는 태도를 보인다는 점이다. 리더가 알지 못하고 부하를 이끌어가는 모습은 상상할 수 없는 고통이다. 특히 21세기는 지식과 정보의 시대로서 전문성이 요구되는 시대이다. 따라서 리더는 구성원들보다 월등히 많은 것을 알도록 끊임없이 학습해야 하는 것이다.

다섯째, 서번트 리더는 감정 이입적 경청자로서 소통을 중시한다는 점이다. 상대를 움직이게 하는 것은 말함으로써 지시하기보다 상대방의 말을 경청하고 눈빛을 바라보면서 호응해주어야 한다. 그런 과정에서 부하들로 하여금 '기꺼이 하겠다' 는 자세를 이끌어내야 하는데, 이를 감정 이입적 경청이라고 한다.

여섯째, 서번트 리더는 신뢰의 관계를 중요하게 생각한다는 점이다. 신뢰는 서로가 믿고 의지하게 하는 에너지이다. 그리고 구성원 상호 간에 신뢰하느냐 그렇지 않으냐는 성과에도 많은 영향을 준다. 또한 리더가 신뢰를 잃지 않기 위해서는 인격적으로 성숙해야 하고 풍부한 지식과 업무수행능력을 갖추는 노력을 필요로 한다.

일곱째, 서번트 리더는 자신의 꿈을 개념화하여 비전으로 제시한다는 점이다. 비전은 꿈을 현실화하려는 것으로, 리더와 구성원이 이루고자 하는 '그 무엇'이다. 따라서 리더는 비전을 제시해줄 뿐 아니라 그것을 현실화 할 수 있도록 안내자 역할을 해야 한다.

마지막으로 서번트 리더는 도덕적 권위, 즉 양심적인 태도를 보인다는 점이다. 리더십의 가장 큰 무기는 진실과 정직이고 이러한 진실과 정직은 양심에서 나온다. 따라서 리더는 언제나 양심적인 자세를 견지토록 자신을 관리해야 하는 것이다.

4. 서번트 리더십과 효의 연관성

서번트 리더십과 효의 연관성은 서번트라는 의미에서 찾을 수 있다. 가정윤리이자 가족사랑으로 표현되는 효는 부모님의 헌신적인 사랑과 자식의 헌신적인 효도에서 비롯되기 때문이다. 이를 보다 구체적으로 살펴보기 위해 서번트 리더십의 성공적 고려사항과 연관시켜 살펴본다.

Tip
서번트 리더십과 효의 연관성은, 효는 가정윤리이자 가족사랑이고 이타적 가치라는 점에서 찾을 수 있다. 그리고 가정의 리더인 부모의 서번트적 모습에서 가정의 리더십은 곧 서번트적 리더십이다. 어머니는 위대한 서번트 리더이기 때문이다.

첫째, 서번트 리더는 설득과 대화로 과업을 수행해야 한다는 점이다. 가정윤리와 가족사랑인 효 또한 부모가 자녀를 이끌어갈 때 강압적 지시보다는 설득과 대화에 의한 소통으로 해야 한다는 점에서 연관성이 있다. 『효경』에 "[리더가 효를 행하면] 그 성원들은 [리더를] 경외하면서 사랑하고 법도로 삼으면서 본받는 것이다. 그러므로 [리더는] 도덕교육을 이룰 수 있고, 그 정치적 명령을 실시할 수 있다(효우열장)."[195], "[리더는] 그 공경하는 마음을 근거로 공경하는 법을 가르치고, 친애하는 마음을 근거로 사랑을 가르친다(성치장)."[196]고 했다.

둘째, 서번트 리더는 자신을 서번트(하인, 머슴) 또는 지원자(supporter)로 인식한다는 점이다. 이는 가정에서 마치 어머니의 모습, 즉 리더가 서번트적인 자세로 솔선수범함으로써 구성원들이 스스로 행하도록 하는데, 이를 효와 연계하면 자기적 효에 해당된다. 『효경』에 "효의 시작은 부모를 섬기는데 있고, 중간 단계는 나랏일에 충실한데 있으며, 효의 마지막은 이름을 드러내는 것이다. 몸을 세워 도를 행함으로써 후대에 이름을 날려 부모의 이름을 드러나게 하는 것이 효의 마지막이다(개종명의장)."[197]라고 했는데, 이는 서번트적 자세를 통하여 입신

195) "其民畏而愛之 則而象之 故로 能成其德教 而行其政令."
196) "人因嚴以 敎敬 因親以敎愛."
197) "孝 始於事親 中於事君 終於立身 立身行道 揚名後世 以顯父母 孝之終也."

양명에 이르게 하는 것이다.

셋째, 서번트 리더는 조직원을 성장하도록 돕는다는 점이다. 리더는 마치 부모가 자녀들에게 그렇게 하듯이 구성원들로 하여금 스스로 성장하도록 해야 하는데, 이는 『효경』에 "효는 덕의 근본이요, 모든 가르침이 그로 말미암아 생겨난다(개종명의장)."[198]는 내용에서 효는 사랑의 가치를 바탕으로 배워서 스스로 성장해 가도록 한다는 것과 같은 맥락이다.

넷째, 서번트 리더는 항상 학습하는 태도를 보인다는 점이다. 특히 21세기는 지식과 정보의 시대라는 점에서 구성원 스스로 사람됨을 기초로 학습 분위기를 만들어가는 것이 중요하다. 『논어』에 "젊은이들은 들어와서는 효도를 하고, 나가서는 우애(友愛)를 지키며 근신하고 신의를 지키고, 널리 여러 사람들은 사랑하며 인(仁)을 친근히 하여야 한다. 이렇게 하고도 남는 힘이 있으면 공부하는 것이다(학이편)."[199] 라고 했듯이 학습하는 태도에 앞서 부모님에 대한 효도와 형제자매의 우애가 따라야 한다는 점이다.

다섯째, 서번트 리더는 신뢰의 관계를 중요하게 생각한다는 점이다. 신뢰는 서로가 믿고 의지하게 하는 에너지이다. 『맹자』에 "아랫자리에 있으면서 윗사람의 신임을 얻지 못하면 부하를 이끌어가지 못한다. 윗사람의 신임을 얻는 데는 방법이 있으니, 벗들 사이에 신임을 받지 못하면 윗사람에게 신임을 얻지 못할 것이다. 벗에게 믿음을 얻

198) "孝德之本也 敎之所由生也."

199) "弟子 入則孝 出則悌 謹而信 汎愛衆 而親仁 行有餘力 則以學文."

는 방법이 있으니, 어버이를 섬겨 기쁘게 하지 못하면 벗에게 믿음을 받지 못할 것이다. 어버이를 기쁘게 하는 데는 방법이 있으니, 자신에게 성실하지 못하면 어버이를 기쁘게 하지 못할 것이다. 자신을 성실하게 하는 데에는 방법이 있으니, 선(善)에 밝지 못하면 자신이 성실해질 수 없을 것이다. 그러므로 성(誠)은 하늘의 도(道)요, 성(誠)해지기를 생각함은 사람의 도(道)이다. 지성(至誠)으로 감동하지 않을 사람이 없고, 불성(不誠)으로 남을 감동하게 한 사람은 없었다(이루 상편)."[200] 라고 했는데, 효는 신뢰성을 형성시키는 데에 중요한 가치로 작용한다는 점에서 연관성이 있다.

여섯째, 서번트 리더는 자신의 꿈을 개념화하여 비전으로 제시한다는 점이다. 비전은 꿈을 현실화하려는 것으로 리더와 구성원이 이루고자 하는 '그 무엇'이다. 『격몽요결』에 "대체로 사람들은 스스로는 뜻을

200) "居下位而不獲於上, 民不可得而治也. 獲於上有道 不信於友, 弗獲於上矣. 信於友有道 事親弗悅, 弗信於友矣. 悅親有道 反身不誠, 不悅於親矣. 誠身有道 不明乎善, 不誠其身矣. 是故誠者, 天之道也. 思誠者, 人之道 也. 至誠而不動者, 未之有也. 不誠, 未有能動者也."

세웠다고 말하면서 힘써 나가지 않으며, 우물쭈물하고 뒷날을 기다리는 사람은 명색만 뜻을 세웠다 할 뿐 실지로는 공부를 하려는 성의가 없는 것이다. 진실로 내 뜻으로 하여금 정성을 학문에 둔다면 어질게 되는 것은 자기에게 달린 것이다. 하고자 하면 뜻이 통달될 것인데 무엇 때문에 남에게 구하며, 무엇 때문에 뒷날을 기다리는가? 뜻을 세우는 것이 귀하다는 것은, 곧 공부를 하되 오히려 제대로 되지 않을까 염려해서 시시각각으로 때가 자꾸 가는데 퇴보(退步)하지 않아야 하기 때문이다."라고 했는데, 입신양명의 효를 위해서는 스스로 뜻을 세워 목표를 달성해 나가야 한다는 것과 맥을 같이 한다,

일곱째, 서번트 리더는 도덕적 권위, 즉 양심적인 태도를 보인다는 점이다. 리더십의 가장 큰 무기는 진실과 정직이고 이러한 진실과 정직은 양심에서 나온다. 『효경』에 "효는 덕의 근본이요, 모든 가르침이 그로 말미암아 생겨난다(개종명의)."[201], "리더(군자)는 근본을 세우는데 힘써야 하며 근본이 서면 길과 방법이 저절로 생긴다. 효(孝)와 우애(弟)는 인(仁)을 이루는 근본이다(학이편)."[202]는 내용에서 효는 도덕성에 바탕을 두고 있는 것이다. 그리고 서번트 리더십과 도덕적 권위와의 관계는 "도덕적 권위는 인간은 만물의 영장이라는 점에서 '인간의 청지기 정신'에서 찾아야 한다. 인간은 오직 인간만이 선택할 수 있는 힘과 자유를 부여받았기 때문에 모든 피조물에 대해 천부적인 권위(Natural Authority)를 갖고 있으므로 인간은 그 권위를 원칙에 맞

201) "孝德之本也 敎之所由生也."
202) "君子務本 本立而道生 孝悌也者 其爲仁之本與."

게 사용해야 하는 것이다. 그러나 인간이 그 권위를 원칙대로 사용하지 않음으로써 환경과 자연이 훼손되고, 위기에 처한 종(種)들을 보호해야 하는 시점에 처해 있다는 점에서 도덕적 권위(Moral Authority)를 필요로 하는 것이다."[203]라는 표현에 잘 나타나 있다. 이렇듯 효와 서번트 리더십은 권력보다 도덕적 권위를 중요시한다는 점에서 공통점을 갖고 있다. 예컨대 국가적 현안과제를 극복해감에 있어서 저출산 극복의 경우 아이를 낳은 산모(産母)에게 3개월의 휴직기간을 주며, 급여도 주지 않는 기업의 오너들의 경우 서번트 자세와는 정면배치되는 것이다. 만일 기업 오너의 딸이 그런 경우라면 과연 3개월의 휴직으로 신생아와 산모의 관계를 '생이별'의 상태로 가져갈 것인가 하는 점은 실로 정부기관 관계자들과 함께 반성해 볼 일이다.

II 슈퍼 · 셀프 리더십에서의 효와 소통

1. 슈퍼 · 셀프 리더십의 개관

슈퍼 리더십(Super Leadership)과 셀프 리더십(Self Leadership)은 만즈와 심스(C. Manz and P. Sims Jr.)의 공저 『슈퍼 리더십: 사람들이 스스로 리드하

203) 강주현 譯, Rovert K. Greanleaf 著, 『서번트 리더십(원전)』, 참솔, 2007, p.xviii

게 만드는 리더십』이 1989년에 출판되면서 알려지게 되었다. 만즈와 심스는 자기 자신에게 영향을 미치기 위해 취하는 광범위한 사고 및 행위 전략으로 셀프 리더십이 필요하다면서 부하들로 하여금 '자신이 원하는 방향으로 자기를 이끌어가도록 하는 것이 슈퍼리더의 역할이라고 강조[204]하고 있는데, 여기에서도 소통을 전제로 한다. 현대 리더십은 구성원들의 자각에서 비롯되어 구성원의 잠재력을 발현할 수 있게 하는데 초점이 있다는 점에서, 슈퍼 리더는 구성원의 개인적인 능력을 중시하며 '알아서 스스로 한다'는 정신을 요구한다. 그래서 슈퍼 리더는 자신보다 똑똑한 사람을 영입하고, 교육과 훈련을 통해 인재를 육성할 것을 강조하며 학습하는 조직문화를 만들어 간다. 이는 각자가 스스로의 주인이고 리더가 되어야 진정한 조직 경쟁력이 형성된다고 믿기 때문이다. 이러한 리더십을 일컬어 '슈퍼 리더십'이라고 하고, 구성원 개개인들이 자기 자신을 리드할 수 있는 셀프 리더가 될 수 있도록 리드해 가는 사람을 슈퍼 리더라고 한다.

Tip

슈퍼 · 셀프 리더십의 철학은 '사람들로 하여금 스스로 리드하게 만드는 것'에 있다. 부하들로 하여금 자신이 원하는 방향으로 자기를 이끌도록 하는 것이 슈퍼 리더의 역할이고, 셀프 리더는 자기가 자기 스스로를 원하는 방향으로 이끌어 가는 사람이다.

셀프 리더십(Self Leadership)에서 셀프 리더는 자기가 자기 스스로를 원하는 방향으로 이끌어 가는 사람이다. 현대 리더십은 구성원들이 리더의 지시에 의해서만 움직이는 것이 아니라, 스스로 알아서 긍정적인 방향을 움직이는 조직문화를 필요로 한다는 점에서, 자기 스스

204) 김남현 譯, C. Manz and P. Sims, Jr 著, 『슈퍼 리더십』 경문사, 2002. p.7

로를 자기가 알아서 이끌어가는 셀프 리더십이 등장하였다.

슈퍼 리더십에서 '슈퍼'의 의미는 '대단한', '굉장히 좋은', '보통보다 나은' 등의 뜻을 가진다. 따라서 슈퍼 리더는, 리더가 직접 나서서 부하를 이끌기보다는 부하들을 보이지 않게 도와줌으로써 그들이 리더의 도움 없이도 스스로 성공에 이르게 하는 사람이다. 대체로 리더들 중에는 지위가 높아질수록 계급이나 지위(Position power)를 이용해서 '나 아니면 안된다'는 식의 리더십을 발휘하는 경향이 있는데, 그러한 유혹에서 과감히 벗어날 수 있는 사람이 바로 슈퍼 리더이다. 한마디로 구성원들을 현명하게 만들어 그를 스스로 일을 성취하도록 하는 리더라 할 수 있다. 예를 들면, '앤드루 카네기(1835-1919)'와 칭기즈칸(1162-1227) 등을 들 수 있는데, 카네기는 "자기보다 현명한 사람들을 주변에 모이게 하는 법을 터득한 자 여기에 잠들다."라는 그의 묘비문(墓碑文)이 말해주듯이 구성원들을 최대한 인정해 줌으로써 스스로 일을 처리하게 만든 사람이다. 또한 칭기즈칸은, 그가 살았던 시대는 통신수단과 기동력이 지금처럼 발달되지 않아서 현장 지휘가 곤란했던 시대였음에도 유라시아를 정복할 수 있었던 데에는 그가 슈퍼 리더십을 잘 발휘했기 때문이며, 그의 휘하의 팔로어들은 각자가 셀프 리더십을 훌륭하게 발휘한 데서 나온 것으로 볼 수 있다.

2. 슈퍼 · 셀프 리더십의 출현 배경

슈퍼 리더십과 셀프 리더십의 출현은 21세기에 들어오면서 기업의 생존전략과 연관이 깊다. 기업은 경쟁이 치열해지면서 인적자원을 통해 국제적 경쟁력을 높여야 하는 부담을 가지게 되었고, 급격한 변화 속에서 구성원 스스로가 끊임없이 변화하지 않으면 생존할 수 없는 상황에 직면하게 되었기 때문이다. 그리고 이러한 리더십의 발현은 외부로부터가 아니라 구성원 내부의 자각에서 비롯된다는 점을 인식하게 된 것이다. 이러한 인식의 전환은 한 사람이 다른 사람에게 영향력을 행사하여 이루어지는 전통적 논리에 비추어 본다면 커다란 패러다임의 전환이다. 구성원들 스스로가 자율적이면서도 효과적으로 자신을 이끌어 가도록 그들의 잠재력을 극대화시키는 것이 리더의 중요한 역할로 부각되게 된 것이다. 또한 이런 리더십을 불러온 데에는 발전된 정보기술과도 연관이 있다. 즉 직장에 출근하지 않고 멀리 떨어져 있어도 화상이나 메일 등을 통해 일을 처리할 수 있게 된 것이다. 이렇게 됨으로써 리더가 현장에서 감독할 필요가 없게 되었고, 자율권 부여(Empowerment)에 관심을 가지게 되었다.[205] 또한 이는 일시적이 아니라 필연적으로 도입해야 할 관리기법이 되었으며, 세상이 점차 복잡해지고 급속도로 변화하면서 통합되어감에 따라 새로운 리더십이 필요하게 되었다. 누구로부터 지시를 받아서가 아니라 스스로 알아서 자발적으로 자신을 리드해서 성과를 이루도록 해야 한다는 것이다. 이렇게 되다 보니 리더와 구성원 모두는 스스로에 대한 높은 윤리성과 자기관리를 요구받게 되는데, 최근 정치인이나 공직자들이 부정축재나 모종의 스캔들로 국민의 지탄과 함께 중도 하차하는 경우는 자기 자신을 잘 관리하지 못한 데서 나오는 결과이다. 그래서 노

205) 김남현 譯, C. Manz and P. Sims, Jr 著, 『슈퍼 리더십』, 경문사, 2002, p. 2

자(老子)는 "다른 사람과 싸워서 이기는 사람이 강한 사람이지만, 자신과 싸워 자신을 이기는 사람이 더욱 강한 사람이다."라고 했고, 심스와 만즈는 "자신을 사랑하지 않고 자신의 마음을 움직일 수 없다면, 결코 타인을 사랑할 수도, 타인의 마음을 움직일 수도 없는 사람이다."라고 하였다.

3. 슈퍼 · 셀프 리더십의 성공적 고려사항

슈퍼 리더십은 서로를 신뢰하는 가운데 자율성을 높여가야 한다는 점에서 소통과 함께 역지사지(易地思之)적 패러다임을 필요로 한다. 그러다보니 더 높은 윤리적 기준과 책임성을 요구받게 되는 것이 슈퍼 리더십이다. 슈퍼 리더십의 성공적 고려사항은 리더가 팔로어를 믿고 맡길 수 있으려면 교육과 훈련을 통해 업무 수행능력을 배양시켜 놓아야 한다. 그다음에는 팔로어의 '실수'를 '성공을 위한 경험'으로 여기는 등 팔로어를 신뢰하는 자세가 필요하다. 또한 '나 아니면 안 된다.', '내 눈으로 직접 보지 않고서는 믿을 수 없다.'는 등의 사고를 과감히 탈피해야 한다.

한편 철저한 자기 계발과 자기관리를 바탕으로, 자기 자신을 성공적으로 이끌 셀프 리더십의 성공적 고려사항은 신체적(身體的) 역량, 감성적(感性的) 역량, 지적(知的) 역량, 영적(靈的) 역량을 높이는 노력[206]

206) 황을호 譯, 새뮤얼 D. 리마 著, 『셀프 리더십』, 생명의 말씀사, 2006, pp.136-253

과 시간관리를 잘해야 한다.

첫째, 신체적(身體的) 역량을 높이는 일이다. 건강을 잃으면 아무것도 할 수 없는 것이 사람의 일이다. 그래서 비스마르크는 "돈을 잃으면 조금 잃는 것이요, 명예를 잃으면 많이 잃은 것이며, 건강을 잃으면 전부를 잃는 것이다."라고 했다. 페스탈로치는 "건강한 몸을 가진 자가 아니고는 조국에 충실한 자가 되기 어렵고, 좋은 아버지, 좋은 아들, 좋은 이웃이 되기도 어렵다."고 했다. 따라서 자신의 신체적 역량 높이기 위해서는 적당한 운동과 휴식을 통하여 건강을 유지토록 하는 일이 중요하다.

둘째, 감성적(感性的) 역량을 높이는 일이다. 감성적 역량은 건강한 정신과 남을 돕고 배려하는 마음에서 나오며 이성(理性)과 대비되는 용어이다. 세상일은 이성(理性)만으로 헤쳐나갈 수 없다. 정(情)에 바탕을 둔 감성(感性)을 필요로 하는 이유도 이 때문이다. 때문에 건강한 정신을 가진 사람은 타인으로부터 호감과 신뢰를 받을 수 있다. 최근 기업에서 인원을 선발할 때에도 전문성 등 지적역량 외에 도덕성과 인간적 매력을 포함한 감성적 역량을 중시하고 있음을 볼 수 있다. 따라서 감성적 가치를 높이기 위해서는 봉사활동, 존중과 배려의 실천 등을 습성화하는 노력이 요구된다.

셋째, 지적(知的) 역량 높이는 일이다. 지적 역량은 '알고 있는 것에 대한 량(量)' 을 말한다. "아는 것이 힘이다."라는 베이컨의 말처럼 자신이 알지 못하고서는 자신을 이끌 수 없고 그러한 상태에서 일을 주도하려 해서도 안된다. '알아야 면장(免牆)한다.' 는 공자의 말 또한 "밤길에 담장이 앞에 있음을 알지 못하고, 걷는 사람은 담장에 얼굴

다치는 것을 면하기 어렵다."는 뜻으로 알아야 하는 것을 강조하고 있는데, 아는 것(知)만이 아닌 옳고 그름을 분별할 수 있는 것(識)을 갖추었을 때 지식(知識)이라고 한다. 리더로서 리더십을 발휘하려면 자신이 관련되는 분야에 대하여 필요한 지식을 갖추어야 한다. 따라서 지적 역량을 강화하기 위해서는 가정과 학교 등에서 열심히 배우는 것은 물론 독서 등을 통하여 아는 것에 대한 량(量)을 늘려가야 한다.

넷째, 영적(靈的) 역량을 강화하여 어려움을 극복하는 일이다. 본디 인간은 강한 것 같지만 사실은 그렇지 못하기 때문에 신(神)에 의존하면서 살아가게 된다. 그래서 사람은 누구나 종교를 갖기 마련인데, 영적 가치를 높이기 위해서는 종교 활동, 그리고 문화생활에 대한 비중을 늘려 나가야 한다.

다섯째, 시간 관리를 잘하는 일이다. 시간 관리는 각자에게 주어진 시간을 효율적으로 사용하는 것을 말한다. 시간의 중요성에 대해 스티븐 코비는 『성공하는 사람의 일곱가지 습관』에서 "목표를 확립하고 행동하되 소중한 것부터 먼저 하라."고 주문하고 있다. 또한 다산(茶山) 정약용은 "동트기 전에 일어나라", "오늘 할 수 있는 일을 내일로 미루지 않아야 한다.", "아침나절에 할 수 있는 일을 저녁까지 늦추지 않아야 한다.", "맑은 날에 할 일을 미적거리다가 비를 만나게 하지 않아야 한다.", "비오는 날에 할 일을 꾸물대다가 날이 개고 나서 하지 않아야 한다."고 하였다. 따라서 시간 관리를 잘하기 위해서는 자기 자신의 신분에 맞도록 긴급한 것과 중요한 것의 정도를 구분해서 우선순위에 따라 추진해 가는 지혜가 필요하다.

4. 슈퍼 · 셀프 리더십과 효의 연관성

슈퍼 리더십과 연관되는 효는 '역지사지(易地思之)' 적 관점에서, 그리고 셀프 리더십과 연관되는 효는 '자기 성실' 에서 찾을 수 있다. 슈퍼 리더십에서 요구되는 것이 윤리성과 책임감이고, 이를 통한 소통의 기반 위에서 상호 신뢰감을 높이는 것이라는 점에서 효가 뒷받침되어야 한다. 효는 인륜질서의 근본이면서 사랑으로 대하는 보편적 · 이타적 가치이며, 의(義)를 추구함과 함께 신뢰성의 기준이 된다는 점, 그리고 자기 성실을 바탕으로 부모의 기대에 입신양명(立身揚名)으로 보답하기 위해 스스로 노력하는 것이라는 점에서 슈퍼 리더십과 연관이 있다.

Tip
셀프 리더십과 효는 부모님이 원하시는 것과 자신의 삶을 조화(Harmony) 시킨다는 점에서 연관성이 있다. 부모님이 원하시는 것은 '나' 스스로를 신체적 · 감성적 · 지적 · 영적 역량을 강화시킴으로써 입신양명(立身揚名)의 길을 가는 것이기 때문이다.

셀프 리더십과 효의 관계를 '셀프 리더십의 성공적 고려사항' 에 대입시켜보면, 첫째, 신체적(身體的) 역량과의 관계이다. 『효경(孝經)』「개종명의장」에 "몸과 머리카락, 피부까지도 부모님으로부터 받았으므로 다치거나 상하게 하지 않는 것이 효의 시작이요, 자신의 몸을 세워 도를 행함으로써 후대에 부모님 이름을 드러나게 하는 것이 효의 마지막이다." 라는 내용이 나오는데, 효를 실천하는 사람은 자기의 몸을 건강하게 관리하는 데서부터 출발하기 때문이다.

둘째, 감성적(感性的) 역량과의 관계이다. 『효경』「천자장」에 "어버이를 사랑하는 자는 감히 남을 미워하지 아니하며, 어버이를 공경하는 자는 남을 업신여기지 않는다."[207], 「기효행장」에 "어버이를 섬기는 자는 윗자리에 있어도 교만하지 아니하고, 아랫자리에 있어도 어지럽지 아니하며, 많은 사람이 함께 있어도 다투지 않는다."[208]라는 내용이 나오는데, 효를 행하는 사람은 항상 부모님의 가르침을 생각하는 마음으로 남을 존중하고 배려하는 마음을 가지게 되기 때문이다.

셋째, 지적(知的) 역량 강화와의 관계이다. 『효경(孝經)』「개종명의장」에 "효는 덕의 근본이요, 모든 가르침이 그로 말미암아 생겨난다."[209]는 내용이 나오는데, 효심이 있는 사람은 부모를 기쁘게 해드리기 위해 학문에 힘쓰기 마련이다.

넷째, 영적(靈的) 역량과의 관계이다. 『맹자』에 "하늘의 명령에 순종하는 자는 생존하고, 하늘의 명령을 거역하는 자는 망한다."[210], 『성경』에 "부모를 거역하는 것은 성령을 거스르는 것이므로 성령은 이러한 사람들을 반드시 사망케 한다(마태 15:4, 로마서 1:32)", 『효경』「성치장」에 "사람의 행위 가운데 효보다 큰 것이 없고, 효는 아버지를 공경하는 것보다 큰 것이 없으며, 아버지를 공경하는 것은 그를 하나님과 같은 (짝을 이루는) 존재로 생각하는 것보다 더 큰 것이 없다."[211]라는 내용에서 보듯이 효는 '인륜(人倫)'이 아니라 '천륜(天倫)'인 관계로 하늘의 이치에 따르기 마련이며 영적인 힘과 관련되는 것이다.

207) "愛親者 不敢惡於人 敬親者 不敢慢於人."
208) "事親者 居上不驕 爲下不亂 在醜不爭."
209) "孝德之本也 敎之所由生也."
210) "順天者存 逆天者亡."
211) "孝 莫大於嚴父 嚴父 莫大於配天."

다섯째, 시간관리(時間管理) 역량과의 관계이다. 인간의 목표는 자기 자신을 성공으로 이끄는 데 있고, 그것은 부모님을 기쁘게 해드리는 효심에서부터 나오는데, 효심이 있는 사람이면 부모님 말씀에 따라 시간을 아껴서 효율적으로 사용하기 마련이다. "부모의 기대 심리는 자식의 성장과 성공 과정에 있어 평생 동안 영향을 미치며, 심지어 부모님이 돌아가신 뒤까지도 자식에게 영향을 준다."는 '브라이언 트레이시'의 말, 그리고 효제자(孝弟慈)를 기본으로 제자를 양성했던 다산(茶山) 정약용은 '동트기 전에 일어나라.'라면서 제자를 육성했는데, 효심이 있는 사람은 시간 관리를 잘하기 마련이다.

III 원칙중심 리더십에서의 효와 소통

1. 원칙중심 리더십의 개관

원칙중심(Principle Centered) 리더십은 '원칙'에 바탕을 두고 발휘하는 리더십이다. 여기서 말하는 원칙은 세상에서 변할래야 변할 수 없는 법칙을 뜻한다. 이 리더십을 창안한 스티븐 코비(Stephen R. Covey)는 원칙(Principle)을 뿌린 대로 거두는 농사일의 법칙, 그리고 나침반의 자침이 언제나 진북향(Truenorth)을 향하고 있는 것에 비유하

Tip
원칙중심 리더십의 철학은 '삶의 지배 법칙'에 충실하는데 있다. 원칙은 곧 변할 수 없고 변해서도 안되는 법칙이므로 리더십에서 원칙은 중시되어야 한다는 것이다.

였다.[212] 농사꾼이 농사를 지으려면 봄에 씨를 뿌리고 여름에 김을 매고 거름을 주며, 가을에 추수를 하고 겨울에 토지를 쉬게 해주어야 하는데, 이것이 일종의 원칙이라는 것이다. 또한 "황금알을 낳는 거위는 하루가 지나야 또 하나의 황금알을 낳을 수 있는 것이지, 거위의 뱃속에 있는 황금알을 한꺼번에 꺼내려다가는 거위마저 죽게 해서 황금알 모두를 잃게 되는 법이다.", "물고기 한 마리를 주면 하루 양식을 주는 것이지만, 물고기 잡는 법을 가르쳐 주면 평생 동안 먹을 수 있는 지혜를 주는 것이다.", "소나무를 넘어트리기 위해 톱질을 하다가 톱이 무뎌지면 톱날을 줄로 날카롭게 한 다음에 톱질을 해야 한다.", "자동차를 몰고 도로를 달리는데 주유 게이지에서 깜빡거릴 때는 최근거리 주유소에 가서 기름을 주유하고 목적지로 향해야 한다." 면서 원칙의 의미를 설명하고 있다. 이처럼 사람이 세상을 살아가면서 '삶의 지배 법칙'을 따라야 하는 것처럼 조직을 이끄는데도 원칙에 충실해야 한다는 것인데, 사람을 움직이는 힘은 바로 원칙에서 나오며 원칙을 무시하면 반드시 그에 상응하는 대가를 치르게 된다는 것이다.

212) 김경섭 · 박창규 譯, 스티브코비 著, 『원칙중심 리더십』, 김영사, 1998, pp. 21-26

2. 원칙중심 리더십의 출현 배경

스티븐 코비는 원칙중심의 리더십을 제안하게 된 이유에 대해, 미국 사회에서 원칙이 소홀히 되고 있다면서 두 개의 사례를 들고 있다. 첫 번째 사례는 성실한 사람보다 처세에 능한 사람이 성공하는 경향이 나타나고 있다는 것이다. 즉 미국의 200년 역사를 통해 성공한 사람을 문헌으로 조사해본 결과, 독립 이후 150년 가까이는 성실근면한 사람이 성공한 것으로 나타났지만, 근래 50년 동안은 처세에 능한 사람이 더 출세한 것으로 나타났다는 것이다. 코비는 이런 결과를 보면서 '성실하고 근면한 사람이 올바르게 평가받는 미국사회를 만들어야 한다.' 면서 '원칙' 을 강조하게 된 것이다. 또 하나는 리더의 솔선수범과 윤리적 행위면에서 벗어난 것에 대한 각성이 필요하다는 이유에서다. 한 예로, 베트남전쟁에 참전한 미군(美軍) 리더들의 비윤리성으로 인한 하극상 사건이다. 이를테면, 베트남전쟁에 참가한 미군이 월맹군에게 패하고 나서 그 원인을 분석해 본 결과, 전투에 참여한 미군 장교 · 부사관 중 부하가 쏜 총에 맞아 사망한 인원이 무려 1,016명이나 되는데, 이는 간부 전체 사망자의 20%에 해당하며 원인은 미군 리더들의 비윤리성에 있었다는 가브리엘 교수가 밝힌 내용을 예로 들 수 있을 것이다.

코비에 의하면 사람은 누구나 가정이나 직장 생활에서 어려운 문제에 부딪쳤을 때 스스로에게 '해법' 에 대해 질문을 하기 마련인데, 여기에는 반드시 원칙이 뒷받침되어야 한다는 것이다. 사람들 중에 일부는 목적이 훌륭하면 수단은 어떤 것이 되어도 좋다고 말하는 사람들이 있는데, 예컨대 사업은 어디까지나 사업이며, '윤리'니 '원칙'이니 하는 것도 때로는 이익 창출을 위해서라면 무시될 수 있다고 보는 것이다. 이런 사람들은 거의가 가정생활의 질과 그들 회사에서 만들어 내는 제품이나 서비스의 품질 사이에 상관관계가 있음을 알지 못하는데, 이런 사람들은 조직의 성과는 조직 내의 사회적, 정치적 환경 등을 이용해서 오직 성공만 하면 된다고 생각하기 때문에 성과 달성을 위해서는 인간관계를 무시해도 괜찮다고 생각한다. 또 어떤 부모들은 자녀의 정신적 성장을 위해서조차 충분한 노력을 기울이지 않는 경우가 있는데, 예컨대 다른 사람 앞에서는 이미지 관리를 위해 그럴듯하게 행동하면서도 사람들이 없으면 자녀들에게 고함을 지르고 문을 쾅 닫아 버리곤 한다. 그러다가 10대의 자녀들이 공허함을 메우기 위해 마약이나 술, 섹스 등에 빠져들게 된 사실을 알게 되면 충격을 받는다. 우리 주위에는 10대 자녀들의 반항과 도전을 받고 크게 상심하는 부모들이 있는데, 그것은 부모들이 일종의 원칙을 소홀히 하는 행동에서 비롯된 것으로 볼 수 있다.

3. 원칙중심 리더십의 성공적 고려사항

스티븐 코비는 원칙중심 리더들에게 나타나는 특징[213)]을 다음과 같이 제시하고 있다.

첫째, 원칙중심 리더는 경험을 통해 끊임없이 배운다는 점이다. 책을

213) 김경섭, 박창규 譯, 스티브코비 著, 『원칙중심 리더십』, 김영사, 1998, p.42-53

읽고 기회가 있을 때마다 교육을 받고 각종 강의에 참석해서 다른 사람의 말에 경청하며 자신의 눈과 귀를 통해 배우려고 노력한다. 그들은 호기심이 강하여 끊임없이 질문하는 가운데 계속해서 역량을 키워나가고 일처리 능력을 개발해 나간다. 그들은 계속 새로운 기술과 관심 분야를 개발하며 자신이 아는 것이 많아질수록 모르는 것도 더 많아진다는 사실을 발견한다.

둘째, 원칙중심 리더는 원칙중심으로 살아가는 것을 사명으로 여기며 긍정적 에너지 발산을 위해 노력한다. 사명(使命)이란 맡겨진 일을 수행하려는 책임감이며, 우리가 존재하는 이유(Why exist!)이므로 리더는 누구보다도 사명감을 가져야 한다. 그리고 리더는 표정이 밝고 유쾌하며 행복에 차 있어 긍정적 에너지를 발산한다. 원칙중심적인 사람들은 태도 역시 낙관적이고 긍정적이며 기대에 차 있다. 정신면에서도 이들은 열정적이고 희망적이며 신념이 깃들어 있다. 이러한 긍정적 에너지는 마치 이들을 에워싸고 있는 에너지 장(場)이나 영기(靈氣)와 같아서 주변에 있는 부정적인 에너지를 축소시키거나 변화시킨다.

셋째, 원칙중심 리더는 부정적 행동이나 비판, 그리고 인간적 약점 등에 과잉 반응을 보이지 않는다. 원칙중심의 리더들은 설사 다른 사람의 약점을 발견하더라도 크게 개의치 않는다. 또한 이들은 상대방에 대해 원한을 품지 않는다. 남들에게 꼬리표를 붙이거나, 고정관념으로 사람을 분류하는 등의 선입견도 갖지 않는다. 대신 이들은 도토리를 보면서도 머릿속에는 참나무를 그리며, 그 도토리가 거대한 참나무로 성장할 수 있도록 도와준다는 점에 비중을 둔다.

넷째, 원칙중심 리더는 시너지를 잘 활용한다. 시너지(synergy)란 협력

에너지, 즉 전체가 부분의 합보다 더 크다는 것을 의미한다. 이들은 또 변화를 촉진시키는 촉매자로서, 자신들의 분야에서 거의 모든 생활을 개선해나가는데 이들은 일을 열심히 할 뿐만 아니라 스마트하게 한다. 동시에 놀라울 정도로 생산적이고 새롭고 창의적인 방법으로 일을 한다. 팀을 구성해 일을 하게 되는 경우, 이들은 자신의 강점을 최대한 살리고 자신의 약점은 다른 사람들의 강점을 이용하여 보완한다. 좋은 결과를 위한 위임은 이들에게 있어 매우 쉽고 자연스러운 일이다. 다른 사람들의 강점과 능력을 믿고 있기 때문이다. 다른 사람들이 어떤 면에서는 자신보다 낫다는 사실에 위협을 느끼지 않기 때문에 그들을 은밀하게 감독할 필요성도 느끼지 않는다.

4. 원칙중심 리더십과 효의 연관성

원칙중심의 리더십과 효의 관계는 '부자자효(父慈子孝)와 부자유친(父子有親), 부위자강(父爲子綱)' 등에서 찾을 수 있다. 즉 부모로서의 역할이 전제되었을 때 자식의 역할이 바를 수 있음은 하나의 원칙이다. 이렇듯이 부모와 자식의 관계에서 효 윤리는 변해서는 안 될 원칙이다. 원칙중심 리더들에게 나타나는 특징에 효를 대입시켜 보면, 다음과 같은 점에서 연관성이 있다.

Tip
원칙중심의 리더십과 효의 연관성은 부자자효(父慈子孝)·부자유친(父子有親)·부위자강(父爲子綱)은 변할래야 변할 수 없는, 변해서도 안되는 인간의 법칙이라는 점에서 찾을 수 있다.

첫째, 원칙중심 리더는 독서와 강의 듣기 등을 통해 끊임없이 배운다는 점이다. 『격몽요결』에 "학문을 하는 사람은 반드시 성실한 마음으로 그 학문하는 길로 향해야 하고, 속된 세상의 잡된 일로 그 학문하는 뜻을 어지럽게 하여서는 안 된다. 어지럽히지 않은 연후에 학문을 하는 터전이 잡히는 것이다(지신장)."[214], "공부를 하는 사람은 항상 그 마음을 학문에 두어 다른 사물에 현혹되어서는 안 되고, 반드시 사리를 깊이 연구하고 선을 밝혀야 하며, 그러한 연후에야 마땅히 행할 길이 환히 앞에 나타나서 이로써 실력이 차차 발전해 나아가야 할 것이다. 그래서 학문의 길로 들어가는 것은 사리를 궁구하는 것보다 먼저 할 것이 없고, 사리를 궁구함에는 책을 읽는 것보다 먼저 할 것이 없다. 성인(聖人)과 현인(賢人)이 마음으로 쓴 자취와 선과 악의 본받아야 할 것과 경계하여야 할 것이 모두 책 속에 씌어져 있기 때문이다(독서장)."[215]라고 했다.

둘째, 원칙중심 리더는 원칙중심으로 살아가는 것을 사명으로 여기며 긍정적 에너지 발산을 위해 노력한다. 『논어(論語)』에 "리더(군자)가 부모에게 효를 돈독히 하면 백성들 사이에 인(仁)이 진작(振作)되고 옛 친구를 버리지 않으면 백성들이 박절하지 않게 된다(태백편)."[216]고 했다. 리더가 보여주는 '인륜질서의 원칙' 수행은 긍정적 에너지를 발산시켜 주게되는 것이다.

셋째, 원칙중심 리더는 부정적 행동이나 비판, 그리고 인간적 약점

214) "學者必誠心向道不以世俗雜事亂其志然後爲學有基址."

215) "學者常存此心不被事物所勝而必須窮理明善然後當行之道曉然在前可以進步故入道莫先於窮理窮理莫先於讀書以聖賢用心之迹及善惡之可效可戒者皆在於書故也."

216) "君子篤於親 則民興於仁 故舊 不遺 則民不偷."

등에 과잉 반응을 보이지 않고 다른 사람을 믿는다. 즉 원칙중심의 리더들은 설사 다른 사람의 약점을 발견하더라도 크게 개의치 않는데, 이는 이타적 심성에서 나오는 것이다. 『논어(論語)』에 "리더는 모름지기 근본에 힘써야 하며 근본이 서면 길과 방법이 저절로 이루어지는 것이니 효도와 우애는 그 인(仁)을 행하는 근본이다(학이편)."[217] 라고 했다. 이처럼 인간관계의 기본은 부모와 자식(孝), 형제자매(弟)의 관계에서부터 출발하게 되는 것이다.

넷째, 원칙중심 리더는 시너지를 잘 활용한다. 시너지(synergy)란 협력에너지를 의미한다. 『논어(論語)』에 "백성을 장중(莊重)하게 대하면 공경스러워지고, 효와 자애(慈愛)를 행하게 하면 충되게 되고, 선인(善人)을 등용하고 무능한 사람을 가르쳐 주면 부지런히 힘쓰게 될 것이다(위정편)."[218]라고 했는데, 조직의 구성원들이 효심을 가지게 되면 원칙중심의 삶을 지향하는데 있어서 시너지가 생겨나기 마련이다. 예컨대 국가적 현안과제 중 저출산, 고령화 문제와 연관시켜보면 효와 소통으로 풀어가지 않으면 안된다. 저출산의 경우 유아기의 경우 무상보육 또는 정부보조로 키우게 하는 분위기이지만, 여기에는 원칙이 있어야 한다. 원칙은 자기가 낳은 자식은 부모가 키우게 하는 것이 원칙이다. 그러나 현재 정치권에서 저출산 대책이라고 내놓은 것을 보면 '국가에서 아이를 키워준다.' 는 식이다. 그러나 여기에서 원칙은 아이를 국가에서 키워주는 것이 아니라 부모가 키우도록 해야 하

217) "君子務本本立而道生 孝弟也子其爲仁之本與."
218) "臨之以莊則敬 孝慈則忠 擧善而敎不能則勸."

는 것이다. 효는 부모와 자식의 원초적 사랑이기 때문이다. 인간은 사랑을 받으면서 자라야 사람다운 사람으로 성장할 수 있는 것임을 간과해서는 안된다. 고령화 문제에 있어서도 원칙은 고령자와 가족이 함께 생활하는 것에 초점을 맞춰야 하는 것이다. 어떤 고령자는 '자식과 함께 살기 싫다.' 고 말하기도 하지만, 이는 어디까지나 자식의 효행을 기대할 수 없기 때문에 나오는 변명에 불과한 것이다.

Ⅳ 가치중심 리더십에서의 효와 소통

1. 가치중심 리더십의 개관

가치중심 리더십(Value-based Leadership)은 가치 지향적 리더십으로 번역되기도 하는데, 인간이 지향해야 할 가치(價値, Value)에 근거하여 발휘되는 리더십이다. 이 리더십은 오늘날처럼 사회적 문제로 부각되고 있는 가치의 혼돈(아노미) 상황을 해결하기 위해 1995년 미국의 교육자인 수잔 쿠즈마스키(Susan S. Kuczmarski)와 토마스 쿠즈마스키(Thomas D. Kuczmarski)에 의해 제기되었다. 인간은 본디 가치 지향적 삶을 살아가는 존재, 즉 인간은 가치에 따라 판단하고 행동방향을 선택하는 속성이 있다는 점에 착안한 리더십이다.

Tip
가치중심의 리더십 철학은, 인간은 본디 가치 지향적 존재라는 점에 기초한다. 인간은 가치에 따라 판단하고 행동방향을 선택하는 속성이 있다는 점에 근거하는 리더십이다.

가치(價値)란 일반적으로 '물건의 값어치', '사물이 지니는 의의나 중요도', '인간 정신의 목표가 되는 보편타당의 당위', '인간행동의 기준이 되는 주요 원칙', '어떤 대상이 인간관계에 의하여 지니게 되는 중요성', '인간의 감정, 욕구나 관심이 되는 것', '조직의 공통된 목표, 신념, 이상' 등의 의미로 해석되는데, 대체로 자신의 문화적 배경에 대한 믿음을 반영한다. 어려서부터 인간은 문화적 영향, 개인적 경험, 가정교육 등을 근간으로 가치 체계를 형성하는데, 이것은 우리에게 세상을 보는 '안경' 으로 작용한다. 우리는 자신만의 안경을 통해 삶을 바라보는 방식으로 가치를 평가하고 우선순위를 정하고, 판단하고 행동하는 것이다. 이런 이유에서 구성원들이 가치를 공유하는 것은 중요한데, 가치 공유란 리더와 조직 구성원 모두가 공통의 가치를 추구하는 것을 뜻한다. 『손자병법』에 나오는 상하동욕자승(上下同欲者勝), 즉 "상관과 부하가 하고자 하는 마음이 같은 쪽이 승리한다."는 내용과 같은 맥락이다. 가치 공유가 이루어진 조직에서는 서로가 달성하고자 하는 목표는 물론, 지속적인 성장과 발전이 가능하게 된다는 점에서 가치 공유는 리더십 발휘 차원에서 대단히 중요하다.

가치에 중심을 둔 리더는 조직 구성원들이 각자의 내면을 보게 하고, 개인적 행동과 집단행동을 이끌 규범과 가치를 개발한다. 그리고 구성원들은 집단을 위해서 규범이나 공유된 기대를 마련하고, 개인들이 따르는 일련의 합의된 행동을 확립한다. 이런 이유에서 가정에서는 가훈(家訓), 학교에서는 교훈(校訓), 회사에서는 사훈(社訓)을 액자에 넣어 가장 잘 보이는 곳에 걸어 놓고 구성원 모두가 공유하도록 하는 이유도 여기에 있는 것이다.

2. 가치중심 리더십의 출현 배경

'가치중심의 리더십'을 제기하게 된 배경은 미군이 베트남전쟁에 참전 중이던 1960년대에 반전운동과 함께 일어난 행진 · 시위 · 항의 · 감정 · 신념 등 개인 의견에 대한 격렬한 표현으로 이어진 '가치의 불꽃'이 1970년대에 접어들면서 자기도취적이고 물질주의적인 사회로 전환되었던 것을 보았기 때문이다.[219] 그리고 1980년대에 와서는 도덕적인 면보다는 어떻게 하면 빨리 돈을 벌 수 있을까에 초점을 두면서 기업 합병과정에서 기업에 해를 끼치는 사람보다 충성스러운 직원을 감원 대상에 포함시키는 가치전도 현상(가치아노미)을 보면서 이를 치유해야 한다는 필요성에 의해 제기된 리더십이다. 그러면서 저자들은 "얼마 전까지 종교, 학교, 지역사회 그리고 가족과 조직사회에서 보편적 가치와 규범을 제공했으나 이것들이 아노미 현상으로 이어지고 있어서, 그에 합당한 규범과 가치로 아노미를 치료하고 근로자에게 힘을 실어줌으로써 사회 역기능을 해독(解毒)해야 한다."[220] 고 주장하고 있다.

가치와 관련된 또 하나의 저서 『가치기준의 리더십(Value-based Leadership)』[221]에서는 "통제로부터 탈피하라. 그리고 가치에 부합하는

219) 홍기현 譯, Susan S. Kuczmarski 著, 『가치중심의 리더십』, 학지사, 1999, p.51

220) 홍기현 譯, Susan S. Kuczmarski 著, 『가치중심의 리더십』, 학지사, 1999, p.57

221) 조진섭, 조태영 譯, 핀 반 하우언 著, 『가치기준의 리더십』, 제임스 컨설팅, 2002, p.51

행동을 하라(Transform Values Into Action by Rethinking Control)."면서 타인을 통제(統制)하고 조종하는 관리(管理)적인 행동에서부터 벗어나 구성원 스스로가 변화와 적응, 혁신 그리고 일에 몰입할 수 있도록 일상의 행동에 목적 · 가치 · 신념을 연관시킬 것을 주장한다. 그러면서 가치를 단계화함으로써 비전과 연계시키고 있는데, 맨 하단부터 상황적 가치(신념)－사업 목표의 전략적 가치(비전)－평생 동안의 가치(핵심가치)로 단계화함으로써 핵심가치를 상위로 보고 있다. 그러면서 가치 패러다임을 통해 조직의 문화 · 신념 · 가치를 진단해야 한다고 했는데, 이 책을 번역한 조진섭은 '21세기는 문화의 시대'라는 사뮤엘 헌팅톤 교수의 말을 인용하면서 가치를 문화와 연계하고, 또한 "조직의 가치를 창출하는 것보다 올바른 사람의 가치관에 의해 가치를 창출하는 것이 중요하다."는 잭 웰치의 말을 인용하여 가치의 중요성을 제기하고 있다.

3. 가치중심 리더십의 성공적 고려사항

조직 내에서 가치혼란을 최소화하고 가치 충만한 문화를 창조하기 위해서는 리더가 올바른 가치에 기반을 둔 분위기와 태도로 리더십을 발휘해야 한다. 가치에 기반을 둔 사고 방식을 개발하는 근원적인 원리는 '관계 형성'에 있다. 리더는 조직 내에서 다른 사람들과 효과적으로 관계를 맺고, 말과 행동을 토대로 한 가치의 본보기를 만들고, 조직 전반을 통해 의미 있는 관계 형성을 성공적으로 완수해야 한다.[222)]

222) 홍기현 譯, Susan S. Kuczmarski 著, 『가치중심의 리더십』, 학지사, 1999, pp. 233－245

첫째, 구성원들의 감정을 이해함으로써 구성원들과 좋은 관계를 맺어야 한다. 속담에 '선생님이 좋아야 과목이 재미있다.'는 말이 있다. 특히 우리 민족은 정(情)에 의해 관계가 좋아질 수도, 나빠질 수도 있는 의식구조를 가졌다는 점에서 좋은 관계를 가지기 위한 노력이 필요하다. 그리고 좋은 관계를 위해서는 타인에 대한 존중과 배려 등 이타적 사랑이 뒷받침되어야 한다. 그리고 구성원들이 어떤 가치를 지향하고 있는지를 알아야 하는데, 이런 것들을 통해서 그들의 감정을 이해할 수 있기 때문이다.

둘째, 집단 성원의 개인적 목표를 알아야 하고, 구성원들의 학습을 관리해야 한다. 리더는 구성원의 성취를 돕기 위해 그들이 어떤 목표를 가지고 있는지를 이해해야 한다. 개인의 목표는 조직의 목표를 세우는 기반으로 작용할 뿐 아니라, 개인의 목표가 욕구를 자극한다는 점에서 서로의 목표를 알게 하고 조직 구성원들의 목표 달성을 돕는 일은 중요하다. 그리고 조직의 요구사항과 목표를 알려줌으로써 조직 구성원의 관심을 공유할 수 있어야 한다.

셋째, 구성원 모두 책임을 공유하고 양방향 커뮤니케이션을 위해 노력해야 한다. 조직들이 가치 충만한 문화를 개발하기 시작하면 구성원은 단지 개인의 성공이나 실패의 문제가 아니라 공동 책임을 가지게 되는데, 공동책임을 지기 위해서 수직적 커뮤니케이션보다 수평적 커뮤니케이션으로 소통해야 한다. 그리고 양방 커뮤니케이션은 가치에 토대를 둔 문화를 만들고 문화적 변화를 가져오는 열쇠라는 점에서 리더는 구성원들과 의사소통을 해야 하고 그들의 동참을 이끌어내어 함께 비전을 세우고 그것을 촉진할 가치들을 개발해야 한다. 좋은 의사소통은 이러한 과정이 일어나기 위해 필수적인 것이며, 이것은 지속적인 구성원의 참여, 투입, 피드백이 중요한데, 여기서 가장 중요한 것은 리더와 구성원들은 서로 일관된 메시지를 보내어 그들의 문화에 대한 지지를 전달하는 것이다.

넷째, 팀 단위 운용과 갈등을 없애는 노력이 요구된다. 조직 내에서는 팀, 특히 자율적인 팀을 운용하려는 노력이 필요하다. 팀들은 개인들이 리더십 기술과 행동, 그리고 리더십을 발휘하는 것을 연습할 수 있는 기회를 제공한다. 팀들은 가치 공유를 통해서 공동체 의식의 집단 문화를 만들고 유지하는 데 도움을 준다. 그러므로 조직 내에 공유된 가치를 통해 팀 단위 운용 시 갈등을 최소화해야 한다. 그리고 리더십은 개인들이 집단 안에서 서로 상호작용을 통하여 습득되며 문화의 영향을 받기 마련이다. "인간은 문화가 다르기 때문에 가치(價值)도 약간 다르다. 사람들은 다른 목적(目的)을 추구하고 다른 충동(衝動)을 가지며 다른 형태의 행복(幸福)을 그리워 한다(말리노프스키)."는 말이나 "앎(知)의 기저에는 문화적 체계가 있다(미셸 푸코)."라는 표현에서도 알 수 있듯이 개인이나 조직은 문화의 영향을 받을 수밖에 없으며 갈등이 있기 마련이다. 때문에 리더는 집단 내 갈등을 어떻게 다루어야 하는가?에 대해 고민해야 하며, 가급적 공식적 중재의 개입이 없이 집단 성원들의 갈등 상황을 스스로 해결할 수 있는 기회를 주는 것이 좋다. 그렇다고 갈등을 부각시키고 고조되게 하는 것은 옳다고 볼 순 없지만, 부모와 교사 등 리더들은 자신들이 개입해서 곧바로 갈등을 해결해 주려 할 것이 아니라 팀 단위의 노력을 통하여 해결되도록 지원하는 것이 현명한 방법이다. 그들은 단순히 갈등이 개선되는 것만이 아니라 그들의 집단이 유지되고 지속되도록 더 동기화될 수 있기 때문이다. 집단 성원들은 공유된 가치, 조직의 정신, 공동의 목표, 정체성, 자존심, 그리고 그들 자신보다 더 큰 목표를 추구할 기회와 같은 강력한 공동체 의식을 갖는다. 그리고 이러한 경험들은 서로를 의지하며 공동체 의식이 강화되는 효과가 있다.

4. 가치중심 리더십과 효의 연관성

가치는 조직 문화의 영향 속에서 사회화로 연결시켜준다는 점에서 중요하다. "리더는 가치 충만한 문화가 조직의 리더십으로 권장되어야 한다."[223]는 점에서, 효는 한국의 정신문화이면서 가정윤리이자 보편적 · 이타적 가치이다. 이러한 효를 이웃과 사회, 나라 사랑으로 발전되어지도록 가치중심의 리더십과 연계해야 할 것인데, 인간은 본디 가치 지향적 존재이고, 가치는 인간정신의 목표가 되는 '그 무엇'이라는 점에서 공통점이 있다. 가치와 효와의 연관성을 살펴보면 다음과 같다.

Tip
가치중심의 리더십과 효의 연관성은, 가치는 인간정신의 목표가 되는 보편타당의 당위(當爲)라는 점, 그리고 효는 인간정신의 목표가 되어야 할 보편적 · 이타적 가치라는 점에서 연관성이 있다.

첫째, 효는 가치 지향적 삶을 유도해 준다는 점이다. 『대학』에 "자기 자신을 다스리고 나서 가정과 국가와 천하를 다스릴 수 있다."[224],

223) 홍기현 譯, Susan S. Kuczmarski 著, 『가치중심의 리더십』, 학지사, 1999, p.25

224) "修身齊家 治國平天下."

"[리더가] 그 아버지를 공경(효)하면 아들이 기뻐하며 기꺼이 따르고, 그 형을 공경하면 동생이 기뻐하며 기꺼이 따르며, 그 군주가 존경하면 신하가 기뻐하며 기꺼이 따르는 것이다(광요도장)."[225] 라는 점에서 효는 가치 지향적 삶을 유도해준다.

둘째, 구성원들과 이타적 관계와 함께 구성원들의 감정을 이해하는데 도움을 준다. 효는 보편적(普遍的) 가치 · 이타적(利他的) 가치로 작용하기 때문인데, 보편적이라는 뜻은 '두루 널리 미치는, 또는 그런 것', '모든 것에 공통되거나 들어맞는 것' 이고, 이타적이라는 의미는 '사랑을 주의로 하고 질서를 기초로 하여 자기를 희생함으로써 타인의 행복과 복리의 증가를 행위의 목적으로 하는, 그런 성질을 띤' 상태를 의미한다. '효' 는 자식의 입장에서 부모님이 원하는 방향으로, 부모님의 기대에 보답하는 삶을 살아가게 하는 가치라는 점에서 좋은 관계를 낳게 한다. "[리더(선왕)]가 먼저 박애를 실천함으로써 성원들이 부모님을 버리지 않게 되고, 덕과 의로써 베풀어 성원들이 자발적으로 [그것을] 실천하였다. 리더가 앞에서 공경하고 겸양하니 성원들이 다투지 않고, 예악으로 이끄니 백성들이 화목하게 되고, 리더가 호오(好惡)로써 보여주자 성원들 스스로가 하지 않아야 할 것을 알게 되었다(삼재장)."[226], "부모를 섬기는 사람은 윗자리에 있어도 거만하지 않고 아랫자리에 있어도 질서를 어지럽히지 않으며 같은 무리와

225) "敬其父則子悅 敬其兄則弟悅 敬其君則臣悅."

226) "先之以博愛 而民莫遺其親 陳之以德義 而民興行. 先之以敬讓 而民不爭 導之以禮樂 而民和睦 示之以好惡 而民知禁."

함께 있어도 서로 다투지 않는다(기효행장)."[227], "부모를 사랑하는 사람은 다른 사람을 미워하지 않고, 부모를 공경하는 사람은 다른 사람을 업신여기지 않는다(천자장)."[228], "자기 집 노인을 공경하여서 그 마음이 다른 집 노인을 공경하는 데까지 미치게 하고, 자기 집 어린이를 사랑하여서 그 마음이 다른 집 어린이를 사랑하는 데까지 미치게 한다. 이렇게 마음을 쓴다면 천하를 쉽게 이끌어갈 수 있다(양혜왕 상편)."[229]고 했다.

셋째, 구성원 모두 책임을 공유하고 양방향 커뮤니케이션을 통해 갈등을 없애준다. 효는 상호성에 기초하여 신뢰성을 추구한다는 점이다. '효'는 자식의 입장에서 부모님이 원하는 방향으로, 부모님의 기대에 보답하는 삶을 살아가게 하는 가치로서의 작용이 확대되어 이웃과 사회, 국가와 자연으로 확장된다는 점에서 공동체적 성격을 갖는다. 『효경』에 "[리더가] 사랑과 공경함을 다하여 부모님 섬긴 연후에 도덕적 교화가 백성들에게 전해져 온 나라에 본보기가 될 수 있다(천자장)."[230], 『불경』에 "자식은 부모를 다섯 가지로 섬겨야 하며, 부모도 역시 자식을 다섯 가지로 돌보아야 한다. 자식이 해야 할 다섯 가지는 살림살이 · 식사제공 · 걱정 끼치지 않음 · 부모의 은혜를 생각하는 일 · 병을 치료해드리는 일이고, 부모가 해야 할 다섯 가지는 자식에게 좋은 것을 하고, 학업을 가르치며, 경전과 계율을 지니게 한다.

227) "事親者 居上不驕 爲下不亂 在醜不爭."
228) "愛親者 不敢惡於人 敬親者 不敢慢於人."
229) "老吾老以及人之老 幼吾幼以及人之幼 天下可運於掌."
230) "愛敬 盡於事親 然後 德敎加於百姓 刑於四海."

장가들이고 재산을 맡아주는 것이다(불설시가리월육방예경).", 『성경』에 "(효는) 부모를 기쁘게 하고 걱정 끼치지 않는 것이며, 자녀를 돌보고 사랑하는 것이다(잠언 23:25, 골로새서 3:21).", 『맹자』에 "부모와 자식은 친함이 있어야 하고, 임금과 신하는 의리가 있어야 하며, 부부간에는 구별이 있어야 하고, 어른과 아이 사이에는 차례가 있어야 하며, 친구 사이에는 신의가 있어야 한다(등문공 상편)."[231]라고 이르고 있다.

넷째, 효는 의를 추구하는 가치라는 점에서 가치중심 리더십은 연관성이 있다. "[리더가] 부모를 사랑하지 않고 다른 사람을 사랑하는 것은 패덕(悖德)이고, 부모를 공경하지 않고 다른 사람을 공경하는 것은 패례(悖禮)이다. 이렇게 가르치면 백성들이 본받을 게 없다. 이 [패덕과 패례]로써 가르쳐 혼란(거역)해지면 백성들은 본받을 게 없다. 선덕(善德)이 없어지면 모두가 흉덕(凶德)에 놓인다. [그렇다면] 비록 지위를 얻었다 해도 군자는 따르지 않는다(효우열장)."[232], "[리더가 효를 행하면] 그 성원들은 [리더를] 경외하면서 사랑하고, 법도로 삼으면서 본받는 것이다. 그러므로 [리더는] 도덕교육을 이룰 수 있고, 그 정치적 명령을 실시할 수 있다(효우열장)."[233], "부모에게 간쟁하는 자식이 있으면 (부모는) 불의(不義)함에 빠지지 않는다(간쟁장)."[234]는 공자의 표현과 맥을 같이 하는 것으로 볼 수 있다. "[리더가 효를 하면] 가르침

231) "父子有親 君臣有義 夫婦有別 長幼有序 朋友有信."

232) "不愛其親而愛他人者 謂之悖德 不敬其親 而敬他人者 謂之悖禮 以訓則昏 民無則焉 以訓則昏 民無則焉 不在於善 而皆在於凶德 雖得之 君子弗從也."

233) "其民畏而愛之 則而象之 故로 能成其德敎 而行其政令."

234) "父有爭子 則身不陷於不義."

이 엄숙하지 않아도 이루어지고 그 정치가 엄하지 않아도 다스려지는데, 리더(선왕)는 그것을 가르침으로써 백성을 교화시킬 수 있다고 보았다(삼재장)."[235]에서 보듯이 효는 옳은 것을 추구한다는 점에서 연관성이 있다. 예를 들어, 국가적 현안과제 극복의 경우, 저출산 · 고령화 · 다문화가정 문제를 해결함에 있어서 보편적 · 이타적 가치인 효가 바탕이 되도록 하는 것이 효를 바탕으로 한 가치중심의 리더십이다. 또한 학교폭력 문제해결에 있어서도 학생들로 하여금 효에 기초한 가치 지향적 삶을 살아가도록 하면 공동체로서 효 가치를 추구하기 때문에 자연스럽게 학교폭력을 줄여갈 수 있는 것이다. 문제는 학교 교육에서 효라는 보편적 · 이타적 가치를 기반으로 교육하려는 리더의 의지가 있어야 한다. 이러한 리더십이 효와 소통을 기반으로 한 가치중심의 리더십이라 할 수 있다.

V 윤리적 리더십에서의 효와 소통

1. 윤리적 리더십의 개관

윤리적 리더십(Ethical Leadership)은 인간이 마땅히 행해야 할 도리를 중심으로 발휘하는 리더십으로 윤리 지향의 리더십으로 표현되기도

235) "其教不肅而成 其政不嚴而治 先王見教之可以化民也."

한다. 이 리더십은 1996년 미국의 켈로그(Kellog) 재단에 의해 연구되었다.[236] 리더는 일반적으로 추종자들보다 더 많은 권력을 가지고 있기 때문에 리더가 추종자들의 삶에 긍정적인 영향이 미치도록 해야 한다는데 초점을 두는 리더십이다. 리더십에서 리더는 고도의 윤리성과 도덕성을 가지고 기본적인 가치관에 의거하여 구성원들을 이끌어가야 한다는 것이다. 21세기 들어 윤리 중심 리더십이 부각되는 이유는 조직의 리더들이 리더십을 발휘할 때 그 조직의 이해관계자들로부터 신뢰를 얻을 수 있어야 한다는 점 때문이다.

Tip

윤리적 리더십의 철학은, 리더는 팔로어보다 더 많은 권력을 가지고 있기 때문에 고도의 윤리성과 도덕성에 기초하여 리더십을 발휘해야 한다는 점에 있다.

2. 윤리적 리더십의 출현 배경

윤리는 리더십의 중심에 자리하고 있으며, 리더가 조직의 가치를 확립하고 강화하는데 도움을 준다. 모든 리더는 자기 나름의 독특한 신념과 관점을 가지고 있고, 일련의 신념 · 제안 · 가치 · 아이디어, 그리고 다루고 싶은 이슈들을 가지고 있다. 한 리더에 의해 촉진되는

236) 김남현 · 김정원 譯, Peter G.Northouse 著, 『리더십』, 경문사, 2004, p.376

가치들은 그 조직 전체의 가치에 큰 영향을 미칠 수 있다는 점에서 리더의 윤리적 행위는 조직 내의 윤리적 환경을 조성하는데 중요한 역할을 하게 된다.

리더는 집단의 과업이든 지역사회의 과업이든 간에 리더들은 구성원들을 고용하여 공동의 목표 달성을 추구하게 되는데, 그러한 상황에서 리더들은 추종자들을 나름대로의 독특한 정체성을 지닌 인간으로 대해야 하는 윤리적 책임이 있다.[237] 이러한 '인간에 대한 존경심(respect for persons)'은 리더들에게 추종자들 자신의 이해관계, 욕구 및 양심적인 사항들에 대해 주의를 기울일 것을 요구한다. 인간은 누구나 다른 사람들을 소중한 존재로 대우해야 할 윤리적 책임을 가지고 있지만 리더들은 리더십 지위가 갖는 특수한 속성 때문에 특별히 더 큰 윤리적 책임을 져야 한다는 관점에 출현한 리더십이 윤리적 리더십이다.

3. 윤리적 리더십의 성공적 고려사항

윤리적 리더십을 발휘함에 있어서 성공에 필요한 고려사항[238]으로서는 다음과 같은 것들이다.

첫째, 윤리적 리더는 타인을 존중해야 한다. 철학자 칸트가 "다른 사람을 대할 때 존경심을 가지고 대하는 것은 우리의 의무이다."라고

237) 김남현 · 김정원 譯, Peter G.Northouse 著, 『리더십』, 경문사, 2004, p.383
238) 김남현 · 김정원 譯, Peter G.Northouse 著, 『리더십』, 경문사, 2004, pp.388-397

했듯이 리더는 모든 타인이 그 나름의 절대적인 가치와 소중한 개인차를 가지고 있다는 생각을 가지고 그들을 대하여야 한다. 그리고 다른 사람을 존중한다는 것은 다른 사람의 생각을 신뢰하고, 그들을 한 인간으로 인정하는 것을 의미한다.

둘째, 윤리적 리더는 타인을 섬긴다. 윤리이론에는 윤리적 이기주의와 윤리적 이타주의가 있다. 윤리적 이기주의는 자신의 이익에 기초하는 것이고, 윤리적 이타주의는 다른 사람의 이익에 기초하는 것이다. 때문에 리더들은 어떤 계획을 수립할 때 부하들의 복지에 최우선을 둔다. 따라서 다른 사람들에게 관심을 가지는 것이 도덕적 리더십의 일차적인 기본적 요소이다. 결국 섬김의 배후에 있는 의도는 타인들의 보다 큰 유익을 위해 도움을 주어야 한다는 것이다. 섬김의 원칙을 실천하는 데 있어서 윤리적 리더는 기꺼이 구성원이 중심이 되도록 해야 하고, 그들의 이익을 최우선에 두며 그들에게 이익이 되는 방향으로 행동해야 한다.

셋째, 윤리적 리더는 공정하다. 리더는 공정성과 정의에 관심을 기울여야 한다. 리더들은 그들의 구성원들을 평등하게 대하여야 한다는 것을 최우선 과제로 삼아야 한다. 일반적으로 어쩔 수 없는 특별한 경우를 제외하고는 조직 내의 누구도 특별한 대우를 받거나 특별한 배려를 받아서는 안 된다. 이는 "남에게 대접을 받고자 하는 대로 너희도 남을 대접하라."는 성경의 '황금율'과 유사하다. 만약 우리가 다른 사람들이 우리를 공정하게 대하기를 원한다면 우리도 그들을 공정하게 대하여야 하는 것이다.

넷째, 윤리적 리더는 정직하다. 우리가 어렸을 때 어른들에게 흔히 듣던 말은 "절대로 거짓말을 하지 마라."는 것이었다. 선하다는 것은 곧 진실을 말해야 한다는 의미가 포함되며, 리더에게도 똑같은 교훈이 적용된다. 좋은 리더가 되기 위해서는 정직해야만 하기 때문인데, 정직의 중요성은 우리가 정직의 정반대, 즉 부정직을 생각할 때 더 명백해진다. 리더들이 정직하지 못할 때 사람들은 리더를 의지할 수 없고 믿을 수 없는 사람이라고 생각한다. 구성원들이 리더가 말하고 주장하는 것에 대해 신뢰하지 않는다는 것은 구성원들이 리더를 존경하지 않는다는 것을 의미한다. 정직은 단지 진실을 말하는 것만이 아니라 다른 사람들에게 마음을 열고 있는 그대로 진실되게 표현하는 것까지도 포함한다.

다섯 째, 윤리적 리더는 공동체를 구축한다. 리더십이란 공동체적 목표를 달성하기 위해 다른 사람들에게 영향력을 행사하는 과정이라고 정의할 수 있다. 이 정의에서 공동목표를 언급하고 있는 것은 명확한 윤리적 차원을 내포하고 있는 것이다. 공동목표는 리더와 부하들 간에 그 집단이 나아가야 할 방향에 대해 동의가 이루어져야 한다는 것을 요구한다. 따라서 리더는 그 자신과 구성원들의 목표를 동시에 고려하면서 그에 적합한 공동목표를 향해 나아가야 한다. 윤리적 리더는 그 집단에 참여하는 모든 구성원들의 목표를 고려하고 공동체의 이익에 세심한 배려를 해야 한다. 그렇게 함으로써 리더는 다른 구성원들을 보살피는 윤리를 실현할 수 있고, 다른 사람들의 의견을 존중하게 되는 것이다.

4. 윤리적 리더십과 효의 연관성

Tip

윤리적 리더십과 효의 연관성은, 윤리적 리더는 타인을 존중하고 타인을 섬기며, 공정하고 공동체적 삶을 구축한다. 그리고 효는 가정 윤리로서 원초적 사랑이고 의를 추구하는 보편적 · 이타적 가치라는 점에서 연관성이 있다.

윤리적 리더십과 연관되는 효에 대한 현대적 해석은, 효라는 것이 하늘의 이치, 부모와 자식, 가족과 이웃, 개인과 국가, 인간과 자연에 이르기까지 조화(Harmony)를 이루도록 윤리적 작용을 한다는 점이다. 그리고 효는 '가정윤리' 이므로 '윤리' 적 면에서 공통점을 가진다. "인생은 관계적 존재다"라는 말처럼, 사람은 누구나 '너와 나의 관계' 속에서 살아가기 마련이다. 사람은 관계를 떠나서 존재할 수 없으며 누구를 막론하고 관계의 중심에 있게 되는 것이다. 그리고 이러한 관계를 유지시켜 주는 벼리(綱)가 바로 윤리이다. 그런데 이러한 '관계' 의 기본이 가정에서 부모와 자식의 관계로부터 출발한다. 효를 가정윤리로 표현하는 것도 가정에서 가족 간의 도리를 다해야 한다는 의미인데, 다음과 같은 점에서 연관성이 있다.

첫째, 윤리적 리더는 타인을 존중한다. 『성경』에 "너는 센 머리 앞에 일어서고 노인의 얼굴을 공경하라(레위기 19:32)." 『효경』에 "부모를 섬기는 사람은 윗자리에 있어도 거만하지 않고, 아랫자리에 있어도 질서를 어지럽히지 않으며, 같은 무리와 함께 있어도 서로 다투지 않는다(기효행장)."[239], "부모를 사랑하는 사람은 다른 사람을 미워하지 않고, 부모를 공경하는 사람은 다른 사람을 업신여기지 않는다(천자

239) "事親者 居上不驕 爲下不亂 在醜不爭."

장)."[240] 『논어』에 "그 사람됨이 효성스럽고 우애 있는 사람이 윗사람을 함부로 대하는 사람은 드문 것이니, 리더(군자)는 근본을 세우는데 힘써야 하며 근본이 서면 길과 방법이 저절로 생긴다. 효(孝)와 우애(弟)는 인(仁)을 이루는 근본이다(학이편)."[241] 『예기』에 "내 몸은 부모가 낳아주셨으니, 부모가 낳아주신 몸을 갖고 행동하는데 있어서 감히 부모의 뜻을 받들지 않으면 안되는데 평소 살아가는데 있어서 장경(莊敬)하지 않으면 효가 아니다(제의편)."[242]라는 표현에서 보듯이 상대를 존중해야 한다는 점에서 연계성이 있다.

둘째, 윤리적 리더는 타인을 섬긴다. 『효경』에 "효자가 부모를 섬김에 평소에는 공경을 극진히 하고, 봉양할 때에는 즐거움을 다하고, 질병에 걸렸을 때는 근심을 다하고, 돌아가셨을 때는 슬픔을 다하고, 제사지낼 때는 엄숙함을 다해야 한다(기효행장)."[243] 『성경』에 "부모를 공경하라, 그리하면 너의 하나님 여호와가 네게 준 땅에서 네 생명이 길리라(출애굽기 20:12)." 『맹자』에 "자기 집 노인을 공경하여서 그 마음이 다른 집 노인을 공경하는 데까지 미치게 하고, 자기 집 어린이를 사랑하여서 그 마음이 다른 집 어린이를 사랑하는 데까지 미치게 한다. 이렇게 마음을 쓴다면 천하를 쉽게 이끌어 갈 수 있다(양혜왕 상

240) "愛親者 不敢惡於人 敬親者 不敢慢於人."

241) "其爲人也孝弟 而好犯上者 鮮矣, "君子務本 本立而道生 孝悌也者 其爲仁之本與."

242) "身也者 父母之遺體也 行父母之遺體 致不敬乎? 居處不莊非孝也."

243) "孝子之事親也 居則致其敬 養則致其樂 病則致其憂 喪則致其哀 祭則致其嚴 五者備矣 然後 能事其親."

편).”[244] 『예기』에 “가장 큰 효는 부모님을 공경하는 것이요, 그다음이 부모를 욕되게 하지 않는 것이며, 마지막 단계가 부모를 봉양하는 것이다(제의편).”[245] 라는 표현에서 보듯이 섬김의 자세를 필요로 한다는 점에서 연계성이 있다.

셋째, 윤리적 리더는 공정하다. 『효경』에 “효는 하늘의 법칙(經)이고, 땅의 질서(義)이며 백성들이 실천(行)해야 할 것이다(삼재장).”[246], “부모와 자식의 도(道)는 하늘의 뜻에 따르는데 있고, 군주와 신하의 도는 의(義)를 따르는 데에 있다(부모생적장).”[247]고 했다. 여기에서 하늘의 뜻에 따른다는 의미는 이치에 맞아야 한다, 즉 공명정대해야 한다는 점에서 윤리적 리더십과 연계성이 있다.

넷째, 윤리적 리더는 정직하다. 『불경』에 “효는 수행자의 삶의 기준과 준거, 죄악을 범하지 못하게 하는 규정이다(범망경).” 『예기』에 “사람이 행해야 할 옳음이라고 하는 것은, 부모는 자식을 사랑하고 자식은 부모에게 효도하며, 형은 아우를 사랑하고 아우는 형을 공경하며, 남편은 의롭고 아내는 남편의 말을 경청해야 하며, 어른은 은혜로워야 하고 어린이는 순해야 하며, 상관은 인자해야 하고 부하는 충성해야 한다. 이상의 열 가지를 이르러 인의라고 한다(예운편).”[248] 라는 표현에서 보듯이 효는 의를 추구한다는 점에서 정직함과 연계성이 있다.

244) “老吾老以及人之老 幼吾幼以及人之幼 天下可運於掌.”
245) “大孝尊親 其次不辱 其下能養.”
246) “孝 天之經也 地之義也 民之行也.”
247) “父子之道 天性也 君臣之道 義也.”
248) “何謂人義 父慈子孝 兄良弟弟 夫義婦聽 長惠幼順 君仁臣忠 十者謂之人義.”

다섯 째, 윤리적 리더는 공동체를 구축한다. 『효경』에 "효는 덕의 근본이요, 모든 가르침이 이로 말미암아 생겨난다(孝德之本也 教之所有生也)."는 내용이 나오는데, 대인관계에 있어서 상대방에 덕(德)을 베풂으로써 공동체를 구축하게 해준다는 점에서 연계성이 있다.

리더십과 효(孝, HYO, Filial Piety)는 사랑과 윤리를 기본으로 하고 실천을 중시한다는 점에서 공통점을 가지고 있다. 부모자식 간의 원초적 사랑에서 출발하는 효는 가정윤리이면서 이웃과 나라사랑으로 발전되어지는 인륜질서의 근본이고, 리더십 또한 사랑과 윤리를 기초로 구성원의 마음을 움직이게 한다. 특히 현대 리더십은 인본주의에 입각하여 구성원의 신념 · 욕구 · 가치 등을 외부 환경과 조화시킴으로써 구성원 스스로가 자발적으로 목표달성에 참여케 하는 영향력으로 해석한다는 점에서 효 사상과 밀접한 관련이 있는 것이다. 예를 들어서 국가적 현안과제 해법과 효의 연계성을 윤리적 리더십에 비추어본다면, 학교폭력, 저출산 · 고령화, 다문화가정 문제 해결에 있어서 리더들이 윤리적이어야 한다는 점이 간과되고 있다는 점이다. 학교폭력을 예방하기 위해서는 상대방을 존중하고 섬기는 자세를 가지도록 해야 하고, 이를 위해서는 효 교육과 연계시켜야 하며, 저출산 · 고령화 문제를 해결함에 있어서도 산모와 아기 중심, 고령자를 중심으로 풀어 가는데 정직하고 의로워야 한다. 또한 다문화가정의 문제를 해결함에 있어서도, 결혼 이주 여성들이야말로 우리에게 도움을 주는 고마운 존재라는 점에서 그들을 섬기고 그들에게 정직하게 사랑으로 대하는 리더십이 있어야 한다. 이러한 리더십이 효와 소통을 기반으로 하는 리더십이라 할 수 있다.

VI 감성적 리더십에서의 효와 소통

1. 감성적 리더십의 개관

> **Tip**
> 감성적 리더십의 철학은, 이성(理性)뿐아니라 감성(感性)까지지도 중시하여 리더십을 발휘한다는 점에 있다. 감성은 이성에 대응하는 개념으로 구성원의 호응과 공감에 기초하는 감정이다.

감성적 리더십은 이성(理性)보다는 감성(感性), 즉 정(情)에 의존하여 발휘하는 리더십이다. 정과 리더십의 관계는 '정(情)과 신뢰를 바탕으로 부하를 지도하라.'[249]라는 육군 리더십 교범의 '리더십 제1원칙' 에 잘 나타나 있다. 정과 신뢰는 개인적 신념과 조직을 결속하는 촉매이다. 정은 인간관계에 있어서 자력(磁力)과 같아서 단결시키는데 무엇보다도 중요한 역할을 한다. 즉 리더가 어버이나 형처럼 구성원과 골육지정(骨肉之情)으로 맺어지게 되면 두 사람이면서도 한 사람처럼 생각하고 행동할 수 있다. 그만큼 우리 민족은 법보다는 정에 의존하는 경향이 있으며 "팔은 안으로 굽는다."는 속담은 이를 대변해준다.

감성(感性)은 이성(理性)에 대응되는 개념으로, 외계의 대상을 오관(五官)으로 감각하고 지각하여 표상을 형성하는 인간의 인식 능력을 의미한다. 근래에 감성 리더십, 감성 경영이라는 용어가 등장했는데, 이 리더십이 세상에 알려진 것은 2002년 다니엘 골먼이 지은 『감성의

249) 육군본부, 『야교 22-1(지휘통솔)』, 1997, pp.4-3

리더십(Primal Leadership)』이 출간되면서부터이다. 저자는 이 책에서 "최고의 리더는 부하 직원의 호응과 공감을 바탕으로 한 감성 리더십으로 승부해야 한다."고 하면서 "리더의 카리스마, 비전, 전략의 기본은 감성에 있다."고 주장한다. 여기에서 감성이 비(非)이성 혹은 반(反)이성이라고 생각할 필요는 없으며, '이성'과 '감성'의 이분법적 사고에 얽매일 필요도 없다. 결국 감성의 시대를 이끌고 감성의 로직으로 움직이는 디지털 세상에서 공감으로서의 커뮤니케이션을 폭넓게 펼치려면 새로운 리더십, 곧 '감성의 리더십'으로 무장해야 한다는 것이다. 그리고 감성의 리더십으로 무장하기 위해서는 무엇보다도 '스토리텔링'이 요구되는데, 스토리텔링은 사전적으로 "이야기를 들려주는 활동 = 구연(口演)"으로, 'Story'와 'Telling'이 합해진 단어이다. 상대방에게 알리고자 하는 바를 재미있고 생생하게 이야기 함으로써 설득력 있게 전달하는 스토리텔링은 감성을 운반하고 감성바이러스를 퍼뜨리는 매개체이다. 예일대 샐로비(Salovey)와 메이어(Mayer) 교수는 정서지능(emotional intelligence : EQ)의 개념을 소개하면서 지능지수(IQ)는 성공 또는 행복의 10~20%만을 설명할 뿐이고, 나머지 80~90%는 정서지능에 의해 좌우된다는 점을 강조했다. 골먼(Goleman) 역시 IQ가 높다고 해서 반드시 사회생활에 성공하는 것이 아니라 본인의 감정조절, 타인의 감정인식, 동기부여, 원만한 대인관계 등과 같은 감성 능력이 조직 속에서 지지자를 만들어 내고 이를 통해 힘을 얻어 성공할 수 있게 된다[250]고 주장하였다. 이러한 정서지능에 대한 연구는 1990

250) 장석호 譯, 데니얼 골먼 著, 『감성의 리더십』, 청림출판, 2004, pp.392－394

년대 후반에 활발하게 진행되었으며, 특히 리더십 분야에서 조직의 성공을 좌우하는데 있어 감성이 중요한 역할을 하게 된다는 점을 인식하면서 정서지능에 대한 관심이 고조되었다.

리더십 분야에서 연구되고 있는 감성이 높은 리더들의 행동 특징을 보면, 자신의 내적 상태를 정확히 이해하고 있어 본인의 감정 및 장 · 단점을 객관적으로 파악하고 있으며, 이를 바탕으로 높은 자신감을 갖고 있는 것으로 알려지고 있다. 이들은 자신뿐만 아니라 타인의 감정을 이해하는 능력이 뛰어나 상대방과 좋은 사회적 유대감을 발전시킨다. 자신과 타인에 대한 정확한 이해는 본인이 관리하는 집단의 높은 팀워크를 만들어 내고 구성원 사이의 갈등을 중재하면서 변화를 촉진하는 특징을 가지고 있다.

2. 감성적 리더십의 출현 배경

현대 리더십에서 감성을 필요로 하게 된 것은 다니엘 골먼의 『감성의 리더십(Primal Leadership)』 책의 영향이다. 골먼은 그동안 강조되어왔던 IQ(지능지수)로는 사회생활에서 성공을 이룰 수 없으며 본인의 감정조절, 타인의 감정인식, 동기부여, 원만한 대인관계 등을 가능하게 하는 EQ(감성지수)를 통해 성공할 수 있다고 주장한다.[251] 또한 이성과 감정에 있어서도 예전에는 인간의 행동을 결정적으로 좌우하는 것이 이성이라고 믿고 있었던 관계로, 객관적이고 옳은 결정을 위해서는

251) 장석호 譯, 데니얼 골먼 著, 『감성의 리더십』, 청림출판, 2004, pp.9-13

이성을 중요시했다. 감정은 판단을 흐리게 하므로 가능한 제외시켜야 한다는 것이다.

리더십 분야에서 연구된 실증분석 결과에 의하면 탁월한 성과를 올리는 리더는 지위가 높아질수록 그들의 효과성을 높이는데 있어서 정서지능의 효과가 크게 나타나고 있으며, 부하들의 만족과 직무성과에도 직접적인 영향을 미친다고 보고 있다.

3. 감성적 리더십의 성공적 고려사항

감성적 리더십을 실천함으로써 성공적으로 리더십을 발휘하기 위해서는 다음의 '효과적인 감성 리더십의 기법'[252]을 참고할 필요가 있다. 감성적 리더십을 효과적으로 발휘하기 위해서는 무엇보다 리더 스스로가 감성 지능을 구성하는 다양한 감성적 역량, 즉 호감, 공감, 기대감, 친밀감, 신뢰감 등 오감을 갖추는 노력이 요구된다.

첫째, 자기인식 능력, 즉 냉철하게 자아를 관찰하고 이해하는 노력이 필요하다. 감성적 리더십을 발휘하는 첫 단계는 자기 자신을 객관적이고 냉철하게 평가하고 자신에게 솔직할 수 있어야 한다. 즉 자아인식(self-awareness) 능력이 높아야 한다. 자아 인식 능력을 갖춘 리더는 자기 자신의 감성 상태, 강점과 약점, 니즈(needs), 지향점, 가치 등을 있는 그대로 파악할 수 있다. 자아인식 능력이 높을수록 강한 신

252) 김재득 『리더십』, pp.124~126, 데니얼 골먼, 『감성의 리더십』, 청림출판. 2004, pp.76-97

념과 자신감을 지닐 수 있으며, 자신의 실수에 대해서도 솔직히 인정하는 태도를 갖는다. 그렇지 않을 경우 조직 구성원들에게 거짓된 모습을 보이게 되고 결국 조직 구성원들로부터 불신을 받게 된다.

둘째, 자기 관리 능력, 즉 자신의 감정을 통제할 수 있도록 노력해야 한다. 정서지능을 구성하는 중요한 요소는 타인에 대한 감정이입과 본인에 대한 자기통제 항목이다. 이 중 타인에 대한 감정이입이 높은 리더는 관계 지향적 리더에 가깝고, 자기 통제력이 높으면 과업 지향적 리더에 가까우며, 감정이입과 자기통제력 모두 높은 리더는 변혁적 리더가 될 가능성이 높은 것으로 알려져 있다. 또한 조직구성원의 감성을 관리하는 것이 리더십의 중요한 기능이며, 낙관적 감정과 좌절감 등의 감정들은 리더가 관리해야 할 중요한 감정이며, 정서지능과 함께 작용하게 된다. 또한 자기 자신의 감정이나 기분을 효과적으로 통제할 수 있는 자기 관리(self-regulation) 능력이 중요하다. 만일 리더가 구성원 사원들의 사소한 실수에도 쉽게 흥분하고 자신의 감정을 통제하지 못해 부하를 모욕하는 언사를 자주 한다면, 그러한 리더는 구성원들의 사기뿐만 아니라 창의성을 저해하는 결과를 초래할 수밖에 없다. 이와 반대로 자기 자신을 효과적으로 관리할 수 있는 능력을 갖춘 리더는 자제력이나 참을성이 강하고, 성실성과 정직성을 일관되게 보여 준다는 장점을 발휘하게 된다. 따라서 업무에서 오는 스트레스나 갑작스러운 변화에 대한 적응력 또한 자기관리를 위해 필요하다. 이러한 리더는 쉽게 평정을 잃지 않으며, 냉철한 판단력을 가질 수 있으므로 변화의 와중에 구성원들이 리더를 믿고 따를 수 있게 하는 힘이 있다.

셋째, 사회적 인식능력, 즉 타인에 대한 배려와 애정을 필요로 한다. 정서지능과 성과(成果)의 관계에 있어서 조직구성원의 감정(좌절감, 낙관적 감정)을 어떻게 조절해 줄 수 있느냐에 따라 성과에 직접적인 영향을 미친다. 감성적 리더십은 타인에 대한 배려와 애정이 있을 때 효과를 발휘할 수 있는데, 이를 위해서는 먼저 구성원의 감정이나 시각을 폭넓게 이해하고 적극적으로 관심을 표현할 수 있는 타인 의식(social-awareness) 능력이 필수적이다. 이것은 부하 직원을 배려와 애정으로 보살핌으로써 그들의 역량 향상과 성장을 돕는 인재 육성형 리더의 기본 덕목이라 할 수 있다. 그리고 서로가 상생할 수 있다는 믿음을 구성원에게 심어 주고 구성원들을 이끌 수 있는 타인 관리(social skill) 능력도 필요하다. 이것을 위해서는 무엇보다 리더가 구성원들을 애정으로 대해 주고 있다는 친밀감과 구성원들이 원하는 바를 충분히 이해해 주면서 리더의 입장을 설득력 있게 제시할 수 있는 커뮤니케이션 능력을 갖추는 것이 중요하다.

넷째, 관계 관리 능력, 즉 도전 정신과 열정으로 대인관계에 임하도록 노력해야 한다. 정서지능은 부하들이 리더를 인식하는 주요 특성으로, 부하들은 리더가 갖고 있는 자신들에 대한 관심도나 진실성 등을 리더의 대표적 감성으로 느끼며, 유쾌하지 않은 임무를 주는 리더는 불쾌한 감정을 경험하게 됨으로써 유쾌한 임무를 수행하는 리더보다 낮게 지각하게 된다. 최종적으로 감성적 리더십 발휘의 원천은 높은 도전 정신과 열정에 있다. 열정을 갖추지 못한 리더 밑에 있는 부하들 역시 조직에 충성심을 기대할 수 없다. 리더가 샘솟는 열정과 끈기로 도전적인 목표를 향해 매진하는 모습을 보여줄 때 비로소 구성원들은 리더를 믿고 따르게 되는 것이다. 이때 유의해야 할 점 가운데 하나는 리더는 웬만한 실수나 실패에 연연해 하는 모습을 구성원들에게 보여서는 안되며, 더 큰 목표와 성공을 위해 항상 낙관적인 태도를 유지하는 가운데 구성원들을 격려하고 독려하는 모습이 필요하다.

4. 감성적 리더십과 효의 연관성

Tip

감성적 리더십과 효의 연관성은, 리더십은 과학보다는 예술, 이성보다는 감성, 엄(嚴)보다는 정(情)에 의존하게 된다는 점이다. 그리고 효는 부모와 자식의 정(情)을 매체로 시작하며 이성보다 감성적 작용이 중시된다는 점에서 연관성이 있다.

감성적 리더십과 연관되는 효에 대한 현대적 해석은 가족사랑, 이웃사랑, 자연사랑 등 이성이 아닌 감성에 기초한 해석이다. 효와 감성적 리더십은 효라는 것이 이성적 요소가 아닌 감성적 요소에 의해 작용한다는 점에서 연관성이 있다. 효의 본질은 사랑에 있다. 자식이 어렸을 때 부모님으로부터 받는 헌신적인 사랑은 이성(理性)보다는 감성(感性)에서 나오는 것이다. 그래서 효를 덕의 근본으로 표현하는 것이다. 그리고 덕은 나보다는 남을 배려하고 상대의 입장을 고려하는 큰 마음이다. 여기서 말하는 덕은 선(善)을 행할 수 있는 능력이요, 도덕적으로 뛰어난 품성이며, 인간으로서 마음이 어질고 행동이 바른 것이다. 훌륭한 인격으로 남을 감동시킬 수 있는 힘이요, 수련으로 갈고 닦은 높은 인격이다. 사람으로서 가야 할 길을 바로 갈 수 있는 도덕적 자질이요, 남에게 도움과 은혜를 베풀 수 있는 능력이다. 공자는 논어에서 "덕은 외롭지 않고 반드시 이웃이 있다(德不孤必有隣)."고 했다. "덕이 있는 사람은 결코 외롭고 고독

하지 않으며 그 주변에는 사람이 모이게 되어 있다."[253]는 것이다. 또한 전혜성은 "덕이 재주를 앞서야 한다(才勝德)."고 했다. 이렇게 사람을 사랑할 수 있는 리더십에 힘을 실어 주는 덕(德)은 효에서 나온다는 점에서 효와 감성적 리더십은 다음과 같은 연관성이 있다.

첫째, 자기인식 능력을 높여 준다. 감성적 리더십을 발휘하는 첫 단계는 자기 자신을 객관적이고 냉철하게 평가하고 솔직할 수 있어야 한다. 그러기 위해서는 나는 누구이며, 나는 어떻게 이 세상에 존재하게 되었는가를 알게 해주는 정체성은 자신을 인식하게 하는데 도움을 준다. 『효경』에 "우리 몸과 팔다리, 머리카락과 피부까지도 부모에게서 받은 것이므로 함부로 훼손하거나 상하지 않게 하는 것이 효의 시작이다(개종명의장)."[254], "부모와 자식의 도(道)는 하늘의 뜻에 따르는데 있다(부모생적장)."[255], "부모님께서 낳아주셨으니 공적이 이보다 큰 것이 없다(부모생적장)."[256] 라는 표현은 자신과 부모님의 관계를 인식하게 해주고 있다. 즉 감성적 리더십의 첫 출발은 자기인식에서부터이고, 사랑의 첫 출발은 부모의 출산양육으로부터 시작된다. 자기 자신의 출발이 부모님에게서 시작된다는 점을 인식하고 효를 다하는 자세야말로 감성적 리더십과 밀접한 관련이 있다 하겠다.

둘째, 자기 관리 능력, 즉 자신의 감정을 통제할 수 있어야 한다. 자기 자신의 감정이나 기분을 효과적으로 통제할 수 있는 자기 관리

253) 안병욱, 『인생론』, 철학과 현실사, 1994, p.306
254) "身體髮膚 受之父母 不敢毁傷 孝之始也."
255) "父子之道 天性也 君臣之道 義也."
256) "父母生之 續莫大焉."

(self-regulation) 능력은 중요하다. 『효경』에 “효의 시작은 부모를 섬기는데 있고, 중간 단계는 나랏일에 충실한데 있으며, 효의 마지막은 이름을 드러내는 것이다. 몸을 세워 도를 행함으로써 후대에 이름을 날려 부모의 이름을 드러나게 하는 것이 효의 마지막이다(개종명의장).”[257] 라고 했는데, 자기관리에 중요한 자기 통제력은 효심에서 비롯되는 것이다.

셋째, 사회적 인식능력, 즉 타인에 대한 배려와 애정이 있어야 한다. 이를 위해서는 먼저 구성원의 감정이나 시각을 폭넓게 이해하고 적극적으로 관심을 표현할 수 있는 (타인의식) 능력이 필수적이다. 이것은 부하 직원을 배려와 애정으로 보살핌으로써 그들의 역량 향상과 성장을 돕는 인재 육성형 리더의 기본 덕목이라 할 수 있다. 『효경』에 “부모를 섬기는 사람은 윗자리에 있어도 거만하지 않고, 아랫자리에 있어도 질서를 어지럽히지 않으며, 같은 무리와 함께 있어도 서로 다투지 않는다(기효행장).”[258], “부모를 사랑하는 사람은 다른 사람을 미워하지 않고, 부모를 공경하는 사람은 다른 사람을 업신여기지 않는다(천자장).”[259]는 표현에 잘 나타나 있다.

넷째, 관계 관리 능력, 즉 도전 정신과 열정이 뒷받침되어야 한다. 『효경』에 “가르침이 엄숙하지 않아도 (정치가) 이루어지고 그 정치가 엄하지 않아도 다스려지는데, 그 이유는 리더(선왕)가 그것(효)을 가르

257) “孝 始於事親 中於事君 終於立身 立身行道 揚名後世 以顯父母 孝之終也.”
258) “事親者 居上不驕 爲下不亂 在醜不爭.”
259) “愛親者 不敢惡於人 敬親者 不敢慢於人.”

침으로써 백성을 교화시킬 수 있기 때문이다(삼재장)."[260], "(리더가) 백성들을 서로 친애하도록 하는 데에는 효보다 좋은 것이 없고, 백성들을 예에 순응하게 가르치는 데는 공경함보다 좋은 것이 없다(광요도장)."[261]는 표현에서 인간관계를 끈끈하게 연결시켜주는 심성은 효에서 비롯된다는 점에서 연관성이 있다. 효라는 것이 부모가 원하시는 방향으로 하는 것이고, 효 하는 사람이 상대방으로부터 신뢰받게 된다는 점에서 연계성이 있다.

VII 오센틱 리더십에서의 효와 소통

1. 오센틱 리더십의 개관

오센틱 리더십(Authentic Leadership)은 진정성(眞正性)과 진실성(眞實性)에 바탕을 두는 리더십이다. 이 리더십은 긍정적 자기인식과 자기조절이라는 기반 위에서 자신의 가치와 내면의 소리에 충실할 것을 강조하는 리더십의 새로운 접근방식

Tip
오센틱 리더십은, 진정성(眞正性)과 진실성(眞實性)에 바탕을 두고 긍정적 자기인식과 자기조절이라는 기반 위에서 자신의 가치와 내면의 소리에 충실할 것을 강조한다. 또한 자신이 어떻게 생각하고 행동하는지에 대해 깊이 인식하고 자신과 주변의 사람들과 적응 유연성을 가지며 높은 도덕적 특성을 바탕으로 발휘하는 리더십이다.

260) "其教不肅而成 其政不嚴而治 先王見教之可以化民也."
261) "教民親愛 莫善於孝 教民禮順 莫善於悌."

이다. 이는 빌 조지(Bill. Goerge)의 저서 『진실의 리더십(2004)』과 미국에서 '동암연구소'를 운영하는 전혜성 박사가 '오센틱 리더십의 개념'을 발표(2004)하면서 알려지기 시작했고, 이어서 『섬기는 부모가 자녀를 큰 사람으로 만든다(Authentic leadership in multicultural society).』라는 책에서 '오센틱 리더로 키우는 7가지 덕목'이 소개되었다. 전혜성은 이 책에서 오센틱 리더와 비(非)오센틱 리더를 구분해서 설명하고 있는데, 오센틱 리더는 자신이 어떻게 생각하고 행동하는지에 대해 깊이 인식하고 자신과 주변의 사람들과 적응유연성(resilience)을 가지며 높은 도덕적 특성을 가진 리더이다. 반면 비(非)오센틱 리더는 구성원을 희생으로 하여 자기이익을 추구하는 가치를 지닌 착취적 리더(Exploitative leader)로 비유한다.[262)]

오센틱 리더십은 그동안 대부분의 리더십 연구에서 강조해 온 리더가 어떠한 행동스타일을 표방하는 것을 고의적으로 거부한다. 오센틱 리더십 이론은 리더의 오센티서티(authenticity)[263)]라는 개념을 제시하면서 긍정성을 기반으로 한 리더의 역할 모델링을 통해 윤리적 가치와 같은 비전과 모범을 전달할 수 있다면 구성원들을 임파워먼트를 끌어내 조직의 존속과 지속적 발전을 보장할 수 있을 것이라는 믿음에서

262) 정성묵 譯, 빌 조지 著, 『진실의 리더십(Authentic Leadership)』, 원원북스, 2004, pp.11–13

263) Authenticity를 진실성, 진정성 등으로 단순히 번역하는 것은 거의 불가능하다. 리더의 윤리 및 도덕적 특징을 포함하는 진실성(integrity), 내면의 자기(self)에 충실한 것과 같은 다양한 의미를 함축하고 있기 때문이다. 따라서 본서(書)에서는 번역을 통해 이를 대체할 만한 단어는 찾기 어렵다는 판단하에 '오센틱', '오센티서티'와 같이 원어 자체를 그대로 표기하여 사용하였음.

출발한다. 특히 리더가 지니는 '자기인식(self-awareness)'과 '자기조절(self-regulation)'이 자기초월(self-transcendent) 가치와 행동을 만들며 결국 구성원들에게 긍정적인 영향력을 행사하고 동기 부여시켜 조직성과뿐만 아니라 리더 및 구성원 모두 웰빙(well-being)에 까지 기여한다는 것이다. 이러한 의미에서 '과연 리더십의 근원은 무엇인가?'에 대한 통찰과 그 적용에 있어 획기적이고 새로운 접근 방법이라 할 수 있다.

2. 오센틱 리더십의 출현 배경

리더십 연구는 오랜 역사를 가지고 있음에도 불구하고 리더십에 대한 관심은 오히려 더 증폭되고 있는 실정이다. 오랜 기간 다수의 학자들을 통해 이루어진 리더십 연구를 보면 크게 특성론, 행동론, 상황론으로 이루어진 리더 중심적 관점, 부하 중심적 관점, 교환 관계적 관점 및 변혁적 관점의 새로운 리더십 이론 등으로 분류되는데, 그 내용에 있어 많은 양의 연구 결과들이 쏟아져 나오고 있지만 리더십은 오히려 후퇴하고 있다는 것이다. 특히 현대에 오면서 정부조직 및 기업경영 일선에서 벌어지고 있는 일련의 윤리의식 붕괴 현실과 기술의 발달, 무한경쟁의 강화, 변화하는 환경 속에서의 조직존속위협 등의 현상은 좀 더 고결하고 정직하며 '자기 자신에게 진실한' 리더를 필요로 하고 있다. 이러한 시대적 요구와 함께 건강한 인간의 강점(strength)과 미덕(virtue)을 강조하고 행복(happiness), 완전한 몰입(flow), 희망 등 긍정적 정서의 영향력을 강조하는 긍정심리학(positive psychology)이 현대 심리학의 중요한 조류로 나타나게 되면서 오센틱 리더십의 출현에 영향을 주게 되었다.

3. 오센틱 리더십의 성공적 고려사항

우리가 리더십을 발휘함에 있어서 다른 사람으로부터 존경받고 스스로도 성취감을 높일 수 있는 '진정한 리더십'을 갖기란 쉬운 일이 아니다. 우리가 연상할 수 있는 리더는 선장처럼 강력한 카리스마로 다른 구성원을 이끄는 모습이다. 부모의 리더십을 예로 들면, 부모가 먼저 그 틀을 짓고 아이를 이끌어야 한다. 학문적으로도 리더란, 집단 구성원의 욕구에 맞는 공동 목표를 세운 뒤 적절한 정신적 · 물질적 힘으로 그것을 성취시켜줄 수 있는 사람을 말한다. 그런데 뛰어난 능력을 가진 선장(부모)이라 할지라도 그 역시 한때는 선원(자녀)이었으며, 그런 그가 수많은 경험을 거쳐 리더에 올랐다는 사실이다. 우리가 기억해야 할 것은 리더는 태생적 자질 못지않게 후천적으로 교육과 훈련에 의해 육성되는 부분이 많다는 점인데, 후천적 육성의 바탕을 만들어주는 사람이 부모라는 점이다. 부모의 노력에 따라 아이들은 진정한 리더로서의 요건을 갖출 수 있게 되는 것인데, 이를 위해 전혜성 박사가 제시하는 '오센틱 리더의 7가지 덕목'은 다음과 같다.[264)]

첫째, 뚜렷한 목적의식과 열정을 가져야 한다. 리더는 리더로서의 사

264) 전혜성, 『섬기는 부모가 자녀를 큰사람으로 키운다(Authentic leadership in multicultural society).』, 랜덤하우스 중앙, 2006, pp.65-126

명감을 가져야 하는데, 이 사명감은 뚜렷한 목적의식과 열정에서 나온다. 뚜렷한 목적의식과 열정은 원하는 바를 이루게 해주고, 기대 이상의 성과를 가져다주는 가장 큰 원동력이 된다. 가정의 리더인 부모는 아이가 하고 싶은 일을 찾아 할 수 있도록 길을 제시해주어야 한다. 뚜렷한 목적 없이 열정적일 수는 없다. 간혹 목적도 없고 열정도 없는 사람이 리더가 되는 경우도 있지만, 그들은 그 자리에서 오래 버티지 못한다. 열정 없는 사람이 이끄는 조직에서 열정을 다할 팀원이 나오기는 어렵다. 그렇게 성과 없이 세월을 보내다보면 결국 그가 이끄는 조직은 와해될 수밖에 없다. 진정한 리더는 그의 비전과 열정에 사람들이 감동하고 존경하며 저절로 따르게 하는 사람이다. 자기 욕심만 내세우고 따르는 사람들의 요구와 공동의 이익을 외면하는 방식으로는 사람들을 끌어당길 수 없다. 한 인간으로서 자기 삶의 철학, 가치관이 바로 서고 타인과 진정한 연대를 이룰 때 존경받을 수 있다. 무조건 명문대학만 가면 모든 것이 해결되고 쉽게 성공할 것이라고 믿는 부모들은 자식으로 하여금 뚜렷한 삶의 원칙을 세우게 하고, 그다음에 열정을 갖도록 해야 한다.

둘째, 공동의 목표와 이익을 위해 봉사해야 한다. 리더는 자신의 입장만 생각하는 것이 아니라 사회의 일원으로 생각하고, 공동의 이익과 목표를 달성해 낼 수 있을 때 비로소 리더로 설 수 있다. 역지사지(易地思之)의 입장에서 공동의 목적을 찾아 '나'와 '남' 모두에게 이로운 일을 할 때 타인의 지지를 얻는 리더가 될 수 있는 것이다. 동양적 가치관으로 보면 남녀노소 할 것 없이 역할 완수가 매우 중요하다. 여기서 역할 완수란 결국 한 공동체 속에서 자신이 해야 할 일을 철저히 한다는 의미다.

셋째, 자기 정체성과 문화적 역량을 갖춰야 한다. 자신이 누구인지 명확히 알 때 타인의 앞에서도 당당할 수 있다. 지금처럼 다양한 문화가 공존하는 사회에서는 더욱 절실하다. 나를 태어나게 해주신 부모님, 나를 성장케 한 문화적 배경을 이해하고 한 사회에 속한 자신의 특성을 이해하도록 넓은 안목을 키워야 한다. 정체성이란 과거와 현재는 물론 미래에까지 이르는 내적 일관성을 얻는 것이다. 이 시대의 많은 젊은이들이 정체성의 위기를 맞아 목표에 대한 열정을 발휘하지 못하고 자기완성, 자아실현에 어려움을 겪는 경우가 많은데, 정체성의 위기는 남이 나한테 기대하는 것과 내가 나라고 생각하는 것에 차이가 있을 때 생긴다. 또 나의 과거, 현재, 미래에 어떤 내적인 일관성을 느끼지 못할 때 생기게 된다. 전혜성은 "정체성이란 우리가 매일 아침 이를 닦듯이 일생을 두고 거듭 재정립해야 하는 것이다. 어제 이를 닦았으니 오늘은 닦을 필요가 없다고 할 수는 없는 것이다. 사람은 다른 문화에 대해서 적응하려고 노력하는 만큼 스스로에 대해 알아야 당당할 수 있다. 또한 자기 문화의 역사와 배경이 된 철학을 알아야 새로운 공동 가치를 찾을 수 있고, 리더로서 비전과 정체성을 형성하는 데 도움을 줄 수 있다. 문화적 정체성이 명확하냐 아니냐에 따라 당당한 정도가 다르며 남을 설득하는 정도도 다르다."라고 말한다.

넷째, 재주보다 덕을 중시하는 태도(德勝才)를 가져야 한다. 전혜성은 "재주가 덕을 앞선 사람은 결국 집단에서 환영받지 못하고 지도력을 잃게 된다. 지도자에게 재주는 꼭 필요하다. 그러나 그 재주를 어떻게 사용할지는 그 사람의 덕에 달려 있다. 영혼부터가 고결하고 도덕적이어서 다른 사람을 배려하고 봉사할 줄 아는 사람이 진정한 리더의 자리에 오르며, 또 그 자리를 지킬 수 있다. 베푸는 삶에서 오는 깨달음이다. 완벽하게 태어난 인간은 없는 것이다. 사람들은 누구나 살아가는 동안 다른 사람을 만나 서로 부족한 부분을 채워주고 좋은 점을 보고 배우면서 자신을 완성해 나간다." 말한다.

다섯째, 창의적인 통합능력을 갖추어야 한다. 우리는 모든 것이 빠르게 바뀌는 세상에서 여러 인종과 더불어 살고 있다. 이때 다른 문화와 가치관을 받아들여 자기 삶을 더 윤기 있게 할 수 있는 열쇠는 유연성과 창조성이다. 고정관념에 휩싸여 한 전통만을 고집하거나 내 것에만 치중하다보면 창의성이 중시되는 지식정보사회의 리더가 되기 어렵다. 상황에 따라 탄력 있게 대응하며 새로운 대책을 구성하고 통합 적용할 수 있어야 리더로 바로 설 수 있는 것이다. 전혜성은 "요즘 가정이며, 학교며, 직장에서 가장 강조되는 능력이 바로 창의력일 것이다. 창의력은 전혀 연결되지 않을 것 같은 것을 새롭게 연결 짓는 능력이다. 어떤 것을 보더라도 통합해서 생각할 줄 아는 것이 바로 창의력이다. 그 때문에 창의적인 사람은 때로 엉뚱하다는 말도 듣는다. 우리가 젊었을 때만 해도 뭐든지 정확한 사람을 높이 평가했다. 그런데 지금은 정확한 것보다는 유연한 사고를 할 줄 아는 사람을 더 높이 평가하는 시대다. 특히 다문화권에서는 더욱더 요구되는 덕목이다. 문화적 성향만 놓고 보면 한국인은 다른 나라에 비해 창의적인 통합력이 높은 것으로 평가받는다. 한국 사람들은 서로 이질적인 요소를 통합하여 받아들이고 활용하는 능력이 다른 문화보다 발달되어 있다. 따라서 우리 전통의 힘을 알고 믿어야 한다."고 말한다.

여섯째, 역사인식을 기초로 글로벌한 안목을 가져야 한다. 우리 모두는 글로벌 시대에 살고 있다. 이런 시대를 맞아 다른 문화에 접촉할 기회가 많아진 만큼 다른 문화에 대한 빠른 이해력은 리더의 필수 요소이다. 이에 적응하려면 어릴 때부터 다른 문화를 공부하거나 경험할 기회를 가져야 한다. 단지 접촉 횟수만 늘릴 것이 아니라 각자 스스로 여러 문화를 비교해가며 제대로 이해할 수 있도록 해야 하는데, 이것을 문화적 역량(cultural competence)이라고 한다. 그래야 앞을 내다볼 수 있는 비전을 얻을 수 있다. 전혜성은 "진정한 리더는 단지 실력이나 재능이 전부가 아니라는 것, 그리고 국제화 시대와 지식정보 사회의 변화된 가치관에 맞는 리더십 요건이 따로 있다는 것, 그리고 그 요건은 자기 눈앞이나 자기 주변만 살펴서는 커지지 않는 큰사람의 됨됨이와 관련되어 있음을 깨달아야 한다. 진정한 리더는 큰사람다워야 하고, 그러려면 먼저 역사적이고 세계적인 안목과 시야를 갖추어야 한다."고 말한다.

일곱째, 대인관계 역량을 키워야 한다. 현대를 정보의 홍수 시대라고 한다. 자유자재로 정보를 조합해서 쓰는 영재들 역시 늘고 있다. 이런 상황에서 다른 사람보다 머릿속에서 더 많은 지식을 외우고 있는 것은 어느 수준 이상이 되면 경쟁력이 못 된다. 전혜성은 "많은 뛰어난 사람 중에서도 진정한 리더가 될 수 있는 능력은 결국 대인관계를 얼마나 잘 이끌어 가느냐에 달려 있다. 대인관계 능력이 좋아야 뛰어난 사람들로부터 협조를 얻어 창조적인 조합도 이루어낼 수 있다. 재주가 뛰어난 많은 사람 가운데 진정한 리더로 바로 서기 위해서는 앞에서 지적한 여섯 가지 외에 다른 능력이 더 필요하다. 나는 그 능력으로 다른 사람에 대한 배려와 인정을 바탕으로 한 대인관계 능력을 꼽고 싶다. 대인관계는 그저 능력이 많은 사람이나 지위가 높은 사람들과 잘 지내는 방법을 익히는 것이 아니다. 지식의 높고 얕음을 가리지 않고 모든 사람들과 인정을 주고받는 것이 진실한 대인관계다. 특히 자원봉사는 대인관계와 뗄래야 뗄 수 없는 관계에 있다. 인간관계의 시작은 부모로부터 출발한다. 능력은 뛰어나지만 눈치가 없거나 사람됨이 부족하여 남과 잘 지내지 못하는 사람, 어느 부모도 자기 자식을 그런 사람으로 만들고 싶지는 않을 것이다. 그런데 대인관계가 좋은 아이를 만들기 위해서는, 먼저 모든 관계의 기본은 부모 자식 간의 관계부터 탄탄해야 다른 관계도 탄탄해진다는 사실을 아는 것이다. 부모를 따르지 않고 믿지 않는 아이가 어떻게 남을 신뢰하며 남에게 자신을 신뢰하게 만들겠는가. 그런 만큼 능력보다 인간 됨됨이가 더 중요하다는 것을 알아야 한다. 인간은 됨됨이를 갖추어야만 다른 사람들의 믿음도 얻는다. 대인관계를 얄팍한 술책으로 이어가려는 사람은 리더가 아니라 지도받는 사람이 된다. 진정한 리더는 너그럽고 진실해야 한다"는 점을 강조한다.

4. 오센틱 리더십과 효의 연관성

> **Tip**
> 오센틱 리더십과 효의 연관성은 리더로서 오센틱한 성품과 자질은 가정에서 부터 형성되는데, 효는 가정 윤리인 관계로 삶의 질과 방향을 '오센티서티' 로 연결시켜 준다는 점에서, 그리고 목적의식과 열정, 공동의 목표, 자기 정체성과 문화, 덕과 정체성, 대인관계의 기초가 된다는 점에서 연관성이 있다.

오센틱 리더십과 연관되는 효의 현대적 해석은, 효는 가정윤리이자 가족사랑으로 도덕성의 기본으로 작용한다는 점이다. 효는 부모와 자식의 원초적 사랑에서부터 출발한다. 오센틱의 의미 또한 진정성과 진실성에 바탕을 두고 있다는 점에서 공통점이 있다고 할 것인데, 전혜성 박사가 제시한 '오센틱 리더가 갖추어야 할 7가지 요건' 과 연계하면 다음과 같은 공통점을 발견할 수 있다.

첫째, 효는 뚜렷한 목적의식과 열정을 가지게 한다. 인간은 누구나 성공함으로써 부모님을 기쁘게 해드리고 싶은 욕구를 갖고 있다. 이러한 욕구는, 부모는 자식을 사랑하고 자식은 부모의 은혜에 보답하는 삶(父慈子孝)을 기초로 하고, 부모와 자식은 어떤 경우라도 친함을 유지(父子有親)하는 가운데 이루어진다. 이러한 과정을 통해 자식은 입신양명을 추구하게 되는 것이다. 또한 자기 자신을 다스린 후에 가정과 나라, 천하를 다스릴 수 있다(修身齊家治國平天下)는 것도 하나의 원칙이다. 이러한 원칙을 바탕으로 뚜렷한 목적의식과 열정을 갖게 되고, 이러한 것들이 원하는 바를 이루게 해주고, 기대 이상의 성과를 가져다주는 원동력이 되는 것인데, 이런 것은 부모와 자식의 관계를 끈끈하게 해주는 효에서부터 나오는 것이다.

둘째, 효는 공동의 목표와 이익을 위해 봉사하게 해준다. 효에 대한 여러 표현 중에 하나는, 효는 보편적이며 이타적인 가치라는 점이다. 사람과의 관계에서 보편성과 이타성을 가진다는 것은 나보다는 남을 생각하며, 자신보다는 공동체를 의식하도록 하는 작용을 한다. 이런 점에서 효는 공동의 목표와 이익을 생각하게 하는 역할을 한다. 사람은 누구나 어린 시절 부모님의 도움이 없이는 절대로 성장할 수 없다. 때문에 부모님이 늙으시면 은혜를 갚아야 하는 것은 너무나 당연하다. 이러한 역할을 완수할 수 있도록 가정과 학교에서 효를 가르쳐야 하는데, 이런 맥락에서 봉사의 마음은 효심에서 생성되는 것이다.

셋째, 효는 자기 정체성과 문화를 이해하는 역량을 높여준다. 자신이 누구인지 명확히 알 때 타인 앞에서도 당당할 수 있다. 자아정체성은 자신을 분명하게 아는 것이다. 나는 누구이고, 어디서 누구에게서 태어났는지도 알아야 한다. 뿐만 아니라 시조(始祖)를 포함한 족보 관련 내용을 통해 뿌리의식을 가져야 한다. 효는 부모와 조상을 알게 하는 정신이자 덕목이라는 점에서 정체성과 관련이 있다. 그리고 사람의 성장은 문화적 체계의 영향을 받는다는 점에서, 그리고 효는 한국적 문화의 뿌리라는 점에서 효는 자기정체성과 문화적 역량과 연관이 있다.

넷째, 효는 재주보다 덕을 중시하는 태도(才勝德)를 갖게 한다. 재주가 덕을 앞선 사람은 결국 집단에서 환영받지 못하고 지도력을 잃게 된다. 지도자에게 재주는 꼭 필요하나 그 재주를 어떻게 사용할지는 그 사람의 덕에 달려 있다. 『효경』에 "효는 덕의 근본이요, 모든 가르침이 그로 말미암아 생겨난다(개종명의장)."[265], 『논어』에 "리더(군자)는

265) "孝德之本也 敎之所由生也."

근본을 세우는데 힘써야 하며, 근본이 서면 길과 방법이 저절로 생긴다. 효(孝)와 우애(弟)는 인(仁)을 이루는 근본이다(학이편)."[266], 『맹자』에 "자기 집 노인을 공경하여서 그 마음이 다른 집 노인을 공경하는 데까지 미치게 하고, 자기 집 어린이를 사랑하여서 그 마음이 다른 집 어린이를 사랑하는 데까지 미치게 한다. 이렇게 마음을 쓴다면 천하를 쉽게 이끌어갈 수 있다(양혜왕 상편)."[267]라는 등의 표현은 인간이 갖추어야 할 덕성은 효에서 비롯된다는 것이다.

다섯째, 효는 친화력을 높여 통합력을 생성시킨다. 우리는 모든 것이 빠르게 바뀌는 세상에서 여러 인종과 더불어 살고 있다. 이때 다른 문화와 가치관을 받아들여 자기 삶을 더 윤기 있게 할 수 있는 열쇠는 유연성과 창조성이다. 『효경』에 "(리더의) 가르침이 엄숙하지 않아도 (정치가) 이루어지고 그 정치가 엄하지 않아도 다스려지는데, 그 이유는 리더(선왕)가 그것(효)을 가르침으로써 백성을 교화시킬 수 있기 때문이다(삼재장)."[268], "(리더가) 백성들을 서로 친애하도록 하는 데에는 효보다 좋은 것이 없고, 백성들을 예에 순응하게 가르치는 데는 공경함보다 좋은 것이 없다(광요도장)."[269] 등의 표현은 효가 친화력과 통합력의 기초가 되는 것임을 알 수 있다.

여섯째, 효는 역사의식을 기초로 글로벌한 안목을 갖게 한다. 글로벌 시대를 맞아 한국의 효를 세계에 알려야 할 기회가 많아졌다. '효행

266) "君子務本 本立而道生 孝悌也者 其爲仁之本與."
267) "老吾老以及人之老 幼吾幼以及人之幼 天下可運於掌."
268) "其教不肅而成 其政不嚴而治 先王見教之可以化民也."
269) "教民親愛 莫善於孝 教民禮順 莫善於悌."

장려지원법' 제1조(목적)에 "이 법은 아름다운 전통문화유산인 효를 국가차원에서 장려함으로써 효행을 통하여 고령사회가 처하는 문제를 해결할 뿐만 아니라 국가가 발전할 수 있는 원동력을 얻는 외에 세계문화의 발전에 이바지함을 목적으로 한다."고 명시되어 있는데, 이는 효가 세계문화 발전에 이바지 할 수 있는 가치라는 점에서 연계성을 가질 수 있는 것이다.

일곱째, 효는 대인관계 능력을 높여준다. 많은 뛰어난 사람 중에서도 진정한 리더가 될 수 있는 능력은 결국 대인관계를 얼마나 잘 이끌어 가느냐에 달려 있다. 대인관계 능력이 좋아야 뛰어난 사람들로부터 협조를 얻어 창조적인 조합도 이끌어낼 수 있다. 『효경』에 "부모를 사랑하는 사람은 다른 사람을 미워하지 않고, 부모를 공경하는 사람은 다른 사람을 업신여기지 않는다(천자장)."[270], "부모를 섬기는 사람은 윗자리에 있어도 거만하지 않고, 아랫자리에 있어도 질서를 어지럽히지 않으며, 같은 무리와 함께 있어도 서로 다투지 않는다(기효행장)."[271]는 등의 표현에서 효는 대인관계 능력의 기본이 된다는 점을 알 수 있다.

오센틱 리더는 상대방을 속이지 않는 진실성에 바탕을 두고 있는데, 효 또한 진실에 기초한 사랑과 의로움에 바탕을 두고 있다는 점이다. 효자가 인정받는 이유는 오센틱하기 때문이며, 조직에서 성실하게 근무하는 사람들도 대부분 효자임을 볼 수 있다. 오센틱 리더는 지위 · 명예 · 개인적 이득에 집착하기보다는 개인의 확신에 초점을

270) "愛親者 不敢惡於人 敬親者 不敢慢於人."
271) "事親者 居上不驕 爲下不亂 在醜不爭."

두고 있는데, 효 또한 부모님의 은혜에 보답하기 위해 선(善)에 바탕을 둔 자기 성실로 입신양명(立身揚名)을 지향한다는 점에서 공통점이 있다. 오센틱 리더는 자신의 가치관에 의해 리드되는 사람이라는 점에서, 효 또한 보편적 가치로서 부모님의 기대에 따라 가치 지향적으로 살아간다는 점에서 공통점이 있다. 또한 오센틱 리더는 개인적 가치와 확신을 기초로 일관성 있게 나아간다는 점에 비추어 볼 때 효가 가정에서부터 다듬어진 윤리성에 기초하여 가정과 이웃, 사회와 국가를 지향하는 가운데 올바른 삶을 지향한다는 점에서 공통점이 있다.

VIII 멘토링과 코칭 리더십에서의 효와 소통

1. 멘토링 · 코칭 리더십의 개관

멘토링과 코칭 리더십은 시대적 요구에 부응하기 위해 리더십 기법을 현대화 한 것이라 할 수 있다. 멘토링은 동서양을 막론하고 이미 오래된 지혜로운 리더십이라 할 수 있다. 전통적 리더십에서 흔히 인식되었던 명령적 일방 커뮤니케이션에서 수평적 커뮤니케이션으로의 변환이라 할 수 있다. 또한 코칭은 커뮤니케이션의 방법이자 파트너십이다. 즉 코치가 코치를 받는 사람(코치이)에

Tip
멘토링 · 코칭 리더십은 수직적 일방 커뮤니케이션에서 수평적 쌍방 커뮤니케이션으로의 변환이자 방법이고 파트너십이다. 이 리더십은 시대적 요구에 부응하기 위해 리더십 기법을 현대화한 것으로 볼 수 있다.

게 직업적 또는 개인적인 성과를 향상시키고 삶의 질을 높이는데 도움을 주는 지속적인 파트너십이다. 코칭의 기본철학은 사람은 누구나 가능성과 잠재능력을 갖고 있다고 보고, 자신이 원하는 것을 찾는데 있어서 코치와 함께 함으로써 이를 더 쉽고 빨리 찾도록 해주는 것으로 이해할 수 있다.

가. 멘토링의 개념 및 출현 배경

멘토링은 경험과 지식을 갖춘 사람(멘토)이 그렇지 못한 사람(멘티)을 돕는 가운데 서로의 발전을 추구하는 일종의 리더십 기법이다. 이러한 멘토링의 유래는 고대 트로이 전쟁 때의 이야기에서부터 출발한다. 기원전 1200년경 모험가 오디세우스는 트로이 전쟁 출전에 앞서 자기 가문을 지킬 보호자를 물색하게 되는데, 보호자로 선택된 '멘토' 라는 인물이 그 후 20년간 오디세우스의 아들 '텔레마코스' 의 스승이자 아버지 대리인으로서 역할을 성실히 수행한다. '오디세우스' 가 아들 '테라마쿠스' 를 '멘토' 에게 양육을 부탁하고 전쟁에 참여했다가 20여년 후에 돌아와서 보니 아들이 훌륭하게 성장해 있었다는 데서 기인한다.[272)]

이를 계기로 후원하는 사람을 '멘토' 로 표현하게 된 것인데, 1750년 영국 옥스퍼드 영어 사전에 보통명사로 수록되면서부터 일반화되기 시작했다. 한마디로 멘토링은 경험과 지식을 갖춘 사람(멘토)이 그렇지 못한 사람(멘티)을 의도적으로 짝지워 합의된 목표에 따라 특정

272) 이용철 譯, 마고 머레이 著, 『멘토링』, 김영사, 2005, p.31

역량을 키우고 개발케 하는 것으로 설명할 수 있다. 이는 역할 모델(role model)과 구분되는데, 역할 모델은 자신이 다른 사람들에게 본보기가 되고 있다는 사실조차 모를 수 있지만 멘토는 파트너로서 존재한다.

이러한 멘토링이 21세기 현대사회에서 성과향상 및 인재 개발의 새로운 도구로 각광받으며 많은 기업과 조직에서 멘토링 프로그램을 도입해 적용하고 있는데, 1970년대 이후 비공식 멘토링과 체계적 멘토링, 그리고 이들이 기업에 미치는 영향이 사회의 주목을 끌기 시작했다. 기업의 계층구조가 점차 얇아지고 수평화되고 인간적인 분위기가 중요해지면서 일대일 멘토링의 필요성이 부각되게 된 것이다. "멘토링 프로그램을 통해 회사가 어떤 방식으로 돌아가고 있는지 알 수 있었고 경험 많은 선배로부터 앞으로 겪을 일에 대처하는 노하우를 전수 받을 수 있었다. 나는 이러한 과정을 통해 목표를 설정하고 그 목표 달성을 위해 내가 할 수 있는 일이 무엇인지 구성할 수 있었다."는 멘토링 프로그램에 참여한 어느 신입사원의 소감[273]에서 멘토링 제도의 필요성을 이해할 수 있다.

나. 코칭의 개념 및 출현 배경

코칭은 삶에서 다양한 문제를 접하는 사람들에게 문제의 해결 방법을 알려주는데, 외부적인 요인이나 환경에서 찾는 것이 아니라, 문제

273) 이용철 譯, 마고 머레이 著, 『멘토링』, 김영사, 2005, p.35

의 핵심이 문제를 안고 있는 당사자 안에 있다는 가정에서 출발한다. 때문에 코칭은 상대방의 자발적 행동을 극대화하기 위한 커뮤니케이션의 기술이자, 개인의 성과를 향상시키고 삶의 질을 높여주는 지속적인 파트너십이라 할 수 있다. 이러한 코칭의 유래는 1840년 영국에서 개인지도 교사의 별명을 코치로 부른 데서 시작되었다. 그후 1880년부터는 운동선수를 훈련시키는 사람에 대한 명칭을 코치로 부르면서 일반화되었으나 현재는 상대방의 잠재역량을 스스로 깨치고 발휘되도록 하는 커뮤니케이션의 일종으로 보고 있다. 동양권에서는 일본이 1990년에 코치시스템을 도입하였으며, 한국은 이보다 10년 후인 2000년에 도입되었다. "코칭은 상대의 자발적 행동을 극대화시키기 위한 커뮤니케이션의 기술이다(스즈키 유시유키).", "코칭은 한 사람의 잠재능력을 살려 그 사람의 성과를 최대화 시키는 것이다(갈웨이).", "코칭이란 자아실현을 후원하는 시스템이다(에노모노 히데다케).", "코칭은 스스로 보고 배우도록 돕고 참여를 통해 성과를 높이도록 하는 것이다(마샬 쿡)." 등의 표현[274)]에서 코칭의 의미를 이해할 수 있다.

다. 멘토링과 코칭의 유사점과 차이점

멘토링과 코칭은 최근의 리더십에서 구성원들의 역량을 극대화하기 위한 방법으로 활용되고 있는 리더십 기법의 일종이다. 이는 형태면에서 매우 유사하지만 다소의 차이점을 갖고 있는데, 첫째, 멘토링과 코칭은 모두 일대일 관계를 가지며 변화와 진보에 초점을 두는 성

274) 정진우, 『코칭 리더십』, 도서출판 아시아코칭센터, 2005, pp.15~16

장 지향적인 관계라는 점이다. 멘토링은 학습자에게 기술과 정보와 안목을 갖게 하는 데 비중을 두는 반면, 코칭은 사람들이 어떻게 성장하고 변화되는지에 대한 기본적인 원리를 적용하는 데 중점을 둔다. 또 코칭은 전문적인 기술 외에 어떠한 권위를 가지고 접근하지 않는다는 점에서 차이가 있는데, 예컨대 멘토링은 멘토를 멘티의 상위 개념으로 보지만, 코칭은 코치와 코치이가 서로 동등한 관계로 생각한다는 점이 다르다.[275] 둘째, 멘토란 누군가가 학습하고 성장할 수 있도록 기꺼이 도와주는 사람을 이르는 반면, 코칭은 안내 · 보호 · 피드백을 주는 등 멘토가 수행하는 여러 가지 활동 가운데 하나라고 할 수 있다."[276]

이렇게 볼 때 멘토링과 코칭의 중요 차이점은 멘토링이 멘토와 멘티의 관계에 있어서 보다 수직적(멘토는 통상 상급자를 선정한다는 점에서)이며 상호 간의 인격적 개입이 더 깊게 일어나는데 비해 코칭은 수평적 파트너십이며 보다 단기적이라는 점에서 차이가 있다. 이러한 현대화된 멘토링과 코칭 기법이 도입됨에 따라 생산성을 비롯한 성과 향상을 위한 상사의 부하지도 방법도 많이 바뀌었는데, 오랫동안 당연한 것으로 여겨온 지시 명령적 일방 커뮤니케이션이 아닌 쌍방향 의사소통 방식을 취하게 된 것이다. 인력자원 개발 분야의 교육도 집합교육이나 기술 위주의 교육 대신 개인별 능력에 맞춘 형태로 조직 구성원 간의 일대일 관계에서 이루어지는 추세이다. 이는 인성개발과 지식기

275) 정진우, 『코칭 리더십』, 도서출판 아시아코칭센터, 2005, p.19
276) 이용철 譯, 마고 머레이 著, 『멘토링』, 김영사, 2005, p.38

술 전수를 동시에 달성하는 전인적 인재육성 방법으로 멘토링을 새롭게 발전시켜 활용하게 된 것이라고 할 수 있다.

2. 멘토링 · 코칭 리더십의 성공적 고려사항

가. 멘토링의 성공적 고려사항

멘토링을 성공적으로 적용하기 위해서는 멘토의 적극적인 역할과 참여가 중요하다. 그중에서도 멘토의 기본적인 능력과 의지는 멘토링이 성공적으로 적용되기 위한 기본조건이다. 멘토는 멘티의 성장을 돕고자 하는 의지와 능력이 있어야 하기 때문이다. 그리고 요구되는 능력의 유형과 의지의 내용은 각 멘토–멘티의 관계에 따라 다를 수 있다. 멘토 역할을 수행하는 데 필요한 성공적 고려요소(훌륭한 멘토의 특징)[277]는 다음과 같다.

첫째, 뛰어난 대인관계 스킬이 있어야 한다. 멘토는 여러 사람과 대화와 경청 기술 등 상호작용을 잘해야 하기 때문에 대인관계가 좋아야 한다. 특히 멘토링은 친밀한 관계를 요구하므로 혼자 일하는 것보다 사람들과 어울려 일하는 사람이 성공적인 멘토가 된다.

둘째, 귀감이 되는 경영관리 스킬이 있어야 한다. 경영관리 스킬은 사람들을 성공적으로 관리해본 경험이 있거나 위원회 및 태스크포스의 책임자로 일했던 사람을 말한다. 유능한 멘토에게 반드시 요구되

277) 이용철 譯, 마고 머레이 著, 『멘토링』, 김영사, 2005, pp.158–165

는 몇 가지 경영 관리 스킬이 있는데, 예를 들면, 기획 능력, 평가 능력, 피드백의 제공과 코칭 능력, 모델링(본보기), 위임해주기 등이다.

셋째, 기술역량이 있어야 한다. 멘토링과 관련된 스킬 외에도 다른 분야 전문성은 도움이 된다. 멘토는 멘티에 비해 풍부한 기술역량이 있을 때 멘토링 할 수 있기 때문이다.

넷째, 기꺼이 타인의 성장을 책임지고자 하는 의지가 있어야 한다. 남에게 선뜻 다가서서 코칭을 하려는 사람이 이에 해당된다. 누구든 강제로 멘토가 되게 할 수는 없지만 타인을 도우려는 심성을 가진 사람이 책임성도 뛰어나기 마련이다. 자신의 능력을 자부하는 멘토라면 다른 사람의 성장을 위해 시간을 할애할 수 있을 것이다.

다섯째, 공을 나누는 도량(度量)이 넓어야 한다. 팀워크를 중시하고 자신의 신념과 의지를 행동으로 보이는 사람이 이에 해당된다. 탁월한 멘토는 '공적' 과 '인정' 은 모든 사람이 나누어 가질 만큼 충분하다는 것을 몸소 보여준다.

여섯째, 위기 상황에서의 인내심이 있어야 한다. 실패할 위험이 높은 상황에서 인내심을 발휘하는 능력은 멘토가 갖추어야 할 가장 중요한 자질이지만 이를 측정하기란 쉽지 않다. 멘티가 위험에 도전하고 실패하는 것을 허용하고, 그 과정에서 끊임없이 멘티를 격려하고 지원하는 멘토가 되어야 한다. 멘토의 가장 중요한 역할 중의 하나는 멘티가 위험한 상황에서 자신의 능력을 발휘하도록 기회를 주는 일이다.

나. 코칭 리더십의 성공적 고려사항

최근 들어 코칭에 대한 관심이 고조되면서 리더십 분야의 새로운 기술로 각광을 받고 있다. 이러한 코칭의 핵심기술로 질문, 경청, 직관, 자기관리, 확인스킬 등이 요구[278]되고 있다.

첫째, 질문 스킬이다. 이는 코칭을 '질문형 커뮤니케이션' 으로 표현하듯이 코칭에 있어서 질문의 의미는 크다. 특히 리더가 부하를 코칭할 때 꼭 알아두어야 하는 질문은 확대질문 · 미래질문 · 긍정질문으로, 이 질문의 공통점은 모두 상대방이 지닌 최대의 가능성을 최대한 이끌어내는 것을 목적으로 한다. 첫 번째 유형은 확대질문이다. 대답하는 사람이 '예' , "아니요"로 대답하도록 질문하는 것이 아니라, 질문 받은 사람이 당장 그 자리에서 답하기 어려운 질문이나 '예' , '아니요' 로 답하기 어려운 질문, 그리고 둘 이상의 해답이 있는 질문을 말한다. 두 번째 유형은 미래질문이다. 과거지향적인 사고를 가진 부하에게 리더는 가능한 한 과거질문(지금까지 어떻게 했나?)을 줄이고 미래질문(앞으로 어떻게 해내가고 싶은가?)을 늘려가는 것이 바람직하다. 세 번째 유형은 긍정질문이다. 이는 긍정질문 속에 '아니다' 라는 부정적인 의미가 없는 질문으로 '어째서 일이 순조롭게 진행되지 않는가?' 보다 '어떻게 하면 일이 순조롭게 진행될 수 있겠는가?' 에 중점을 두는 질문이다.

둘째, 경청 스킬이다. 질문 스킬은 어떤 질문을 던져야 부하의 가능성을 최대한 이끌어낼 수 있는가이지만, 경청 스킬은 어떤 경청 방법이 부하의 가능성을 최대한 끌어낼 수 있는지가 포인트이다. 코칭에서의 경청은 이야기를 듣는 태도에 따라 1단계 '귀로 듣는다' , 2단계

278) 황소연 譯, 에노모토 히데타케 著, 『코칭의 기술』, 새로운 제안, 2003, p.63

'입으로 듣는다.', 3단계 '마음으로 듣는다.'로 나눌 수 있다.

셋째, 직관 스킬이다. 직관스킬이란 상사가 부하를 코칭할 때 상사 자신의 직관을 사용하는 기술이다. 특히 부하에게 어떤 질문을 던질 때는 이 직관력을 발휘하는 것이 무엇보다 중요하다.

넷째, 자기관리 스킬이다. 자기관리란 말 그대로 자기 자신을 관리한다는 뜻이다. 여기에서의 관리는 자신의 머리, 마음, 몸, 시간을 관리하는 것이다.

다섯째, 확인 스킬이다. '확인(確認)한다.'는 '확실하게 인정한다.'는 의미를 가지고 있다. 코칭의 경우에는 인정하려는 대상이 부하이며, 그 부하가 본래 가지고 있는 능력이나 가능성을 확인한다는 뜻인데, 세 가지의 초점이 필요하다. 첫 번째는 '부하의 미래를 확인하라'이다. 리더는 부하의 미래에 대하여 알고 있어야 한다. 리더는 목표를 상기시키고 부하가 자신감을 갖도록 격려해 주어야 한다. 두 번째는 '부하의 현재를 확인하라'이다. 바쁜 현실에서 자신의 목표를 향한 여정에서 자신이 어디쯤 와 있는지 방향감각을 잃게 될 수 있으므로 질문을 통해 자신의 목적을 확인하고 현재의 궤도를 검증하도록 유도한다. 세 번째는 '부하의 과거를 확인하라'이다. 과거는 지금까지 걸어온 발자취이다. 부하의 발자취 중에서 성공담을 확인하게 도와주는 것은 그 사람이 갖고 있는 능력이나 가능성을 스스로 떠올리도록 서포트하는 것이다. 부하의 과거를 확인한다는 것은 부하의 의식을 과거로 돌리는 것이 아니라 부하가 미래 목표를 향해 착실하게 전진할 수 있도록 하는 활력과 자신감을 주기 위함이다.

3. 멘토링 · 코칭 리더십과 효의 연관성

멘토링과 코칭은 모두 상호존중과 배려하는 마음에서부터 출발한다는 점에서 효와 연관성이 있다. 멘토 중에서 가장 가까운 신분을 든다면 부모이고, 그중에서도 어머니이다. 그리고 코칭에 있어서도 나를 가장 잘 알고 있고 긍정적 방향으로 변화시킬 수 있는 코치 또한 가족이다. 예컨대 멘토와 코치는 상대방을 한 인간으로 존중하면서 그를 위해 진실한 충고를 아끼지 않는 사람이다. 그 충고가 자녀에게 잠시 아픔을 주고 관계를 악화시킬 수 있더라도 나보다는 자녀를 위해 기꺼이 이야기해줄 수 있는 그런 부모의 모습이다. 따끔한 지적이라도 진심이 담겨 있으면 자녀는 결국 그것을 하나의 가르침으로 받아들이고 부모가 바라는 쪽으로 따라오게 되어 있다. 따라서 멘토링과 코칭은 다음과 같은 점에서 효와 연계성이 있다.

Tip
멘토링 · 코칭과 효의 연관성은, 멘토링과 코칭이 모두 상호존중과 배려의 철학을 가지고 있으며, 의(義)를 기초로 도덕적 삶을 추구하는 파트너십이라는 점에서 효와 공통점이 있다.

첫째, 효와 멘토링 · 코칭은 부자자효(父慈子孝)와 부자유친(父子有親), 즉 부모와 자식은 서로 사랑하고, 두 사람 간에는 사랑과 친함이 있어야 한다는 점에서 연관성이 있다. 멘토링은 경험과 지식을 갖춘 사람(멘토)이 그렇지 못한 사람(멘티)에게 경험과 지식을 전수함으로써 멘티를 발전시켜 나가는 것을 말하는데, 쌍방의 인간관계는 부모와 자식의 관계로 이끌어 나가는 것이 가장 좋은 방법이자 지름길이다. 또한 코칭은 삶에서 다양한 문제를 접하는 사람들에게 해결의 방법을 스스로 찾도록 도와주는데 있어서 외부적인 요인이 아닌 내부적인 요인, 즉 자기 자신에게서 해결점을 찾도록 하는 것이다. 효로 말하면, 자기적(自己的) 효에 해당되지만 부모와 자식의 관계, 즉 사랑을 기초로 하여 진행되어야 한다는 점이다.

둘째, 효와 멘토링 · 코칭은 상호적이고 보편적(普遍的)이며 이타적(利他的) 성격을 가진다는 점이다. 보편성이란 '두루 널리 미치는, 또는 그런 것', '모든 것에 공통되거나 들어맞는, 또는 그런 것' 이고 이타성은 '사랑을 주의로 하고 질서를 기초로 하여 자기를 희생함으로써 타인의 행복과 복리의 증가를 행위의 성질' 을 의미한다. '효' 는 부모와 자식의 입장에서 서로를 위하고 멘토링 · 코칭 역시 서로를 위한다는 점에서 연관성이 있다.

셋째, 효와 멘토링 · 코칭은 의를 기초로 서로를 위한다는 점에서 연관성이 있다. 『효경』에 "[리더가] 부모를 사랑하지 않고 다른 사람을 사랑하는 것은 패덕(悖德)이고, 부모를 공경하지 않고 다른 사람을 공경하는 것은 패례(悖禮)이다. 이렇게 가르치면 백성들이 본받을 게 없다. 이 [패덕과 패례]로써 가르쳐 혼란(거역)해지면 백성들은 본받을 게 없다. 선덕(善德)이 없어지면 모두가 흉덕(凶德)에 놓인다. [그렇다면] 비록 지위를 얻었다 해도 군자는 따르지 않는다(효우열장)."[279], "[리더가 효를 행하면] 그 성원들은 [리더를] 경외하면서 사랑하고 법도로 삼으면서 본받는 것이다. 그러므로 [리더는] 도덕교육을 이룰 수 있고, 그 정치적 명령을 실시할 수 있다(효우열장)."[280], "부모에게 간

279) "不愛其親而愛他人者 謂之悖德 不敬其親 而敬他人者 謂之悖禮 以訓則昏 民無則焉 以訓則昏 民無則焉 不在於善 而皆在於凶德 雖得之 君子弗從也."

280) "其民畏而愛之 則而象之 故로 能成其德教 而行其政令."

쟁하는 자식이 있으면 (부모는) 불의(不義)함에 빠지지 않는다(간쟁장)."[281]는 공자의 표현과 맥을 같이 하는 것으로 볼 수 있다.

넷째, 효와 멘토링 · 코칭은 도덕적 삶의 균형을 이루는 가운데 발전을 도모한다는 점에서 연관성이 있다. "[리더가 효를 하면] 가르침이 엄숙하지 않아도 이루어지고 그 정치가 엄하지 않아도 다스려지는데, 리더(선왕)는 그것을 가르침으로써 백성을 교화시킬 수 있다고 보았다(삼재장)."[282], "[리더가] 사랑과 공경함을 다하여 부모님 섬긴 연후에 도덕적 교화가 백성들에게 전해져 온 나라에 본보기가 될 수 있다(천자장)."[283], "효는 덕의 근본이며 모든 가르침이 그로 말미암아 생겨난다(개종명의장)."[284]는 표현에서 도덕적 삶의 균형이 필요함을 알 수 있다.

멘토링 · 코칭의 성공전략에서 볼 수 있듯이 질문을 어떤 기술로 하느냐, 경청을 어떻게 하느냐, 직관과 자기관리, 확인기술 등은 효 마인드로 접근했을 때 제반기술들이 잘 발휘될 수 있다는 것인데, 이는 효의 본질적 의미, 즉 효는 원초적 사랑이고 보편성과 이타성을 가지며 상호적 관계에서 출발한다는 점에서 멘토링과 코칭은 효와 깊은 연관이 있다고 하겠다.

281) "父有爭子 則身不陷於不義."
282) "其教不肅而成 其政不嚴而治 先王見教之可以化民也."
283) "愛敬 盡於事親 然後 德教加於百姓 刑於四海."
284) "孝 德之本也 教之所由生也."

IX 문화중심의 리더십에서의 효와 소통

1. 문화중심 리더십의 개관

문화중심의 리더십은 문화(文化)를 중요시 하는 가운데 발휘하는 리더십이다. 21세기를 문화의 시대로 표현하리만치 문화가 중요시 되는 시대이다. 리더십 이론의 변화추세는 특성론 · 행동론 · 상황론으로 발전되어 오던 전통적 리더십에서 다양성을 수용하는 가운데 변화와 혁신을 추구하는 현대적 리더십으로 발전되고 있는데, 다양성이 부각되면서 문화가 중요시 하게 된 것이다. 문화(文化)는 정의가 200여 개에 달할 정도로 다양한데, 그 중의 하나는 '인간의 삶을 밝게 해주는 정신적 · 예술적 영역의 총체' 라는 정의이다. 이는 문화(文化)라는 한자의 의미에 잘 나타나 있는데, 즉 문(文)자는 '밝게 하다', '빛나게 하다' 는 의미이고, 화(化)자는 '되게 하다' 는 의미이므로 인간의 삶을 밝게 하는 '그 무엇' 임을 알 수 있다. 그리고 "인간은 문화가 다르기 때문에 가치(價値)도 약간 다르다. 사람들은 다른 목적(目的)을 추구하고 다른 충동(衝動)을 가지며, 다른 형태의 행복(幸福)을 그리워한다."는 말리노프스키의 표현, 그리고 "앎(知)의 기저에는 문화적 체계가 있다."는 미셸 푸코의 표현은 리더십과 문화의 관계를 말해주고 있다. 또한 백범 김구는 그의 저서 『백범일지』에서

Tip
문화중심 리더십은 문화(文化)를 중요시하는 가운데 발휘하는 리더십이다. 21세기는 문화의 시대라는 점에서, 문화를 기초로 다양성을 수용하는 가운데 변화와 혁신을 추구하는 현대적 리더십의 트랜드이다.

"나는 우리나라가 세계에서 가장 아름다운 나라가 되기를 원한다. 가장 부유한 나라가 아니다. 내가 원하는 우리 민족의 사업은 결코 세계를 무력으로 정복하거나 경제적으로 지배하려는 것이 아니다. 오직 한없이 갖고 싶은 것은 높은 문화의 힘이다. 문화의 힘은 우리 자신을 행복하게 하고 나아가 남에게 행복을 주기 때문이다."라고 하였다.

조직문화에 대한 연구는 대체로 샤인(Schein)에 의해 포괄적 검토와 정리가 이루어졌는데, 샤인은 "문화는 조직 활동의 근본 패턴으로 작용하는 기본적인 가정들과 신념들이다."[285]라고 정의했다.

2. 문화중심 리더십의 출현 배경

문화중심의 리더십을 주장하는 이유는 리더십 구성요소의 역동적 작용과 관련이 있다. 즉 리더십은 「리더 · 부하 · 상황」이라는 구성요소의 역동적 관계 속에서 진행되는데, 문화는 '상황' 요인의 더 큰 범주를 의미하기 때문이다.

문화의 기능은 개인(個人)에 대한 기능과 사회(社會)에 대한 기능으로 나누어 생각할 수 있는데, 우선 개인에 대한 문화의 기능을 살펴보면 다음과 같다.

첫째, 문화는 인간이 어떤 사회적 상황에서 느끼고, 생각하고, 행동하

285) 임창희, 『조직행동』, 비엔엠북스, 2008, p.523

게 해준다. 인간은 태어나면서부터 가정 · 이웃 · 학교 · 사회 등에서 의식적이든 무의식적이든 문화의 흐름에 따라 생활하게 된다.

둘째, 문화는 개인의 생리적 욕구를 충족시키는 방법을 가르쳐 준다. 사람은 누구나 먹어야 하고, 성적 충동도 느끼고 잠도 자야 하는 생리적 욕구(physiological needs)를 가지고 있다. 문화는 이 생리적 욕구를 충족시키는 방법을 가르쳐 준다.

셋째, 문화는 개인에게 가치 · 목표 · 희망 · 포부 등을 제시해준다. 개인이 갖는 윤리성 · 도덕성 · 심미성(審美性) 등도 문화에 도출된다. 사람마다 지향하는 목표나 희망이 다른 것은 문화가 다른 배경에 의해 영향을 받기 때문이다. 예를 들어, 어떤 사회에서는 의사나 변호사가 선호(鮮好)의 대상이 되는가 하면, 다른 사회에서는 정치가나 실업가가 그 대상이 될 수도 있다.

넷째, 문화는 인간의 양심을 결정하는데 영향을 준다. 인간의 양심은 한 집단이 가진 선악에 대한 규정을 내면화한 결과로 나타난다. 따라서 인간의 한 행동은 어떤 문화에서는 양심의 가책을 받지만 다른 문화에서는 양심의 가책을 받지 않는 경우도 있다.

다섯째, 문화는 개인에게 소속감을 갖게 한다. 문화를 공유하는 사회 구성원들은 서로 친밀감을 갖는다. 이러한 친밀감은 '우리' 라는 공동체 의식을 갖게 하고, 공동체 의식을 같이하는 사람들끼리 모이게 한다.

여섯째, 문화는 개인의 인성(人性)의 형성과 함양에 영향을 준다. 개인의 인성은 그 사회의 문화를 내면화함으로써 형성되기 때문에 개인이 어떤 문화 환경 속에서 자라났느냐가 중요하다. 그래서 어릴 때의 육아방법과 사회적 환경이 중요하다.

다음은 사회에 대한 문화의 기능이다. 한 사회의 집단과 개인의 행동양식을 규정하고 모든 사회구성원이 이에 맞게 행동하도록 사회의 질서를 유지하여 한 사회가 통합 · 유지 · 존속되게 한다. 이런 점에서 볼 때 사회에 대한 문화의 기능은 바로 사회통제 기능이라고 할 수 있다. 사회통제 기능은 주로 그 사회의 문화적 규범에 의해 수행되며, 이 규범은 비교적 강제성이 적은 민습(民習)과 보다 강제성이 큰 관행(慣行)과 사회통제 수단인 법률(法律) 등의 형태로 나타난다.

3. 문화의 의미와 특성

21세기를 '지식, 정보화의 시대', '문화의 시대'로 표현하는 이유는 21세기를 이끌어 가기 위한 리더십에서 지식과 정보, 문화가 그만큼 영향이 크기 때문이다. 문화란 말은 대단히 광범위하게 사용된다. 우리는 일상생활에서 흔히 문화인 · 문화국민 · 청소년문화 · 군대문화 등의 용어를 사용하는데, 여기에서 '문화'라는 용어에는 여러 의미를 함유한다. 문화에 대한 전통적이고도 일반적인 정의에 따르면 문화(culture) 또는 문명(civilization)이란 사회의 구성원으로서 인간이 습득한 지식 · 믿음 · 예술 · 도덕 · 관습 · 법 등 모든 관행과 관습을 다 포함하는 복합적인 총체(總體)라고 한다. 이 개념에 따르면 문화는 인간의 사회적 유산이다. 문화는 사회의 존재를 전제로 하고 이 사회의 일을 하는데 필요한 기술을 마련하는 것이라 할 수 있다. 따라서 문화란 집단의 생활방식, 즉 삶을 위한 완전한 설계와 관련된다. 또 문화를 학습의 결과로 보는 입장에서 문화는 공유하고 있는 인간학습의 소산(所産)으로서 지각 · 신념 · 가치관 · 행동의 표준으로 이루어진 것으로 보기도 한다. 이렇게 볼 때 문화란 개인이 사회생활을 통해서 학습되어진 것, 즉 형식적 · 비형식적 교수 및 학습과정을 통해 얻어진 신앙 · 관습 · 규범 · 기술 · 생활방식 등과 같은 것이다. 문화의 본질을 더 이해하기 위하여 문화의 특성[286]을 몇 가지로 요약하면 다음과 같다.

첫째, 문화는 사람들의 필요에 의해 만들어진 것이다. 동물과 다른 신체적 특징과 능력을 가진 인간이 자연환경에 적응하는데 불리한 점을 극복하려는 데서 문화가 형성되었다.

둘째, 문화는 사회생활을 통하여 공유되는 것이다. 인간이 다른 사람과 공동생활을 하는 동안에 필요한 것이 만들어졌고, 또 사회의 다수 성원에 의해 공유되고 있는 것이다.

셋째, 문화는 습득 · 전승되는 것이다. 사람의 사고방식 · 행동양식 · 가치관 · 언어 · 믿음 등의 문화는 사회생활을 통하여 학습되어진 결과이다. 또 학습을 통해 얻어진 문화는 교수 및 학습과정을 통하여 다음 세대로 전승된다.

넷째, 문화는 보편성과 특수성을 띠고 있다. 인간이 공동생활을 하는 사회에는 어떤 형태든 간에 그 사회 나름의 언어 · 종교 · 의식주(衣食住)의 생활방식을 지니고 있다. 이러한 문화는 사회에 따라 내용과 형태가 다를 뿐 보편적으로 존재하는 것이다. 그러면서도 한 사회의 문화는 다른 사회의 문화와 다른 특징을 지니고 있다는 점에서 특수성

286) 임영정, 『한국의 전통문화』, 아름다운세상, 1998, pp. 17-18

도 인정된다.

다섯째, 문화는 변한다. 문화가 다음 세대로 전승되는 과정에서 인간의 개성이나 자연환경의 여러 조건이 작용하여 그 내용과 형식에 변화가 올 수 있다. 그 변화의 속도나 질적인 폭이나 깊이는 사회체제에 따라, 시대에 따라 다르게 나타난다.

4. 문화중심의 리더십과 효의 연관성

Tip
문화중심의 리더십과 효의 연관성은, 문화(文化)가 인간의 삶을 밝게 해주고 한국적 리더십의 정체성을 갖게 해주며, 개인의 인성에 영향을 준다는 점에서 효와 연관성이 있다.

문화중심의 리더십과 연관되는 효에 대한 해석은, 효는 대한민국 5000년 역사에서 정신문화, 즉 홍익인간 정신의 중심이라는 점이다. 따라서 문화중심 리더십과 다음과 같은 점에서 효와 연관성이 있다.

첫째, 한국적 리더십의 바탕이라는 점에서 연관성이 있다. 한국적 리더십이란 한국 문화에 바탕을 두고 한국인이 한국인을 대상으로 발휘하는 리더십을 의미한다. 특히 서양에서 서양 사람의 의식구조에 기초하여 발전시켜 온 리더십 이론을 의식구조가 확연히 다른 한국 사람에게 적용하는 데는 문화적 요인을 고려하지 않을 수 없다. "강남(江南)의 귤나무를 강북(江北)에 옮겨 심었더니 귤이 아닌 탱자가 열리더라(淮南子)."라는 이야기처럼 미국인의 의식구조를 기반으로 발전시킨 리더십 이론을 한국인에게 적용하는 것은, "미국의 귤나무를 한국에 심어놓고 미국에서와 같은 맛이 담긴 귤이 열리기를 바라는 이치와 같은 맥락"[287]으로 볼 수 있는 것이다.

둘째, 효는 전통사상이라는 점에서 공통점이 있다. 문화는 전통사상과도 관련되는데, 전통사상(傳統思想)은 '전통'과 '사상'이 합쳐진 단어이다. 전통(傳統)이란 말은 사전적으로 '계통(系統)을 받아 전한다'는 의미인데, 이는 단순히 과거의 것이 이어져 온다는 의미뿐만 아니라 세대에서 세대로 이어지는, 과거의 어느 부분들이 새로운 양식과 조합되어 재생산되는 것을 뜻한다. 따라서 전통은 과거로부터 전해 내려오는 문화유산(文化遺産)으로도 이해할 수 있는데, 효는 문화유산의 정신적 영역이라는 점이다. 특히 리더십이 사람들의 마음을 움직이게 하는 능력이라는 점에서, 리더가 부하의 마음을 어떻게 움직이게 하느냐 하는 동인(動因)은 리더십의 주체인 리더와 리더십의 객체인 부하간 상호 심리적 작용에 있어 문화의 영향이 크다는 점에서, 리더십에서 문화가 차지하는 비중 또한 클 수밖에 없고 효라는 보편적 · 이타적 가치가 작용하게 되는 것이다.

셋째, 문화는 인간의 양심 소속감 등 정체성을 가지게 해준다는 점에서 효와 연관성이 있다. 인간의 양심은 한 집단이 가진 선악에 대한 규정을 내면화한 결과로 나타난다. 또한 문화는 개인에게 소속감을

287) 이규태, 『리더십 한국학』, 신태양사, 1987, p.서문

갖게 하며, 문화를 공유하는 사회 구성원들은 서로 친밀감을 갖는다. 이러한 친밀감은 '우리' 라는 공동체 의식을 갖게 하고, 공동체 의식을 같이하는 사람들끼리 모이게 하는데, 가정윤리 · 가족사랑인 효는 인간으로서의 정체성을 가지는데 영향을 준다는 점에서 연관성이 있다.

넷째, 문화는 개인의 인성(人性)형성에 영향을 준다는 점에서 효와 연관성이 있다. 개인의 인성은 그 사회의 문화를 내면화함으로써 형성되기 때문에 개인이 어떤 문화 환경 속에서 자라났느냐가 중요하다. 그래서 어릴 때의 육아방법과 사회적 환경이 중요시되는 것인데, 인간이 태어나 원초적 사랑을 받으면서 성장하는 가정교육과 가족간의 감정은 인성함양에 영향을 준다는 점에서 효과 연관성이 있다.

X 팔로어십에서의 효와 소통

1. 팔로어십의 개관

팔로어십(Follower Ship)은 '아랫사람으로서 따르는 능력', '추종자 정신', '추종력' 등으로 해석되며 리더십에 대비되는 개념이다. 팔로어(Follwer)는 본래 '따르다', '돕다', '후원하다', '공헌하다' 는 의미를 가진다. 따라서 리더가 '앞에서 역할을 하는 사람' 이라면, 팔로어는 '뒤에서 역할을 하는 사람' 으로 이해할 수 있다. 그러나 팔로어십에 대해 설명하고 있는 표현들, 예컨대 '팔로어는 리더와 대비되는 말이다.', '리더십의 99%는 팔로어십이다.', '팔로어는 리더를 쫓아 업무를 수행하는 사람이 아닌 공동목표를 향해 리더와 함께하는 파트너이다.', '팔로어는 리더를 돕는 참모, 또는 버금이이다.'는 등에서 보듯이 매우 다양하게 설명되고 있음을 볼 수 있다.

Tip

팔로어십은 조직을 움직이는 힘이 "20%의 리더에 의해서가 아니라 80%의 팔로어에 의해 나온다"는 논리에서 나왔다. 그러나 리더는 누구나 팔로어일 수 있고, 팔로어 또한 리더의 위치에 서 있는 것과 마찬가지라는 점에서 리더십을 잘 발휘하는 팔로어가 또 다른 리더, 훌륭한 리더라 할 수 있다.

그렇지만 팔로어십과 리더십은 어떤 제대, 또는 어떤 조직을 기준으로 하느냐에 따라 용어 표현이 바뀔 뿐 역할은 같다고 볼 수 있다. 즉 군대조직에서 '사단'이라는 제대를 기준으로 보면 사단장은 '리더'이고, 연대장은 '팔로어'이다. 그러나 '연대'라는 제대를 기준으로 하면 연대장은 '리더'이고, 대대장은 '팔로어'이다. 또 광역시 · 도에서 '서울특별시'를 기준으로 하면 서울시장은 '리더'이고, 각 구청장은 '팔로어'이지만 대한민국을 기준으로 하면 서울시장은 '팔로어'인 것이다. 이렇듯 '리더'와 '팔로어'의 개념은 표현이 다른 뿐 역할은 같다고 보아야 한다. 어떤 사람은 "리더십 교육보다 팔로어십 교육을 강화해야 한다."고 말하기도 하는데, 팔로어십을 잘 발휘하는 사람이 훌륭한 리더가 될 수 있다는 표현으로 볼 수 있다. 팔로어십의 의미는 다음 표현에서 이해할 수 있다. "조직을 구성하며 리더의 지시를 따르고 그를 도와 조직의 긍정적인 발전을 유도하는 사람을 일컬어 '팔로어'라고 칭하고, 그러한 사람들이 공통적으로 갖고 있는 성향이나 행동 방식 또는 사고 체계 등을 포괄적으로 지칭해 '팔로어십(followership)' 이라고 한다.[288], 팔로어십이란 "조직에서의 역할이나 지위 고하와 관계없이 자율적인 의식을 지니고 행동하는 프로 직업인의 힘이다. 리더의 지도력을 이끌어내고, 리더의 의욕을 고취시키는 힘이다. 탁월한 리더십의 이면에서 반드시 존재하는 현장의 실천력이다[289]라는 표현이다.

팔로어십 용어가 등장한 것은 미국 카네기 멜론대학(Carnegie Mellon School)의 로버트 켈리(Robert E. Kelly) 교수의 표현, 즉 "20%의 리더가 아닌 80%의 팔로어가 조직의 운명을 결정하는 변화의 시대에 와 있다." 라는 표현에서 비롯되었다. 조직의 성공에 있어 리더가 기여하는 것은 많아야 20퍼센트 정도이지만 80퍼센트를 팔로어들이 기여하고 있다고 보는 것인데, 실제 아무리 직급이 높은 리더라 해도 리더로서 일하는 시간보다 팔로어로 일하는 시간이 더 많은 것이 사실이다. 이런 이유에서 리더의 역할이 중요하긴 하지만 리더십만으로는 부족하며, 창조적인 리더십과 창조적인 팔로어십이 조화를 이루어야 조직문화가 창조적일 수 있다고 보는 패러다임이다.

2. 팔로어십의 출현 배경

팔로어십의 출현은 기존의 리더십 이론이 과도할 정도로 '리더' 에 초점을 둔 나머지 80%정도의 비중을 차지하는 '팔로어' 에 대해서는

288) 김재득, 『리더십』, 대영문화사, 2008, p.255
289) 박영란 譯, 요시다데서 著, 『팔로어십(부하력)』, 필통, 2007, p.표지글

그다지 관심이 부족했던 데에 기인한다. 이는 지금까지 리더의 입장에서 다루던 리더십의 문제를 추종자 중심에서 다룬다는 점에서 의의가 있는데, 이는 셀프 리더십, LMX이론, 파레토의 법칙 등에서 영향을 받았다고 볼 수 있다. 셀프 리더십은 리더가 팔로어들을 이끄는 관점이 아니라 자기 스스로를 어떻게 이끌어 가야 하는가의 과정을 묘사하고 있다는 점에서 새롭게 인식되고 있다. 셀프 리더십은 원래 슈퍼 리더십의 하위개념으로 설명되는 경향이 있었으나 최근 들어서는 독립적 의미를 갖는 것으로 평가받고 있다.[290] LMX(Leader Member Exchange) 이론[291]은 리더와 구성원과의 관계의 속성을 분석하는 이론으로, 이는 리더의 특성이나 행위 자체에 초점을 두어 왔던 기존의 리더십과 구별된다. 이 이론은 다른 이론들과는 달리 분석의 수준을 '리더와 하급자 한 사람' 에 두고 있다. 즉 리더는 하급자들을 하나의 집단으로 묶어 대하는 것이 아니라, 하급자 한 사람 한 사람과 각각 다른 성질의 관계를 발전시킨다는 이론이다. 예컨대 어떤 부모에게 세 명의 자녀가 있다고 할 때, 그 부모는 자녀 3명에 대해서가 아닌 각각의 자녀에 대해서 친근감, 학습 역량, 상호 조력의 정도 등 각각의 관계를 기준으로 리더십을 논해야 한다는 것이다. 조직생활을 경험해 본 사람이라면 자신이 속해 있는 조직에서 리더 자신이 신뢰하는 추종자에게 일을 믿고 맡기게 되고, 그 추종자는 리더의 신뢰를 바탕으로 더 많은 일을 하게 된다는 것이다.

290) 백기복, 『리더십 리뷰』, 창민사, 2008, p.137
291) 김재득, 『리더십』, 대영문화사, 2008, p.266

3. 팔로어십의 성공적 고려사항

팔로어로서 성공하기 위해 실천에 역점을 두어야 할 분야에 대한 견해는 다양하다. 길버트(Ronald Gilbert)는 성공적인 팔로어들에게 공통적으로 볼 수 있는 특성으로 '상급자에 대한 파트너십, 자기가 맡은 일에 대한 스스로의 동기부여, 직무수행 역량, 유머감각, 신뢰성, 긍정적인 업무관계, 직언, 바른 태도 등 8가지를 제시하였다. 이에 비해 알콘(D. S. Alcon)은 바람직한 팔로어의 특성요소로 협동, 유연성, 정직성, 주도적 자세, 문제해결능력을 제시하였으며 미 해군에서는 응집력, 상급자에 대한 지원, 상급자의 리더십에 대한 의견 제시, 솔선수범하는 자세 유지, 팀의 성과 달성을 위한 공동 책임 등 다섯 가지요소를 제시하고 있다.[292)]

그리고 신인철은 그의 저서『팔로어십』'성공하는 팔로어의 7가지 키워드' 에서 ①헌신 ②방향성 통일 ③용기 ④몰입 ⑤표현 ⑥대안제시 ⑦보충 및 보완을 제시하고 있고, 김재득은 그의 저서『리더십』'훌륭한 팔로어의 조건' 에서 ①솔직할 수 있는 용기 ②대화와 자기표현 ③비전의 공유 ④자신에 대한 엄격한 적용 ⑤팔로어십 훈련 체험 등 다섯 가지를 제시하고 있다. 백기복은 그의 저서『리더십 리뷰』에서 Kouzes & Posner이 설문을 통해 리더와 추종자들의 덕목을 조사한 것을 〈표 19〉과 같이 제시한 바 있는데, 리더와 추종자에게 '정직' 과 '능력' 은 공통 덕목으로 나타났으며, 리더에게는 미래

292) 신인철,『팔로어십 리더를 만드는 힘』, 한스미디어, 2007, pp.146~147

지향적 사고와 동기부여 능력이, 추종자에게는 협동심과 믿음직스러움이 요구되는 것으로 나타났다.

〈표 19〉 리더와 팔로어의 덕목 상위 4항목

순 위	리더의 덕목	추종자의 덕목
1위	정직	정직
2위	미래지향적 사고	협동심
3위	동기부여 역량	믿음을 줌
4위	능력	능력

※ 자료: Kouzes, J.M., & Posner, B.Z. 1993. Credibility: How leaders gain and lose it, Why people demand it, San Fransisco. CA.: Jossey – Bass.

4. 팔로어십과 효의 연관성

Tip
팔로어십과 효의 연관성은, 팔로어십의 철학적 바탕이 리더에 대한 추종자로서의 역량을 갖추는 것이고, 효는 부모에 대한 자식으로서의 입신양명(立身揚名)의 역량을 갖추어 부모를 추종하는 것이라는 점에서 연관성이 있다.

조직의 구성원으로서 팔로어십을 성공적으로 발휘하기 위해서는 리더십 구성요소, 즉 '리더', '팔로어', '상황'의 역동적 관계에서 팔로어로서의 적절한 처신과 행동이 필요하다. 팔로어십을 효와 연관시킨다면, 가정윤리로서의 효라는 측면에서 가정에서 부모와 자식의 관계로 보면 자식이 부모에게 대하는 모습에 비유할 수 있다. 자식은 자기성실을 통해 부모님을 걱정시키지 않고 기쁘게 해드림으로써 부모님께 효도하는 것이다. 그리고 자식으로서 부모님께 걱정 끼치지 않고 부모님이 바라시는 삶을 살아가기 위해서는 형제간 우애와 함께 이웃과 사회, 나라와 자연에 이르기까지 확장된 효의 의미를 적용해야 한다. 이러한 내용을 기초로 팔로어십과 효의 연계성은 다음과 같은 점을 들 수 있다.

첫째, 자기가 맡은 일에 대한 자기성실과 함께 스스로 동기를 부여한다는 점에서 연관성이 있다. 부모를 걱정하시지 않게, 기쁘게 해드리기 위해서는 자기성실을 바탕으로 입신양명(立身揚名)의 길로 열심히 나가는 것이다. 그리고 조직에서 상관과 동료, 부하들에게도 서로가 즐거운 상태로 근무함으로써 부모님께 기쁨을 드릴 수 있다. 그러자면 스스로 매사에 하고자 하는 마음과 열정적 태도로 임하는 동기를 부여하는 것이 중요하다. 『효경』에 "효는 덕의 근본이요, 모든 가르침이 그로 말미암아 생겨난다(개종명의장)."[293], 『격몽요결』에 "성인(聖人)만이 유독 성인이 되고 나는 유독 평범한 사람이 되는 것은 진실로 뜻을 세우지 못하고, 아는 것을 분명히 못하고 행실을 독실(篤實)하게 못함이니 모두가 내가 하기 달린 것뿐이다. 대체로 사람들은 스스로는 뜻을 세웠다고 말하면서 힘써 나가지 않으며, 우물쭈물하고 뒷날을 기다리는 사람은 명색만 뜻을 세웠다 할뿐 실지로는 공부를 하려는 성의가 없기 때문이다(입지장)."[294], "학문을 하는 사람은 반드시 성실한 마음으로 그 학문하는 길로 향해야 하고, 속된 세상의 잡된 일로 그 학문하는 뜻을 어지럽게 하여서는 안 된다. 어지럽히지 않은

293) "孝德之本也 敎之所由生也."

294) "何故獨爲聖人 我則何故獨爲 衆人耶 良由志不立 知不明 行不篤耳 志之立知之 明行之篤 皆在我耳 豈可他求哉. 凡人 自謂立志 而不卽用功 遲回等待者 名爲立志 而實無向學之誠故也."

연후에 학문을 하는 터전이 잡히는 것이다(지신장)."[295]고 이르고 있는 것처럼, 스스로에게 동기를 유발시킨다는 점에서 연관성이 있다.

둘째, 상관과 동료, 부하들에게 신뢰성과 곧은 말을 해야 한다는 점에서 연관성이 있다. 사람관계에서 신뢰를 얻기 위해서는 정직함과 진실성이 있어야 한다. 그리고 언행에 나타나야 한다. 그런 마음에서 나오는 것이 직언(곧은 말)이다. 직언이란 옳고 그른 것에 대하여 자신이 생각하는 바를 기탄없이 하는 말을 일컫는다. 그리고 이는 가정에서 부모님에 대한 간언(諫言)에서부터 시작된다. 『효경』에 "(부모가 하는 일이) 마땅히 의롭지 않은 일이라면 자식은 부모에게 간언하지 않을 수 없고, 신하는 임금에게 간쟁하지 않을 수 없다. 그러므로 옳지 않다면 간쟁을 해야 하는 것이지 부모의 명령에 무조건 복종하는 것은 효라고 할 수 없다(간쟁장)."[296], "부모에게 간쟁하는 자식이 있으면 (부모는) 불의(不義)함에 빠지지 않는다(간쟁장)."[297], 『논어』에 "부모에게 효를 행함에 있어 (부모의) 잘못이 있을 때 슬쩍 간하고, 설령 나의 뜻을 따르지 않더라도 여전히 공경하여 부모의 뜻을 어기지 않아야 하며, 수고로워도 원망하지 말아야 한다(이인편)."[298], 『예기』에 "부모가 잘못하시는 일이 있을 때에는 마음을 억누르고 웃음 띤 얼굴로 부드럽게 간한다. 만일 간함을 받아들이지 않으면 일어나서 공손히

295) "學者必誠心向道不以世俗雜事亂其志然後爲學有基址."

296) "當不義 則子不可 以不爭 於父 臣不可以不爭於君 故 當不義 則爭之 從父之令 又焉得爲孝乎."

297) "父有爭子 則身不陷於不義."

298) "事父母 幾諫 見志不從 又敬不違 勞而不怨."

대하고 효성을 다하여 마음이 풀려서 기뻐하면 다시 간한다. (부모가) 기뻐하지 않는다고 (간하지 않다가) 동네에서 죄를 얻는 것보다 차라리 (용기 있게) 간하는 게 낫다(내칙편)."[299]고 이르고 있는 것처럼, 곧은 말(직언)로 조직을 바른 방향으로 이끌어야 한다는 점에서 연관성이 있다.

셋째, 리더 및 동료와 좋은 관계를 유지해야 한다는 점에서 연관성이 있다. 팔로어로서 역량을 발휘하기 위해서는 인간관계가 좋아야 한다. '선생님이 좋아야 과목이 재미있다.'는 말과 같은 맥락이다. 그런데 효 하는 사람은 불효하는 사람에 비해 호감을 갖게 되기 마련이다. 『효경』에 "효는 덕의 근본이요, 모든 가르침이 그로 말미암아 생겨난다." 하여 효 하는 사람은 덕망스러움을 갖게 되어 타인들로부터 호감을 사게 할 수 있다. 『효경』에 "부모에게 효도하는 사람은 남을 업신여기지 않고 교만하지 않으며 여럿이 함께 있어도 다투지 않는다", "부모를 사랑하는 사람은 다른 사람을 미워하지 않고, 부모를 공경하는 사람은 다른 사람을 업신여기지 않는다(천자장)."[300]는 등 효 하는 사람은 이타적 삶을 살아가게 되므로 인간관계를 좋은 관계로 이끌 수 있는 것이다.

넷째, 협동심과 공동체 정신을 가진다는 점에서 연관성이 있다. 협동심이란 서로 마음과 힘을 하나로 합하려는 마음을, 공동체 정신은

299) "父母有過 下氣怡色 柔聲以諫 諫若不入 起敬起孝 說則復諫 不說, 與其得罪於鄕黨州閭 寧孰諫."

300) "愛親者 不敢惡於人 敬親者 不敢慢於人."

'혈연이나 지연 또는 공동의 이해관계나 목적을 바탕으로 이루어진 기본적 사회집단' 이라는 의미에서 보듯이 협동심과 공동체는 이타적(利他的) 가치를 필요로 한다. 이타적 가치 측면에서 보면, 효는 하늘의 이치에 따라 이웃을 사랑하고 어른을 공경하며, 스승의 가르침을 따르고 아랫사람을 사랑하고, 자연을 사랑하며 나라를 사랑할 줄 알게 하는 이타적 가치로 작용한다는 점에서 효는 팔로어십과 연관성이 있음을 알 수 있다.

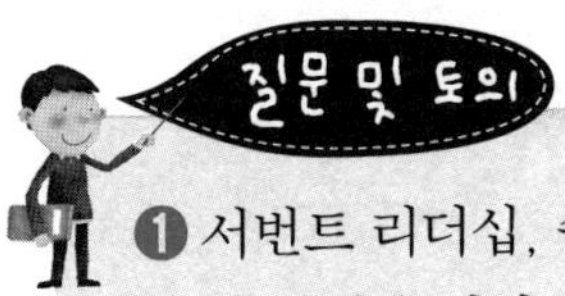

1. 서번트 리더십, 슈퍼 · 셀프 리더십, 원칙중심 리더십의 개념에 대한 이해를 바탕으로 효와의 연계성에 대하여 발표해봅시다.
2. 가치중심 리더십, 윤리적 리더십, 감성적 리더십의 개념에 대한 이해를 바탕으로 효와의 연계성에 대하여 발표해봅시다.
3. 오센틱 리더십, 멘토링 · 코칭 리더십, 문화중심의 리더십, 팔로우십의 개념에 대한 이해를 바탕으로 효와의 연계성에 대하여 발표해봅시다.

3부 「효와 소통의 리더십」 적용방향

제3부에서는 "효와 소통의 리더십을 어떻게 적용할 것인가"에 대해 그 방향을 제시하였다. 효와 소통의 리더십을 적용할 영역은 가정 · 학교 · 사회로 구분할 수 있고, 사회는 다시 종교 · 군대 · 직장 · 시민사회단체 등으로 세분할 수 있다. 그런데 여기서 군대도 직장에 포함할 수는 있지만, 별개로 제시한 이유는 군대와 일반 직장은 리더십의 목적과 대상이 다르고, 제②권(효교육론)에서 다룬 '효 교육의 방법'과 전개의 흐름을 맞추고자 해서이다. 따라서 먼저 ③권에서 다루려는 내용과 줄거리를 도표화하여 개략적으로 조망(眺望)해 보고 가정과 학교, 종교, 군대, 직장, 시민사회단체에 대한 리더십에 대해 그 방향을 제시하였다.

가정(家庭)의 리더십은 부모와 자녀, 형제 · 자매 등 가족관계를 통해 발휘되는 리더십이다. 따라서 가정에서 "부모와 자녀는 어떤 경우라도 친함이 유지되어야 한다."는 부자유친(父子有親)에 지향점을 두었다.

학교(學校)의 리더십은 스승과 제자의 관계에서 이루어지는 리더십이다. 따라서 학교에서 "스승은 제자를 바르게 인도하고, 제자는 스승의 가르침에 따라야 한다."는 사도제행(師導弟行)에 지향점을 두었다.

종교(宗敎)의 리더십은 성직자와 성도(신도)의 관계에서 이루어지는 리더십이다. 여기서는 "하늘의 뜻을 받들고 타인을 사랑해야 한다."는 경천애인(敬天愛人)에 지향점을 두었다.

군대(軍隊)의 리더십은 상관과 부하의 관계에서 이루어지는 리더십이다. 여기서는 "상관과 부하가 하고자 하는 마음이 같아야 한다."는 상하동욕(上下同欲)에 지향점을 두었다.

직장(職場)의 리더십은 직장의 사주(社主)와 사원(社員)의 관계에서 이루어지는 리더십이다. "사주(직원)는 직원(사주)을 위해서 무엇을 할 것인가?"를 생각해야 한다는 점에서 역지사지(易地思之)에 지향점을 두었다.

시민사회단체(市民社會團體)의 리더십은 효단체장과 회원, 또는 효단체장과 시민의 관계에서 이루어지는 리더십이다. 따라서 효 운동을 하는 시민단체는 "단체장과 회원은 국민들로부터 신뢰를 받아야 효 운동을 효과적으로 펼쳐나갈 수 있다."는 점에서 무신불립(無信不立)에 지향점을 두었다.

제 7 장

「효와 소통의 리더십」 조망(眺望)

본 장에서는 효와 소통의 리더십에 대하여, 어떤 방향성과 중점을 두고 리더십을 발휘할 것인가?에 대해 개략적으로 조망해 보고자 하였다. 효와 소통의 리더십을 적용하기 위한 고려사항으로 〈표 20〉의 '세로열'에 제시한 내용은 교육의 세 마당이라 일컫는 가정교육 · 학교 교육 · 사회교육에 관한 내용을 망라하였다. 그리고 사회교육 분야는 다시 종교 · 군대 · 직장 · 시민사회단체 등으로 구분하였다. 여기에서 군대도 직장에 포함할 수 있지만 분리한 이유는, 리더십이 추구하는 목표와 대상이 군대와 기업은 다르기 때문이다. 또한 '가로열'에 제시한 내용은 효 리더십을 적용함에 있어 고려해야 할 것들로, 각 영역별 리더십 주안을 어디에 두어야 할 것인가?, 어디에 중점을 둘 것인가?, 리더십 구성요소의 역동적 관계는 어떻게 적용할 것인가? 에 대한 내용을 담았으며, 도표로 제시하면 다음과 같이 정리할 수 있다.

〈표 20〉 효와 소통의 리더십 '대강(大綱)'

<table>
<tr><th rowspan="2" colspan="2">구분</th><th rowspan="2">지향방향</th><th rowspan="2">중 점</th><th colspan="3">리더십 구성요소</th></tr>
<tr><th>리더</th><th>구성원</th><th>상황</th></tr>
<tr><td rowspan="2" colspan="2">가정</td><td rowspan="2">기본에 충실한 가정을 육성하는 리더십</td><td rowspan="2">• 본보기(modeling)
• 모유수유/남편(아내) 도움
• 함께 하는 시간/스킨십
*情(느낌)→意(다짐)→行(실천)</td><td colspan="2">父子有親</td><td rowspan="2">부모의 역할 / 학교의 지원</td></tr>
<tr><td>• 父爲子綱</td><td>• 兄友弟恭</td></tr>
<tr><td rowspan="2" colspan="2">학교</td><td rowspan="2">학교를 건강하게 하는 리더십</td><td rowspan="2">• 효를 바로 알도록 함
• 부모님 의식하는 학교생활을 계도
• 학부모와 함께 하는 리더십
*知(앎)→情(느낌)→意(다짐)→行(실천)</td><td colspan="2">師導弟行</td><td rowspan="2">교사의 역할 / 가정의 지원</td></tr>
<tr><td>• 易子敎之</td><td>• 立身揚名</td></tr>
<tr><td rowspan="8">사회</td><td rowspan="2">종교</td><td rowspan="2">사회를 건강하게 하는 리더십</td><td rowspan="2">• 효를 통한 높은 가르침의 실현
• 봉사를 통한 이타적 삶을 선도
• 문화에 기초한 리더십
*知(앎)→情(느낌)→意(다짐)→行(실천)</td><td colspan="2">敬天愛人</td><td rowspan="2">성직자 역할 / 문화적 접근</td></tr>
<tr><td>• 노블레스 오블리주</td><td>• 弘益精神</td></tr>
<tr><td rowspan="2">군대</td><td rowspan="2">병영을 건강하게 하는 리더십</td><td rowspan="2">• 부모님을 의식하는 군생활 유도
• 전우사랑 · 나라사랑을 유도하는 충효예 리더십
• 충효예 정신에 기초한 무형전력 강화
*知(앎)→情(느낌)→意(다짐)→行(실천)</td><td colspan="2">上下同欲</td><td rowspan="2">軍리더 역할 / 수범적 실천</td></tr>
<tr><td>• 忠則盡命</td><td>• 孝則盡誠</td></tr>
<tr><td rowspan="2">직장</td><td rowspan="2">직장을 건강하게 하는 리더십</td><td rowspan="2">• 자기적 효 실천 여건 제공
• 자녀양육 여건을 보장
• 사회적/국가적 효 실천을 유도
*意(다짐)→行(실천)</td><td colspan="2">易地思之</td><td rowspan="2">오너의 역할 / 존중과 배려</td></tr>
<tr><td>• 幼吾幼以及人之幼</td><td>• 共存共榮</td></tr>
<tr><td rowspan="2">시민사회단체</td><td rowspan="2">시민사회단체를 건강하게 하는 리더십</td><td rowspan="2">• 시대적 효를 계도
• 효행장려지원법 촉진
• 공공기관 효 업무를 지원
*知(앎)→情(느낌)→意(다짐)→行(실천)</td><td colspan="2">無信不立</td><td rowspan="2">효단체장 역할 / 효문화 진흥</td></tr>
<tr><td>• 率先垂範</td><td>• 敬長愛幼</td></tr>
</table>

「효와 소통의 리더십」의 대강(大綱)에서 '대강(大綱)' 이란 자세하지는 않지만 기본적인 부분만 따낸 줄거리를 뜻한다. 이런 관점에서 〈표 20〉의 내용을 좀 더 구체적으로 살펴본다.

먼저 '구분' 은 효와 소통의 리더십을 다룰 가정, 학교, 사회(종교, 군대, 직장, 시민사회단체)를 제시하였다. 다음으로 '지향방향'은 가정과 학교, 사회의 리더십이 지향해야 할 방향을, 또한 '중점' 은 각각의 리더십을 발휘함에 있어 중점을 두어야 할 내용을 제시하였다. 마지막으로 '리더십 구성요소' 는 가정과 학교, 사회의 각 기관에서 리더십을 발휘할 때 리더와 구성원, 상황요인이 역동적으로 조화를 이루기 위해서는 "어떤 것들이 강조되어야 할 것인가?" 에 대한 참고사항을 제시하였다.

질문 및 토의

❶ 〈표 20〉에서 가정 · 학교 · 종교 · 군대 · 직장 · 시민사회단체의 효와 소통의 리더십에서 '지향방향' 을 중심으로 공통점과 차이점을 찾아 발표해봅시다.

❷ 〈표 20〉에서 가정 · 학교 · 종교 · 군대 · 직장 · 시민사회단체의 효와 소통의 리더십에서 '중점' 을 중심으로 공통점과 차이점을 찾아 발표해봅시다.

❸ 〈표 20〉에서 가정 · 학교 · 종교 · 군대 · 직장 · 시민사회단체의 효와 소통의 리더십에서 '리더십 구성요소' 를 중심으로 공통점과 차이점을 찾아 발표해봅시다.

제8장

가정에서 「효와 소통의 리더십」

가정(家庭)의 효 리더십은 가정윤리와 가족사랑을 바탕으로 가정을 건강하게 하는 리더십이다. 그리고 가정윤리는 무엇보다도 가족 모두 각자의 도리를 다할 때 바로 설 수 있고, 그것은 바로 효로부터 출발한다. 효는 인간이 세상에 태어나면서부터 가장 먼저 부모님으로부터 사랑을 받고 은혜에 대해 보답을 해야 하기 때문이다. 『예기』에 "부모는 자식을 사랑하고, 자식은 부모에게 효도해야 한다(父慈子孝).", 『성경』에 "부모는 먼저 자녀들이 부모로부터 사랑받고 있는 존재임을 알리고 사랑을 표현해야 한다(데살로니카전서).", 『불경』에 "부모는 자식을 다섯 가지로 돌보아야 하며, 자식은 부모를 다섯 가지로 섬겨야 한다(불설시가리월육방예경)."고 한 것도 이 때문이다.

가정의 리더십은 교육기능을 비롯하여 출산 및 양육 기능, 도덕 기능, 경제 기능 등을 잘 살려 나가는 리더십이 요구된다. 가정은 집단과 조직 생활에 있어서 기본이 된다는 점에서 기본이 선 가정을 육성하는 것이 무엇보다 중요하다. 가정에서 기본을 살리기 위해서는 인륜질서의 근본인 효가 중심이 되어야 하고, 근본에 충실하기 위해서는 부모와 자식이 친함을 유지해야 하는데, 그 방법의 하나가 부모가 본(本, modeling)을 보이고, 모유수유와 밥상머리 교육 등 기본에 충실한 리더십을 구사하는 것이다. 그리고 가정의 리더십을 살리기 위해선 가정의 내적(內的)인 문제와 함께 가정의 외적(外的)인 문제, 즉 상황요인도 함께 고려되어야 한다. 아무리 부모가 좋은 리더십을 발휘하려고 해도 정치, 경제, 복지, 교육분야 등의 비리나 청소년 유해환경이 존재하는한 부모의 역할이 영향력을 발휘될 수 없기 때문이다. 이런 점에서 보편적 가치 · 이타적 가치인 효에 바탕을 둔 리더십이 필요하다.

따라서 가정에서 효와 연관시킬 수 있는 리더십은 오센틱 리더십을 비롯한 서번트 리더십, 감성적 리더십, 가치중심 리더십, 원칙중심 리더십 등을 복합적으로 적용할 수 있다.

I 가정의 효 리더십은 '父子有親(부자유친)'을 지향해야 한다.

Tip
부모와 자식은 어떤 경우라도 반드시 친함을 유지해야 한다. 그러자면 부모의 역할이 부모다워야 하는데, 이것이 「가정의 리더십」에서 기본이다.

가정에서의 리더십은 어떤 경우라도 부모와 지식은 친함을 유지해야 한다는 점에서 부자유친(父子有親)의 리더십이 요구된다. '친함'의 의미는 '서로가 가까워져서 정이 두텁게 되는 상태'를 말한다. 부모와 자식은 천륜(天倫)인 만큼 자기 마음대로 선택하거나 바꿀 수도 없는 관계이다. 그렇기 때문에 사소한 감정 따위로 부자(父子)간에 반목하거나 불편한 관계가 되어서는 안되며 언제나 소통의 상태를 유지해야 한다. 특히 요즈음같이 핵가족, 맞벌이 부부 등의 환경으로 가족끼리 대화할 시간이 부족하고, 이로 인해 가족관계가 자칫 소원해질 수 있다는 점 등을 감안할 때, 가정은 효를 바탕으로 소통을 원활히 함으로써 친함이 유지되도록 노력해야 하는 곳이다. 『효경』에 "효는 하늘의 법칙(經)이고 땅의 질서(義)이며 백성들이 실천(行)해야 할 것이다(삼재장)."[301]라고 제시된 것과 같이 부모와 자식의 관계는 하늘이 맺어준 천륜(天倫)인 것이다. 또한 현대는 농경사회의 대가족 시대와는 리더십 여건이 많이 달라졌다. 최근 공교육이 무너진 것에 대한 책임에 있어서도 가정의 부모는 학교를 탓하고, 학교의 교사는 가정을 탓하

301) "孝 天之經也 地之義也 民之行也."

는 경향이 있는데, 이는 어디까지나 가정의 책임이 크다고 본다. 이는 가정의 리더십이 부족한 데서 온 것이기 때문이다. 따라서 이를 해결할 수 있는 길이 바로 가정에서 부자유친(父子有親)에 주안을 둔 리더십을 발휘하는 것이다.

부자유친(父子有親)은 가정윤리의 실천덕목인 오륜(五倫)의 하나로, "부모는 자식에게 인자하고, 자녀는 부모에게 공경과 섬김을 다하라."는 뜻으로 맹자(B.C. 372-B.C. 289)가 지은 『맹자』 「등문공 편」에 나온다. 부모와 자식 사이는 사람이 태어나서 가장 먼저 맺는 인간관계이고, 이 세상에서 누구보다도 가장 친한 관계라는 점에서 오륜 중에서도 첫 번째로 제시되어 있다. 부모[父]와 자식[子] 사이에 친애(親愛)함이 잘 유지되어야 가정생활이 원만해지고 건강한 사회를 만들 수 있으며 문화도 발전할 수 있다.

'부자유친(父子有親)' 이 널리 알려진 것은 중국 전한(前漢) 때의 유학자 『동중서(董仲舒, B.C. 176?-B.C. 104)』가 지은 『춘추번로(春秋繁露)』에서 삼강오륜(三綱五倫)이 제시되면서인데, 이후 인륜의 실천덕목으로 존중되어 오고 있다. 1431년(세종 13)에 편찬한 『삼강행실도(三綱行實圖)』, 1541년(중종 36)에 박세무가 지은 『동몽선습(童蒙先習)』, 1797년(정조 21)에 편찬한 『오륜행실도(五倫行實圖)』에도 실려 있는 것처럼 윤리의식이 희박해지는 현대사회에서 필요한 행동규범이다.

II 리더십 구성요소의 역동성과 적용방향

리더십은 '리더', '구성원(팔로어)', '상황' 이라는 리더십 구성요소의 역동적 관계를 통해 발휘된다. 즉 '리더' 와 '구성원' 사이에 일어나는 리더십 행위에 영향을 미치는 제 요소를 '상황' 이라고 할 때, 가정에서의 리더십은 리더인 '부모', 구성원인 '가족', 부모와 자녀에게 영향을 미치는 '상황요인' 의 역동적 관계에 의해 리더십이 발휘되는 것이다.

역동성(力動性)은 힘차고 활발하게 움직이면서도 항상적 안정성을 얻으려 애쓰고 유지하는 과정을 뜻한다. 따라서 가족구성원의 역동성은 가족구조 내의 가족성원 간에 발생하는 안정적, 정신적 작용을 의미하므로 가족의 관계가 활발하기 위해서는 부모의 역할을 바탕으로 가족간 대화 등 조화를 이루려는 노력이 있어야 한다.

1. 리더(부모): 부모는 '父爲子綱(부위자강)' 에 충실해야 한다.

Tip
부모는 자식의 벼리가 되는 노력을 계속해야 한다. 벼리가 되는 것 중의 하나는 솔선수범하는 가정의 리더가 되는 것이다.

부위자강(父爲子綱)은 동중서가 지은 『춘추번로(春秋繁露)』의 '3강(綱)' 에 제시된 내용으로 "부모는 자식의 벼리(綱)가 되어야 한다."는 뜻이다. 부위자강(父爲子綱)을 해석함에 있어 일부의 책에서 '자식은 부모를 섬기는 것이 근본이다.' 라 하여 '강(綱)' 을 '섬김' 의 의미로 풀이하는 경우가 있는데, 이는 잘못된 해석이다. 벼리(綱)는 부모와 자식 사이에 지켜야 하는 떳떳한 도리를 말하는 것이므로 부모로서의 역할과 도리가 강조되어야 하는 것이다. 따라서 "부모는 자식의 벼리(모범, 책임)가 되어야 한다."로 해석하는 것이 맞다. 그렇다면 여기서 말하는 부모의 떳떳한 도리는 무얼 말하는가? 부모가 먼저 자녀를 사랑하고 부모를 공경하는 모습을 자식에게 보여줘야 한다. 『명심보감』에 "내가 어버이에게 효도하면 내 자식 역시 나에게 효도한다. 내가 효도하지 않는다면 어찌 자식이 나에게 효도하겠는가?, 효도하고 섬기는 자는 다시 효도하고 섬기는 자식을 낳게 되지만, 어그러지고 거슬리는 자는 다시 패역하고 불효하는 자식을 낳게 되나니, 믿지 못할 것 같으면 처마 끝의 물방울을 보라, 방울방울 떨어짐이 어긋남이 없느니라(효행편)."[302]고 했다. 그리고 자식을 잉태했을 때는 성심으로 태교(胎教)에 충실하고, 출산 후에는 모유수유(母乳授乳) 등을 통해 진정으로 사랑을 베풀어야지 보육원에 맡겨서는 안되며, 자녀가 성장하면 그에 맞는 사랑으로 관리해야 한다. 그러나 우리는 효를 교육하고 적용함에 있어서 부모는 부모답지 않아도 자식은 자식다워야 한다는 식으로 가르쳐 온 면이 없지 않다. 즉 일방향성에 기초한 '희생의 효'를 요구한 것인데, 그러나 "부모가 부모의 도리를 하지 않고서는 자식이 자식의 도리를 할 수가 없고, 윗물이 맑지 않고 아랫물이 맑을 수 없다."는 이치로 볼 때 현대의 효는 '상생의 효', '공존의 효', '하모니의 효'이어야 하는 것이다.

302) "孝於親子亦孝之 身旣不孝子何孝焉 孝順還生孝順子 悖逆 還生孝逆子 不信但看簷頭水 點點適適不差移."

『불경』에 "부모는 자식을 다섯 가지로 돌보아야 한다. 부모가 해야 할 다섯 가지는 자식에게 좋은 일을 하고 학업을 가르치며, 경전과 계율을 지니게 하고 장가들이며, 재산을 맡아주는 것이다(불설시가리월육방예경)."라 했고, 『성경』에 "부모는 자녀를 돌보고 사랑해야 한다(잠언, 골로새서).", "자녀는 하나님께서 부모에게 주신 특권인 동시에 자녀들이 악한 세상에서 올바른 인성과 신앙을 가지고 살아가도록 인도해야 하는 것은 부모의 마땅한 도리이다(디모데후서, 요한일서).", "만일 어떤 과부에게 자녀나 손자들이 있거든 저희로 먼저 자기 집에서 효를 행하여 부모에게 보답하기를 배우게 하라. 이것이 하나님 앞에서 받으실만한 것이니라(디모데전서)", "부모 된 자는 먼저 마음을 다하고 성품을 다하고, 힘을 다하여 하나님을 사랑하고, 하나님 말씀을 자신의 마음에 새겨 그 말씀을 자녀에게 부지런히 가르쳐야 한다(신명기).", "부모는 먼저 자녀들이 부모로부터 사랑받고 있는 존재임을 알리고 사랑을 표현해야 한다(데살로니카전서)."고 했다.

『예기』에 "사람이 마땅히 해야 할 의로움(人義)라는 것은, 부모는 자식을 사랑하고, 자식은 부모에게 효도하는 것이다(예운편)."[303], 『소학』에 "옛날에 부인이 자식을 임신하면, 잘 때 옆으로 눕지 아니하고, 앉을 때 모서리에 앉지 아니하고, 설 때 한쪽 발로 서지 아니하며, 간사한 맛을 먹지 아니하고, 벤 것이 바르지 않으면 먹지 아니하고, 자리가 바르지 않으면 앉지 아니하며, 눈으로 간사한 빛을 보지 아니하고, 귀로 음란한 소리를 듣지 아니하며, 밤이면 소경 악사로 하여금

303) "人義 父慈子孝."

시를 외우게 하고, 올바른 일을 말하게 하였다(입교편)."[304]라고 했다. 『속맹자(續孟子)』에 '교자채신(敎子採薪)'이라는 말이 나오는데, 이는 "자식에게 땔나무 캐 오는 법을 가르치라."라는 뜻으로, 무슨 일이든 장기적인 안목으로 기초적인 것부터 가르쳐야 한다는 말이다. 따라서 부모는 자식을 대할 때 친함(親)을 유지하되, 먼저 모범(綱)을 보이는 것이 중요하다는 점을 간과해선 안된다.

2. 구성원(자녀): 부모님의 뜻을 존중하되, 올바르게 간(諫)해야 한다.

Tip
가정의 팔로어인 자녀는 고달픈 부모님의 형편을 헤아려야 한다. 자녀로서의 도리를 다함과 함께 노력하는 것이 고달픈 부모님을 위로하는 길이고 입신양명으로 가는 지름길이다.

부모님께 자식으로서의 도리(親)는 우선 부모님을 걱정시켜드리지 않고(낮은 단계의 효), 기쁘게 해드리는 것(높은 단계의 효)이다. 즉 부모님이 원하시는 방향으로 행하는 것이다. 『예기』에 "가장 큰 효는 부모님의 뜻을 존중하는 것이요, 그다음이 부모를 욕되게 하지 않는 것이며, 마지막 단계가 부모를 봉양하는 것이다(제의편)."[305]라고 했다. 부모님의 뜻을 존중하고 순종해서 따르는 것이 효의 으뜸이라는 것이다. 왜냐하면 부모님께서 우리에게 베풀어주신 은혜가 태산 같이

304) "古者 婦人 妊子 寢不側 坐不邊 立不蹕 不食邪味 割不正 不食 席不正 不坐目不視邪色 耳不聽淫聲 夜則令瞽 誦時 道正事 如此則生子 形容端正 才過人矣."

305) "大孝尊親 其次不辱 其下能養."

높기 때문인데, 이점에 대해 당(唐)나라의 시인 맹교(孟郊)는 '촌초춘휘(寸草春暉)' 에 비유했다. "부모에 비하면 자식은 풀 한 포기와 봄날의 햇볕에 불과하다."는 뜻으로, 자식이 어버이의 은혜를 보답한다는 것은 어렵다는 것에 비유하는 고사성어(故事成語)이다. 부모님의 은혜를 보답하기 위해서라도 자식은 부모님의 뜻에 따라야 한다. 『효경』에 "효자가 부모를 섬김에 평소에는 공경을 다하고, 봉양할 때에는 즐거움을 다하고, 질병에 걸렸을 때는 근심을 다하고, 돌아가셨을 때는 슬픔을 다하고, 제사지낼 때는 엄숙함을 다해야 한다. 이 다섯 가지를 갖춘 뒤라야 부모를 잘 섬긴다고 할 것이다(기효행장)."[306]라고 했고, 『불경』에 "자식은 부모를 다섯 가지로 섬겨야 하는데, 그 다섯 가지는 살림살이를 잘 하고 식사를 봉양하며, 걱정 끼쳐드리지 않고 부모님의 은혜를 생각해야 하며, 병을 치료해드리는 일이다(불설시가리월육방예경)."라고 했다. 『성경』에도 "효는 부모를 기쁘게 하고 걱정 끼치지 않는 것이다(잠언, 골로새서).", "효는 부모님의 허물을 덮어드리는 것이다(창세기).", "부모님 말씀에 순종하는 것이다(누가복음, 골로새서).", "형제간에 화목하게 지내는 것이다(마태복음).", "(자식된) 부모가 먼저 효자가 되는 것이다(갈라디아서)", "남편은 아내를 사랑하고 아내는 남편에게 복종하는 것이다(에베소서).", "물질을 드림으로써 마음이 함께 하도록 하는 것이다(마태복음).", 『논어』에 "부모가 살아계실 때는 그의 뜻을 살피고, 부모가 돌아가셨을 때는 자식의 행동을

306) "孝子之事親也 居則致其敬 養則致其樂 病則致其憂 喪則致其哀 祭則致其嚴 五者備矣 然後 能事其親."

관찰하는 것이니 삼 년 동안 부모의 뜻(道)을 고치지 않아야 효라고 할 수 있다(이인편)."[307], "부모님 살아 계시면 멀리 나가 놀지 아니하며, 떠나 놀 때에는 반드시 있는 곳을 알려야 한다(이인편)."[308], 『맹자』에 "세상 풍속에 불효라고 일컬어지는 것이 다섯 가지가 있는데, 그 팔 다리를 게을리 하여 부모의 봉양을 돌아보지 않는 것이 첫째 불효요, 장기바둑과 술 마시기를 좋아하여 부모 봉양을 돌아보지 않는 것이 둘째 불효요, 재물을 좋아하고 처자를 사랑하여 부모 봉양을 돌아보지 않는 것이 셋째 불효요, 귀와 눈의 욕망에 방종하여 부모를 욕되게 하는 것이 넷째 불효요, 용맹을 좋아하여 싸우고 사나워 부모를 위태롭게 하는 것이 다섯째 불효이다(이루 하편)."[309], 『소학』에 "리더(君子)는 공경하지 않음이 없으나 몸을 공경함이 중대한 일이 되거니와 몸이란 것은 부모의 가지이니 감히 공경하지 않으면 안된다. 능히 그 몸을 공경하지 않으면 이는 그 부모를 상하게 하는 것이요, 그 부모를 상하게 하면, 이것은 근본을 상하게 하는 것이니, 그 근본이 상하면 자식(가지)은 따라서 망하게 되는 것이다(교신편)."[310], 『격몽요결』에 "부모님께서 병환이 있으시거든 진심으로 걱정하고 염려하며, 다

307) "父在觀其志 父沒觀其行 三年無改於父之道 可謂孝矣."

308) "父母在 不遠遊 遊必有方."

309) "世俗所謂不孝者五 惰其四支 不顧父母之養 一不孝也 博奕好飮酒 不顧父母之養 二不孝也 好貨財私妻子 不顧 父母之養 三不孝也 從耳目之欲 以爲父母戮 四不孝也 好勇鬪狠 以危父母 五不孝也."

310) "君子無不敬也 敬身爲大 身也者 親之枝也 敢不敬與 不能敬其身 是傷其親傷其親 是傷其本 傷其本 枝從而亡."

른 일은 모두 제쳐놓고 다만 의사에게 묻고 약을 조제함으로써 병을 고치는 데만 힘쓰고, 그리하여 병이 나으시거든 여느 때와 같이 할 것이다(사친장)."[311]라고 했다.

부모님이 원하시는 것 중의 하나가 형우제공(兄友弟恭)이다. 즉 형제간에 우애 있게 지내고 동생은 형에게 공손하며 예의 있게 대하는 것을 좋아하신다는 뜻이다. 그러나 진정한 의미의 효는 부모님이 원하시더라도 옳지 않은 일이면 간(諫)해서 부모님이 생각을 바꾸도록 하는 것이다. 『효경』에 "부모에게 간쟁하는 자식이 있으면 (부모는) 불의(不義)함에 빠지지 않는다(간쟁장)."[312], "(부모가 하는 일이) 마땅히 의롭지 않은 일이라면 자식은 부모에게 간언하지 않을 수 없다. 그러므로 옳지 않다면 간쟁을 해야 하는 것이지 부모의 명령에 무조건 복종하는 것은 효라고 할 수 없는 것이다."[313]라고 했으며, 『논어』에 "부모에게 효를 행함에 있어 (부모의) 잘못이 있을 때 슬쩍 간하고, 설령 나의 뜻을 따르지 않더라도 여전히 공경하여 부모의 뜻을 어기지 않아야 하며, 수고로워도 원망하지 말아야 한다(이인편)."[314]고 했다. 또한 『예기』에 "부모가 잘못하시는 일이 있을 때에는 마음을 억누르고 웃음 띤 얼굴로 부드럽게 간한다. 만일 간함을 받아들이지 않

311) "父母有疾, 心憂色沮,捨置他事, 只以問醫劑藥爲務, 疾止, 復初."

312) "父有爭子 則身不陷於不義."

313) "當不義 則子不可 以不爭 於父 臣不可以不爭於君 故 當不義 則爭之 從父之令 又焉得爲孝乎."

314) "事父母 幾諫 見志不從 又敬不違 勞而不怨."

으면 일어나서 공손히 대하고 효성을 다하여 마음이 풀려서 기뻐하면 다시 간한다. (부모가) 기뻐하지 않는다고 (간하지 않다가) 동네에서 죄를 얻는 것보다 차라리 (용기 있게) 간하는 게 낫다(내칙편)."[315] 『소학』에 "자식이 부모를 섬김에 있어서는 세 번 간하여 부모가 듣지 아니하거든 부르짖어 울면서 따라야 한다(명륜편)."[316], "부모와 아들은 뼈와 살이 있는데, 신하와 임금은 의리로 이어져 있으므로 부모에게 잘못이 있으면 자식은 세 번 간하여 듣지 아니하면 따르면서 울고, 리더(임금)가 잘못이 있어 구성원(신하)이 세 번 간하여도 듣지 아니하면 그 의리를 버리고 떠날 수 있다(계고편)."[317] 『순자』에 "자식이 (부모의) 명령을 따르지 않는 세 가지의 경우가 있다. 명령을 따르면 부모가 위태롭고 명령을 따르지 않아서 부모가 편안하면 효자는 명을 따르지 않는다. 이것이 충(衷)이다. 명령을 따르면 부모가 욕되고 명령을 따르지 않아서 부모가 명예로우면 명령을 따르지 않는다. 이것이 의(義)이다. 명령을 따르면 금수가 되고 명령을 따르지 않아서 예의를 갖출 수 있다면 명령을 따르지 않는다. 이것이 경(敬)이다. 따라야 할 것과 따르지 않아야 할 대의를 밝혀서 공경과 충신을 다하고 단정하며 신중하게 행동한다면 '큰 효'라 할만하다. 전하는 말에 '도를 따르는 것이지 임금을 따르는 것이 아니며, 의를 따르는 것이지 부모를

315) 父母有過 下氣怡色 柔聲以諫 諫若不入 起敬起孝 說則復諫 不說, 與其得罪於鄕黨州閭 寧孰諫.

316) "子之事親也 三諫而不聽 則號泣而隨之."

317) "父子有骨肉 而臣主 以義屬故 父有過 子三諫而不聽 則隨而號之 人臣 三諫而不聽 則其義可而去矣 於是 遂行."

따르는 것이 아니다' 라고 한 것이 바로 이 뜻이다(자도)."[318] 라고 이르고 있다. 따라서 부모님이라 해도 옳지 않은 일에 대해서는 말려서 불의(不義)에 빠지지 않도록 하는 것이 진정한 의미의 효인 것이다.

3. 상황(영향요인): 외부 환경의 부정적 영향을 최소화해야 한다.

상황이란 리더인 부모, 구성원인 자녀 사이의 모든 일에 영향을 미치는 제 요소를 말한다. 현대는 핵가족 시대이면서 지식 · 정보화 시대이다 보니 가정의 힘으로 어찌 할 수 없을 만큼의 일들이 일어나서 가정에서의 리더십에 영향을 미치고 있다. 예

Tip
가정의 리더십 상황을 만드는 주체는 사회와 정부이다. 혼탁해진 사회질서와 규범은 가정을 파괴하고, 정부의 잘못된 보육정책과 고령사회 관련 정책은 가정을 황폐화 시킬 수 있으므로 효행장려지원법 시행으로 가정의 리더십 환경을 조성해야 한다.

318) "孝子所以不從命有三, 從命則親危, 不從命則親安, 孝子不從命乃衷, 從命則親辱 不從命則親榮, 孝子不從命乃義, 從命則禽獸, 不從明則修飾, 孝子不從命乃敬 故可以從而不從, 是不子也, 未可以從而從, 是不衷也, 明於從不從 之義, 而能致恭敬忠信, 端慤以愼行之, 則可謂大孝矣, 傳曰, 從道不從君, 從義不從父, 此之謂也."

컨대 맞벌이 시대가 되면서 육아 및 보육환경, 사교육비 등은 가정의 기능을 정상적으로 발휘하기가 어렵게 되어 있으며, 이에 따른 가족구조, 가족관계, 역할구조 등은 많은 변화를 가져 왔다. 한국과 같은 부계가족은 부자관계가 가족구성원 간 대인관계의 중심이 되어 왔지만, 이제는 부부중심, 부(父: 아버지, 남편)보다는 모(母: 어머니, 아내)를 중심으로 심리적 정서구조가 변하고 있음을 볼 수 있다.

따라서 다음과 같은 것들을 통해 가정 리더십의 상황요인을 개선해야 할 것인데, 무엇보다도 기본에 충실한 정부의 출산장려정책이 요구된다. 젊은 부부들에게 아이 낳기를 요구할 것이 아니라, 아이를 낳을 수 있는 여건과 보육 환경을 만들어주는 것에 우선을 두어야 한다. 산부인과 의원이 없는 시군(市郡)이 늘어나고, 아이를 엄마가 키우기 보다 보육원에 맡기도록 권장하는 형태의 지원정책은 바뀌어야 한다. 애완동물인 강아지나 고양이를 보더라도 일정 기간 동안 어미의 스킨십에 의해 새끼가 제구실을 알아가게 됨을 볼 수 있다. 하물며 인간의 경우 부모 보살핌이 당연한 것이다. 때문에 보육원에 주는 보육비를 조부모가 보육하는 가정에 지원하는 것도 방안이 될 수 있다. 그러면서 사정이 여의치 못한 맞벌이 가정에 대해서는 정부가 지원해야 한다. 그렇게 되면 경로효친의 미풍양속을 복원하는 효과가 있다. 만일 지금처럼 젊은 부모들이 아이를 보육원에 맡기게 되면 그 자식의 인성(人性)이 잘못되어 나중에 부적응, 정서장애를 일으켜 사회적 병리 현상을 일으키는 '미꾸라지' 가 될 수 있다. 또한 젊은 부모들이 부모섬김과 부모봉양을 기피함으로써 자기 자식에게 "나에게도 그렇게 하렴"식으로 본을 보이고 있고, 가정에서 나온 고령자들은 전철

안이나 무료 급식소, 양로원 등에서 보내고 있다. 결과적으로 가정에서 돌보아야 할 어린아이, 고령자를 사회나 국가에서 맡아야 할 판이다. 결국 정부에서 물질적 복지로 풀어가다보니 국가재정은 재정대로 부족하고 가정의 역할과 기능이 약화돼서 학교 교육이 제대로 되지 않는 악순환 구조가 되고 부메랑이 되어 가정과 학교, 사회, 국가의 부담으로 작용되고 있는 것이다. 또한 가정에서 부모가 잘못 키운 아이를 학교에서 교사가 바로 잡기에는 한계가 있고, 그런 역량이나 성의를 가진 교사들이 교육 현장에서 많이 발견되도록 관심과 지원이 필요해 보인다. 이제 정부가 나서서 가정의 리더십 환경을 바로서게 해야 한다. 그리고 그 방안의 하나가 효행장려지원법에 따라 효를 가르치도록 하는 것이다.

『효경』에 "효는 덕의 근본이요, 모든 가르침이 그로 말미암아 생겨난다(개종명의장)."[319] 고 했고, 『논어』에 "효도와 우애를 다하는 사람이 윗사람에게 함부로 대하는 사람은 드물다. 리더(군자)는 근본을 세우는데 힘써야 하며 근본이 서면 길과 방법이 저절로 생긴다. 효(孝)와 우애(弟)는 인(仁)을 이루는 근본이다(학이편)."[320] 『소학』에 "리더(君子)가 사람을 가르침에는 순서가 있으니, 먼저 작은 것과 가까운 것부터 가르치고, 그런 뒤에 큰 것과 먼 것을 가르쳐야 하거니와, 먼저 가깝고 작은 것으로부터 전하고, 뒤에 멀고 큰 것을 가르쳐야 하는 것이

319) "孝德之本也 敎之所由生也."

320) "其爲人也孝弟 而好犯上者 鮮矣, 君子務本 本立而道生 孝悌也者 其爲仁之本與."

다(가인편).”[321]라 하여 기본이 중요함을 이르고 있다. 따라서 정부가 가정의 리더십 환경개선에 나서야 한다고 본다.

III 사례: 부모의 역할과 가정의 기능을 보여준 「맹모(孟母)의 리더십」

맹모(孟母)는 맹자(B.C. 372~B.C. 289)의 어머니 급(伋)씨 부인을 일컫는다. 맹자는 중국 전국시대(戰國時代)의 철학자이며 삼천지교(三遷之教)와 단기지훈(斷機之訓), 사단(四端)설과 성선설(性善說)로 유명하며, 공자와 함께 중국의 2대 성인으로 칭송받고 있다. 이러한 맹자(孟子)가 있기 까지는 어머니의 깊은 사랑과 가르침이 크게 작용했는데, 이를 가정의 리더십이라는 틀에서 고찰해 본다.

맹자의 어머니 급(伋)씨는 남편인 맹격(孟激)이 병환으로 인해 일을 제대로 할 수 없었으며 항상 자리에 누워 있었다. 남편인 그는 나날이 자라나는 아들을 대견하게 생각하여 그의 총명함에 자신의 아픔도 잊고 아들을 신기하게 바라볼 뿐이었다. 그러나 그는 맹자가 네 살이 되자 세상을 하직하였고, 맹자는 홀어머니 급씨 슬하에서 가난하게 자랐다. 남편을 잃고 외로움을 느꼈으나 급씨

321) “君子教人有序 先傳以小者近者 而後 教以大者遠者 非是先傳以近小 而後 不教以遠大也.”

는 결코 절망하지 않고 어린 아들을 힘닿는 데까지 훌륭하게 키우기로 굳게 마음먹고 훌륭한 아들로 성장시켰는데, 그녀의 리더십은 다음의 세 가지 사례에 잘 나타나 있다.

첫 번째 사례는, 삼천지교(三遷之敎)이다. 그녀는 생계를 위한 것 외의 시간에는 어린 아들의 훈육에 전력을 기울였다. 맹자는 총명함을 지닌 예리한 감수성으로 한번 어떤 의문을 가지면 그것을 완전히 이해할 때까지 끈질기게 파고드는 성미였는데, 그러한 맹자의 성격에 어머니는 하나하나 대답을 게을리 하지 않았다. 맹자가 태어난 집은 공동묘지 근처에 위치하고 있다 보니 자연스럽게 장례(葬禮) 구경을 하게 되었고, 맹자는 장례 흉내와 상여놀이를 하면서 놀았다. 그런 모습을 본 맹모는 "여기는 자식을 키울 곳이 못 된다."고 생각하고 이사를 가게 되는데, 이사 간 곳이 하필 시장 가까운 곳이었다. 그러다보니 아들은 또 물건을 파는 장사꾼 흉내를 내며 노는 것이었다. "여기도 역시 자식 기를 데가 못 된다."고 생각한 맹모는 서당 곁으로 이사를 했다. 그랬더니 맹자는 여기서 글 읽는 흉내, 제사지내는 예법 등을 본떠서 즐겨 노는 것이었다. 이 모습을 본 맹모는 비로소 안심하고 거기서 오랫동안 살았다. 이것이 바로 유명한 '맹모삼천지교(孟母三遷之敎)' 사례이다.

두 번째 사례는, 어떤 약속이든 반드시 지킨 사례이다. 어느 날 급씨 부인에게 어린 아들 맹자가 물었다. "엄마, 저 건너 집에서 돼지를 잡고 있는데 왜 잡는 거예요?", "아마 너에게 고기를 먹도록 하려고 그럴거야." 무심코 이렇게 말한 어머니는 그 말에 자신도 깜짝 놀랐다. 그리고 어린아이를 속이는 것은 거짓말과 불신을 가르치는 것이라 생각한 그녀는 곧 그 집에 가서 돼지고기를 사다

음식을 만들어 주었다.

세 번째, 단기지훈(斷機之訓) 사례이다. 아들을 위해서라면 사소한 것에까지 세심하게 생각하던 맹모는 맹자의 나이 12살이 되자, 공자의 손자 자사(子思)에게 보내 공부를 시키기로 결심하게 된다. 어린 아들을 떠나 보내기가 안쓰러웠지만, 그러나 그녀는 결코 약한 모습을 어린 아들에게 보이지 않았다. 아들을 떠나 보낸 후에도 맹모는 부지런히 베를 짜면서 아들의 장래를 생각하며 보고 싶은 마음을 참았다. 한편 맹자는 자신 때문에 고생하시는 어머니를 생각하면서 집을 떠나 "학문을 열심히 닦아 어머니를 기쁘게 해드리리라!!"라는 굳은 결심과 함께 스승이 될 자사(子思)를 찾아 뵙고 뜻을 표했다. 맹자의 간곡한 청에 못 이긴 자사는 마침내 승낙을 내렸다. 스승 아래서 공부한지 3년이 경과한 어느 날 맹자는 "보고 싶은 어머니를 근처에 모시면서 공부를 해야겠다."는 생각으로 어머니가 계신 집을 향해 길을 떠났다. 맹모는 갑자기 돌아온 아들을 보자 마음속으로는 매우 반가웠지만 표정을 굳게 하고 아들을 대했다. "너는 어찌 하던 공부를 멈추고 이곳에 왔느냐?, 벌써 배울 것을 다 배웠느냐?"라면서 짜던 베를 낫으로 끊어 버렸다. 그러면서 "짜던 베도 중도에서 이렇게 잘라 버리면 아무 소용이 없게 되거늘, 하물며 인간이 학문을 중간에 그만두면 이렇게 잘린 베와 무엇이 다르겠느냐?"라면서 눈물을 흘리는 것이었다. 이러한 어머니의 모습을 본 맹자는 고개를 숙이고 다시 발길을 돌려야 했다. 한편 맹모는 그렇게도 보고 싶었던 아들을 돌려보내야 했기에 그 마음 또한 매우 쓰라렸음은 물론이다. 큰절을 하고 돌아서는 아들에게 "아무쪼록 쉬지 말고 배워서 큰 인물이 된 후에 돌아오너라."면서 근엄하게 돌려세우는 그녀의 눈에서는 눈물이 흘러내렸다. 이 일화는 맹모의 '단기지훈(斷機之訓)'으로 후세에 길이 전해지고 있다.

네 번째 사례는, 성장한 아들을 훈계함으로써 바른 생각으로 처신하도록 한 내용이다. 하루는 맹자가 아무 인기척도 없이 홀로 일보고 있는 아내의 방에 들어갔다가 옷매무새를 풀어헤치고 있는 아내를 못마땅하게 여기고 돌아 나왔다. 이것을 본 아내는 무안한 김에 시어머니께 전후사정을 말씀드렸다. 그러면서 "부부일신으로 생각하지 않는 모양이니 차라리, 저를 친정으로 보내 주세요."라고 청했다. 이 내용을 들은 어머니는 아들을 불러서 훈계했다. "방문을 열기 전에 인기척을 해서 사람이 온 것을 알리는 것이 예의요, 고개를 숙이고 들어가 미리 단정하게 준비하지 못한 아내의 모습을 보지 않는 것이 예의이거늘, 너는 어찌 스스로 예의를 잃은 행동을 해놓고 아내의 비례(非禮)만 책할 수 있단 말이냐?"라고 아들을 나무랐다. 이러한 어머니의 훈계에 맹자는 자신의 잘못을 뉘우친 나머지 부인과 함께 일생을 해로(偕老)했다는 내용이다.

그 후 맹자는 만인의 스승이 되었고, 20년 동안 중국 천하를 다니면서 인간의 도리를 주장했으며, 임금은 덕으로 정치를 해야 한다는 왕도정치(王道政治)를 설파하였다. 동양의 대성이라 일컫는 공자가 유교(儒敎)를 연지 백 년이 못 되어 제후(諸侯)들간에 서로 싸움을 일삼던 전국시대(戰國時代), 인민이 도탄에 빠져 있을 무렵, 맹자는 갑옷을 입지 않고 손에 검을 들지는 않았지만, 말과 글로써 정의(正義)와 인도(仁道)를 깨우치면서 유학(儒學)의 기반을 확립했다는 높은 평가를 받고 있다. 이러한 맹자가 있기까지는 어머니 급씨 부인의 지혜로운 리더십이 있었음을 알 수 있다.

맹모의 리더십을 오늘에 적용하려면, 한국의 어머니들이 어떤 리더십을 발휘해야 할 것인가를 생각하게 한다. 리더십의 구성요소 관점에서 보면 리더인 '맹모', 구성원(자식)인 '맹자', 그리고 맹모와 맹자에게 영향을 미치는 '상황'을 놓고 그때와 오늘을 비교해보면 '상황요인'만 다를 뿐 나머지 요소는 그대로다. 아들을 훌륭히 키우겠다는 욕심으로 집 밖으로 보내 공부시키는 행태는 과거나 지금이나 다를 바가 없지만, 오늘의 어머니들의 자세는 반성할 점이 많은 것 같다. "사람이 된 후에 학문이요, 명예요, 재물이다."라는 평범한 진리에 기초해서 보면, 인성(人性)보다 지식(知識)에 치우쳐 있기 때문이다.

질문 및 토의

❶ 가정에서 부자유친(父子有親)의 리더십을 발휘하기 위해, 리더십 구성요소의 역동적 관계와 역할에 대하여 발표해봅시다.

❷ 현재 보육 및 고령화 정책 등을 가정의 기능과 연계하여, 정책 당국의 「리더십의 역할 및 기능」 측면에서 보완 및 발전방향을 발표해봅시다.

❸ 사례(맹모의 리더십)를 통해 '맹모(孟母)'와 현재의 가정의 부모와 비교하여 분석적 시각에서 개선되어야 할 점에 대하여 발표해봅시다.

제 9 장

학교에서 「효와 소통의 리더십」

학교 교육에서 효를 가르치고 소통에 주안을 두는 리더십은 중요하다. '효' 리더십은 학생이 부모님을 의식하며 학교공부에 열중해서 '입신양명(立身揚名)'의 길을 가도록 하는 것이고, '소통'은 교사와 학생간 학습활동을 함에 있어 막힘이 없는 상태를 말한다. 학교(學校)의 리더십은 교육의 기능을 회복하고 학교를 건강하게 함으로써 학습 성과를 극대화하는데 목적이 있다. 그리고 이를 위해서는 무엇보다도 교사(教師)와 학생, 학생과 학생 상호 간에 하모니적 인간관계를 유지하는 것과 학교 교육환경을 개선하는 노력이 요구된다. 이를 위해서는 교사가 모범을 보임으로써 영(令)을 세우고 부모들이 교사에게 협조하는 것과 함께 교육의 유해환경을 정리하는 정책당국의 협조가 필요한데, 여기에는 효(孝, HYO)가 바탕이 되어야 한다. 『효경』에 "효는 덕의 근본이요, 모든 가르침이 그로 말미암아 생겨난다(개종명의장)."[322]고 했고, 『논어』에 "효도와 우애를 다하는 사람이 윗사람에게 함부로 대하는 사람은 드물다. 리더(군자)는 근본을 세우는데 힘써야 하며, 근본이 서면 길과 방법이 저절로 생긴다. 효(孝)와 우애(弟)는 인(仁)을 이루는 근본이다(학이편)."[323]라고 했다.

학교 리더십의 주체는 교사이다. 그러므로 교사는 사명감과 봉사하는 모범적인 자세로 학생을 이끌어야 한다. 맹자(孟子)가 '군자삼락(君子三樂)'[324]에서 교육을 세 가지 즐거움 중의 하나로 본 것도 이 때문이다. 따라서 교육자는 지식 전달에 앞서 사람다운 사람으로 변화시키는 리더로서의 역할을 해야 한다. 그리고 그 방안의 하나가 효를 바탕으로 하는 리더십이다. 맹자는 '역자교지(易子敎之)', 즉 부모가 서로 자식을 바꾸어서 가르치는 것이 효과적이라고 했다. 이를 오늘의 세태에 비춰보면, 가정에서 부모가 사람됨 교육을 하기가 어려우니 학교에서 담당해야 한다는 의미로 받아들일 수 있다. 이런 이유에서 교사 양성 시스템과 과정, 자질 점검에도 관심을 가져야 한다. 학교에서 효를 바탕으로 적용할 리더십은 가치중심의 리더십을 비롯한 서번트 리더십, 셀프 리더십, 원칙중심 리더십, 오센틱 리더십 등이 복합적으로 적용될 수 있다.

322) "孝德之本也 敎之所由生也."

323) "其爲人也孝弟 而好犯上者 鮮矣, 君子務本 本立而道生 孝悌也者 其爲仁之本與."

324) 『맹자』「진심편」: "君子有三樂 父母俱存 兄弟無故 一樂也 仰不愧於天 俯不怍於人 二樂也 得天下英才 而 敎育之 三樂也."

I 학교의 효 리더십은 '師導弟行(사도제행)' 을 지향해야 한다.

Tip
스승과 제자는 어떤 경우라도 반드시 각자의 도리를 지켜야 하는데 그 중의 하나가 사도제행(師導弟行)이다. 그리고 스승이 스승다워야 하는데, 이것이 「학교의 리더십」에서 기본이다.

학교(學校)에서의 리더십은 어떤 경우라도 스승은 제자를 올바른 방향으로 인도하고, 제자는 스승의 가르침에 따르는 '사도제행(師導弟行)' 의 리더십이 요구된다. '사도(師導)' 는 '스승 사(師)' 자와 '인도할 도(導)' 자가 합쳐진 글자로 '스승이 제자를 올바르게 인도한다.' 는 의미이고, '제행(弟行)' 은 '제자 제(弟)' 자와 '행할 행(行)' 자가 합쳐진 글자로 '제자의 올바른 행동' 을 의미한다. 가정에서 부모와 자식은 천륜(天倫)의 관계지만 학교에서 스승과 제자는 인륜(人倫)의 관계이다. 그렇기 때문에 상대적으로 스승의 '다움' 이 요구된다. 과거 농경사회와 산업사회 때까지만 해도 '군사부일체(君師父一體)', '스승의 그림자도 밟지 않는다.' 는 말이 시대사조(時代思潮)였지만 요즈음은 걸핏하면 제자가 스승에게 대들고 학부모가 스승을 폭행하는 일들이 벌어지고 있다. 이런 점에서 학교의 리더십을 살려야 할 때이다. 특히 최근 학교 내 폭력과 왕따 현상 등은 입시교육보다 인성함양에 우선하는 교육풍토 회복이 그 어느 때보다 시급한 것으로 보인다. 『효경』에 "부모를 섬기는 사람은 윗자리에 있어도 거만하지 않고, 아랫자리에 있어도 질서를 어지럽히지 않으며, 다른 무리와 함께 있어도 서로 다투지 않는다(기효행장)."[325],

325) "事親者 居上不驕 爲下不亂 在醜不爭."

"부모를 사랑하는 사람은 다른 사람을 미워하지 않고, 부모를 공경하는 사람은 다른 사람을 업신여기지 않는다(천자장)."[326]고 한 것처럼 효는 인성함양의 바탕임을 알 수 있다. 따라서 스승은 바르게 제자를 인도하고, 제자는 스승을 따르는 '사도제행(師導弟行)'의 리더십이 요구되는 데, 이를 위해서는 무엇보다는 교육자의 자질과 역량을 감안한 교육자 선발시스템이 적용되어야 한다고 본다. 교육자는 공부 잘하는 사람이어야 하겠지만, 이타적(利他的)이지 못하고 이기적(利己的)이거나 사회성(社會性)이 부족하여 대인관계를 잘하지 못하며, 균형감각을 잃은 일종의 인격 결함자가 스승의 자리에 있어서는 안되기 때문이다. '스승다움'은 자기 자신을 이끌고, 가정에서 부모를 섬기고 자녀를 바르게 이끄는 등 인격이 갖추어져 있는 사람이어야 한다.

II 리더십 구성요소의 역동성과 적용방향

학교의 리더십은 리더인 '교사', 구성원인 '학생', 그리고 교사와 학생에게 영향을 미치는 '상황요인'의 역동적 구조 속에서 발휘된다. 즉 학교 리더십의 역동성은 교사와 학생, 그리고 학생과 학생에게 영향을 미치는 제 요소의 상호적 관계가 힘차게 움직이면서도 항상적 안정성을 얻으려고 애쓰고 유지하는 가운데 이루어진다. 때문에 리더

326) "愛親者 不敢惡於人 敬親者 不敢慢於人."

인 교사의 인격과 자질적 요소가 중요하다. 왜냐하면 리더가 중심이 되어 상황을 만들어 가면서 제자를 이끌어야 하기 때문이다. 특히 '상황'에는 여러 요소가 있는데, 그중에서도 상급자(교장, 교육감, 교육부 장관 등)의 영향이 크게 작용하게 된다. 상급자를 기준으로 보면 교사는 학생과 함께 팔로어 그룹에 해당되기 때문인데, 이렇게 보면 리더십에 영향을 미치는 상황요인은 결국 리더의 역할이 긍정적으로 영향을 미치느냐, 부정적으로 영향을 미치느냐에 따라 리더십이 좌우되는 것이다. 이런 점에서 리더인 교사의 리더십 역량은 중요하다.

1. 리더(교사, 교장): '易子敎之(역자교지)'의 사명으로 '敎之以義(교지이의)'에 주안을 두어야 한다.

Tip
교사와 학생은 어떤 경우라도 각자의 사명과 도리를 다하려는 노력이 필요하며, 이런 분위기를 교사가 만들어야 한다. 그러자면 리더인 교사가 의(義)에 기초한 교육자의 도리가 선행돼야 한다.

리더는 리더십의 주체이다. 그러므로 학교 교육의 주최는 교사이고, 교사가 보편적 · 이타적 가치인 효를 바탕으로 리더십을 발휘한다면 인륜질서의 근본을 서게 하는데 도움이 될 것이다. 『효경』에 "효는 덕의 근본이요, 모든 가르침이 그로 말미암아 생겨난다."고 했다. 최근 언론에 보도되고 있는 공교육의 붕괴, 학교폭력 등의 문제도 분석해 보면 교사가 중심이 되지 못하는 데서 오는 것으로 볼 수 있다. 그러나 오늘날의 현실은 학교 내 폭력이 더욱 가혹한 쪽으로 진화하고 있지만, 보복이 두려워 신고조차 못하고 자살을 택하는 극단적인 상황이 발생하고 있다. 그 배경에는 가정의 문제를 비롯한 여러 이유가 있지만 현장을 가장 잘 아는 교사들의 역할에 문제가 있다고 봐야 한다. 그러나 지금처럼 교사들의 영(令)이 서지 않는 상태에서는 교사의 리더십을 기대하기도 어렵다. 교육행정과 정책당국은 무엇보다도 교사의 영(令)을 살리는 일에 주력함으로써 보편적 · 이타적 가치인 효를 통해 인성을 함양하고 폭력을 예방할 수 있도록 해야 한다. 인간은 본디 가치 지향적 존재인 까닭에 효와 같은 가치를 지향하도록 가치중심의 리더십을 적용해야 하는 것이다. 피해 학생이 자살을 택할 정도로 고통을 받고 있는데, 담임교사가 몰랐다는 것은 말이 안된다. 그렇더라도 부모를 생각한다면 자살을 할 수 없는 것이 이치이다. 또한 학교 교육에서의 주체는 학생이 아니라 교사라는 점도 주목할 필요가 있다. 그리고 효 교육의 중심이 학교이고, 학교 교육의 중심에 교사가 있어야 한다면 교사는 마땅히 효를 알고 가르칠 수 있는 역량을 갖춘 사람이 교사로 선발되어야 하는 것이다.

교육은 어디까지나 스승과 제자의 관계에 있어서 기본이 바로 선 상태에서 이루어질 때, 그것이 교육이다. 이렇게 되기 위해서는 교육자가 사람됨의 본을 세워서 교육자다움을 유지케 하려는 교육행정 당국의 노력이 필요하다. 학교에서 행해지는 교육의 질은 교육자에 의해 좌우될 수밖에 없다는 점에서 더욱 그렇다. 일류대 나온 교육자가 아니라 인격자로서 존경받는 교육자를 더 필요로 하기 때문이다. 교사에게 요구되는 리더십 역량은 '역자교지(易子教之)'의 사명과 함께 '교지이의(教之以義)'를 실천할 수 있어야 한다. '역자교지(易子教之)'는 『맹자』「이루 상」에 나오는 내용으로 자식을 키우는 부모끼리 자식을 바꾸어서 가르쳐야 한다는 말이다. 맹자가 살았던 시대에도 부모가 자식의 인성문제 등을 직접 가르치기가 어려웠던 것인데, 오늘날처럼 핵가족화와 맞벌이 부부로 바쁜 시간을 보내야 하는 가정 형편으로는 자식교육이 더 어려워졌으므로 학교에서 사람됨 교육을 감당해야 한다는 것이다. '교지이의(敎之以義)' 는 『논어집주』에 나오는 '교지이의범의즉살(敎之以義 犯義則殺)', 즉 "가르침에 있어서는 의로써 해야 하고, 가르침에 의를 위반하는 자는 죽여야 한다."는 데서 나온 말로, 교육에의 의로움이 바탕이 되어야 함을 이르는 것이다. 『효경』에 "가르침이 엄숙하지 않아도 (정치가) 이루어지고 그 정치가 엄하지 않아도 다스려지는데, 그 이유는 리더(선왕)가 그것(효)을 가르침으로써 백성을 교화시킬 수 있기 때문이다(삼재장)."[327]라고 했다. 『성경』에는 "자녀가 효를 하게 하려면 부모된 자가 먼저 효를 행해야 한다(갈라디아서)."고 했다. 『격몽요결』에 "학문을 하는 사람은 반드시 성실한 마음으로 그 학문하는 길로 향해야 하고, 세속의 잡된 일로 그 학문하는 뜻을 어지럽게 하여서는 안된다. 어지럽히지 않은 연후에 학문을 하는 터전이 잡힌다(지신장)."[328]고 이르고 있는 것도 이 때문이다.

2. 구성원(학생): 스승의 가르침에 따라 '立身揚名(입신양명)'을 추구해야 한다.

학생은 학교에서 공부하는 사람을, 제자는 스승으로부터 가르침을 받거나 받는 사람을 일컫는다. 때문에 학생은 스승의 가르침에 충실

327) "其敎不肅而成 其政不嚴而治 先王見敎之可以化民也."
328) "學者必誠心向道不以世俗雜事亂其志然後爲學有基址."

함으로써 입신양명(立身揚名)의 길을 가야 한다. 그것이 자기적 효와 가정적 효 실천을 통해 부모님을 기쁘게 해드리는 길이다. 『효경』에 "효의 시작은 부모를 섬기는데 있고, 중간 단계는 나랏일에 충실하는데 있으며, 효의 마지막은 이름을 드러내는 것이다. 몸을 세워 도를 행함으로써 후대에 이름을 날려 부모의 이름을 드러나게 하는 것이 효의 마지막이다(개종명의장)."[329)] 라고 했다. 또한 『불경』에 "(부모는) 자식이 멀리 가면 생각하고 염려하며, 끝까지 자식을 불쌍히 여기고 사랑하신다는 점을 알아야 한다(부모은중경)."고 했다. 『예기』에 "효자는 어두운 곳에서 일을 종사하지 않으며, 위태로운 곳에 오르지 않는다. 이는 어버이를 욕되게 할 것을 두려워하기 때문이다. 부모가 살아계실 때에는 벗과 더불어 죽음에 대하여 허락하지 않아야 한다(곡례편)."[330)] 『격몽요결』에 "학문을 하는 사람은 반드시 성실한 마음으로 그 학문하는 길로 향해야 하고, 세상의 잡된 일로 그 학문의 뜻을 어지럽게 해서는 안 된다. 어지럽히지 않은 연후에 학문을 하는 터전이 잡힌다(지신장)."[331)], "항상 일찍 일어나고 늦게 자야 하며, 의관을 반드시 단정히 하고 얼굴빛을 반드시 엄숙하게 하고, 두 손을 맞잡고 바르게 앉아야 하고, 걸음걸이는 조용하고 조촐해야

Tip
학교의 팔로어인 학생은 스승의 마음을 헤아리고 부모님이 원하시는 방향으로 학교생활에 임해야 한다. 제자로서의 도리를 다하는 것이 입신양명의 지름길이다.

329) "孝 始於事親 中於事君 終於立身 立身行道 揚名後世 以顯父母 孝之終也."
330) "孝子不服闇不登危懼辱親也 父母存不許友以死."
331) "學者必誠心向道不以世俗雜事亂其志然後爲學有基址."

하고, 언어는 삼가하고 무거워서 한 가지 한 가지의 동정을 소홀히 해서는 아니 되며, 조금이라도 아무렇게나 지나쳐 버려서는 안된다(지신장)."[332]고 하여 학생의 본분을 이르고 있다.

우리는 훌륭한 제자를 일컬어 '청출어람(靑出於藍)', '후생가외(後生可畏)' 라고 한다. 또 '교학상장(敎學相長)' 이란 말도 있다. 청출어람(靑出於藍)은 "푸른색은 쪽[藍]에서 나왔지만 쪽빛보다 더 푸르다."라는 뜻으로, 제자가 스승보다 더 나음을 일컫는 고사성어로 『순자』「권학편(勸學篇)」에 나오는 말이다. 또 이와 비슷한 의미인 후생가외(後生可畏)는 "뒤에 난 사람은 두려워할 만하다"는 뜻으로, 후배는 나이가 젊고 의기가 장하므로 학문을 계속 쌓고 덕을 닦으면 선배를 능가하는 경지에 이를 것이라는 『논어』「자한편(子罕篇)」에 나온다. 자기보다 먼저 태어나 지식과 덕망이 자기보다 뛰어난 사람이 선생(先生)이고, 자기보다 뒤에 태어난 사람이 후생(後生)이다. 그런데 이 후생은 장래에 무한한 가능성을 가지고 있으므로 가히 두려워할 만한 존재라는 것이다. 그리고 교학상장(敎學相長)은 "스승은 학생에게 가르침으로써 성장하고, 제자는 배움으로써 진보한다."는 말로 『예기』「학기(學記)」편에 나온다. 지극한 진리가 있다고 해도 배우지 않으면 그것이 왜 진리인지를 알지 못한다. 따라서 배워 본 이후에 자기의 부족함을 알 수 있으며, 가르친 후에야 비로소 어려움을 알게 된다. 그러기에 가르치고 배우면서 더불어 성장한다고 하는 것이다. 벼가 익을수록 고개를 숙

332) "常須夙興夜寐衣冠必正容色必肅拱手危坐行步安詳言語愼重一動一靜不可輕忽苟且放過."

이듯이 사람은 배움이 깊을수록 겸허(謙虛)해지기 마련이다. 학문이 아무리 깊다고 해도 가르쳐 보면, 자신이 미처 알지 못하는 부분이 적지 않다는 것을 알게 되고, 부족한 분야를 더 공부하여 제자를 가르치며, 제자는 스승의 가르침을 남김없이 받아 더욱 학식이 풍부한 인재로 성장한다는 뜻인데, 모두 학생으로서 새겨야 할 내용이다.

3. 상황(영향요인): 師正弟敬(사정제경)으로 교육환경을 살려야 한다.

Tip
학교의 리더십 상황을 만드는 주체는 가정과 교육정책 당국이다. 또한 잃어버린 공교육의 신뢰를 회복하는 노력도 학교 리더십의 상황을 조성하기 위한 선결 조건이다. 전문성이 부족한 사람을 교육정책의 수장에 앉히는 등의 잘못된 정치인의 리더십이 공교육의 상황요인을 악화시킬 수 있다.

'상황'은 학교에서 교사가 제자에게 가르침을 전달하는데 영향을 미치는 제 요소를 말한다. 여기에는 내부적으로 교육부장관으로부터 교육감, 학교 교장, 그리고 학운위 등에 이르기까지 교사의 교육행위에 영향을 미치는 것과 외부적인 요인, 즉 정치, 경제, 사회, 문화 분야 등이 포함된다. 예컨대 어떤 교장선생님이 훈화에서 "학생 여러분, 여러분은 이 학교의 주인이자 주체입니다."라고 말을 했다면, 이는 잘못된 표현이다. 학교에서의 리더는 교사이고, 학생은 리더가 제시하는 방향으로 따라가는 구성원이라는 점에서 교장선생님이 그 같은 발언을 하게 되면 교사 입장에서는 '상황요인'으로 작용하기 때문에 교사의 영(令)이 서질 않게 된다. 또한 요즈음처럼 청문회에 나온 정치 지도자, 대기업 총수의 비리, 사회 지도층 인사의 비리 등의 사건이 언론에 여과없이 보도되고 있는 상황에서는 아무리 교사가 좋은 교육을 한다 해도 교사의 리더십 영향은 반감될 수밖에 없다. 이런 점에서 학교 교육의 외적인 환경도 중요하다. 그리고 효 교육은 원래 가정에서 하는 것이 적격이지만, 가정에서 부모가 직접하기 보다는 학교에서 교사가 하는 것이 효과적이다. 부모는 가정에서 자녀에게 사랑을 베풀고 본보기를 보일 수는 있지만 효를 가르치기가 곤란하다는 것인데, 맹자가 '역자교지(易子教之)' 를 주장한 것도 이 때문이다. 사람이 되는 교육은 가정교육과 학교 교육, 사회교육을 통해 이뤄지지만, 이 중에서도 가정과 학교 교육이 중요한데, 학교 교육은 2~5세에 부모의 품을 떠나 어린이집, 유치원을 시작으로 초 · 중 · 고 · 대학에서 교육을 받으며 성장하게 된다는 점에서다.

최근 학교폭력, 왕따 문제가 사회적 이슈가 되고 있다. 부모와 교사도 모르는 가운데 학교 내 폭력은 더욱 가혹하고 잔인한 쪽으로 진화하고 있으며, 보복이 두려워 신고조차도 못한 채 자살을 택하는 경우도 있다. 그런데도 당국의 해결책이라는 것이 '학교폭력 실태조사', '경찰배치', '순찰강화', '상담사 배치' 등을 내놓고 있는데, 그러나 학내폭력은 감시나 순찰, 설득 등으로 해결할 수 있는 문제가 아니라 교육자의 리더십으로 풀어야 한다.

이런 점에서 교육현장에서는 교사의 리더십 환경이 중요한데, 환경을 개선하는 것 중의 하나는 교사가 본보기를 보임으로써 학생들로부터 존경을 받는 것이다. 『효경』에 "효는 덕의 근본이요, 모든 가르침이 그로 말미암아 생겨난다(개종명의장)."[333]고 했고, "효는 하늘의 법

333) "孝德之本也 敎之所由生也."

칙(經)이고 땅의 질서(義)이며 백성들이 실천(行)해야 할 것이다(삼재장)."[334]라고 했다. 또한 "부모를 섬기는 사람은 윗자리에 있어도 거만하지 않고, 아랫자리에 있어도 질서를 어지럽히지 않으며, 같은 무리와 함께 있어도 서로 다투지 않는다(기효행장)."[335], "부모를 사랑하는 사람은 다른 사람을 미워하지 않고, 부모를 공경하는 사람은 다른 사람을 업신여기지 않는다(천자장)."[336], "(리더가) 백성들을 서로 친애하도록 하는 데에는 효보다 좋은 것이 없고, 백성들을 예에 순응하게 가르치는 데는 공경함보다 좋은 것이 없다(광요도장)."[337]하여 효를 가르치면 교육적 환경이 좋아지게 될 것임을 이르고 있다. 『불경』에 "효는 수행자의 삶의 기준과 준거, 죄악을 범하지 못하게 하는 규정임이다(범망경)."라고 했고, 『논어』에 "효도와 우애를 다하는 사람이 윗사람에게 함부로 대하는 사람은 드물다. 리더(군자)는 근본을 세우는데 힘써야 하며 근본이 서면 길과 방법이 저절로 생긴다. 효(孝)와 우애(弟)는 인(仁)을 이루는 근본이다(학이편)."[338], 『맹자』에 "위대한 인격을 가진 인물이란 어린아이 때의 본심을 잃지 않는 사람이다(이루 상)."[339], "학교에서 부모에게 효도하고 형을 공경하는 도리를 교육시키면 머리털이 허연 늙은이가 짐을 등에 지거나 머리에 이고 도로를 오가지

334) "孝天之經也 地之義也 民之行也."

335) "事親者 居上不驕 爲下不亂 在醜不爭."

336) "愛親者 不敢惡於人 敬親者 不敢慢於人."

337) "敎民親愛 莫善於孝 敎民禮順 莫善於悌."

338) "其爲人也孝弟 而好犯上者 鮮矣, 君子務本 本立而道生 孝悌也者 其爲仁之本與."

339) "日 大人者 不失其赤子之心者也."

않게 될 것이다(양혜왕 상)."[340], 『명심보감』에 "사람의 성품은 물과 같으나 물이 한 번 기울어지면 돌이켜질 수 없고, 성품이 한 번 기울면 돌아오지 못한다. 물을 제어하는 것은 반드시 둑으로 하고, 성품을 제어하는 것은 반드시 예법으로 하는 것이다(계성편)."[341], 『격몽요결』에 "대체로 부모에게는 당연히 효도해야 한다는 것을 알면서도 효도하는 사람이 별로 많지 않은 것은, 부모의 은혜를 깊이 깨닫지 못하기 때문이다. 이 세상 어느 물건도 내 몸보다 귀한 것은 없다. 곧 부모께서 주신 것이기 때문이다. 지금 남에게 재물을 주었다면 그 물건의 많고 적음이나 가치의 경중에 따라서 그 은혜에 감사하는 마음도 깊거나 얕아 보이겠지만, 부모가 나에게 이 몸을 주셨으니 천하의 어떠한 물건과도 이를 바꿀 수는 없는 것이다(사친장)."[342]라고 했다. 이렇듯 학교에서 교사가 효를 바탕으로 리더십을 발휘한다면, 교사의 영(令)이 서는 것은 물론 교육환경이 개선될 것이라는 점을 알 수 있다.

340) "謹庠序之敎 申之以孝悌之義 頒白者不負戴於道路矣."

341) "景行錄 云 人性 如水 水一傾則不可復 性一縱則不可反 制水者 必以堤防 制性者必以禮法."

342) "凡人莫不知親之當孝而孝者甚鮮由不深知父母之恩故也 天下之物莫貴於 吾身乃父母之所遺也 今有遺人以財物者 則隨其物之多小輕重而感恩之意爲之深淺焉父母遺我以身以擧天下之物無以易此身矣."

III 사례: '사람이 된 후 학문' 이라는 「홍우준 학원장(學園長)의 리더십」

경민학원(慶旼學園) 홍우준(洪禹俊, 1923~) 설립자님의 리더십은 효와 충을 기초로 학교를 이끄는 리더십이다. 효와 충은 교사와 학생이 부모님과 국가에 대해 감사하는 마음으로 각자의 본분을 다하도록 이끌어 주는 보편적 · 이타적 가치이다. 나를 낳으시고 길러주신 부모님께 감사하고, 주권이 보존된 가운데 공부할 수 있도록 해주는 조국에 감사하는 마음을 가지도록 하는 리더십이다. 그래서 경민학원은 모든 행사에서 애국가를 4절까지 부른다.

경민학원 내에는 여러 교육기관이 들어서 있다. 유치원(1개), 국제초등학교(1), 중학교(2), 고등학교(3), 대학교(1)가 있고, 산하에 효충교육원과 평생교육원을 두고 있는데, 건학이념을 "사람이 된 후에 학문이요, 명예요, 재물이다"에 두고, '효', '충', '신앙'을 설립정신으로, "효를 실천하면 자신이 살고, 가정이 살고, 나라가 살고, 세계의 평화가 이루어진다", "교육은 제2의 독립운동이다"라는 신념으로 교육을 이끌고 있다.

설립자께서 효충을 설립정신으로 삼은 데에는 자신이 겪은 삶의 역정(歷程)과 관련이 있다. 홍우준 설립자는 1923년 4월 23일 평안북도 정주군 곽산면 엄장리 시골마을에서 부친 홍응팔(洪應八) 씨와 모친 지성팔(池聖八) 여사 사이에서 9남매 중 4째 아들로 태어났다. 부친 홍응팔(洪應八) 선생은 홍경래의 후손으로 패기 있고 용맹

스런 기질을 가진 한학자(漢學者)였는데, 일본에게 침략 당하자 만주, 상해 등지에서 독립운동을 하였다. 그리고 1939년에는 곽산면 경찰지서(파출소)에 근무하는 일본인 순사(경찰) 6명을 습격한 죄로 투옥되었다가 1945년 8월 15일 광복과 동시에 석방되면서 가족들은 고향을 떠나 평양시 기림리 모란봉 기슭 고등골에 이사하여 살게 되었다.

그러나 홍우준 청년은 신사참배 반대와 독립군을 지원했다는 죄로 황해도 황주군 겸이포(兼二浦) 경찰서에서 미결수로 복역하던 중 광복과 함께 석방되었으나 그 기쁨도 잠시일 뿐, 소련 공산당이 9월 23일부터 평양에 진주하게 되면서 부녀자 성폭행 등 온갖 만행을 저지름으로써 이를 차마 볼 수 없었던 젊은 청년 홍우준은 공산당을 상대로 투쟁하게 되었고 그때마다 당 간부와 맞섰다. 한번은 소련군 장교 3명이 형수와 여동생들을 성폭행하려는 장면을 목격하고, 짐승만도 못한 그들의 행동에 분개한 나머지 놈들의 총을 빼앗고 혼내주었는데, 이것이 폭행죄가 되어 수배를 당하게 되었다. 은둔생활을 하던 중에 1947년 3월 2일 대한민국으로 월남하게 되었고 갖은 고생과 열심히 벌어 모은 재산을 모두 팔아 학교를 세우게 되는데, 이것이

경민학원이다. 설립자님은 대한민국은 아직도 남북이 분단된 상태이고, 일본의 영향 등을 볼 때 아직 완전 독립이 되지 않았음을 상기시키기 위해 학원정문(學園正門)을 독립문으로 세웠다. 중앙에 세워진 독립문(獨立門)으로 차량을 드나들게 하고, 좌우측에 세운 효행문(孝行門)과 충의문(忠義門)은 학생들이 등하교를 하면서 "부모님과 조국을 위해 무엇을 할 것인가?"를 생각하도록 한 것이다. 설립자님의 효충 리더십은 다음 내용에서 살펴볼 수 있다.

첫째, 학원의 교육이념을 지식중심보다 사람중심에 우선하는 교육에 두고 있다는 점이다. 학원의 건학이념은 "사람이 된 후 학문이요, 명예요, 재물이다."라는 내용이다. 이는 여러 문헌을 기초로 선정한 것으로 알려져 있는데, 하나는 『성경』에 "부모를 공경하라, 그리하면 네가 잘되고 장수하리라."는 내용에서 보듯이 효도하는 자식은 후에 성공하여 나라와 민족을 위해 많은 일을 할 수 있지만, 부모에게 불효하는 사람은 잘되기 어렵고 양심적 갈등을 빚게 돼 결국 건강을 잃게 된다는 것이다. 둘은 『명심보감』에 "하늘의 명령에 따르는 사람은 살고, 하늘에 거역하는 사람은 망한다(順天者存 逆天者亡)."는 내용이 나오는데, 이 내용 역시 부모와 자식의 관계는 하늘이 정해준 바이므로, 부모에게 효도하는 사람은 하늘의 뜻에 순응하기 때문에 잘되고, 부모에게 불효하는 사람은 하늘의 뜻을 거역하기 때문에 망하게 된다는 것이다. 셋은 『논어』에 "집에 들어가면 부모에게 효도하고, 밖에 나오면 모든 일에 삼가며 남에게 믿음을 주고 모든 사람을 사랑하되, 특히 어진 사람을 가까이 하고 그러고도 남음이 있으면 글을 배워라(弟子入則孝 出則弟 謹而信 汎愛衆而親仁 行有餘力 則以學文)."는 내용이다. 이를 달리 표현하면, "사람이 되고 나서 학문, 명예, 재물이다."라는 뜻이다. 이렇듯 여러 문헌의 내용을 기초로 지식보다 사람이 되는 교육을 강조하고 있는 점이다.

둘째, 가정과 학교 교육은 둘이 아니라 하나이므로 어린 시절의 교육을 인성함양에 중점을 둔다는 점이다. 설립자님은 사람은 누구나 어린 시절에 가정에서 받는 교육이 중요하다는 점을 특히 강조하는데, 가정에서 모유와 밥상머리교육, 부모님께 큰절, 그리고 할머니 · 할아버지 역할을 강조한다. 그러면서 실제로 자녀교육을 위해 혈연관계가 아닌 할아버지 · 할머니를 집에 모셔서 교육적 역할을 하게 했던 일화가 있다. 이렇게 하게 된 이유는, 큰아들이 어렸을 때 "아버지, 우리 집은 왜 할아버지, 할머니가 없어요? 다른 집 할아버지는 친구들에게 엿도 사주고 놀이터에서 함께 놀아주는데, 우리는 왜 할머니, 할아버지가 없어요? 라는 질문을 받게 된 때문이라고 한다. 결국 자녀교육을 위해 가정에서 두 분의 할머니, 할아버지를 모셨고, 학교에서는 학교설립에 물신양면으로 도움을 주신 네 분(황애덕 · 양매륜 · 이효덕 · 김노다)을 경민의 어머니로 모셔 놓고 효 실천에 대해 솔선수범(率先垂範)하시는 것이다.

셋째, 교사와 학생 간의 인사말을 통해 효 실천을 유도하는 것이다. 학생들이 '효도하겠습니다.' 라고 인사하면, 교사는 '효도합시다.' 라고 받는다. 수업 시작과 끝날 때는 물론 모든 인사에 이 구호를 적용함으로써 부모님께 효도를 다짐하게 하며, 교육자 역시 솔선수범하겠다는 각오를 하게 하고 있다.

넷째, 국가기념일에 교사와 학생들이 참석하여 함께 기린다는 점이다. 3.1절, 6.25 남침전쟁, 8.15 광복절 등을 기념하는 날은 교직원과 학생이 모여 나라의 소중함을 일깨우는 자리이며, 어버이날과 스승의 날 등에도 기념행사를 통해서 부모와 스승을 공경하게 하는 인성교육을 시행하고 있다.

다섯 째, 학원(學園) 내에 효충교육원과 효충사관과를 개설해서 효충을 교육할 수 있는 지도자를 양성하고 있다. 효충교육원에서는 육군본부와 협약을 체결하여 「군 충효지도사 교육사업」으로 매년 600여 명씩 교육자를 배출하여 군에서 장병을 대상으로 교육을 하고 있고, 「의정부 효시화사업」, 「경기도 효지도사 교육사업」, 「초 · 중고교 교사 연수과정운영」 등 효를 교육하고 있으며, 대학에 전국 유일의 「효충사관학과」를 개설해서 '효행장려 및 지원에 관한 법률' 을 시행하는데 필요한 인재를 육성하고 있다. 이들은 일단 군인공무원으로 임용된 후, 직업군인의 복무를 마치고 나면 효 지도사로 종사할 수 있도록 교육하고 있다.

질문 및 토의

❶ 학교에서 사도제행(師道弟行)에 중점을 둔 리더십을 발휘하기 위해 보완 및 발전되어야 할 내용에 대해 발표해봅시다.

❷ 학교의 리더십 발휘와 연계하여 정책 당국의 「리더십의 역할 및 기능」에 대해 보완 및 발전 방향을 발표해봅시다.

❸ 사례(홍우준 학원장의 리더십)를 통해 현재 학교의 효 리더십을 분석적 시각에서 발전 방향을 발표해봅시다.

제 10 장

종교에서 「효와 소통의 리더십」

종교(宗教)에서의 효 리더십은 종교 경전(經典)에 제시된 효를 바탕으로 발휘하는 리더십이다. 종교의 창시자들은 한결같이 효를 강조하고 있다. 우리의 전통종교는 고조선의 건국이념인 '홍익인간(弘益人間)' 정신을 기반으로 하고 있고, 유교는 『효경』에서 "효는 하늘의 법칙(經)이고 땅의 질서(義)이며 백성들이 실천(行)해야 할 것이다(삼재장)."[343], "부모와 자식의 도(道)는 하늘의 뜻에 따르는데 있다(부모생적장)."[344]라 하여 하늘의 뜻에 따라야 한다는 점을 강조하고 있다. 『불경』에도 "효는 모든 선(善)을 행하게 하는 근본이요, 모범이 되게 하는 것이다(부모은중경).", "효는 수행자의 삶의 기준과 준거, 죄악을 범하지 못하

343) "孝 天之經也 地之義也 民之行也."
344) "父子之道 天性也 君臣之道 義也."

게 하는 규정이다(범망경).”라고 했으며, 『성경』에 “네 아버지와 어머니를 공경하라, 이것이 약속 있는 계명이니, 이는 네가 잘되고 땅에서 장수하리라(에베소서).”, “누구든지 자기 친족, 특히 자기 가족을 돌보지 아니하면 믿음을 배반한 자요, 불신자보다 더 악한 자니라(디모데전서).”라고 이르고 있다. 이런 점에서 효를 실천하지 않는 종교인은 참 종교인이 아니요, 성직자 또한 참된 리더라고 할 수 없다.

종교는 특히 높은 가르침과 함께 도덕적 삶의 방향을 제시해준다는 점에서 효 리더십과 연관성이 깊다. 종교에서의 효 리더십은 한마디로 경천애인(敬天愛人)의 리더십이다. 하늘을 공경하고 사람을 사랑하는 리더십으로, 하늘의 이치에 따라 사람을 중심으로 삼는 리더십이어야 하기 때문이다. 따라서 효 리더십을 통해 종교를 건강하게 하고, 이를 바탕으로 사회와 대한민국을 건강하게 하는 리더십이 되도록 해야 한다. 종교에서 효를 바탕으로 적용할 리더십은 서번트 리더십을 비롯한 감성적 리더십, 가치중심 리더십, 원칙중심 리더십 등이 복합적으로 적용될 수 있다.

I 종교의 효 리더십은 '敬天愛人(경천애인)'을 지향해야 한다.

종교에서 적용할 리더십의 대표적 유형은 서번트 리더십을 들 수 있다. 리더가 마치 하인과 같은 자세로 성도(신도)를 섬기는 자세로 발휘하는 리더십이기 때문이다. 그러나 반드시 서번트 리더십이어야 하는 건 아니다. 종교계 리더로서도 가치를 중시하고 원칙을 적용하며 더욱 윤리적이고 오센틱해야 한다는 점에서 다양한 유형의 리더십이 적용될 수 있기 때문이다.

Tip
종교계의 리더와 구성원은 어떤 경우라도 반드시 각자의 도리를 지켜야 하는데, 그 중의 하나가 경천애인(敬天愛人)이다. 그리고 성직자가 성직자다워야 하는데, 이것이 「종교의 리더십」에서 기본이다.

경천애인(敬天愛人)에 주안을 두는 종교의 리더십은 하늘을 공경하고 사람을 사람답게 하는 리더십이다. 여기서 경천(敬天)은 하늘의 이치를 존중하며 따른다는 뜻이고, 애인(愛人)은 인간을 최상의 가치로 여기며 사랑의 대상으로 삼는다는 뜻을 담고 있다. 그러므로 각 종교마다 경전에 제시돼 있는 효를 가르침으로써 생활에 적용하고 전파하는 수범적 리더십이 요구된다. 그럼으로써 종교인의 역할이 커지고 주위 사람들이 본받게 됨으로써 우리 사회가 더욱 밝아질 수 있을 것이다. 『효경』에 "옛날에 명철한 리더(왕)는 아버지를 섬김에 효를 다했던 고로 하늘을 섬기는 것도 분명하였다. 어머니를 섬김에 효를 다했던 고로 땅을 섬기고 살피었다. 어른과 어린이가 질서를 잘 지켰던 고로 상하가 잘 다스려지고, 하늘과 땅을 밝게 살핌으로써 하늘이 감응하여 잘 드러났다(응감장)."[345], "하늘과 땅의 성품 중에 인간의 품성이 가장 귀하고, 인간의 행위 가운데는 효보다 큰 것이 없으며, 효는 아버지를 존경하는 것보다 큰 것이 없고, 아버지에 대한 존경 가운데에

345) "明王 事父孝故 事天明 事母孝故 事地察 長幼順故 上下治 天地明察 神明彰矣."

는 하늘에 배향하는 것보다 큰 것이 없다(성치장)."[346] 고 했고, 『불경』에 "효는 수행자의 삶의 기준과 준거, 죄악을 범하지 못하게 하는 규정이다(범망경)."라고 했으며, 『성경』에도 "자녀는 하나님께서 부모에게 주신 특권인 동시에 자녀들이 악한 세상에서 올바른 인성과 신앙을 가지고 살아가도록 인도해야 하는 것은 부모의 마땅한 도리이다(디모데후서, 요한일서).", "만일 어떤 과부에게 자녀나 손자들이 있거든 저희로 먼저 자기 집에서 효를 행하여 부모에게 보답하기를 배우게 하라, 이것이 하나님 앞에 받으실만한 것이니라(디모데전서)."라고 하여 효를 강조하고 있다.

II 리더십 구성요소의 역동성과 적용방향

종교의 리더십은 리더인 '성직자', 구성원인 '성도(신도)', 그리고 성직자와 성도(신도)에게 영향을 미치는 '상황요인'으로 구성된다. 종교의 리더십은 혈육(血肉)이나 문하생(門下生)의 관계가 아닌 성직자와 성도(신도)의 관계라는 점에서 가정이나 학교의 리더십과는 차이가 있다. 즉 가정에서 부모가 자녀를, 학교에서 교사가 학생을 이끄는 것보다 종교에서 성직자가 성도(신도)를 이끄는 것은 영향력 발휘면에서 차이가 있는 것이다. 특히 리더십에서는 역동성이 중요한데, 성직자

346) "天地之性 人爲貴, 人之行 莫大於孝, 孝莫大於 嚴父, 嚴父 莫大於配天."

와 성도(신도)의 상호적 관계에서 유기적 작용이 역동적으로 일어나기 위해서는 리더인 성직자의 인격과 자질 등이 중요하다. 그리고 여기에는 효에 대한 실천여부가 영향을 미치게 되는데, 효는 인륜질서의 근본으로 작용하기 때문이다. 특히 대한민국에서 이루어지는 리더십은 문화의 영향을 받는 관계로, 리더가 '효자' 인가 '불효자' 인가에 따라 영향이 클 수밖에 없다. 문화의 시대로 표현하는 21세기는 문화가 중요하고, 한국의 정신문화는 효와 밀접한 관련이 있기 때문이다. 따라서 높은 가르침과 도덕적 삶을 안내하는 종교의 리더십은 다음과 같은 점에서 효가 바탕이 되어야 한다.

1. 리더(성직자): '노블레스 오블리주'에 역점을 두어야 한다.

노블레스 오블리주는 높은 사회적 신분에 상응하는 도덕적 의무가 따라야 함을 뜻한다. 영국의 왕실이나 고위층 자제들이 제1, 2차 세계대전과 포클랜드전쟁에 참전해서 보여준 모습, 그리고 6.25 남침전쟁에 참전했던 미군 장성의 자제들이 희생된 사례가 대표적이다. 효에 있어서도 성직자는 성직자 직분을 맡기 이전에 자식이고, 또 자식의 부모이므로 가정윤리이자 가족사랑인 효를 수범적으로 실천하는 것은 당연하다.

Tip
성직자와 성도(신도)는 어떤 경우라도 각자의 사명과 도리를 다하려는 노력이 필요하며, 그런 분위기를 리더인 성직자가 만들어야 한다. 그러자면 성직자 자신부터 경전에 제시된 내용대로 효를 실천하고 가르치는 것이 리더의 기본자세이다.

『효경』에 "[리더가] 사랑과 공경함을 다하여 부모님 섬긴 연후에 도덕적 교화가 백성들에게 전해져 온 나라에 본보기가 될 수 있다(천자장)."[347], "리더(선왕)가 먼저 박애를 실천함으로써 성원들이 부모님을 버리지 않게 되고 덕과 의로써 베풀어 성원들이 자발적으로 [그것을] 실천하였다. 리더가 앞에서 공경하고 겸양하니 성원들이 다투지 않고, 예악으로 이끄니 백성들이 화목하게 되고, 리더가 호오(好惡)로써 보여주자 성원들 스스로가 하지 않아야 할 것을 알게 되었다(삼재장)."[348]고 했고, 『성경』에 "부모는 먼저 자녀들이 부모로부터 사랑받고 있는 존재임을 알리고 사랑을 표현해야 한다(데살로니카전서).", "부모 된 자는 먼저 마음을 다하고, 성품을 다하고 힘을 다하여 하나님을 사랑하고, 하나님 말씀을 자신의 마음에 새겨 그 말씀을 자녀에게

347) "愛敬 盡於事親 然後 德敎加於百姓 刑於四海."

348) "先之以博愛 而民莫遺其親 陳之以德義 而民興行. 先之以敬讓 而民不爭 導之以禮樂 而民和睦 示之以好惡 而民知禁."

부지런히 가르쳐야 한다(신명기)."고 했다. 또한 『논어』에 "리더(군자)가 부모에게 극진(極盡)하면 백성들 사이에 인(仁)이 진작(振作)되고 옛 친구를 버리지 않으면 백성들이 박절하지 않게 된다(태백편)."[349] 고 하여 리더의 솔선수범을 강조하고 있다. 이렇듯 종교계의 리더가 효에 대해 모범을 보임으로써 성직자로부터 성도(신도)에 이르기까지 한 방향으로 조직이 정렬(Alignment)될 수 있고, 또한 성도(신도) 개개인이 효에 대해 자발성(Empowerment)을 불러일으킬 수 있으며, 이를 통해 자연스럽게 소통도 원활해질 수 있는 것이다.

2. 구성원(성도, 신도): 弘益精神(홍익정신) 실천에 앞장서야 한다.

Tip
종교시설의 팔로어인 성도(신도)는 경전의 내용에 따라 행해야 한다. 그리고 그 중의 하나가 홍익정신(弘益精神), 즉 인간을 널리 유익하게 하는 정신을 실천하는 것이다.

공자는 『논어』에서 "덕이 있는 자는 외롭지 않고 반드시 그를 알아주는 이웃이 있기 마련이다(德不孤必有隣)."라고 했는데, 『효경』에서는 "효는 덕의 근본이다(孝德之本也)."라고 하여 덕(德)과 효(孝)를 연관시켰다. 우리가 생각할 때, 종교와 신앙을 가지고 있는 사람은 그렇지 않은 사람에 비해 덕망(德望)이 높다는 생각을 하게 된다. 그런데 이런 덕망은 효에서 기인하고 있다는 점이다. 『효경』에 "효는 덕의 근본이요, 모든 가르침이 그로 말미암아 생겨난다(개종

349) "君子篤於親 則民興於仁 故舊 不遺 則民不偸."

명의장)."[350], "부모를 섬기는 사람은 윗자리에 있어도 거만하지 않고, 아랫자리에 있어도 질서를 어지럽히지 않으며, 같은 무리와 함께 있어도 서로 다투지 않는다(기효행장)."[351], "부모를 사랑하는 사람은 다른 사람을 미워하지 않고, 부모를 공경하는 사람은 다른 사람을 업신여기지 않는다(천자장)."[352]하여 효를 행하는 사람은 결과적으로 덕을 베풀게 된다는 점을 밝히고 있다. 『불경』에도 "부모에 대한 효는 모든 선(善)을 행하게 하는 근본이요, 모범이 되게 하는 것이다(부모은중경)."라고 했고, 『성경』에 "부모는 먼저 자녀들이 부모로부터 사랑받고 있는 존재임을 알리고 사랑을 표현해야 한다(데살로니카전서)."고 했으며, 『예기』에 "내 몸은 부모가 낳아주셨으니, 부모가 낳아주신 몸을 갖고 행동하는데 있어서 감히 부모의 뜻을 받들지 않으면 안되는데, 평소 살아가는데 있어서 엄숙하고 공경하지 않으면 효가 아니다. 벗으로부터 신의와 존경받지 못하면 효가 아니다(제의편)."[353]라고 했고, 『맹자』에 "군자가 보통 사람들과 다른 까닭은 그가 본심을 보존해 낼 수 있기 때문이다. 군자는 인자함을 본심에 지니고 예절을 본심에 지닌다. 인자한 사람은 남을 사랑하고, 예절을 차리는 사람은 남을 공경하는데, 남을 사랑하는 사람은 남도 항상 그를 사랑하고, 남을 공경하는 사람은 남도 항상 그를 공경하는 법이다(이루

350) "孝德之本也 敎之所由生也."
351) "事親者 居上不驕 爲下不亂 在醜不爭."
352) "愛親者 不敢惡於人 敬親者 不敢慢於人."
353) "身也者 父母之遺體也 行父母之遺體 致不敬乎? 居處不莊非孝也. 朋友不敬非孝也."

하).”[354]라고 이르고 있다. 이처럼 경전의 내용과 같이 종교인은 효를 실천해야 하는 것이다.

3. 상황(영향요인): 효를 종교의 문화적 기반으로 삼아야 한다.

> **Tip**
> 종교의 리더십에 영향을 주는 주체는 문화이다. 문화는 인간의 삶을 밝게 해주는 것이라는 점에서, 종교시설에서부터 효를 가르치고 실천하는 것이 종교 리더십의 상황을 선순환 구조를 만들어 가는 것이다.

21세기를 일컬어 문화의 세기라고 한다. 이 말은 리더십에 있어서 문화가 그만큼 중요하다는 의미이다. 리더십에서 ‘상황’은 리더와 구성원 간의 리더십 행위에 있어서 영향을 미치는 제 요인을 말한다. 때문에 리더십이 효과적으로 발휘되기 위해서는 리더와 구성원 모두 ‘상황’이 긍정적으로 작용되도록 할 필요가 있으며, 이러한 상황은 넓은 의미에서 문화로 해석할 수 있다. 때문에 종교에서 효에 바탕을 둔 리더십은 당연한 것이다.

『효경』에 “[리더(선왕)]가 먼저 박애를 실천함으로써 성원들이 부모님을 버리지 않게 되고 덕과 의로써 베풀어 성원들이 자발적으로 [그것을] 실천하였다. 리더가 앞에서 공경하고 겸양하니 성원들이 다투지 않고, 예악으로 이끄니 백성들이 화목하게 되고, 리더가 호오(好惡)로써 보여주자 성원들 스스로가 하지 않아야 할 것을 알게 되었다(삼

354) “君子所以異於人者 以其存心也 君子以仁存心以禮存心 仁者愛人有禮者敬人 愛人者人恒愛之敬人者人恒敬之.”

재장)."[355], "[리더가] 효로써 가르치는 것은 날마다 집집마다 찾아가서 대면해서 가르치는 것이 아니다. 효로써 가르치는 것은 세상의 부모 되는 사람을 공경케 하는 것이다(광지덕장)."[356] 『불경』에 "부모에 대한 효는 모든 선(善)을 행하게 하는 근본이요, 모범이 되게 하는 것이다(부모은중경)." 『성경』에 "네가 이것을 알라, 말세에 고통 받는 때가 이르리니, 사람들은 자기를 사랑하며 돈을 사랑하며 자긍하며 교만하며 훼방하며 부모를 거역하며 감사치 아니하며 거룩하지 아니한다(디모데후서).", 『맹자』에 "인(仁) 하면서 어버이를 버리는 자는 있지 않으며, 의(義)롭고서 군주를 뒤로 하는 자 있지 않다(양혜왕 상)."[357], 『예기』에 "가장 큰 효는 부모님을 공경하는 것이요, 그다음이 부모를 욕되게 하지 않는 것이다(제의편)."[358]라고 했다. 그러나 오늘날의 종교계는 세습 문제, 재산다툼 문제, 지도층의 비리 등의 내용이 언론에 보도되면서 우리에게 실망감을 주고 있다. 이런 행태들은 리더로서 덕망을 잃어버리는 것이요, 그 이전에 부모님을 욕보이는 것이라는 점에서 효를 바탕으로한 리더십이 요구되고 있는 것이다.

355) "先之以博愛 而民莫遺其親 陳之以德義 而民興行. 先之以敬讓 而民不爭 導之以禮樂 而民和睦 示之以好惡 而民知禁."

356) "君子之教以孝也 非家至而日見之也. 教以孝 所以敬天下之爲人父者也."

357) "未有仁而遺其親者也 未有義而後其君者也."

358) "大孝尊親 其次不辱 其下能養."

III 사례: 종교계의 효 리더십(가나다순)

1. 정조대왕의 효 문화 구현에 앞장서는 「정호 스님의 리더십」

우리가 사는 21세기를 문화의 시대라고 한다. 그만큼 문화가 중요하다는 말이다. 그런데 우리는 그동안 문화의 소중함을 잊은 채 문화재를 훼손하는 일이 종종 있어 왔다. 그 중의 하나가 수원 화성에 위치한 사도세자(思悼世子)와 정조(正祖)임금의 효 문화유적에 관한 것이다. 경기도 화성시 송산동에 융건릉(隆健陵)이 있고, 그 입구에 용주사(龍珠寺)가 위치하고 있다. 이 사찰은 정조 임금이 아버지 사도세자를 모시기 위해 세운 것으로 알려져 있다. 그래서 이 일대에는 아들 정조 임금이 아버지 사도세자에게 효를 실천한 효문화 유적들이 남아 있는데, 만년제(萬年堤), 초장(初葬) 재실터 등이다. 또한 용주사 안에는 효행문화원과 효행박물관이 들어서 있어서 청소년들에게 효 교육과 함께 각종 효문화를 체험케 하는 프로그램을 운용하고 있다. 그러나 이러한 효 문화유적지 인근에 얼마 전부터 고층 아파트를 짓기 위해 도로에 팬스를 치고 산을 깎아내리고 있다. 어처구니없는 현실에 대해 용주사(龍珠寺) 주지이신 정호 스님은 "어떻게 해서든 우리의 효문화 유산을 지켜야 합니다."라면서 효문화 보존과 복원을 위해 애쓰고 있다. 이처럼 효문화를 살리려는 정호스님의 노력을 리더십의 관점에서 살펴본다.

용주사(龍珠寺)는 정조임금이 부친 사도세자의 넋을 백성들과 함께 위로하고 자식으로서 효를 실천하기 위해 세운 사찰이다. 본래의 용주사(龍珠寺)는 신라 문성왕 16년(854년)에 창간된 감양사로 청정하고 이름 높은 도장(道場)이었으나, 병자호란(丙子胡亂) 때 소실되어 폐사 되었다가 조선시대 제22대 임금인 정조(正祖)가 아버지 사도세자(思悼世子)의 능을 화산으로 옮기면서 절을 다시 일으켜 원찰로 삼았다. 28세 젊은 나이에 부왕(영조)에 의해 뒤주에 갇힌 채 8일 만에 숨을 거둔 사도세자(思悼世子)의 영혼이 구천을 맴도는 것 같아 괴로워하던 정조(正祖)는 보경 스님으로부터 부모은중경 설법을 듣고 큰 감동을 받았으며, 이를 계기로 절을 세우기를 결심한 것이다. 그러고 나서 정조(正祖)는 경기도 양주 배봉산에 있던 부친의 묘를 화산으로 옮겨와 현릉원(뒤에 융릉으로 승격)이라 하고, 이곳에 절을 지어 비명에 숨진 아버지 사도세자의 능을 수호하고 명복을 빌어드렸다. 그리고 용주사(龍珠寺)는 "어머님이 우리를 낳으실 때 서 말 서 되의 피를 흘리시고 여덟 섬 너 말의 젖으로 키우셨으니 어머니의 은혜를 잊어서는 안된다."는 내용이 담긴 『부모은중경』이 보존된 곳이다.

만년제(萬年堤, 경기도 지정 문화재 제161호)는 1797년 정조가 농업용수 확보를 위해 축조한 저수지로 알려져 있다. 그러나 항간에는 아들 이산(정조)이 아버지인 사도세자가 뒤주에 갇혀 있을 때 목이 타서 "물…, 물…"을 외치던 아버지의 모습을 연상하면서, "이제라도 물을 맘껏 드세요."라는 뜻을 담아 축조했다는 효행 사례로 전해지기도 한다. 또한 초장(初葬) 재실터는 정조가 승하하여 장사지낸 1800년 11월 6일부터 천장(遷葬)한 1821년 3월 9일 (효의왕후 서거)까지 21년 동안 정조대왕이 묻혀 있던 곳으로 귀중한 효문화재이다.

이 지역에 아파트 공사가 시작된 것은 노무현 정부시절, 이곳에 주택공사가 택지(태안 3지구)를 개발한다는 명목으로 원형을 훼손한 것이 발단이다. 그후 새로 들어선 이명박 정부도 선거 공약으로 융건릉(隆健陵)과 용주사(龍珠寺) 일대의 효문화공원 조성을 약속한 바 있지만 주택공사의 무리한 공사 강행과 문화재청의 안이한 태도로 정조(正祖) 효행유적지가 파괴되고 있는 것이다. 이를 막기 위해 발족된 것이 소위 「정조대왕 효문화유적보존국민연합」이다. 이 연합은 종교계와 학계, 시민사회단체 등 41곳이 참여하고 있는데, '한국효운동단체총연합회(대표 최성규)', '경기도 사학과 교수연합회(대표 이근수 교수)', '전주이씨대동종약원(대표 이환희)', '경기문화연대(대표 이달순)' 등이다.

효문화재 복원의 필요성에 대해 정호 스님은 "오늘날 현대인의 몸과 마음에 병이 든 것은 효의 실천이 없기 때문이다. 부모의 은혜를 알고 효를 실천하는 사람은 성품이 온후해지고 스스로 기쁨을 느끼게 되므로 오장육부가 건강해지기 마련이며, 이렇게 되면 얼굴색이 온화해지므로 대인관계에서 좋은 평가를 받게 되니 결국 성공의 원동력으로 작용하게 될 것이다. 효는 자식이 부모에게 향하는 원초적 사랑이자 감정이지만 이것이 부부 끼리에 작용하면 부부화목이요, 자녀들에게 향하면 자식사랑이요, 이웃에 향하면 이웃사랑이며, 나라, 자연, 세계, 우주로 향할 수 있는 백행의 근본인 것이다. 이러한 효의 원리는 이곳 용주사에서 정조대왕이 사도세자에게 행했던 효실천 사례에서 원형을 찾아볼 수 있다. 이

곳은 억울하게 죽음을 당한 사도세자의 영혼을 위로하기 위해 임금으로서 13회나 행차를 했던 정조대왕의 효심이 깃든 곳이기 때문에 효문화유적을 훼손하는 것에 대해서는 결단코 막아야 될 일이다. 우리가 효행유적지를 보존하지 못한다면 후손에게 큰 죄를 짓는 것이다."라고 강조한다.

조선시대 왕릉은 북한 지역에 있는 태조(太祖)의 왕비 신의왕후의 제릉, 정종(正宗)과 정안왕후의 후릉, 폐위된 연산군 묘와 광해군 묘 등 4기를 제외한 40기가 2009년 6월 스페인의 세비야에서 열린 유네스코(UNESCO · 유엔교육과학문화기구) 세계유산위원회에서 세계유산으로 등재되었다. 이 중에서도 융건릉(隆健陵)은 정조대왕의 효심이 담겨 있어 한국의 효를 세계에 알리는데 중요한 문화유산이라는 가치를 지니고 있다. 그러함에도 중장비를 동원해서 효문화재를 훼손하고, 그 위에 고층 아파트를 짓는다는 것은 대한민국 헌법 제9조(문화의 계능 · 발전 · 창달)와 문화재 보호법 제1조(목적) "문화재를 보호하여 민족문화를 계승하고 이를 활용할 수 있도록 함으로써 국민의 문화적 향상을 도모함과 아울러 인류문화의 발전에 기여함을 목적으로 한다."에 위배될 뿐 아니라, 문화의 세기로 불리는 21세기에 역행되는 발상으로 밖에 볼 수 없다.

용주사(龍珠寺) 주지이신 정호 스님은 2006년 3월부터 부임하여 2010년 3월에 재임되어 4년을 더 봉직하게 되었는데, 이 또한 정조대왕의 효문화 보존을 위해 「정조대왕 효문화유적보존국민연합」의 뜻과 정호 스님의 의지가 반영된 것으로 보고 있다. 정호 스님의 리더십을 통해 효문화가 보존되고 복원될 수 있기를 소원하는 바이다.

2. '3통 7행의 현대적 효' 운동을 이끄는 「최성규 목사의 리더십」

인천순복음교회 담임목사이자 성산효대학원대학교 총장, 그리고 한국효운동단체총연합회 대표회장이신 최성규(崔聖奎, 1941~) 목사님은 성경적 효를 '3통 7행'과 연계하여 발휘하는 리더십이다. 여기서 말하는 '3통'은 종교를 초월하는 '통교(通敎)', 이념을 초월하는 '통념(通念)', 시대와 세대를 초월하는 '통시(通時)'적 효를 말한다. 그리고 '7행'은 효를 실천해야 할 일곱 가지 사항으로 ① 하늘경외(敬畏) ② 부모 · 어른 · 스승 공경 ③ 어린이 · 청소년 · 제자 사랑 ④ 가족사랑 ⑤ 나라사랑 ⑥ 자연사랑 · 환경보호 ⑦ 이웃사랑 · 인류봉사 등이다. 이러한 성경적 효에 바탕을 둔 리더십을 현대적 관점에서 조명해 본다.

첫째, 효에 대한 패러다임의 전환을 통해 '3통 7행의 효' 정립과 호주와 중국 등으로 효를 국제화하는데 기여했다는 점이다. 최 목사님이 '3통 7행'의 효 논리를 내놓기 전까지의 효는 '가정윤리'의 틀을 벗어나지 못했고, 자식이 부모에게 향하는 일방향성으로 보고 있었다. 즉 조선 왕조 500년 동안 유교를 국교로 삼아왔던 선조들은 효를 가정윤리로 국한하는 추세였다. 그러나 목사님께서는 '3통 7행의 효'를 정립하기에 이른다. 즉 가정에서 부모와 자식의 원초적 사랑으로 작용하는 효를 바탕으로 이웃과 사회, 국가와 자연으로 확대한다는 논리이다. 이는 효를 수평적이면서 상호적으로 보는 패러다임이다. 다시 말해서, 전통적인 효는 자식이 부모에게 향하는 일방향성의 효였지만, 현대와 미래적 효는 부모가 부모다워야 자식다울 수 있다는 점에서 부모와 자식의 쌍방향성의 효로 본 것인데, 이는 "효는 부모님을 기쁘게 해 드리고 걱정 끼쳐 드리지 않는 것(잠언 23:25), 자녀를 돌보고 사랑하라(골로새서 3:21)", "자녀는 하나님께서 부모님께 주신 특권인 동시에 자녀들이 악한 세상에서 올바른 인성과 신앙을 가지고 살아가도록 인도해야 하는 부모의 마땅한 도리(디모데후서 1:2~5, 요한일서 5:2)" 등의 내용을 들어 효는 수평적 사상임을 강조하고 있다. 모든 인간은 모두가 하나님의 자녀이므로 '피차 복종'의 관계, 평등의 관계로 본 것이다. 이렇게 재정립된 효를 호주와 중국 등 국제적으로 학술 교류를 통해 한국의 효를 세계에 전파하고 있다.

둘째, 한국의 기독교는 효의 종교라는 점을 전파했다는 점이다. 대체로 일반사람들은 '개신교 신자들은 조상님께 제사도 지내지 않는 등 조상숭배를 하지 않는다.' 라고 여기는 경향이 있다. 그러나 목사님은 '성경은 곧 효경' 이라면서 '하나님을 섬기면서 부모 섬김이 없는 신앙은 죽은 신앙' 임을 강조한다. 그러면서 "기독교는 하나님에 대한 절대 복종의 신앙이다. 전지전능하신 하나님을 믿는다면 어떤 말씀도 믿고 따르는 것이 진정한 기독교인의 정신이다. 때문에 성경에 제시된 효의 실천 또한 마찬가지로 보아야 할 것인데 기독교의 효 정신은 먼저, 하나님을 사랑하고 그다음으로는 부모를 섬겨 효도하는 도리를 가르치기 때문에 그리스도의 복음이 미치는 곳마다 건전한 가족제도가 확립되었고, 자녀로 하여금 효도를 행하게 하여 효도의 사상을 크게 발달시켰다. 그러므로 참된 그리스도인이 되지 못하면 올바른 효를 할 수가 없으며, 성도들은 모름지기 효를 행함으로써 주의 영광스러운 빛이 나타나게 해야 할 것이다, 하나님 섬김 없는 효는 효가 아니고, 부모공경 없는 신앙은 죽은 신앙이다."라고 강조한다. '부모는 하나님의 대리자' 라는 신학자 칼 바르트(K. Barth)의 말을 인용하면서 "누구든지 자기 친족, 특히 자기 가족을 돌아보지 아니하면 믿음을 배반한 자요, 불신자보다 더 악한 자(디모데전서 5:8)."라는 성경의 내용을 따라야 한다는 것이다.

실제 최 목사님이 성경을 내세워 효 운동을 펼치게 된 것은 1995년에 있었던 삼풍백화점 화재사건과 연관된 것으로 알려져 있다. "1973년(당시 33세) 막내딸을 분만한 병원에 가서 장모님을 뵙고, 그동안 너무 바빠서 가정을 소홀히 한 것을 후회하게 됐고, 회심하는 마음으로 서대문에 있는 여의도 교회에 나가 예배를 드린 것이 목회자가 되는데 결정적 계기였습니다. 77년(37세)에 순복음신학교에 편입하고 1979년 여의도순복음교회 수련전도사로 시작해서 1981년 목사안수를 받았고, 1983년 11월 8일 인천상륙작전을 생각하면서 인천순복음교회를 개척했습니다. 저는 저의 아버지와 숙부가 6.25 때 전사하신 관계로 나라사랑 정신을 높이는 교육을 강조합니다. 그래서 모든 행사에 애국가는 무조건 4절까지 불러야

합니다. 1995년 6월 29일, 이날은 서울의 삼풍백화점이 붕괴되어 500여 명이 사망하고 1,500여 명이 부상했으며 수천억 원의 손실을 가져온 초대형 사고였습니다. 이때 현장에서 생존한 인원 중에 3명의 젊은이가 있었습니다. 11일 만에 구조된 최명석 군, 13일 만에 구조된 유지환 양, 7일 만에 구조된 박승현 양이었는데, 이들이 모두 효자였다는 것을 보고 나서 저는 '교회는 안다녀도 효를 하면 복을 받는구나' 라는 점을 깨닫게 되었습니다. 또한 이때부터 교회성도들에게 '기독교와 효' 라는 설교를 하게 되었습니다." 라는 내용이다.

셋째, 청소년 효 운동을 통해 미래를 짊어지고 나갈 세대들에게 효 실천을 이끌고 있다. 성산효재단 산하에 한국청소년 효행봉사단을 만들어 '청소년 진로(직업) 체험사업' 을 통해 효를 실천을 체험케 하고, 설 명절 때가 되면 세배와 함께 '세뱃돈 드리기 운동' 을 통해 효심을 고양시키며, '효지순례 및 노인봉사 캠프' 운영을 통해 미래의 효지도자를 육성하고 있으며, 올해로 17회 째를 맞는 '성산효행대상' 시상식을 이어오고 있다. 특히 인천광역시로부터 청소년 대표를 위탁받아 '청소년 문화존' 프로그램과 '효실천 가족 캠프' 사업, '성산효문화백일장(15회)' 등을 통해 지방자치단체에 효 지원사업을 수범적으로 하고 있다.

넷째, 효행장려지원법이 제정되는데 산파역을 담당함으로써 효를 회복할 수 있는 기틀을 제공했다는 점이다. 목사님은 2002년도 20개 효단체로 결성된 한국효운동단체총연합회의 대표회장직과 함께 한국의 효운동시민단체를 이끌고 있다. 그러면서 마침내 2007년도에 효행장려 및 지원에 관한 법률을 탄생시키는데 산파적 역할을 하였다. 효행장려지원법에 제정됨으로써 대한민국 16개 광역시도에 대전광역시와 경상북도를 시작으로 효문화진흥원이 출범하게 된다. 특히 목사님은 효행장려지원법과 같은 정부차원에서 효를 권장하게 될 것을 예견하여 효 교육 및 지도자를 양성할 수 있도록 효대학원대학교를 설립(1996년)했고 성산효행봉사단, 효학회 창립, 한국기독교총연합회 산하에 성경적 효실천운동본부(본부장 김평일)를 두는 등의 활동을 통해 이 시대에 맞는 효를 발전시켰다.

결론적으로 최성규 목사님의 효 리더십은 "효가 살면 내가 살고, 가정이 살며 모두가 산다."는 일념으로 효대학원대학교를 세우고 효학회를 설립했으며, 이를 기반으로 한국효운동단체총연합회의 리더로서 효행장려 및 지원에 관한 법률을 제정하는데 산파(産婆)역을 담당함으로써 대한민국 효 운동의 기반을 닦아놓았다. 이는 종교 지도자로서뿐 아니라 대한민국의 효를 살리는 효와 관련해서는 거국적 지도역량을 발휘하는 효 리더십 사례라 할 것이다.

질문 및 토의

❶ 종교에서 경천애인(敬天愛人)의 리더십을 발휘하기 위해 보완 및 발전되어야 할 내용에 대해 발표해봅시다.

❷ 종교의 리더십을 종교의 역할과 사명의 관점에서 리더십의 구성요소인 성직자, 성도(신도), 상황요인에 대해 보완 및 발전 방향을 발표해봅시다.

❸ 사례(①정호 스님의 리더십, ②최성규 목사의 리더십)를 통해 현재 종교의 효 리더십을 분석적 시각에서 발전 방향을 발표해봅시다.

제 11 장

군대에서 충효예를 바탕으로 한 「효와 소통의 리더십」

충효예(忠孝禮) 정신은 "나라에 충성하고 부모님께 효도하며 장병상호 간에 예의를 다하자."는 정신이다. 군대(軍隊)에서 충효예를 바탕으로 하는 리더십은 유사시 전장에서 전투력 발휘를 극대화하고, 평상시에는 국민교육도장의 역할을 내실화함으로써 장병을 성숙된 민주시민으로 육성하는 리더십이다. 군인복무규율에도 '군인은 국토를 방위하고 국민의 재산과 생명을 보호하는 것' 을 사명으로 하고 있다. 때문에 평상시 군대가 해야 할 일은 전투준비태세를 철저히 유지하면서 국민의 자제인 장병들을 훌륭한 민주시민으로 변화시키는 일에 힘쓰는 것이다. 군대의 기능은 안보(安保)기능과 교육(教育)기능으로 구분한다. 안보기능은 국가를 외부의 적으로부터 지키며 국민의 재산과 생명을 보호하는 것이고, 교육기능은 국민의 자제를 온전한 사람으로 키우는 전인(全人)을 육성하는 것이다. 그런데 전투력(戰鬪力)은 부대관리에 의해 보존(保存)되고, 교육훈련에 의해 육성(育成)되며, 리더십에 의해 발휘(發揮)된다는 점이다. 아무리 전투력을 잘 보존하고 육성한다 해도 유사시 발휘되지 않으면 무용지물(無用之物)에 불과하므로 리더십은 중요할 수밖에 없으며, 그 기본은 충효예 정신에 기인한다는 점이다.

『후한서』에 "나라를 구할 충성된 신하는 효자의 가문에서 나온다."[359] 고 했고, 『맹자』에 "아랫자리에 있으면서 윗사람의 신임을 얻지 못하면 부하를 이끌지 못한다. 윗사람의 신임을 얻는 데는 방법이 있으니, 벗들 사이에 신임을 받지 못하면 윗사람에게 신임을 얻지 못한다. 벗에게 믿음을 얻는 방법이 있으니, 어버이를 섬겨 기쁘게 하지 못하면 벗에게 믿음을 받지 못한다. 어버이를 기쁘게 하는 데는 방법이 있으니, 자신에게 성실하지 못하면 어버이를 기쁘게 하지 못한다. 자신을 성실하게 하는데 방법이 있으니, 선(善)에 밝지 못하면 자신이 성실해질 수 없다(이루 상편)."[360] 고 했으며, 『손자병법』에는 "리더가 병사 보기를 어린아이 돌보듯이 하면 가히 함께 깊은 골짜기로 들어갈 수 있으며, 리더가 병사 사랑하기를 자식 사랑하듯이 하면 가히 리더와 생사를 함께 할 수 있다(지형편)."[361] 고 했다. 그리고 임진왜란 때 충무공 이순신도 전쟁터에서 부하들뿐 아니라 일본군 포로에게까지 『명심보감』「효행편」을 읽어주면서 부자지정(父子之情)으로 전장을

359) "求忠臣必於孝子之門."

360) "居下位而不獲於上, 民不可得而治也. 獲於上有道 不信於友, 弗獲於上矣. 信於友有道 事親弗悅, 弗信於友矣. 悅親有道 反身不誠, 不悅於親矣. 誠身有道 不明乎善, 不誠其身矣."

361) "視卒如嬰兒故 可與之赴深谿 視卒如愛子故 可與之俱死."

관리했던 일화(逸話)가 전해진다. 여기서 알 수 있는 것은 전쟁에서 싸워 이기는 길은 상관과 부하의 관계를 마치 부모와 자식의 관계처럼 유지함으로써 상하동욕(上下同欲)에 이르도록 하는 것이다. 따라서 보편적, 이타적 가치인 충효예는 군인이 지켜야 할 원칙이라는 점에서 가치중심의 리더십, 원칙중심 리더십, 슈퍼 리더십, 셀프 리더십 등의 현대적 리더십과 복합적으로 연계된다.

I 군대의 리더십은 '上下同欲(상하동욕)' 을 지향해야 한다.

Tip

군대 리더십의 요체는 전투승리를 목표로 하는 것이고, 그 길목이 상하동욕(上下同欲)이다. 그리고 상하동욕의 요체는, 리더는 부하를 자식처럼 여기고, 부하는 리더를 부모(형)처럼 따르는데 있다. 이것이 「군대 리더십」의 기본이다.

'상하동욕(上下同欲)' 이라는 말은 '상관과 부하가 하고자 하는 마음이 같다.' 는 의미로 『손자병법』에 나오는 말이다. 손자는 "전쟁에서 승리를 미리 알 수 있는 다섯 가지가 있는데, (그 중의 하나는) 상관과 부하가 하고자 하는 마음을 같이 하는 팀이 승리한다(모공편)."[362]고 했다. 그러면서 "리더가 병사 보기를 어린아이 돌보듯이 하면 가히 함께 깊은 골짜기로 들어갈 수 있으며, 리더가 병사 사랑하기를 자식 사랑하듯이 하면 가히 리더와 생사를 함께 할

362) "故知勝有五, 上下同欲者勝."

수 있다(지형편)."[363], "도는 백성들로 하여금 통수권자와 뜻을 같이 하여 가히 함께 죽기도 하고 살기도 하여 백성들이 위험을 두려워하지 않게 하는 것이다(시계편)."[364]라고 했는데, 여기서 알 수 있는 것은 궁극적으로 전쟁에서 싸워 이기는 전투력은 상관과 부하의 뜻이 같아야 하고, 이를 위해서는 부모와 자식의 관계처럼 부하를 관리해야 하며, 이렇게 하는 것이 최고 리더와 말단 병사가 죽기를 각오하고 뜻을 같이 하게 되는 길인 것이다.

이러한 충효예 정신이 전장에서 전투력 발휘와 연관된 사례가 있다.

첫째, 태평양전쟁에서 일본군의 사례이다. 비행기를 몰고 미군 군함(軍艦)으로 돌진하는 일본군의 가미카제 특공대원 3,500명에게 '누굴 생각하며 임무를 수행하는가?' 라는 설문을 실시해본 결과 부모(36명), 천황(29명), 전우(2명) 순으로 나타났다. 전장에서 부모를 생각하면서 나라에 충성한다는 점을 알 수 있다.

둘째, 중동전쟁에 있었던 사례이다. 전쟁 당시 미국 TV방송국 기자가 각국의 포로들에게 '무엇 때문에 전쟁에 참여하게 됐는가?' 라는 질문을 해본 결과, 아랍군 소속의 포로는 "조국과 민족을 위해서…" 라고 답한 반면, 이스라엘군 소속의 포로는 "나의 부모 · 형제를 지키

363) "視卒如嬰兒故 可與之赴深谿 視卒如愛子故 可與之俱死."
364) "道者令民 與上同意 可與之死 可與之生 而民不畏爲也."

기 위해서…"라고 답변했다는 일화가 있다. 이 전투에서 당시 250만의 인구를 가진 작은 나라 이스라엘이 1억 5천의 큰 나라 아랍국가와의 전쟁에서 승리할 수 있었던 데에는 부모 · 형제를 지키기 위해 싸운다는 전투의지와 신념에 기인했던 것이다.

셋째, 세계 2차 대전 때 미 해군 수병(水兵)의 사례이다. 전투임무 수행 중 수병 한 명이 바다로 뛰어든 사건이 있었다. 이 사건으로 그 수병에게는 사형이 구형됐는데, 판결에 앞서 판사가 '왜 바다로 뛰어들었는가?' 라는 질문에 "어머니 사진을 보던 중 실수로 바다에 빠뜨렸기 때문입니다. 저를 낳아주시고 키워주셨으며, 지금도 저를 위해 기도하고 계실 어머니의 얼굴을 보지 못하면 싸울 수가 없습니다."라고 답변했고, 효심에 감동한 판사가 무죄를 선고했던 사례이다.

넷째, 6.25 남침전쟁 때 한국군 학도병에 관한 사례이다. 전투가 한창일 때 밀려오는 중공군과 맞서 싸우던 학도병이 쓴 일기장의 기록이다. "어머니 중공군이 개미떼처럼 몰려오고 있어요. 어머니! 보고 싶어요! 어머니를 지키기 위해 저놈들과 끝까지 싸울거예요."라는 내용이다. 『후한서』에 "나라를 구할 충성된 신하는 효자의 가문에서 나온다."[365]고 한 것처럼 충성된 마음은 효심에서 비롯되는 것임을 알 수 있다. 따라서 군대 리더십은 충효예에 바탕을 둔 '상하동욕(上下同欲)'의 리더십이어야 한다. 그러나 군대에서 상하동욕(上下同欲)에 이르는 리더십을 발휘한다는 것은 쉬운 문제가 아니다. 구성원 각 개인의 성향과 욕구가 다르고, 리더의 성향과 욕구가 엇박자가 될 수 있기 때문

365) "求忠臣必於孝子之門."

에 조직을 한 방향으로 정렬(Alignment)시킨다는 것이 쉽지 않기 때문이다. 그렇지만, 그런 상태에서도 조직을 한 방향으로 정렬시켜야 하고 전투력으로 승화시켜야 한다는 점에서 리더와 구성원 모두는 상하동욕을 위해 노력해야 하는데, 그 방안의 하나가 병영에서 충효예를 가르치며 행하는 것이다.

II 리더십 구성요소의 역동성과 적용방향

군대의 리더십은 리더인 '상관', 구성원인 '부하', 그리고 상관과 부하에게 영향을 미치는 '상황요인'으로 구성된다. 군대의 리더십은 가정이나 학교, 종교의 리더십과 달리 임무를 수행하기 위해서라면 목숨까지도 기꺼이 조국에 바치는 '상명하복(上命下服)'의 조직이라는 점에서 차이가 있다. 특히 리더십에서는 역동성이 중요한데, 각 구성요소가 안정적이고 내면적으로 힘차고 활발하게 움직이도록 하기 위해서는 상관과 부하, 그리고 상황요인이 유기적이고도 항상적 안정성을 유지해야 한다. 때문에 리더의 인격과 자질 등 부하를 이끄는데 필요한 카리스마가 중요하며, 그러한 카리스마는 인격(Be)과 지식(Know), 행동(Do)요소의 조화를 통해 나온다. 리더십에 대해 몽고메리는 "리더십의 출발점은 사람의 마음을 움직이는 데 있다. 그리고 그것이 모든 문제의 핵심임을 확신하는 데 있다."고 했는데, 상대방의 마음을 움직이도록 하기 위해서는 사랑과 신뢰에 기초한 상하동욕의 분위기가 필요하다. 그리고 효와 같은 보편적 · 이타적 가치가 바탕이 되어야 하는 것이다. 『효경』에 "가르침이 엄숙하지 않아도 (정치가) 이루어지고 그 정치가 엄하지 않아도 다스려지는데, 그 이유는 리더(선왕)가 그것(효)을 가르침으로써 백성을 교화시킬 수 있기 때문이다(삼재장)."[366], "효도와 우애를 다하는 사람이 윗사람에게 함부로 대하는 사람은 드물다. 리더(군자)는 근본을 세우는데 힘써야 하며 근본이 서면 길과 방법이 저절로 생긴다. 효(孝)와 우애(弟)는 인(仁)을 이루는 근본이다(학이편)."[367]라는 표현에서도 충효예는 상하동욕(上下同欲)과 밀접한 관계가 있음을 알 수 있다.

1. 리더(지휘관/자): '忠則盡命(충즉진명)'의 자세로 임해야 한다.

Tip
상관과 부하는 어떤 경우라도 전투승리를 위해 매진해야 하며, 그런 분위기를 리더인 상관이 조성해야 한다. 그러자면 리더인 상관 자신부터 "목숨을 다하여 임무를 수행한다"는 충즉진명(忠則盡命)의 자세로 임해야 한다. 이것이 리더가 갖추어야 할 기본이다.

군대에서 리더란 지휘관(자)을 일컫는 말로, 이들은 사명감과 국가관이 투철한 사람이다. 그렇기 때문에 군대 리더는 어떤 리더보다도 '충(忠)'의 가치 지향적 삶이 충일(充溢)한 사람이라 할 수 있다. '충은 목숨을 다하는 것이다(忠則盡命).', '나라를 위해 헌신하는 것이 군인의 본분이다(爲國獻身軍人本分).' 라는 표현처럼 군대

366) "其教不肅而成 其政不嚴而治 先王見教之可以化民也."
367) "其爲人也孝弟 而好犯上者 鮮矣, 君子務本 本立而道生 孝悌也者 其爲仁之本與."

의 리더는 항상 임무와 목숨을 바꿀 수 있는 자세를 가지고 살아간다. 대한민국 군대가 지향해야 할 가치의 뿌리는 고조선(古朝鮮) 시대의 '도의원리(道義原理)'에서부터 고구려 '조의선인(皁衣仙人)'의 '오상지도(五常之道)'와 신라 화랑도의 '세속오계(世俗五戒)'로 이어져온 '忠孝信勇仁(충효신용인)'이다. 그러나 현재 군이 지향하는 가치가 진정 충효신용인(忠孝信勇仁)에 맞추어 교육되고 있는지를 들여다볼 필요가 있다. 이러한 가치 체계가 군사사상(軍事思想)이나 전략을 수립하는데 기본으로 작용해야 하기 때문이다. 『효경』에 "효는 덕의 근본이요, 모든 가르침이 그로 말미암아 생겨난다(개종명의장)."[368], 『후한서』에 "나라를 구할 충성된 신하는 효자의 가문에서 나온다."[369]는 내용에서 '충'은 '효'를 바탕으로 생성됨을 알 수 있다.

인간을 표현하는 여러 문구 중에 '인간은 가치 지향적 존재'라는 말은, 군 간부를 육성할 때 어떤 가치를 기준으로 군인의 길을 가게 해야 하는가를 말해주고 있다. 특히 초급 장교보다도 고급장교가 되면 그 중요성은 더해진다. 중요한 문제에 대해 의사결정을 함에 있어서 더욱 그렇다. 출신이나 지역, 계파 등에 편향되지 않고 개인의 이익과 군대의 이익, 군대의 이익과 사회의 이익, 군대의 이익과 국가의 이익이 어떤 관계로 작용하는지를 사려 깊게 판단하기 위해서는 충효예를 잣대로 하는 가치관이 중요하기 때문이다. 따라서 리더는 충효예의 가치를 지향하는 자세로 리더십을 발휘해야 한다.

368) "孝德之本也 敎之所由生也."
369) "求忠臣必於孝子之門."

2. 구성원(장병): '孝則盡誠(효즉진성)'의 자세로 임해야 한다.

Tip
군대의 팔로어인 장병은 "부모 형제를 지킨다"는 사명감으로 복무에 임해야 한다. 그러한 마음과 정성이 곧 무형전투력의 핵심이기 때문이다.

대한민국 국민으로 군복무를 한 남성과 여성이라면 누구나 경험한 것이 부모님에 대한 그리움이다. 신체검사를 하고 입영영장을 받은 시점부터 가족에 대한 생각이 달라지고 육군훈련소를 향하는 입영열차에 오르는 순간 김광석 씨가 부른 '이등병 편지' 가사를 떠올리게 된다. 훈련소 교육을 받는 기간, 그리고 자대에 배치되어서도 부모님과 가족에 대한 그리움은 변함이 없다. 국민들이 대체로 '군대 가면 사람 된다.', '군대 가면 효자 된다.'고 보는 이유도 이 때문이다. 누구나 군에 입대하면 군대의 기율과 질서에 맞춰 생활하게 되고, 그러다 보면 자연스레 사람이 되어 가는 것이고, 그러한 생활을 하다 보면 부모님이 그립고 호의호식(好衣好食)하던 때가 그리워지다 보니 효심이 생성되는 것이다. 때문에 군에 복무하는 장병은 누구나 부모님을 걱정끼쳐드리지 않고 기쁘게 해 드리는 군 생활을 해야 한다. '효란 정성을 다하는 것(孝則盡誠)'이라는 표현처럼, 군 생활에 정성을 기울이다 보면 자신도 모르게 성숙해져 가는 것이다. 따라서 장병들은 다음과 같은 점에서 부모님을 의식하는 군 생활을 해야 한다.

첫째, 몸이 상하지 않도록 주의해야 한다. 『효경』에 "우리 몸과 팔다리, 머리카락과 피부까지도 부모에게서 받은 것이니, 함부로 해서 훼손되거나 다치지 않게 하는 것이 효의 시작이다(개종명의장)."[370]라고

370) "身體髮膚 受之父母 不敢毁傷 孝之始也."

했다. 군인이 전투에 임해서 몸을 상하게 하는 것은 본연의 임무이니 당연한 것이지만, 술 · 담배를 많이 한다거나 폭발물을 만지거나 후임병을 구타하는 일 등을 해서 몸을 다치게 해서는 안되는 것이다.

둘째, 성실한 군 복무를 통해 입신양명(立身揚名)의 길을 가야 한다. 『효경』에 "효의 시작은 부모를 섬기는데 있고, 중간 단계는 나랏일에 충실히 하는 데 있으며, 효의 마지막은 이름을 드러내는 것이다. 몸을 세워 도를 행함으로써 후대에 이름을 날려 부모의 이름을 드러나게 하는 것이 효의 마지막이다(개종명의장)."[371], 『충경』에 "무릇 충이란 자신에게서 일어나 집안에서 드러나고 나라에서 완성되는데 실행하는 것은 모두 한결같다. 그러므로 그 몸을 하나로 하는 것은 충의 시작이요, 그 집안을 한결같게 하는 것은 충의 중간단계요, 그 나라를 하나로 만드는 것은 충의 마지막 단계이다. 몸이 하나가 되면 모든 복록이 이르게 되고, 집안이 한결같게 되면 모든 친족이 화목하게 되며, 나라가 하나가 되면 만인이 편안해진다."[372]고 했다.

셋째, 어떠한 상황에서도 군인이라는 투철한 사명감으로 조국을 수호해야 한다. 『예기』에 "내 몸은 부모가 낳아주셨으니, 부모가 낳아주신 몸을 갖고 행동하는데 있어서 감히 부모의 뜻을 받들지 않으면 안 되는데 첫째, 평소 살아가는데 있어서 엄숙하고 공경하지 않으면 효가 아니다. 둘째, 관직을 수행함에 있어 예에 맞지 않으면 효가 아니다. 셋째, 벗으로부터 신의와 존경받지 못하면 효가 아니다. 넷째, 전장에

371) "孝 始於事親 中於事君 終於立身 立身行道 揚名後世 以顯父母 孝之終也."

372) "夫忠興於身 著於家 成於國 其行一焉. 是故 一於其身 忠之始也 一於其家 忠之中也 一於其國 忠之終也. 身一則百祿至 家一則六親和 國一則萬人理."

서 싸움에 임하여 용감하지 않으면 효가 아니다(제의편)."[373]라고 했다.

군 생활은 오직 몸을 건강히 하면서 군 복무를 성실히 마치는 것이 나라를 위하는 일이고 입신양명하는 길이다. 따라서 군 생활에 임하는 장병은 임무에 충실하면서 독서 등을 통해 몸과 마음을 단련하는 자세로 충효예를 실천해야 한다.

3. 상황(영향요인): '兄友弟恭(형우제공)'의 병영문화를 조성해야 한다.

Tip
군대 리더십에 영향을 주는 주요인은 '상관'이다. "무식한 상관은 적보다 무섭다."는 어느 병영의 낙서처럼, 상관의 지식이 병영의 사기를 좌우하게 된다. 병영에서 충효예 교육이 '중단'을 거듭하는 이유도, 상관이 충효예 정신을 이해하지 못해 의사결정을 잘 못하기 때문이다. 때문에 고급 제대 리더일수록 지식의 폭이 넓어야 한다.

리더십에서 상황(狀況)이란 어떤 일이나 현상 따위가 이루어지거나 처해 있는 일정한 때의 모습이나 형편으로, 리더와 구성원 간의 리더십 행위에 영향을 주는 제 요소를 말한다. 따라서 군대에서 상관과 부하가 상하동욕(上下同欲)의 길을 가는데 있어서 영향을 미치는 것들을 일컫는다. 군대에서 리더에 속하는 사람은 통상 상급자가 되고 구성원은 하급자가 된다. 여기서 상급자와 하급자 모두에게 영향을 미치는 요소가 상황이다. 그러므로 전투승리를 목표로 하는 군조직의 리더십에서는 무엇보다도 공명정대해야 한다. 이를 위해서는,

373) "身也者 父母之遺體也 行父母之遺體 致不敬乎? 居處不莊非孝也. 涖官不敬非孝也 朋友不敬非孝也 戰陣無勇 非孝也."

첫째, 군은 사기를 먹고 사는 집단인 만큼 기본에 충실하며 사랑에 바탕을 둔 병영 문화를 만들어야 한다. 『논어』에 "리더는 근본을 세우는데 힘써야 하며 근본이 서면 길과 방법이 저절로 생긴다. 효(孝)와 우애(弟)는 인(仁)을 이루는 근본이다(학이편)."[374]라고 한 것처럼 근본이 중요한데, 그 근본은 사랑이고 사랑을 이루는 근본은 병영을 부모자식의 관계와 형제 간의 관계로 만들어가는 것이다.

둘째, 윤리적으로 투명하고 헌법정신에 입각한 군 운영이 필요하다. 군을 운영함에 있어서 육해공군이 자군(自軍)의 이익보다 대한민국을 생각해야 하고, 특히 출신과 지역, 계층간 차별 등을 없애야 한다. 청나라 말기 고염무(顧炎武)는 "나라는 무력에 의해 망하지만, 천하는 도덕에 의해 무너진다."고 했다. 이렇듯이 인사가 잘못되면 인화(人和)가 어렵고 그렇게 되면 전투력 발휘도 어려워진다.

셋째, 군대다운 군대, 군인다운 군인을 육성하기 위한 토대를 만들어야 한다. 하나의 예로 군사사상(軍事思想)과 같은 정체성(正體性)에 맞는 기초를 세우는 노력이 필요하다. 군사사상은 군대가 가져야 할 정신적인 사고(思考)체계이다. 군사사상의 구성요소는 ①전쟁을 어떻게 볼 것인가?에 대한 '전쟁관', ②어떻게 전쟁의지 및 신념을 고양시킬 것인가?에 대한 '전쟁 의지 · 신념 고양', ③한국에 맞는 군사력은 어떤 군사력이며, 어떻게 건설할 것인가?에 대한 '군사력 건설', ④3면이 바다이고 산악으로 형성된 대한민국에서 군사력을 어떻게 운용할 것인가?에 대한 '군사력 운용'이다. 한국군은 현재 통합군 운영 등에

374) "君子務本 本立而道生 孝弟也者 其爲仁之本與."

관하여 논란이 되고 있고, 무기체계 도입 등에 대해 의견이 다양한데, 무엇보다도 우리의 군사사상을 기초로 군사력을 건설하고 운용할 수 있는 노력을 기울일 필요가 있다. 그러자면 군사사상에 대한 연구와 전문가 육성 등의 관심과 노력이 있어야 하고, 그러한 기초 위에서 전투력을 육성해야 할 것인데, 이는 '충효신용인(忠孝信勇仁)'과 같은 정체성에 기초한 가치와 철학을 필요로 한다.

필자는 석사학위논문[375]에서 효심이 많은 장병과 효심이 많지 않은 장병의 복무 자세에 '어떤 차이가 있나?'를 관찰하여 그 결과를 기초로 '효와 충의 연계성에 관한 논문을 작성했고, 이를 청소년 교육과 리더십으로 연계하여 논문[376]으로 제시한 바 있다. 충효예 교육은 "나라에 충성하고 부모님께 효도하며 군인으로서 예의를 지키자"는 취지로, 1988년도 보병 제20사단 부사관단에 의해 자생적으로 시작된 교육이며, 필자는 1999년부터 2001년까지 육군본부 충효예 교육 담당관직을 수행했다. 그 후 10년이 경과된 2011년도에 육군본부와 경민대학교 산하 '한국효충교육원'이 MOU를 체결해서 이 교육을 다시 이어가고 있으며, 2012년 말까지 999명의 '충효지도사(2급)'를 배출했다. 과거의 시행착오를 줄일 수 있고, 충효 교육에 대한 패러다임도 어느 정도 바뀐 것으로 보아 이 교육이 앞으로 계속되어야 할 것으로 본다.

375) 김종두, 「군 장병의 효심과 복무 자세에 관한 연구」, 영남대학교 석사학위논문, 1997

376) 김종두, 「군대의 효 교육을 통한 장병 인성함양과 리더십 역량 강화방안에 관한 연구」, 성산효대학원대학교 박사학위 논문, 2007

이 교육은 병영(兵營)의 사고예방과 안정적 부대관리를 기초로 무형전력을 강화시킨 교육으로 평가할 수 있다. 그러나 이 교육에 대해서는 상충된 견해가 상존하고 있다. 일부 리더 중에는 '그런 고리타분한 교육을 왜 하느냐?' 는 식의 부정적 견해를 가진 사람이 있다. 필자도 지휘관을 하면서 상급 지휘관으로부터 "자네 충효예의 '충' 자도 꺼내지 말게, 군대에서 그런 교육을 해선 안되네. 알았는가?" 라는 질문을 받고 가슴이 무너져내리는 듯한 절망감과 함께 상관을 원망했던 실제 사례를 경험했다. 이런 현상은 그 상관이 성장해오는 동안 설정된 가치기준에서 오는 패러다임의 문제로 볼 수 있을 것이다. 또 그런가 하면, 또 어떤 상관은 '충효예 교육이야말로 요즈음처럼 가정과 학교 교육에서 부족했던 인성을 보완할 수 있고 전인을 육성할 좋은 교육이다. 국민교육도장인 군대에서 인성함양과 무형전력을 강화할 수 있는 일거양득의 교육이므로 강화해야 한다.' 라면서 예찬하기도 했다. 이러한 인식의 차이는 사람마다의 가치관이 다르기 때문인 것으로 볼 수 있는데, 충효예 교육에 대한 올바른 패러다임을 가지게 하는 것이 충효예 리더십의 환경을 조성하는 것이라고 생각한다.

(다음에 제시하는 사례는 필자 본인의 사례라는 점에서, 실명으로 기술하는 것에 대해 망설였으나, 사실(事實)에 입각한 사례를 제시하려다 보니, 본인의 사례를 제시하게 되어 독자 제위께 양해를 구하는 바입니다.)

Ⅲ 사례: 충효예 교육으로 무사고 · 우수부대를 육성한 「김종두 대대장의 리더십」

필자는 11남매 중 10번째로, 어머니 연세 40에 태어났던 탓에, 어려서부터 어머니에 대한 애처로움을 가슴에 안고 성장했다. 그러한 어머니께 경제적 도움을 드리겠다고 4년 동안 야간고등학교를 고학으로 다녔지만, 훗날 그것은 효가 아니라 불효임을 알게 됐다. 장교로 임관하고 나서 장병들에게 "부모님께 걱정시켜드리지 않는 군 생활을 해야 된다."는 부탁을 하다 보니, 어느새 효 교육자의 길로 가고 있었다. 포대장 34개월, 대대장 31개월, 연대장 18개월 동안 무사고와 함께 성공적으로 부대를 지휘할 수 있기까지는 필자의 이런 마음을 잘 소화해서 따라준 부사관(副士官) 간부들과 아내의 도움이 컸다고 생각한다.

군대의 리더십은 학교나 종교에서의 리더십과는 성격이 다르다. 군대는 임무완수를 위해 자신뿐 아니라 부하의 목숨까지도 요구해야 하는 비합리적 요소가 상존할 수밖에 없는 조직이기 때문이다. 때문에 리더의 윤리와 도덕성에 기초한 신뢰성이 중요하다. 이를 기초로 필자가 '충효예의 리더십'을 통해 대대장 임무를 성공적으로 수행할 수 있었던 사례를 소개하고자 한다.

충효예 교육은 "나라에 충성하고 부모님께 효도하며 장병 상호간에 예의를 지키자"는 교육이다. 이렇듯 충효예 교육은 장병의 정체성을 확립하고 인성함양과 무형전력을 강화할 수 있는 교육이다. 필자는 대대장 보직신고 자리에서 사단장님이 "귀관이 지휘하게 될 부대가 사단의 21개 대대 중에서 가장 걱정되는 부대이니, 유념해서 잘 지휘 · 관리해주길 당부하네."라는 말을 듣고 '대대를 어떻게 지휘해야 할까?' 를 고민하게 됐다. 그런 내용을 내색할 수도 없이 부대를 진단해본 결과 '사기(士氣)는 다소 저하되어 있지만 역사와 전통을 잘 살리면 강한 부대로 만들 수 있겠구나' 라는 생각이 들었다. 다행인 점은, 이 대대가 대한민국의 포병 중에서 가장 먼저 창설된 부대로서 역사와 전통이 있는 부대라는 점과 대대원들은 이에 대한 강한 자부심을 가지고 있었으며, 간부들이 상대적으로 우수하다는 점을 발견했다. 이러한 내용을 기초로 각종 경연대회 및 부대시험에서 우수한 성적을 거둘 수 있었는데, 다음과 같은 충효예 교육의 덕분이라고 생각한다.

먼저 효(孝) 교육 사례이다. 장병들에게 효의 대상은 부모님이다. 때문에 장병들이 부모님이 원하시는 방향으로, 부모님을 걱정시키지 않고 기쁨을 드리는 군 생활을 하도록 하는데 초점을 맞추었다. 이를 위해 첫째, 전입신병이 오면 저녁시간을 이용해 두 시간 정도 효를 주제로 심층 면담을 했다. 이때 주안은 '나는 누구이며, 어떻게 성장해 왔는가?', 부모님의 직업과 연세를 알고 있으며, 부모님에 대한 감정이 어떤지를 파악해서 인성교육에 활용했다. 둘째, 격주 간격(월 2회)으로 대대원 전체에게 효교육을 한 것이다. 교육 내용은 '어머니 마음' 노래 합창, 그리고 부모님 걱정끼쳐 드리지 않고 기쁘게 해 드리기 위한 방법을 토의하는 방식으로 진행했다. 특히 '어머니 마음' 노래를 합창할 때는 장병도 울고 필자도 울면서 함께 불렀다. 인성교육에서 '공감' 만큼 효과를 얻기는 어렵다는 점에서 효 교육 방법으로서는 좋은 방법이라 생각한다. 셋째, 효를 생활교육과 연계했다는 점이다. 아침잠에서 깨어날 즈음에 기상나팔 대신 효 음악을 틀어줘서 부모님을 생각하면서 기상하게 하는 것이다. 담요를 갤 때도 효 경음악과 함께 "여러분 잠잘 잤습니까? 고향에 계신 부모님께서도 잠을 잘 주무셨는지, 관물함의 부모님 사진을 보고 문안인사를 여쭙시다. 그리고 오늘 하루의 일과를 기약합니다."의 멘트를 들려준다. 이어서 일조점호 고향예배 때도 부모님께 효도를 다짐하도록 당직사관이 유도하게 하고, 아침, 점심, 저녁 식사 때도 부모님께 감사하며 효도를 다짐하게 하는 것이다. 일석점호 이후에도 부모님을 생각하면서 잠자리에 들도록 효 관련 음악과 편지 내용을 들려 주었다. 또한 부모님께 편지를 자주 쓰도록 해서 부모님께 효도를 다짐하고 부모님 기대에 어긋나지 않는 군생활을 하도록 했다.

다음은 충(忠) 교육 사례이다. 장병에게 충의 대상은 국가이고, 국가는 다시 '영토'와 '주권', '국민'으로 세분된다. 그리고 국민 속에는 내가 포함되므로 충의 첫 번째 대상은 나다. 따라서 나에게 거짓이 없는 상태에서 직분에 최선을 다함으로써 '내가 몸담은 군과 국가'에 기여하는 것이 충(忠)이다. 충 교육은 첫째, 정과시간을 이용하여 충이 무엇인지를 알게 했다. 우리 군은 국가에 충성하자고 하면서도 정작 충이 무엇이고, 어떻게 하는 것이 충(忠)인지에 대한 교육이 부족했던 점에 착안하여 군인으로서 충을 알게 했다. 둘째, 부대의 역사와 전통을 알게 하여 자기 정체성과 소속감을 가지게 했다. 이를 위해서는 각종 게시판 등 잘 보이는 곳 문구를 부착해서 이해를 돕고 '대대훈'을 암기토록 했는데, '할 수 있다는 신념과 하겠다는 집념으로 오늘을 뛰며 내일을 설계한다.'는 내용을 전장병이 암기하여 실천토록 했다. 셋째, 계기별 교육을 통해 국경일과 법정기념일의 의미를 알게 함으로써 나라사랑 정신을 고양토록 했다. 넷째, 환경오염 방지활동, 국토대청결 운동, 인근 전적지 답사 및 충혼탑 참배 등을 통하여 나라사랑 정신을 고양시키는 데 노력했다.

마지막으로 예(禮)에 대한 교육 사례이다. 장병에게 예의 대상은 상관과 동료, 하급자이다. 따라서 전우를 사랑하기 위해서는 역지사지(易地思之) 입장을 견지토록 했다. 이를 위해 첫째, 정과시간을 이용해서 예가 무엇인지를 알도록 했다. 예라는 것이 하급자가 상급자에게 표하는 것만이 아니라 상급자로서 하급자에 대한 예의가 중요하다는 점을 알려주었다. 둘째, 군인으로서의 행위예절에 대한 교육이다. 상급자로서 하급자에 대한 예의, 복장, 경례동작 등을 정확하게 해서 서로를 존중하고 배려하는 풍토를 만들었다. 셋째, 전우 사랑을 실천토록 했다. 부대 내 구타 및 가혹행위, 언어폭력 등을 방지하기 위해 '내가 위한 자식이면 상대방도 귀한 자식이다.'를 생각하게 하는 '효'와 연관된 '예' 교육을 통해 전우사랑에 대한 관심을 높이고, 이를 통해 안정된 부대관리를 도모하려고 노력했다.

이러한 충효예 교육을 통해 성공적으로 포병대대 지휘관을 마칠 수 있었던 필자는 사단 일반참모로 발탁됐고, 육군대학 리더십 교관, 교육사령부 리더십 교육장교, 국방대학교 리더십 교수 등을 수행하는 동안 실질적인 경험적 지식으로 활용할 수 있었다. 뿐만 아니라 무형전력 향상방안, 가치중심 리더십, 원칙중심 리더십 등 군에서 적합한 리더십 모형을 군에 적용하는데도 큰 도움을 얻을 수 있었다.

또 하나 빼놓을 수 없는 것은 아내의 내조(內助)이다. 원래 아내 자랑은 팔불출에 해당하는 것이라 망설였지만, 후배 지휘관들이 참고할만한 사례라 생각되어 소개하려 했다. 필자는 경기도 연천 신망리에서 포대장을 했다. 그런데 아이 셋을 키우면서도 제대하는 포대원에게 한 사람도 빠짐없이 저녁식사를 집에서 대접해서 보냈다는 점이다. 인사말은 “아저씨 수고하셨어요, 찬은 없지만 많이 드세요, 그리고 집에 가시면 부모님께 잘해 드리고, 좋은 배필 만날 수 있도록 열심히 사세요” 정도였다. 그후 중령이 돼서 포병대대장은 강원도 원통 천도리에서 했다. 이때는 딸 아이 셋이 초등학교 다닐 때인데, 1주일에 하루를 정해서 초소방문을 했다. 밤 12시에서 02시 사이에 여름에는 수박 냉채, 겨울에는 커피를 끓이고 고구마와 감자를 구워 은박지에 싸서 딸아이들로 하여금 초병에게 건네주게 했다. 필자도 함께하면서, 그 시간에 심층 관리해야 할 병사와 따뜻한 대화를 할 수 있었다. 지금 30이 넘은 딸 아이들에게 그때의 기억을 물으면 “가장 좋은 기억이에요, 춥고 더운 날씨에 고생하시는 아저씨들에게 군고구마와 감자, 커피를 대접한 것이 참 좋았어요"이다. 군인가족으로 살면서 많은 이사를 했지만, 아이들이 바르게 성장해줬을 뿐 아니라 무사고부대를 육성했다는 자부심을 가질 수 있게 된 것은, 반(半)은 아내의 덕분이라는 생각을 하게 되고 그때를 회상하면 '이것이 교육이구나' 라는 생각과 함께 아내에게 감사함을 전하지 않을 수 없다.

필자는 이때의 경험을 기초로 육군본부 충효예 교육담당관직도 수행할 수 있었고, 그 직책에서 그 능력을 인정받아 대령으로 진급할 수 있었다.

필자의 생각으로 무엇보다도 군에서 이 교육이 필요한 이유는, 이 교육을 하려면 교육자 자신부터 충효예를 실천해야만 교육할 수 있게 된다는 점 때문이다. 이런 점에서 충효예 교육은 군대의 전인교육, 인성교육, 리더십, 군대사상 등 무형전력 육성에 꼭 필요한 교육이라 생각하며, 필자의 본인 사례지만 제시해 보았으며 양해를 구하는 바이다.

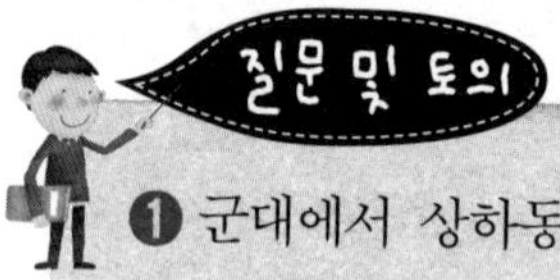

❶ 군대에서 상하동욕(上下同欲)의 리더십을 발휘하기 위해 보완 및 발전되어야 할 내용에 대해 발표해봅시다.

❷ 군대의 리더십을 국민교육의 도장이라는 관점에서, 리더십 구성요소의 역동적 관계에 대해 보완 및 발전방향을 발표해봅시다.

❸ 사례(김종두 대대장의 리더십)를 통해 현재 군대의 효 리더십을 재조명해봅시다.

제 12 장

직장에서 효와 소통의 리더십

직장(職場)에서의 효 리더십은 직장 구성원으로 하여금 자기적 효의 실천을 유도함으로써 궁극적으로 가정을 건강하게 하고 직장을 튼실하게 하는 부자지정(父子之情)의 관계를 필요로 한다. 직장의 사주(社主)는 사원(社員)을 가족 대하듯 하고, 사원은 '내가 다니는 직장이 잘되어야 나의 안정된 가정이 유지된다.'는 역지사지(易地思之)적 자세가 요구된다.

현대사회는 급격한 변화로 사주(社主)와 사원(社員) 모두가 합심(合心)하지 않으면 경쟁에서 살아남기가 어려운 시대가 되었다. 세계적 경제 불황과 함께 심화되는 사회의 양극화 현상은 우리 모두를 힘들게 하고, 육아(育兒) 및 보육(保育) 환경은 젊은 부모들에게 출산기피를 초래하고 있다. 이런 현상은 급기야 저출산, 고령화와 함께 다문화가정의 문제로 연결되면서 대한민국의 현안과제로 떠오르고 있다. 따라서 이런 현상을 극복해야 할 것인데, 그 방법의 하나가 직장의 사주(社主)

가 중심이 되어 부자지정(父子之情)의 효 리더십을 발휘하는 것이다. 즉 사내(社內)의 젊은 산모를 마치 자신의 딸이 아이를 낳은 것처럼 생각해서 육아 여건을 개선해주어는 것이다. 『맹자』에 "자기 집 어린이를 사랑하여서 그 마음이 다른 집 어린이를 사랑하는 데까지 미치게 하면 천하까지도 쉽게 다스릴 수 있다(양혜왕 상편)."[377] 고 했고, 『예기』에 "인의(人義)라고 하는 것은, 부모는 자식을 사랑하고 자식은 부모에게 효도하며, 형은 아우를 사랑하고 아우는 형을 공경하며, 남편은 의롭고 아내는 남편 말을 들어야 하며, 어른은 은혜로워야 하고 어린이는 순해야 하며, 군주는 인자해야 하고 신하는 충성해야 한다. 이상의 열 가지를 이르러 인의(人義)라고 한다(예운편)."[378] 고 이르고 있다.

오늘날의 보육, 육아 환경은 정부 정책 당국자만이 아니라 직장의 사주가 함께 풀어가야 한다. 과거 농경사회 때는 맞벌이 부부도 많지 않았을 뿐 아니라 설상 있다 하더라도 친정 부모나 시댁 부모가 아이를 돌봐주는 것을 미덕으로 여겼기 때문에 별 문제가 없었다. 그러나 지금은 과거처럼 조부모(祖父母)가 아기를 돌볼 수 있는 사회적 분위기가 퇴조하고, 젊은 부모들은 돌보아주는 조부모에 대해 고마움의 표현이 상대적으로 부족한 것으로 나타나고 있는데, 이 또한 효 교육을 소홀히 해온 때문으로 보여진다. 때문에 직장의 어린이집 운영 등 산모(産母)가 직접 아이를 돌보며 직장 생활을 할 수 있게 하는 직장의

377) "老吾老以及人之老 幼吾幼以及人之幼 天下可運於掌."

378) "何謂人義 父慈子孝 兄良弟弟 夫義婦聽 長惠幼順 君仁臣忠 十者謂之人義."

효 리더십이 요구된다. 따라서 직장에서도 효를 바탕으로 한 슈퍼 리더십을 비롯한 서번트 리더십, 감성적 리더십, 가치중심 리더십, 원칙중심 리더십, 윤리적 리더십 등이 복합적으로 적용될 수 있다.

I 직장 효 리더십은 '易地思之(역지사지)'를 지향해야 한다.

Tip
직장 리더십의 목표는 이윤창출과 생산성 향상에 있다. 직장이 잘 돼야 나의 가정도 온전할 수 있으며 국가에도 기여하는 것이다. 때문에 직장 사주는 사원의 입장을 생각하고, 사원은 직장 사주를 생각하면서 서로의 도리를 다하려는 자세를 가져야 하는데, 이것이 「직장 리더십」의 기본이다.

직장에서 요구되는 리더십은 역지사지(易地思之)의 리더십이다. 즉 회사 사주(社主)는 사원(社員)을 생각하고, 사원은 회사를 생각하게 하는 리더십이다. 우리는 효를 인륜질서의 근본, 백행지본(百行之本), 덕(德)의 근본 등으로 표현한다. 부모와 자식간 형성된 원초적 사랑(효)이 형제간 우애를 돈독히 하고, 그러한 마음이 이웃과 사회, 나라와 자연으로 확대되어 진다는 점에서 효를 보편적 · 이타적 가치로 표현하는데, 이를 사주와 사원의 관점에서 생각해 본다.

먼저 사주(社主)의 관점이다. 사주는 'Give & Take' 관점의 사고가 필요하다. 속담에 '가는 말이 고아야 오는 말이 곱다.'는 말처럼, 회사 경영에서도 사주가 사원을 위해 먼저 베풀어야 한다. 『효경』에 "가르침이 엄숙하지 않아도 이루어지고 그 정치가 엄하지 않아도 다스려지는데, 그 이유는 리더가 그것(효)을 가르침으로써 백성을 교화시킬 수 있었기 때문이다(삼재장).”[379], “(리더가) 백성들을 서로 친애하도록 하는 데에는 효보다 좋은 것이 없고, 백성들을 예에 순응하게 가르치는 데는 공경함보다 좋은 것이 없다(광요도장).”[380]고 했다. 즉 사주가 효와 같은 이타적 가치를 지향하는 리더십을 통해 사원을 이끌어야 한다는 것이다. 『논어』에도 “구성원을 장중(莊重)하게 대하면 공경스러워지고, 효와 자애(慈愛)를 행하게 하면 충(忠)되게 되고, 선인(善人)을 등용하고 무능한 사람을 가르쳐 주면 부지런히 힘쓰게 될 것이다(위정편).”[381]라 하여 효가 바탕이 된 리더십의 필요성을 제시하고 있다.

다음은 사원(社員)의 입장이다. 사원으로서는 주어진 임무에 충실함으로써 입신양명(立身揚名)으로 연결시켜 부모님의 은혜에 보답한다는 자세로 임해야 한다. 『효경』에 “일상생활에 잠깐 사이라도 부모를 잊지 않아야 한다. 그런 다음에야 효도를 하는 사람이라 할 수 있다. 그리고 자기의 몸가짐을 삼가지 않고, 하는 말에 법도가 없으며, 난잡하게 노는 것으로 세월을 보내는 사람은 모두 그 부모를 잊은 자의 행동들이다(사친장).”[382]라고 한 것처럼 직장에서도 부모와 가정을 생각하면서 직무에 충실해야 하고, 또한 직장 사주들은 사원들이 그런 마음으로 직장 생활을 할 수 있도록 배려해야 한다. 『효경』에 “효는 덕

379) “其教不肅而成 其政不嚴而治 先王見教之可以化民也.”
380) “教民親愛 莫善於孝 教民禮順 莫善於悌.”
381) “臨之以莊則敬 孝慈則忠 擧善而教不能則勸.”
382) “日用之間, 一毫之頃, 不忘父母然後乃名爲孝, 疲持身不謹, 出言無章, 嬉戲度日者, 皆是忘父母者也.”

의 근본이요, 모든 가르침이 그로 말미암아 생겨난다(개종명의장)."[383], "부모를 사랑하는 사람은 다른 사람을 미워하지 않고, 부모를 공경하는 사람은 다른 사람을 업신여기지 않는다(천자장)."[384], "부모를 섬기는 사람은 윗자리에 있어도 거만하지 않고, 아랫자리에 있어도 질서를 어지럽히지 않으며, 같은 무리와 함께 있어도 서로 다투지 않는다(기효행장)."[385]라고 하여 효는 사랑을 나누는 정신적 작용의 근본으로 말하고 있다. 또한 『예기』에 "효자는 어두운 곳에서 일을 종사하지 않으며, 위태로운 곳에 오르지 않는다. 이는 어버이를 욕되게 할 것을 두려워하기 때문이다. 부모가 살아계실 때에는 벗과 더불어 죽음에 대하여 허락하지 않아야 한다(곡례편)."[386]는 내용도 맥을 같이 하는 것이다. 이렇듯이 직장에서는 사주와 사원이 서로의 입장을 생각하는 역지사지(易地思之)의 리더십이 요구된다.

II 리더십 구성요소의 역동성과 적용방향

직장에서의 리더십 구성요소는 리더인 '사주(社主)', 구성원인 '사원(社員)', 사주와 사원 간의 리더십 행위에 영향을 미치는 '상황요인' 이

383) "孝 德之本也 教之所由生也."
384) "愛親者 不敢惡於人 敬親者 不敢慢於人."
385) "事親者 居上不驕 爲下不亂 在醜不爭."
386) "孝子不服闇不登危懼辱親也 父母存不許友以死."

다. 이러한 구성요소가 역동적으로 작용하기 위해서는 시대와 문화에 맞는 리더십 역량을 갖추어야 한다. 직장에서 리더와 구성원의 관계는 가정과 학교, 종교, 군대에서의 관계와는 다른데, 직장은 효율의 극대화와 이윤창출을 목표로 한다는 점에서다. 그러나 효율과 이윤창출이 사주가 추구하는 리더십의 목표이긴 하지만, 더 많은 이익을 위해서는 사랑이 바탕이 된 리더십이어야 하고, 그 사랑은 직장 구성원끼리 서로를 위하는 가운데, 그러한 사랑이 사회와 국가로 확대되도록 해야 한다. 그랬을 때 내가 근무하는 직장이 자랑스럽고, 즐거움을 주며 보람을 느끼게 함으로써 결과적으로 대한민국이 부강해지게 되는 것이다. 이런 점에서 직장에서 발휘해야 할 효 리더십에 대해서 구성요소의 역할을 중심으로 살펴본다.

1. 리더(社主): 사원의 안정된 가정을 기반으로 발전을 도모해야 한다.

Tip
사주와 사원은 어떤 경우라도 직장의 안정된 성장과 가정의 안정을 도모해야 하는데, 그런 분위기는 리더인 사주에게 달려 있다. 따라서 사주는 사원의 가정을 들여다봐 줌으로써 사원이 직장보다 충실하게 리더십이 요구된다.

어떤 조직이든 조직이 활발하게 움직이기 위해서는 리더십의 주체인 리더의 역할이 중요하다. 그리고 그 역할 중의 하나는 구성원들이 가정에 충실하도록 배려함으로써 가정이 안정된 가운데 직장의 발전을 도모하도록 해야 하는데, 여기에는 사주(社主)의 서번트적 리더십이 필요하다. 이를 위해서는 다음과 같은 내용이 요구된다.

첫째, 사주는 사원들에게 올바른 목표와 방향을 제시함으로써 사원 각자가 목표와 방향을 설정(pathfinding)할 수 있도록 도와야 한다. 그 목표는 건강한 가정을 기초로 직장에 충실하는 삶을 이어가도록 하는 것이다. 그러자면 사주가 비전과 가치, 미션과 전략을 가지고 있어야 한다.

둘째, 조직을 한 방향으로 정렬(aligning)케 하는 것이다. 한 방향으로 정렬한다는 것은 사주의 생각이 말단 직원에 이르기까지 한 방향으로 향하는 것이다. 여기에도 사주의 철학과 개념이 있어야 하고, 제시된 비전이 달성되도록 해야 한다. 그러자면 조직의 구조와 업무수행의 과정, 그리고 업무 시스템이 바르게 작동되어야 한다. 임신한 산모나 신생아를 키우는 부모들이 아이를 편히 낳아 양육할 수 있도록 선처를 해주는 것이 포함된다. 임신한 산모가 해산할 날이 다가오는데도 직장 업무에 스트레스를 받아 조산(早産)을 하거나 태아(胎兒)에 이상이 생기면 그 가족만이 아닌 사회적, 국가적 비용이 더 많이 발생할 수 있다. 때문에 임신한 직원에 대해서 태교(胎教)에 충실하도록 배려해야 한다. 또한 산후(産後) 휴가 문제도 대기업들의 산후 휴가 기간을 보면 3개월, 또는 6개월이고, 공무원은 1년인데, 최소한 1년 이상은 돼야 한다고 본다. 사람은 일반 짐승과 달리 누군가가 보살펴주지 않으면 살아갈 수 없다. 만일 3개월을 휴가 받은 산모가 직장에 출근하게 되면 그 아이를 타인에 의해서 양육되어져야 하는데, 과연 정서적인 문제 등 정상적인 성장이 가능할지 생각해 보아야 한다. 특히 어떤 기업은 아예 아이를 낳을 것 같으면 회사를 그만두라는 무언의 압력도 있다는 언론보도가 있었는데, 이는 시정되어야 한다. 만일 사주(社主)의 딸이 아이를 낳았다고 할 때, 과연 3개월 쉬고 출근시킬 것인가를 양심적으로 생각해 볼 일이다. 『효경』에 "[리더(선왕)]가 먼저 박애를 실천함으로써 성원들이 부모님을 버리지 않게 되고, 덕과 의로써 베풀어 성원들이 자발적으로 [그것을] 실천하였다. 리더가 앞에서 공경하고 겸양하니 성원들이 다투지 않고, 예악으로 이끄니 백성들이 화목하게 되고, 리더가 호오(好惡)로써 보여주자 성원들 스스로가 하지 않아야 할 것을 알게 되었다(삼재장)."[387], "리더(선왕)들은 지극한 덕과 중요한 도를 갖고서 천하 백성을 가르쳤다. [그러자] 성원들은 화목하고 윗사람, 아랫사람들은 서로 원망이 없었다(개종명의장)."[388], "[리더가 효를 행하면] 그 성원들은 [리더를] 경외하면서 사랑하고, 법도로 삼으면서 본받는 것이다. 그러므로 [리더는] 도덕교육을 이룰 수 있고, 그 정치적 명령을 실시할 수 있다(효우열장)."[389]고 이르고 있다.

셋째, 사원 각자가 내적으로 동기가 유발(empowering)되도록 리더십을 발휘하는 것이다. 직원들 중에는 자신이 몸담은 직장을 천직으로 생각하는 사람이 있고, 더 좋은 직장을 구하기까지 임시로 다니는 사람이 있을 수 있으며, 마지못해 어쩔 수 없이 다니고 있는 사람이 있을 수 있다. 이처럼 여러 형태의 사원이 있을 수 있는데, 사원들이 현 직장을 천직으로 생각하는 분위기를 만들어야 한다. 부모를 모시고 사는 직원이 있다면 적절한 포상조치, 즉 효도 수당, 명절 휴가비 등을 지

387) "先之以博愛 而民莫遺其親 陳之以德義 而民興行. 先之以敬讓 而民不爭 導之以禮樂 而民和睦 示之以好惡 而民知禁."

388) "先王有至德要道 以順天下 民用和睦 上下無怨."

389) "其民畏而愛之 則而象之 故로 能成其德教 而行其政令."

급하는 등의 물질적 지원도 중요하지만, 부모를 모시는 것에 대해 칭찬과 격려, 그리고 불편함이 없도록 살펴주는 배려가 있어야 한다. 『효경』에 "[리더가] 효로써 가르치는 것은 날마다 집집마다 찾아가서 대면해서 가르치는 것이 아니다. 효로써 가르치는 것은 세상의 부모 되는 사람을 공경케 하는 것이다(광지덕장)."[390], "[리더가] 백성들을 서로 친애하도록 하는 데에는 효보다 좋은 것이 없고, 백성들을 예에 순응하게 가르치는 데는 공경함보다 좋은 것이 없다(광요도장)."[391]고 했다.

넷째, 사주는 본보기(modeling)가 되어야 한다. 본보기는 모범을 보이는 것이다. 사주 자신부터 부모님 모시는 일, 자녀를 사랑하고 보살피는 일에 대해 본보기가 되어야 한다. 『효경』에 "[리더가] 사랑과 공경함을 다하여 부모님 섬기면 도덕적 교화가 백성들에게 전해져 온 나라에 본보기가 될 수 있다(천자장)."[392], "가르침이 엄숙하지 않아도 (정치가) 이루어지고 그 정치가 엄하지 않아도 다스려지는데, 그 이유는 리더(선왕)가 그것(효)을 가르침으로써 백성을 교화시킬 수 있기 때문이다(삼재장)."[393], [리더] 한 사람이 공경하면 천만인이 기뻐하게 되는 것이다. 공경하는 사람은 적지만 기뻐하며 기꺼이 따르는 사람은 많으니 이것이 중요한 도(道)이다(광요도장).[394] 『논어』에 "리더(군자)가

390) "君子之敎以孝也 非家至而日見之也. 敎以孝 所以敬天下之爲人父者也."
391) "敎民親愛 莫善於孝 敎民禮順 莫善於悌."
392) "愛敬 盡於事親 然後 德敎加於百姓 刑於四海."
393) "其敎不肅而成 其政不嚴而治 先王見敎之可以化民也."
394) "敬一人 而千萬人悅 所敬者寡 而悅者衆 此之謂要道也."

어버이에게 독실하면 백성들 사이에 인(仁)이 진작(振作)되고 옛 친구를 버리지 않으면 백성들이 박절하지 않게 된다(태백편)."[395] 고 했다.

2. 구성원(사원): 직장의 안정과 발전에서 가정의 안정과 행복을 찾아야 한다.

Tip
직장의 팔로어인 사원은 "직장의 안정적 성장이 내 가정의 안정을 보장한다."는 사명으로 근무에 임해야 한다. 그러한 배움과 정성이 직장과 가정을 지키는 핵심 가치이기 때문이다.

조직이 성공하기 위해서는 리더의 역할이 중요하지만 팔로어의 역할도 중요하다. 그래서 파레토는 '2대 8의 법칙'을 제안했는데, '전체 결과의 80%가 전체 원인의 20%에서 일어난다'는 것이다. 다시 말해서, 사회의 소득분포는 소수의 20%가 전체소득의 80%를 좌우한다는 것인데, 이론에 약간의 차이는 있지만 사회생활을 하는 모든 집단에서 부유한 자, 유능한 자가 20%, 그렇지 못한 자가 80% 비율로 구성돼 있다고 해석하고, 이를 인정하고 수긍해야 한다는 것이다. 때문에 80%에 해당하는 팔로어들이 좀 더 조직에 기여하려는 자세가 요구되는데, 직장에서 효를 실천함에 있어서도 마찬가지이다. 직장의 구성원들은 공존공영(共存共榮)의 정신으로 "회사가 잘되어야 나에게 혜택이 들어오고 우리 가정의 안정이 보장된다."는 마음으로 임해야 하는데, 이러한 정신은 효에서 출발한다는 점이다. 『효경』에 "효의 시작은 부모를 섬기는데 있고, 중간 단계는 나랏일에 충

395) "君子篤於親 則民興於仁 故舊 不遺 則民不偷."

실한데 있으며, 효의 마지막은 이름을 드러내는 것이다. 몸을 세워 도를 행함으로써 후대에 이름을 날려 부모의 이름을 드러나게 하는 것이 효의 마지막이다(개종명의장)."[396]라고 했는데, 여기서 나랏일이란 바로 직장을 말한다. 『예기』에 "내 몸은 부모가 낳아주셨으니, 부모가 낳아주신 몸을 갖고 행동하는데 있어서 감히 부모의 뜻을 받들지 않으면 안되는데 첫째, 평소 살아가는데 있어서 엄숙한 마음으로 부모를 공경하지 않으면 효가 아니다. 둘째, 임금 섬김에 충성되지 않으면 효가 아니다. 셋째, 관직(직장 일)을 수행함에 있어 예에 맞지 않으면 효가 아니다. 넷째, 벗으로부터 신의와 존경받지 못하면 효가 아니다. 다섯째, 전장에서 싸움에 임하여 용감하지 않으면 효가 아니다. 이상 다섯 가지를 완수하지 못하면, 그 결과가 부모에게 미칠 것이니 감히 공경하지 않으면 안된다(제의편)."[397]고 했는데, 직장에서 충실하는 것이 효인 것이다.

『격몽요결』에 "일상생활에 잠깐 사이라도 부모를 잊지 않아야 한다. 그런 다음에야 곧 효도를 하는 사람이라 이름 지을 수 있다. 그리고 자기의 몸가짐을 삼가지 않으며, 하는 말에 법도가 없고 난잡하게 노는 것으로 세월을 보내는 사람은 모두 그 부모를 잊은 자의 행동들이다(사친장)."[398]라고 했다.

396) "孝 始於事親 中於事君 終於立身 立身行道 揚名後世 以顯父母 孝之終也."

397) "身也者 父母之遺體也 行父母之遺體 致不敬乎? 居處不莊非孝也. 事君不忠非孝也 蒞官不敬非孝也 朋友不敬 非孝也 戰陣無勇非孝也 五者不遂 裁及其親恥不敬乎?"

398) "日用之間, 一毫之頃, 不忘父母然後乃名爲孝, 疲持身不謹, 出言無章, 嬉戲度日者, 皆是忘父母者也."

3. 상황(영향요인): 효 문화를 기반으로 현안과제 극복을 지원해야 한다.

> **Tip**
> 작장의 리더십에 영향을 주는 주체는 '사주의 도덕성'이다. 특히 한국의 대기업 총수 일가 중에 여러 가계에서 형제 간에 상속 법정재산 다툼으로 이어지고 있는데, 이는 부모를 욕되게 하는 큰 불효이며, 그 불효가 도덕성의 타락으로 이어진 것이다. 그 도덕성의 기저에는 '불효'가 자리하고 있는 것인데, 리더의 도덕성 타락이 직장 사원에게 고통을 주는 것이다.

효와 연관된 국가적 현안과제라면 저출산 · 고령화와 다문화가정의 문제 양극화 현상 심화, 학교폭력과 묻지마 범죄 등이 해당된다고 할 수 있다. 이러한 과제들은 정부에서만 힘써서 될 일이 아니라 기업과 공공기관 등에서 함께해야 할 과제들이다. 저출산 문제에 있어서도 법에 명시된 직장 내 어린이집 운영 등에 대해 정부가 규제를 해야 하겠지만, 그 이전에 기업 경영자들이 자기 자식의 문제처럼 여기고 함께 해결하려는 노력이 있어야 한다. 고령자 문제도 가정의 자녀에게만 효도를 강조할 것이 아니라, 직장의 사주(社主)들이 효행을 장려할 수 있는 문화를 만들어가야 한다. 다문화가정의 문제에 있어서도 동남아를 비롯한 많은 외국인이 대한민국의 발전을 돕고 있고, 소위 말하는 3D업종에 종사하면서 우리를 도와주고 있다. 특히 동남아 여성은 한국의 남성들과 결혼해서 가정을 이루었다는 점에서 실로 고마운 분들이다. 이런 분들에게 홍익인간 정신을 발휘해서 감싸고 보듬는, 효가 바탕이 된 문화를 만들어가야 한다. 왜냐하면 효는 이타적 삶을 이끌어주기 때문인데, 『효경』에 "부모를 섬기는 사람은 윗자리에 있어도 거만하지 않고, 아랫자리에 있어도 질서를 어지럽히지 않으며, 같은 무리와 함께 있어도 서로 다투지 않는다(기효행장)."[399], "부모를 사랑하는 사람은 다른 사람을 미워하지 않고, 부모를 공경하는 사람은 다른 사람을 업신여기지 않는다(천자장)."[400]고 나와 있다. 또한 "[리더가 효를 하면] 가르침이 엄숙하지 않아도 이루어지고 그 정치가 엄하지 않아도 다스려진다. 리더(선왕)는 그것을 가르침으로써 백성을 교화시킬 수 있다고 보았다(삼재장)."[401], "[리더가] 백성들을 서로 친애하도록 하는 데에는 효보다 좋은 것이 없고, 백성들을 예에 순응하게 가르치는 데는 공경함보다 좋은 것이 없다(광요도장)."[402], "[리더가] 효로써 가르치는 것은 날마다 집집마다 찾아가서 대면해서 가르치는 것이 아니다. 효로써 가르치는 것은 세상의 부모 되는 사람을 공경케 하는 것이다(광지덕장)."[403], "[리더는] 그 공경(효)하는 마음을 근거로 공경하는 법을 가르치고 친애하는 마음을 근거로 사랑을 가르친다(성치장)."[404]고 했듯이 부모를 섬기거나 자녀를 양육할 때, 외국인 근로자를 대할 때 효(HYO)와 같은 따뜻한 정신으로 정성을 다하는 효 문화를 조성해야 하는 것이다.

399) "事親者 居上不驕 爲下不亂 在醜不爭."
400) "愛親者 不敢惡於人 敬親者 不敢慢於人."
401) "其教不肅而成 其政不嚴而治 先王見教之可以化民也."
402) "教民親愛 莫善於孝 教民禮順 莫善於悌."
403) "君子之教以孝也 非家至而日見之也. 教以孝 所以敬天下之爲人父者也."
404) "人因嚴以 教敬 因親以教愛."

III 사례: '효는 성공의 원동력' 이라는 신념으로 기업을 이끄는 「최용선 회장의 리더십」

필자가 한신공영 최용선 회장님을 만나뵙게 된 것은 '효는 성공의 원동력이다(2008. 7. 9)' 라는 제목으로 국방대학교 석사과정 학생들에게 강의를 하신 때문이다. 필자는 당시 국방대학교 리더십 교수로 재직하고 있었고, 군에서 효를 교육하는 사람으로 알려져 있던 터라, '효 관련 강사 접견에 김종두 교수를 배석시키라' 는 국방대학교 총장님의 지시를 받게 된 때문이었다. 당시 국방대학교 총장은 방효복(方孝福) 중장님이었는데, 홀어머니를 오랫동안 모시고 있으면서 효를 실천하고 있던 중이라 접견하는 자리가 자연스럽게 효를 주제로 대화가 진행되었다. "효를 해서 복을 받는다는 뜻이 '효복(孝福)' 인데, 방효복 총장님도 효를 실천해서 쓰리스타(중장) 계급까지 오신 것 아닌가요?" 라는 최용선 회장님의 질문으로 시작된 대화는, 오랜 선후배 사이처럼 친숙한 분위기로 진행됐다.

이날의 대화는 주로 핵가족화 된 가정의 교육문제를 비롯하여 저출산 고령화시대의 도래에 따른 걱정, 경로효친 정신이 희박해져가는 오늘날 청소년 교육과 학교폭력에 대한 걱정 등 효 교육의 필요성에 대해 담소가 이루어졌다.

오늘날의 핵가족 형태는 가족의 숫자가 줄어든 것으로 보면 안되고 가정의 기능이 소멸돼가고, 가족이 해체되는 것이 문제라는 것이 공통된 생각이었다. 이런 맥락에서 기업에서도 가정의 기능을 보전하도록 가정을 보살피는 노력이 필요하다는 견해였다.

강사님과 총장님의 대화가 끝나고 강당으로 이동하여 강의가 시작되었다. 필자는 '효는 성공의 원동력' 이라는 강연 제목에 대해 수긍은 갔지만, '저 회장님의 성공과 효가 어떤 관계일까?' 에 대해 궁금증을 갖고 강연을 듣게 되었는데, 강연을 들으면서 문득 세계적으로 성공학의 권위자로 소문난 '브라이언 트레이시' 가 『성취심리』에 담은 말이 생각났다. "부모는 살아서만 자식의 성공에 영향을 미치는 것이 아니라, 돌아가신 후에도 자식의 성공에 영향을 미친다."는 내용인데, 부모님에 대한 효심이 많은 사람은 부모님이 뭘 원하시는지를 알기 때문에 부모님이 원하시는 방향으로 살아가다 보면 자연스럽게 성공의 길로 가게 된다는 것이 브라이언 트레이시의 말이다.

최용선 회장님은 전북 임실에서 태어나 전주 고등학교를 졸업했다. 어느 날 마을회관에서 회의가 있어 부친을 따라 참석했는데, 넉넉지 못한 가정형편 때문에 부친께서 회의 도중 무안당하시는 모습을 보게 되었고, 이때 '돈이 없으니 저렇게 무시를 당하는 구나!' 라는 생각과 함께 돈을 벌어야겠다는 결심을 하게 되었다고 한다. 돈을 벌기 위해서는 서울 상경을 해야 된다고 생각되어 결심한 내용을 부모님께 말씀드리자, 큰아들이 집을 나가려 한다는 소식에 충격 받으신 어머니가 풍으로 쓰러지시는 원인 제공자가 되고 말았다. "그런 어머니를 병원으로 모시려 했으나 병원비가 없었던 집안 형편은 저를 더욱 마음을 아프게 만들었습니다. 딱히 해결 방안이 없었던 저로서는 결국, 의식을 잃고 계신 어머니에게, 상경하여 성공하고 벌어서 돌아오겠다는 저 혼자의 약속을 어머님에게 눈물로 바친 후 고향 집을 떠나 서울로 향할 수밖에 없었습니다. 그리고 서울 갈 차비를 만들기 위해 나무해서 판 2만원을 들고 서울로 향했습니다. 그때의 결심했던 마음이, 오늘날 건설회사 회장 자리에 오르는 원동력이 되었다고 생각합니다."는 것이 강연 줄거리였다.

최용선 청년은 서울로 상경해서 배곯는 고생 속에서 닥치는 대로 일을 하고 있던 중 어머님은 돌아가셨으며, 어려움에 봉착할 때마다 누워 계신 어머님을 뒤로 하고 떠나올 때에 어머님에게 눈물로 약속한 그 순간을 생각하면, 모든 피곤함과 어려움을 극복할 수 있는 힘과 용기가 생겼으며, 이로써 '효는 성공의 원동력'이라는 생각을 하게 됐다는 것이었다. 그러면서 세상은 인간이 혼자서는 살아갈 수 없고 관계 속에서 살아가기 마련인데, 사람의 관계는 부모와 자식의 관계가 바로 나와 이웃사람과의 관계를 원만하게 해주는 출발점이라는 것이다. 부모에게 효도(감사)하는 자식은 이웃사람들에게도 좋게 보이고 뭔가 함께 하고 싶어지지만, 부모에게 불효하는 자식과는 어울리려 하지 않게 된다는 것이다. 즉, 부모에게 감사할 줄 아는 효심을 가진 자는 이웃사람에게도(나에게 덕을 준 이웃사람) 감사할 줄 아는 사람으로 인정을 받고 계속 이웃사람들이 덕을 주게 될 것이며, 부모에게 효를 할 줄 모르는 자는 이웃사람들에게도 감사할 줄을 모르므로 이웃이 나에게 덕을 주지 않을 것이다. 이런 이유로 효도하는 사람은 복을 받기 마련이고 성공하게 된다는 것이 최 회장님의 주장이다.

어린 시절을 불우하게 보낸 최 회장님의 어머니는 69세의 연세에 작고하시고 아버지는 91세에 작고하셨는데, 큰누나보다 3살 위인 새어머니를 모셔서 아버지를 보필하도록 해드린 이야기, 아버지께서 작고하신 이후로 새어머니께 효도한 이야기, 회사 직원 중에 부모님께 효도하는 사람에게는 인사 상 인센티브를 주고, 부모님께 효를 하라는 뜻으로 국내 기업 중 유일하게 적은 금액이지만 효도 수당을 지급하며 회사를 경영하면서 직원들에게 효 실천을 유도했던 내용들을 소개했다.

결국 회장님께서 효를 중시하는 모습을 본 회사 직원들이 효를 따라하게 됐고, 그런 회사는 하늘의 복을 받게 되는 것이니, 이것이 비교적 순탄한 회사를 운영하게 된 것이 아니겠는가라고 생각한다는 것이다. 또한 "고생은 성공의 원동력이다. 효는 고생을 극복하고 복을 받는 원동력이다. 고생은 지혜를 얻게 해주는 원동력이다."라는 점도 강조하였다. 전라북도 시골 마을에서 태어났지만 공부를 잘해 전주고등학교를 졸업했고, 돈이 없어 마을 회의에서 무시당하는 아버지의 모습을 보았으며, 갑자기 중풍으로 쓰러진 어머니의 대소변을 받아내는 가난한 청년이 서울 갈 차비를 마련하기 위해 나무해서 판 돈 2만원으로 "서울 가서 돈 벌어오겠습니다."라고 약속드리고 객지 생활에 접어든지 40여 년이 되었다고 했다. 어려움이 닥칠 때마다 어머니와의 성공약속을 생각하면 지금도 극복할 힘이 나온다면서, 성공할 수 있도록 정신적 힘을 주신 어머님께 감사드린다는 최 회장님의 효 강연은 필자에게 큰 감명을 주었다.

어머니에 대한 기억을 또 이렇게 회고했다. "초등학교 시절 친구가 던진 돌에 얼굴을 맞아 눈 위 눈썹부분이 찢어졌는데, 어머니께서는 '돌멩이가 눈에 맞지 않고 눈썹부위에 맞은 것이 천만다행이다. 하느님 감사합니다.' 라고 하시면서 돌 던진 아이를 나무라기보다 하늘에 감사함을 표하셨습니다. 그 기억이, 오늘날 사업을 하다가 1억을 사기당해도 2억이 아닌 1억밖에 날리지 않게 해주신 하느님 감사합니다.' 라고 생각하게 되는데, 이것은 어머니의 사랑에서 배운 것입니다."라고 했다. 그러면서 "세계 인류문명에 이바지할 것이 있다면 한국이 낳은 효 사상일 것이다."라는 '아놀드 토인비' 의 말을 인용하면서 대한민국의 모든 기업들이 효를 모토로 근무하는 풍토로 만든다면, 대한민국은 동방예의지국으로 거듭날 수 있을 것이며, 효를 수출하는 나라, 효를 문화 상품화하는 나라가 되어 부강한 나라로 거듭나게 될 것이라는 점을 강조하면서 강의가 마무리 되었다.

결론적으로 최 회장님의 강의 내용은 효심이 있는 사람은 어떤 고난(苦難)도 견딜 수 있고, 부모님께 효도하는 사람은 마음씨가 고와서 대인관계가 원만하며, 부모 · 형제를 소중하게 생각하는 사람은 가정을 소중히 여기고, 가정을 튼실하게 관리하는 사람은 회사 일에도 근면·성실하므로 상급자와 부하직원, 동료들로부터 신뢰받는 지름길이 되어 결과적으로 성공의 원동력으로 작용한다는 것이다. 『효경』에 "효의 시작은 부모님을 섬기는 것이고, 효의 마지막은 몸을 세워 성공하는 것이며, 몸을 세워 도를 실천하여 후대에 이름을 날려 부모님 이름을 드러나게 하는 것이다(개종명의장)."[405], "가르침이 엄숙하지 않아도 이루어지고, 그 지도는 엄하지 않아도 다스려지는데, 그 이유는 리더가 효를 가르침으로써 구성원을 교화시킬 수 있기 때문이다(삼재장).[406]라고 했는데, 어린 시절 가난 때문에 편찮으신 어머니의 곁을 떠나야 했지만, 지금은 기업의 회장으로 입신양명(立身揚名)의 효를 실천했고, 효 철학을 바탕으로 기업을 운영하는 최 회장님의 모습이야말로 '효와 소통의 리더십'이라 할 것이다.

질문 및 토의

❶ 직장에서 역지사지(易地思之)의 리더십을 발휘하기 위해 보완 및 발전되어야 할 내용에 대해 발표해봅시다.

❷ 출산 장려 및 고령화 정책과 연계하여, 정책 당국과 직장의 효 리더십을 분석적 시각에서 발표해봅시다.

❸ 사례(최용선 회장의 리더십)를 통해 현재 직장의 효 리더십을 재조명해봅시다.

405) "孝始於事親 終於立身 立身行道 揚名後世 以顯父母 孝之終也."

406) "其教不肅而成 其政不嚴而治 先王見教之可以化民也."

제 13 장

시민사회단체에서 「효와 소통의 리더십」

시민사회단체의 효 리더십은 효 관련 단체들이 효를 바탕으로 건강한 가정과 사회를 만들어가기 위해 발휘해야 할 리더십이다. 시민사회단체란 사회적인 주장이나 요구를 개진하기 위해 자발적으로 결성하여 공익을 목적으로 활동하는 단체이다. 따라서 효 관련 단체는 효를 주제로 사회적 주장과 요구를 하는 단체를 일컫는다. 이러한 효 운동 단체는 실질적인 권력이나 강제력을 갖고 있지는 않지만 효 운동에 뜻을 같이 하는 사람들을 모으고, 그들을 통하여 공공기관에 국민들의 효 관련 요구를 대변하는 역할을 해야 한다.

현재 대한민국은 학교폭력과 묻지마 범죄, 저출산 · 고령화, 다문화 가정 문제 등 많은 현안과제를 안고 있다. 그리고 이러한 문제를 해결하는 데는 인륜질서의 근본이자 보편적 · 이타적 가치인 효가 바탕이 되어야 한다는 데에는 공감하는 듯하다. 하지만 학교 교육을 비롯한 공교육에서는 전인육성보다 입시교육 쪽에 치우쳐있는 것이 현실이다. 이런 문제점을 개선해 보고자 하는 것이 효운동단체를 결성하게 된 배경이며, 효를 바탕으로 한 리더십이 필요한 이유이다.

한국에 효 운동과 관련하여 결성된 시민사회단체로는 '한국효운동단체총연합회(이하 효연합회)'가 있고, 효연합회에 가입하여 활동하는 단체, 그리고 독자적으로 활동하는 기타 단체로 구분할 수 있다. 효연합회에 가입한 단체로는 학문적 발전을 도모하는 효 학회, 효를 교육하는 교육단체, 효 문화를 진흥하고자 하는 문화단체, 종파를 초월하여 효 운동을 펼치는 종교단체 등으로 구성돼 있다. 그리고 2007년도에 「효행장려 및 지원에 관한 법률」이 제정되면서 효 운동이 탄력을 받고 있지만, 그러나 21세기에 맞는 효의 개념정립과 실천방안에 대한 연구 및 교육은 미진했던 것으로 나타나고 있다. 따라서 이러한 과제를 리더십을 통해 해결해야 할 것인데, 효를 바탕으로 적용할 수 있는 현대 리더십으로는 서번트 리더십을 비롯, 오센틱 리더십, 가치중심 리더십, 원칙중심 리더십, 윤리적 리더십, 슈퍼 리더십, 팔로우십 등을 복합적으로 적용될 수 있다.

I 시민사회단체의 효 리더십은 '無信不立(무신불립)'에 기초해야 한다.

효 관련 시민단체의 효 운동이 대한민국 사회에서 주목을 받고, 효 리더십을 통해 가정과 사회를 변화시키기 위해서는 국민들로부터 신뢰와 성원을 이끌어내는 것이 중요하다.

황석공은 『황석공소서』에서 "믿음은 족히 뜻이 다른 것들을 하나가 되게 한다(信足以一異)."고 했고, 공자는 『논어』에서 "신의를 얻지 못하면 세상에 설 수 없다(無信不立)."고 했다. 따라서 어려운 여건에서 효 운동을 펼치고 있는 단체들이 효를 통해 가정과 사회를 안정적으로 변화시키기 위해서는 다음과 같은 노력이 요구된다.

Tip
효 단체장의 리더십 목표는 효 사상 구현을 통해 건강한 가정과 사회를 구현하는데 있다. 따라서 가정윤리 · 가족사랑인 효를 통해 건강한 가정을 보편적 · 이타적 가치인 효를 통해 건강한 사회가 구현되도록 지역사회의 신뢰를 얻는 것이 「효시민단체 리더십」의 기본이다.

첫째, 효에 대한 새로운 패러다임과 함께 효의 개념을 현대적으로 전파하는 일이다. 우리가 21세기에 살고 있으면서도 삼강행실도(三綱行實圖)나 오륜행실도(五倫行實圖) 등의 내용을 그대로 교육하면서 현대의 효 운동에 동참해달라고 하는 것은 설득력이 부족하다. 따라서 효에 대한 새로운 패러다임을 비롯한 콘텐츠 개발이 요구된다.

둘째, 효행장려지원법 촉진을 위한 구체적인 노력이 필요하다. 효행장려지원법은 2007년 7월 2일에 국회 본회의에서 반대표 한 표 없이 만장일치로 제정되었다. 그 후 2008년 8월 3일부로 시행되고는 있지만 시행이 지지부진한 것도 사실이다. 이렇게 된 이유는, 현재 주무부처가 효를 교육하고 문화로 진흥하는 업무 부처가 아닌 보건복지부 노인복지를 담당하는 노인정책과에서 주무를 맡고 있는 것이 가장 큰 이유이다. 효행장려지원법의 구성을 보면 효 교육과 효문화진흥을 통한 '효행장려', 그리고 효를 행하는 개인과 단체에 대하여 지원하는 '효행지원' 등 두 영역으로 되어 있는데, 두 영역을 관장할 수 있는 부처에서 주관하지 않고 노인문제를 다루는 부처에서 담당하다 보니

지지부진해지고 있는 것이다. 또한 효행장려지원법의 핵심이 유치원에서 초·중·고교, 그리고 평생교육기관과 군대 등에서 효를 교육함으로써 문화로 진흥하는 것으로 내용이 구성돼 있다. 그러므로 효 교육, 효 문화, 효행자 지원, 군 교육 등의 업무전반을 관장할 수 있는 대통령 직속, 또는 총리실이 아니라면 교육부나 문화관광부를 주무부처로 하는 것이 타당함에도 불구하고 보건복지부 노인정책과에서 업무를 담당하다 보니, 이 법의 추진이 미진할 수밖에 없는 것이다. 따라서 효행장려지원법의 성격에 맞는 부처가 주무부처가 되도록 할 필요가 있다.

셋째, 효문화진흥원건립 확산과 공공기관의 효 업무를 지원하는 노력이다. 궁극적으로 효 문화를 확산시키기 위해서는 효행장려지원법에 명시되어 있는 바와 같이 효문화진흥원을 조기에 건립해서 진흥원을 중심으로 효 업무를 추진해야 한다. 다행히 대전광역시와 경상북도 영주시에 효문화진흥원을 2014년도에 완공하는 것으로 추진되고 있다. 효행장려지원법 제1조(목적)에 명시되어 있듯이, 이 법이 국가발전의 원동력이 되고, 세계문화발전에 이바지 할 수 있도록 하기 위해서는 16개 광역시도에 효문화진흥원이 설립되어야 하고, 이를 위한 효 운동 단체들의 노력과 함께 지원해야 할 것이다. 이러한 과정을 통해 시대에 맞는 효 운동을 확산시킴으로써 건강한 가정과 사회를 건설하고 대한민국의 효를 세계화하는데 기여토록 해야 한다.

Ⅱ 리더십 구성요소의 역동성과 적용방향

효운동단체의 리더십 구성요소는, 리더에 해당하는 효운동단체의 '단체장', 구성원에 해당하는 각 단체의 '회원', 상황에 해당하는 단체장과 회원 간 리더십 행위에 영향을 주는 '제 요인'이 된다. 이러한 구성요소들이 역동적으로 작용하기 위해서는 보완되어야 할 점들이 많아 보인다. 따라서 필자가 한국효운동단체총연합회 사무총장으로 5년여 동안 수행했던 경험을 기초로 제시해 본다.

1. 리더(단체장): 효의 '수범(垂範)'에 앞장서야 한다.

Tip
효운동단체의 리더와 회원은 단체장을 중심으로 효 리더십 역량을 강화하고, 이를 통해 국민들로 하여금 효 선양에 동참하도록 해야 한다. 이를 위해서는 효운동단체 리더의 수범적 역할이 요구된다.

현재 대한민국 사회에서 효 운동을 하기란 쉽지 않아 보인다. 일제 통치 35년 동안 우리의 역사와 문화를 말살하려 했던 영향 때문이기도 하지만, 학교에서 효를 가르치지 않은 지가 꽤 오래됐기 때문이다. 우리는 그동안 농경사회에서 산업화 사회로, 지식정보 사회로 변화되어 오면서 '잘 살아보세'라는 목표로 앞만 보고 달려온 면이 있다. 그러다보니 정신보다는 물질적인 면에 치우치는 우(愚)를 범했던 관계로 효 교육을 소홀히 해왔다. 공자와 맹자, 소크라테스와 아리스토텔레스 등 동서양의 현자(賢者)들이 "교육은 사람다운 사람을 만드는 것이다."라고 정의한 바 있고, 『효경』에

"효는 덕의 근본이요, 모든 가르침이 그로 말미암아 생겨난다(개종명의장)."[407]고 기술되어 있듯이 교육은 효가 바탕이 되어야 함에도 불구하고 효가 외면되어 온 것이다. 그러다 보니 '공교육이 무너지고 있다.'는 등의 우려를 낳고 있는 것이 현실이다. 따라서 이제라도 늦은 감은 있지만 효운동단체의 효 리더십을 통하여 효를 교육하고 문화로 진흥해야 할 것으므로, 이를 위해서는 효운동단체장의 리더십이 요구된다.

효운동단체장의 리더십은 우선 내적으로 효운동단체의 역량을 강화하고, 외적으로는 국민 전체가 효 선양에 동참하도록 이끌어가는 것이다. 그러자면 리더들의 수범적(垂範的) 역할이 요구된다. 『효경』에 "[리더가 효를 하면] 가르침이 엄숙하지 않아도 이루어지고 그 정치가 엄하지 않아도 다스려진다. 리더(선왕)는 효를 가르침으로써 백성을 교화시킬 수 있다고 보았다(삼재장)."[408], "[리더가] 사랑과 공경함을 다하여 부모님을 섬긴 연후에 도덕적 교화가 백성들에게 전해져 온 나라에 본보기가 될 수 있다(천자장)."[409], "[리더(선왕)]가 먼저 박애를 실천함으로써 성원들이 부모님을 버리지 않게 되고 덕과 의로써 베풀어 성원들이 자발적으로 [그것을] 실천하였다. 리더가 앞에서 공경하고 겸양하니 성원들이 다투지 않고, 예악으로 이끄니 백성들이 화목하게 되고, 리더가 호오(好惡)로써 보여주자 성원들 스스로가 하

407) "孝德之本也 教之所由生也."
408) "其教不肅而成 其政不嚴而治 先王見教之可以化民也."
409) "愛敬 盡於事親 然後 德教加於百姓 刑於四海."

지 않아야 할 것을 알게 되었다(삼재장)."[410], "[리더가 효를 행하면] 그 성원들은 [리더를] 경외하면서 사랑하고, 법도로 삼으면서 본받는 것이다. 그러므로 [리더는] 도덕교육을 이룰 수 있고, 그 정치적 명령을 실시할 수 있다(효우열장)."[411]고 했다. 『논어』에 "리더(군자)가 어버이에게 독실하면 백성들 사이에 인(仁)이 진작(振作)되고, 옛 친구를 버리지 않으면 백성들이 박절하지 않게 된다(태백편)."[412], 『예기』에 "리더(임금)가 사랑의 도를 천하에 세우려면, 먼저 스스로 그 어버이를 사랑하는 것에서 시작한다. 이것이 백성들에게 자목(慈睦)의 도를 가르치는 방도이다. 경(敬)의 도를 천하에 세우려면 먼저 스스로 그 형장(兄長)을 공경하는 데서 시작한다. 이것이 백성에게 유순(柔順)의 도를 가르치는 방도이다. 자목의 도를 가르쳐서 백성이 어버이 있음을 귀하게 여기게 되고, 유순의 도를 가르쳐서 백성이 위의 명령을 들음을 귀하게 여기게 된다. 이리하여 백성이 모두 자목의 도로써 그 어버이를 섬기고, 유순의 도로써 위의 명령을 청종(聽從)하면, 천하는

410) "先之以博愛 而民莫遺其親 陳之以德義 而民興行. 先之以敬讓 而民不爭 導之以禮樂 而民和睦 示之以好惡 而民知禁."

411) "其民畏而愛之 則而象之 故로 能成其德教 而行其政令."

412) "君子篤於親 則民興於仁 故舊 不遺 則民不偷."

반드시 치평(治平)된다. 그러므로 이 두 가지 도로 천하에 실시하면 모든 일이 잘 행해진다(제의편)."[413]하여 리더의 수범적 역할을 강조하고 있다.

2. 구성원(회원): 주어진 사명에 소임을 다해야 한다.

Tip
효운동단체의 팔로어인 회원은 효 운동의 저변확대를 위하여 청장년 회원을 확보해야 한다. 효 운동의 추진력과 구동력은 고령자와 청·장년의 조화를 통해 극대화할 수 있기 때문이다.

대한민국 효운동단체의 회원은 효행 수상자를 중심으로 각 분야에서 효 운동을 하는 인원들로 구성돼 있다. 그동안 어려운 여건에도 불구하고 효를 실천하면서 효 운동에 힘쓰고 있지만 어려움이 많은 것도 사실이다. 필자가 군 지휘관으로 근무할 당시 효운동단체들로부터 위문(慰問)을 받고, 장병들에 대한 효 교육 지원도 받았지만, 전역(轉役)한 이후 효운동단체들과 함께 효 운동을 하면서 여건과 형편을 알고 나서 "이처럼 어려운 여건에서도 군 장병들에 대한 위문 활동이 이루어졌구나."라는 생각을 하게 되었다. 그러나 그러함에도 불구하고 효 운동이 활성화되기 위해서는 다음과 같은 내용에 대하여 바램과 기대를 가져본다.

첫째, 효행에 대한 수범적 실천이다. 효행은 종교적 수행보다도 더 어려움을 수반하는 일이라고 생각한다. 그렇기 때문에 효행의 수범은 쉽지 않은 것도 사실이지만 그렇더라도 사명감을 가지고 실천에 수범

413) "立愛自親始教民睦也 立敬自長始教民順也 教以慈睦 而民貴有親 教以敬長 而民貴用命 孝以事親 順以聽命 錯 諸天下 無所不行."

을 보여야 한다. 『예기』에 "내 몸은 부모가 낳아주셨으니, 부모가 낳아주신 몸을 갖고 행동하는데 있어서 감히 부모의 뜻을 받들지 않으면 안되는데, 평소 살아가는데 있어서 엄숙히 공경하지 않으면 효가 아니다. 임금 섬김에 정성을 다하지 않으면 효가 아니다. 관직을 수행함에 있어 도리를 다하지 않으면 효가 아니다. 벗으로부터 신의와 존경받지 못하면 효가 아니다. 전장에서 싸움에 임하여 용감하지 않으면 효가 아니다. 이상 다섯 가지를 완수하지 못하면, 그 결과가 부모에게 미칠 것이니 감히 공경하지 않으면 안된다(제의편)."[414]고 했고, 『명심보감』에도 "자신(自身)이 어버이에게 효도하면 자식이 또한 나에게 효도한다. 자신이 어버이에게 효도하지 않는다면 자식이 어찌 나에게 효도하겠는가?(효행편)"[415]라고 했다. 이렇듯 수범적 역할이 없이는 효 운동의 확산이 어려운 것임을 알아야 한다.

둘째, 이 시대가 요구하는 효의 개념과 실천할 내용, 그리고 교육할 내용을 회원들이 알아야 한다. 공자는 '알아야 면장(免牆)한다.' 고 했다. 즉 밤길을 걸을 때 앞에 담장이 있는 것을 알아야 얼굴 다치는 것을 면할 수 있으므로 앞에 담장이 있는 것을 알아야 한다고 한 것인데, 마찬가지로 효를 교육하고 문화로 진흥하기 위해서는 효 운동 당사자들부터 효를 알아야 하는 것이다. 이 시대의 효를 알아야(知) 상대방에게 느낌을 줄 수 있고(情) 다짐하게 함으로써(意) 각자가 효를 실천

414) "身也者 父母之遺體也 行父母之遺體 致不敬乎? 居處不莊非孝也. 事君不忠非孝也 蒞官不敬非孝也 朋友不敬 非孝也 戰陣無勇非孝也 五者不遂 裁及其親耻不敬乎?"

415) "太公曰 孝於親 子亦孝之 身旣不孝 子何孝焉."

(行)하게 되기 때문이다. 그러므로 효 단체 회원부터 효를 알아야 하는 것이다.

셋째, 회원 간에 하모니를 이루는 노력이 필요하다. 효 연합회의 효 운동은 '삼통(三通)'을 추구한다. 즉 종교간, 이념간, 세대간 하모니를 이루는 효(HYO: Harmony Young Old)의 개념으로 조화를 추구하는 효 운동을 필요로 한다는 점이다. 『맹자』에 "자기 집 노인을 공경하여서 그 마음의 다른 집 노인을 공경하는 데까지 미치게 하고, 자기 집 어린이를 사랑하여서 그 마음의 다른 집 어린이를 사랑하는 데까지 미치게 한다. 이렇게 마음을 쓴다면 천하를 쉽게 다스릴 수 있다(양혜왕상)."[416]고 했다. 이렇듯이 효운동단체 회원들이 어려움이 있더라도 시대적 소명을 받든다는 마음으로 하모니를 이룸으로써 가정과 사회를 건강하게 할 수 있도록 노력해야 할 것이다.

3. 상황(영향요인): 지역별 효문화진흥원의 조기 건립과 기능을 활성화해야 한다.

Tip
효운동시민단체의 리더십에 영향을 주는 주체는 효행장려지원법의 활성화이다. 이 법의 시행령과 시행규칙을 보완하고 관련 주무부처와 협력체제를 강화함으로써 효문화진흥원을 조기에 가동해야 한다.

효 운동의 여건을 개선하는 길은 지역(광역시도별)별로 빠른 시간에 효문화진흥원을 설립하는 것이다. 현대와 같이 정신보다는 물질을 우선하는 가치전도현상이 심화된 상태에서 효 운동을 하

416) "老吾老以及人之老 幼吾幼以及人之幼 天下可運於掌."

기는 쉽지 않다. 무엇보다도 효를 교육할 수 있는 환경을 만드는 것이 중요한데, 지금처럼 효를 교육하려고 하면 "왜, 시대에 맞지도 않는 고리타분한 것을 가르치려 하느냐?"는 식의 정서가 존재하므로 이를 바꾸는 노력이 필요하다. 요즈음 자식들로부터 부모 부양을 외면당하거나 효도관광을 핑계로 자식들로부터 유기(遺棄)당하는 부모를 보면, 분명 그 부모의 자식교육에 문제가 있었다고 보아야 할 것이다.다. 이러한 현상은 교육에서 효를 소홀히 해 온 때문이다. 그렇기 때문에 효는 가르쳐야 하고, 그러기 위해서는 교육 환경을 개선하려는 노력이 있어야 하는데, 이유는 효가 교육의 근본이기 때문이다. 따라서 다음과 같은 점에 우선을 두고 효 교육환경을 개선해야 한다.

첫째, 효에 대한 올바른 패러다임과 콘텐츠 개발이 요구된다. 과거 농경사회의 효는 가정윤리로서 가정에서 행할 수 있는 효이면 되었다. 그러나 현대는 과거와 같은 효로서 국민들한테 다가설 수 없다. 따라서 효의 개념을 확장시켜야 할 것인데, 기존의 가정 영역으로만 봐 왔던 효를 문헌에 나타나 있는 내용을 기초로 개인과 가정, 사회와 국가의 영역으로 확대해야 한다. 즉 자기성실을 바탕으로 입신양명을 추구하는 자기적 효, 가정윤리를 기초로 가족구성원이 각자의 도리를 다하는 가정적 효, 가정으로부터 외면당하는 어린이와 노인을 보살피는 사회적 효, 정부가 나서서 법과 제도적 뒷받침으로 가정적·사회적 효를 선양하는 국가적 효로 확장되어야 하는 것이다. 이 내용은 제①권(효의 패러다임과 현대적 개념)에 자세히 다루었다.

둘째, 효행장려지원법과 연계하여 효 운동 기반을 구축하는 일이다. 효행장려지원법의 시행규칙과 시행령을 보완하고 지방자치단체별로 제정한 조례를 근거로 효 운동에 대하여 공감을 얻는 노력을 계속해야 한다. 『효경』에 "천자로부터 백성에 이르기까지 효에는 시작과 끝이 없다(모두 알아야 한다). 그래서 걱정이 미치지 않는 자가 있을 수 없다(효평장)."[417] 『불경』에 "부모에 대한 효는 모든 선(善)을 행하게 하는 근본이요, 모범이 되게 하는 것이다(부모은중경).", "효는 수행자의 삶의 기준과 준거, 죄악을 범하지 못하게 하는 규정이다(범망경).", 『성경』에 "너는 센 머리 앞에 일어서고 노인의 얼굴을 공경하라(레위기 19:32)." 『논어』에 "젊은이들은 들어와서는 효도를 하고, 나가서는 우애(友愛)를 지키며 근신하고, 신의를 지키고 널리 여러 사람들을 사랑하며 인(仁)을 친근히 하여야 한다. 이렇게 하고도 남는 힘이 있으면 공부하는 것이다(학이편)."[418]라고 하여 사회에 효 운동이 퍼져야 한다고 이르고 있다.

셋째, 효 운동의 자생력을 키우는 일이다. 효문화진흥원이 설립되더라도 정부나 지방자치단체의 예산만으로 사업을 추진하는 데는 한계가 있다. 시대에 맞는 콘텐츠를 개발하고 교육프로그램을 개발하며, 효 확산에 필요한 영상물 제작 및 출판활동 등을 통해 자구적으로 예산을 마련하는 방안도 강구되어야 한다.

넷째, 효 연합회는 효문화진흥을 위해 인문사회분야의 학회들과 연대하여 이 시대의 효 콘텐츠 개발에 힘써야 한다. 우리가 효를 표현할 때 "효는 인륜질서의 근본이다.", "효는 만행의 근본이다."라고 하듯이

417) "自天子以下至於庶人 孝無終始 而患不及者未之有也."
418) "弟子 入則孝 出則悌 謹而信 汎愛衆 而親仁 行有餘力 則以學文."

효는 효 운동 단체의 몫만이 아니라 국민 전체의 몫인 만큼 유관단체들과 협력하고 공동연구 시스템을 갖출 필요가 있다. 예컨대 사회복지학회, 상담학회, 리더십학회, 가정교육학회, 윤리학회 등과 협력해서 21세기가 요구하는 효 콘텐츠를 개발해야 한다. 그럼으로써 효 문화를 확산해 나갈 수 있는 것이다.

III 사례: 시민사회단체의 효 리더십(가나다순)

1. 가나안 정신으로 '내리사랑 · 올리효도' 운동을 선도하는「김평일 교장의 리더십」

가나안 농군학교는 고(故) 김용기(1909~1988) 장로가 1962년도에 설립한 학교로서 새마을 운동의 발상지이다. 설립자는 박정희 대통령이 학교에 방문(1962. 2. 1)했을 때 새마을 운동을 주문했고, 이로 인해 조국 근대화를 앞당기는데 기여하였다. 가나안 학교 설립자님은 지금부터 70여 년 전 20대 후반의 나이에 농촌개척 운동과 함께 효 운동을 시작했던 분이다. 지금은 제1 가나안학교(경기 하남)와 제2 가나안학교(강원 원주) 등 두 곳에서 개척 정신을 교육하고 있는데, 김평일 교장님은 선친의 유업을 물려받은 제1 가나안 농군학교의 교장(1988. 1. 1 개교)이자 가나안세계효운동본부(1970. 1. 1

설립) 총재로서 21세기 효(HYO)운동을 이끌고 있다.

필자가 김 교장님을 만난 것은 '한국효운동단체총연합회(이하 효 연합회)' 업무 때문이었다. 또한 필자와는 성산효대학원대학교 박사과정 동문이기도 하다. 효 연합회는 26개 단체가 소속되어 기능 및 직능별 효 운동을 이끄는 조직이다. 여기에서 김 교장님은 효 연합회 공동회장이자 실행분과위원회 위원장이고, 필자는 효 연합회 사무총장을 맡고 있던 관계로 효 운동 '동지'의 관계라고 할 수 있다.

김 교장님은 1942년 12월 8일 경기도 남양주시 봉안마을에서 김용기(가나안 농군학교 설립자)님의 3남 2녀 중 4째로 태어났다. 가나안 농군학교의 설립자(김용기)님은 박정희 대통령이 조국근대화를 이루어 나가는 과정에서 정신개혁 분야를 맡은 인물로 알려져 있다. 지금도 새누리당을 비롯한 여러 정당 및 국가기관, 기업에서 '가나안 정신'을 배우기 위해 교육을 받곤 하는데, 이는 가나안 농군학교의 정신이 조국근대화를 개척하는데 크게 기여했고, 지금도 그 연장선상에 있기 때문이다.

가나안 정신은 한마디로 효에 바탕을 둔 개척정신이라 할 수 있는데, 김 교장님은 선친의 모습에 대해 이렇게 설명했다. "나의 선친 김용기 장로님은 살아생전에 효 실천을 몸소 자식들에게 보여주셨습니다. 할머니가 거동이 불편해지자, 할머니를 등에 업고 외출하는 것을 하루의 중요한 일과로 여기셨습니다. 아버지 역시 연세가 깊으셨음에도 그 일을 당신의 청년 아들에게 부탁하는 법이 없으셨습니다. 할머니를 등에 업고 할머니의 친구 댁을 찾아가는 날이면 친구 분들과 소일하시면서 잡수실 간식을 챙기시는 것도 절대 잊지 않으셨습니다. 당신의 어머니가 등에 엎혀 이웃을 방문하시도록 한 것은 사랑과 공경이 배인 아들의 따뜻한 체온을 느끼시도록 하려는 마음에서였고, 이미 거동이 불편하신 당신의 어머니가 무료하고 적적한 시간을 보내지 않도록 하려는 세심한 염려와 보살핌이었습니다. 더욱이 아버지는 당신의 부모님이 모두 세상을 떠나신 후, 살아계신 할아버지와 큰아버지, 작은아버지를 비롯한 모든 형제분들을 당신이 거처하시던 「신림동산」에 모시고 함께 생활하시다 먼저 세상을 떠나셨습니다. 「자녀로서의 올리효도, 자녀가 자녀답다는 것, 그것은 너무도 당연한 일 아니냐?」라고 말씀하시던 아버지의 말씀이 지금도 가슴에 생생하게 남아 있습니다. 아버지는 늘 세 가지가 함께 어우러져야 한다고 강조하셨습니다. 즉 몸과 마음, 정성입니다. 이것을 모아 부모님을 섬기는 행위는 만물의 영장인 인간만이 갖고 있는 덕목이며, 나아가 인간이 인간다울 때 그 마음이 평온할 수 있고, 인간의 참 자유도 가능해진다는 가르침이었습니다.

물론 산업화에서 정보화 시대로의 전환과 함께 가족제도도 붕괴되었고, 부모와 자식 간의 사랑법도 격세지감을 느낄 만큼 달라졌습니다. 그러나 첨단과학이 하루가 다르게 발전을 거듭하는 만큼 이 땅이 인간다운 세상으로 변하기는커녕 새로운 빙하시대의 징후마저 나타나는 것이 요즘의 현실입니다. 자신을 낳고 길러 준 부모를 길거리에 버리고 폭행과 살해를 자행하는, 차마 입에 올리기조차 두려운 반인륜적 범죄행위가 횡행하는 도덕불감증의 시대인 것입니다. 저는 이러한 사회를 구원할 수 있는 유일한 시대정신이 바로 「효」임을 조금도 의심치 않습니다. 사람이 사람다울 수 있고, 인간이 진정한 자유와 평화를 구가할 수 있도록 하는 본바탕은 바로 부모의 「내리사랑」과 자녀의 「올리효도」이기 때문입니다. 효 사랑은 시대에 뒤떨어진 구시대적 사고방식이 아니라 언제나 살아있는 불멸의 시대정신인 것입니다."라는 내용이다.

현재 김평일 교장님이 1970년 1월 1일부터 펼치고 있는 가나안 농군학교의 효 운동은 21세기의 효로써 부모님께 기쁨을 드리는 효이다. 오늘날 가나안의 효는 김 교장님이 설립자이신 아버지께 기쁨을 드리기 위해 하는 효 운동이라고 볼 수 있다.

가나인 농군학교에서 펼치고 있는 「내리사랑 · 올리효도」는 1970년도에 제정된 것으로 일명, 「효도 10계명」으로 일컬어지는데 다음과 같은 내용에 중점을 두고 있다.

① 신앙을 갖도록 해 드린다.
② 대답을 잘하고 말씀을 잘 들어 드린다.
③ 표정을 밝게 하고 웃음을 잃지 않는다.
④ 궁금증을 풀어 드린다.
⑤ 자유롭게 쓰시도록 용돈을 드린다.
⑥ 향토적인 음식을 해 드린다.
⑦ 외모를 아름답게 꾸며 드린다.
⑧ 일거리를 찾아 드린다.
⑨ 친구를 자주 만나게 해 드린다.
⑩ 등을 긁어 드리고, 손, 발톱을 깎아 드린다.

보다시피 전통적인 효를 현대에 맞게 재해석한 것들이다. 이러한 효를 주체로 효 운동을 하고 있는 김 교장님은 아버지의 영향 때문에 효 운동을 하게 된 것이라고 했다. 김 교장님이 말하는 아버지의 모습은 '효자' 그대로였기 때문이다. 선친의 학력이나 재력 등은 일천하셨지만, 효 실천을 통해 복을 받게 된 사례로 본다는 것이다. 예컨대 늙으신 어머니를 업고 동네 노인들이 사는 곳에 모셔다 드리고, 이때는 과자를 한 봉지 사드려서 함께 대화를 나누게 하고, 저녁때가 되면 어머니를 등에 업어 귀가시켜 드렸는데, 그러면 어머니는 아들의 등에 업힌 상태로 "하나님 아버지, 저의 아들 용기를 큰 사람으로 만들어주세요."라고 중얼거리면서 기도하는 할머니의 모습을 어릴 때 많이 보아 왔다는 것이다. 그리고 기쁜 마음으로 날마다 할머니를 업어드리는 아버지의 모습을 보면서 아버지를 존경하며 따르게 된 것이 오늘날 효 운동을 하게 된 계기라고도 했다.

이러한 정신으로 각 정당을 비롯, 기업, 교육기관, 종교단체 등 지금까지 가나안 농군학교를 다녀간 교육생이 무려 70여만 명이다. 저서 『내리사랑 · 올리효도(1995. 7. 20)』가 있으며, 이 책은 영문판(1997. 1)과 중국어판(2009. 1)으로 번역되어 한국의 효를 세계화하는데 기여하고 있다. 우리가 어려웠을 때 개척했던 가나안 정신으로 「내리사랑 · 올리효도」운동을 선도하는 김평일 교장님의 효 리더십이야 말로 대(代)를 잇는 효도라 할 것이다.

2. 한국의 전통적 효 사상을 기반으로 효 운동을 선도하는 「배갑제 이사장의 리더십」

현재 대한민국에서 효를 주제로 시민운동단체를 이끌어가는 리더십은 매우 힘들어 보인다. 그 이유는 대가족 제도에서 핵가족 제도로 바뀌는 등 제도의 변화도 있었지만, 수십 년 동안 학교에서 효를 가르치지 않다보니 효에 대해 잘 알지도 못할 뿐 아니라 중요성에 대해 공감하지 못하기 때문이다. 85세라는 고령에도 마치 청년의 모습으로 효 단체를 이끌어 가시는 모습을 뵈면 '사무엘 울먼'의 「청춘」이란 시를 떠올리게 되는데, 울먼은 다음과 같이 말했다.

"청춘이란 인생의 어느 기간을 말하는 것이 아니라 마음의 상태를 말하는 것이다. 강인한 의지, 뛰어난 상상력, 불타는 정열, 겁내지 않는 용맹심, 안이를 뿌리치는 모험심, 이러한 상태를 청춘이라 하는 것이다. 세월을 거듭하는 것만으로 사람은 늙지 않는다. 이상을 잃을 때 비로소 늙게 된다…."

이사장님이 고령이심에도 불구하고 하루도 빠짐없이 효도회 사무실에 출근하여 많은 일을 하신다. 효가 땅에 떨어진 이 시대에 효를 살려야 한다는 절실함 때문이다. 학교 교육에서 가르치지는 않지만, 시민사회 운동을 통해서라도 효를 살려야 하겠다는 것이 이사장님의 뜻이다. 그러시면서 "가정과 학교, 사회가 근본을 잃지 않고 기강을 세움으로써 인륜질서를 세워야 할 것인데, 이는 오직 효를 가르치는 길밖에 없다."는 것이 고령이심에도 효를 내려놓지 못하시는 이유이다. 필자와 배 이사장님의 만남도 이사장님께서, 필자가 군대에서 효를 가르친다는 소식을 들으시고 필자에게 도움을 주시고자 함 때문이었다. 필자는 이때 이사장님을 뵈면서 "아, 이런 분이 계시기 때문에 한국의 효가 이만큼이나 지탱이 되는구나…!"를 생각하게 되었다.

배 이사장님은 1928년 3월 14일 전북 정읍의 시골마을에서 태어났다. 태어날 때 남달리 신체가 허약했고, 이로 인해 어머니의 마음을 애타게 해드린 데다가 어린 시절을 아버지의 도움이 별반 없는 상태에서 성장했기 때문에 어머니의 고생이 크셨다고 한다. 그러한 어머니의 은혜를 생각하다보니 좀 더 많은 사람들이 효를 행할 수 있도록 이끌고 있는 것이다. 성장한 이후에는 성균관 고등공민학교장, 전주문화원장, 전주시의회부의장, 한국고전문우회장, 송사 서예학원장, 사단법인 한국효도회회장 등을 역임하면서 효 운동을 해왔고, 현재도 효운동단체의 리더로서 삶을 살아가고 있다.

배 이사장님이 이끄시는 효도회는 1988년 4월 15일에 창립되었다. 1997년 2월 25일 효운동단체로서는 유일하게 보건복지부로부터 사단법인 인가를 받았다. 효를 살리겠다는 일념으로 이사장님의 유일한 재산인 자택(25평 아파트)을 한국효도회에 기증하고, 효행상 24회(1753명), 장한 어버이상 12회(539명)를 시상하는 등 효 사상 진작을 위해 애쓰고 있다. 현재 이사장님의 뜻에 동참해서 지역에서 활동하는 팔로어로서는 강원도 함귀호(도교육위원), 경기도 김규성(시흥시 복지협의회 의장), 경상북도 설삼길(전 공직자), 광주광역시 이용규(전 동구의회 의장), 전라남도 김호근(전 교육자), 전라북도 김환철(교육위원회 의장), 충청남도 김기원(도덕성 회복운동 예산 지부장) 씨 등이다.

배 이사장님 효운동시민사회단체를 이끌어온 리더십을 소개하는 이유는 다음과 같은 점 때문이다.

첫째, 효도회 창립 과정에서 나타난 리더십이다. 1988년 4월 15일에 창립한 효도회는 1997년 2월 25일에 보건복지부 산하 사단법인 기관으로 인가를 받게 되는데, 이 과정에서 오직 효를 살리겠다는 일념으로 본인의 자택(25평 아파트)을 기증할 정도로 애정이 많으셨다. 그러면서 효행상과 장한 어버이상 시상식, 군부대 방문교육 및 위문활동 등을 통해 전통적인 효를 선양하는데 앞장서 오신 것이다.

둘째, 대한민국의 효운동단체총연합회 탄생과정에 나타난 리더십이다. 2002년 3월 29일 20여 개의 단체로 구성된 「한국효실천단체협의회」를 결성해서 2007년 7월 21일까지 회장직을 맡으셨다. 이 단체는 이후에 「한국효운동단체총연합회」로 성장해서 오늘에 이르고 있다. 한국효연합회는 종교를 초월하고 이념을 초월하며, 시대를 초월해서 효를 선양하는 운동을 하고 있는데, 이 단체의 기틀을 다져 놓으신 것이다.

셋째, 이 시대의 효를 전파하고 확산하는 과정에서의 리더십이다. 무엇보다도 서울특별시의 중심지인 중구를 효 특구로 지정하였다. 그리고 서울시 중구청 앞과 전라북도 전주시 월드컵 경기장의 기념탑을 한글의 '효' 자로 세운 것이다. 또한 효도회 잡지를 37회를 발간하는 등 이 시대의 효를 선양하고 있는 것이다.

현재와 같이 효 운동이 어려운 과정에서도 사재를 기꺼이 바침으로써 효 운동의 밀알이 되도록 하신 배 이사장님의 숭고한 뜻을 따르는 사람이 많아야 한다고 본다. 이사장님과 같은 희생적 리더십이 없었다면 효행장려 지원법이나 효운동단체총연합회와 같은 단체도 존재하기 어려웠을 것이라는 생각을 하게 된다. 아무쪼록 한국의 효를 살리기 위해 불철주야 애를 쓰시는 배 이사장님의 효 리더십이 아름다운 향기가 널리 널리 펼쳐져서 효가 살아나길 기원해 본다.

3. 대전시를 한국의 효 메카로 만든 「오원균 회장의 리더십」

오원균(1946~) 회장님은 대전 · 충남 지역의 교육계에서 효 운동가로 알려져 있다. 오 회장님이 효를 시민단체운동으로 승화시켜 마침내 대전광역시에 효문화진흥원을 대전으로 유치함으로서 대전을 대한민국의 효 메카로 만든 사례이다. 필자와 오 회장님의 만남도 효행수상자효도회와의 인연 때문이다. 필자가 육군본부 충효예 교육 담당관으로 근무하던 1999년 무렵, 효행수상자효도회 대전지회장 황인화 씨의 주선으로 만남이 이루어졌다. 당시 효행수상자효도회는 효행상을 수상한 사람들로 구성된 순수한 효 운동단체였다. 이 단체는 각종 봉사활동과 효 선양운동을 하고 있을 때였는데, 전국회장은 하상구 씨가, 대전지회장은 황인화 씨, 오원균(당시 우송대) 교수님은 전국 부회장직을 맡고 있었다. 필자가 육군본부에서 효 교육 업무를 담당했던 관계로 효행수상자효도회의 군부대 위문 및 봉사활동 등이 있을 때면 자연스럽게 알게 됐던 것이 이후 효 운동을 함께 하게 된 계기가 됐다. 회원들이 낸 회비로 육군교도소를 비롯한 여러 부대를 위문하는 부모사랑 실천운동을 보면서, 다른 단체들처럼 공공기관으로부터 예산지원을 받을 수 없을까를 생각하게 됐고, 황인화 회장님과 함께 대전시청 사회복지과를 방문한 것을 계기로 관계가 더욱 공고해졌고, 시청으로부터 약간의 예산을 지원받게 되기도 했다. 그러던 중 황인화 회장님의 주선으로 오원균 교수님을 만나게 된 것이다.

오원균 회장님은 효행상을 받은 효자이다. 1991년도 대한노인회 중앙회로부터 효자상을 비롯, 삼성복지재단 효행상 대전시 서구청의 모범가정상 등 여러 곳에서 효행상을 수상한 경력이 있다. 오원균 회장님이 효 운동에 열성적인 점을 필자가 발견한 것은 효행장려지원법 제정과정에서였다. 여러 우여곡절 등 어려움이 있을 때마다 국회를 방문해서 여러 의원을 만나 협조를 구하곤 했는데, 대전이라는 먼 곳에서 빠지지 않고 효행장려지원법 제정의 당위성을 설명하는 등 법 제정에 큰 도움이 됐다. 그러던 중 한국효운동단체총연합회 공동회장 겸 효문화진흥원 설치준비 위원장직을 맡으면서 사무총장직을 맡고 있던 필자와 자연스럽게 여러 분야에 대해 의논하고 자문을 하게 되면서 효 사업을 함께 하게 되었다. 특히 최성규 대표회장님의 일정이 바빠 참석이 어려운 중요한 효 행사에 오 회장님이 대표회장을 대신해서 참여하는 경우도 많았다. 또한 필자 자신도 효 연합회 사무총장직을 맡고 있는 관계로 대전 · 충남지역에서 효 관련 행사가 있을 때면 대표회장님을 대리해서 축사를 하곤 했는데, 이런저런 행사에서 효 운동에 열정적인 오 회장님을 옆에서 뵐 경우가 많았다. 현재는 한국효행수상자 효도회중앙회장으로서 효 운동에 매진하고 있는 오 회장님은 “현재 전국 회원이 3,000여 명 되는데, 이분들의 뜻을 모아 한국의 효 사상 구현에 매진하고 있습니다. 지난해 대전시에서 효

문화진흥원 건립하도록 260억원의 예산을 배정받은 것을 기초로 한국 효문화진흥에 앞장서고 있습니다. 이는 2005년도 당시 대전 시장이셨던 염홍철 시장님이 선포하신 바 있고, 현재의 대전시장 님이신 관계로 시장께서도 뿌리공원이 위치하고 있는 대전지역 일대를 효의 메카로 거듭나게 할 복안이 서 있으므로, 대전을 효의 도시로 만들 것입니다."라면서 강한 의지를 보인다.

오 회장님이 대학교수, 고등학교 교장 등 교육계에 몸담으면서 효에 관심을 가지게 된 배경에 대해서 오 회장님은 다음과 같이 설명한다.

첫째, 학교에서 효를 교육하면 저절로 성적이 오르고 인성도 함양된다는 점에 대한 강한 신념이다. 효 교육을 받은 학생이 자연스럽게 부모님 말씀에 순종하게 되고 걱정끼쳐 드리지 않고 기쁘게 해 드리기 위해 학생 본분에 충실하게 되니 자연스럽게 성적향상과 인성이 함양된다는 것이다. "지성(知性)을 가르치기 위해서는 실력을 향상시키고, 인성을 함양시키기 위해서는 효를 가르쳐야 한다."는 것이 오 회장님의 지론이다.

둘째, 충효의 고장인 대전·충남지역은 한국의 교통 중심지일 뿐 아니라 효 문화의 중심지라는 점이다. 오! 효 월드(HYO. WORLD)에 뿌리공원 및 족보박물관이 위치하고 있는 관계로 지리적 이점을 활용해서 효 살리기운동이 용이하다고 판단한 때문이다. 대전은 지리적으로 대한민국의 중앙에 위치하고 있으면서 과학도시이자 많은 독립지사 등 애국지사를 배출한 고장이다. 이러한 뜻이 담긴 충효의 고장의 정신을 이 시대에 맞는 정신으로 승화시키려는 것인데, 이를 위한 구체적인 방안으로 효 지도사를 양성하여 '효지도사협회'를 결성하여 효 운동을 활성화하고 있다.

셋째, 효는 실천이 중요하므로 '실천하는 효'를 직접 전파하기 위해서라고 한다. 오 회장님 자신이 부모님을 직접 모신 효자이다. 오 회장님은 충남 연기에서 아버지 오희겸(吳熙謙, 2010년 98세 작고), 어머니 송필희(宋必熙, 1990년 79세 작고) 씨 사이에서 7남매 중 차남으로 태어났는데, 할아버지께서 모 종교단체설립에 재산 전부를 기부하시고 얼마 안된 상태에서 갑자기 세상을 뜨신 관계로 어린 시절을 가난하게 살았다고 한다. 그런 어려움 속에서 자식 모두를 상급학교에 진학 시킨 부모님에 대한 은혜를 조금이라도 갚기 위해 모시고 사는 동안 여러 차례 효행상을 수상한 경력이 있는데, 오 회장님의 효는 그야말로 특이한 점이 있었다. 필자가 육군본부에서 간부를 대상으로 충효예 워크숍을 진행할 때 강사로 초빙한 일이 있는데, 그때의 강연 주제가 "효는 실천이다"라는 제목이었다. 기억나는 당시의 강연 줄거리는 "아버지가 거처하시는 방이 있는데, 평상시 주무시지 않는 시간임에도 전등을 꺼드립니다."는 내용이다. 그 말을 처음 들었을 때 이해가 되지 않았지만, 아버지께서 전기를 아껴 전기세 한 푼이라도 줄이기 위해 '전깃불을 끄라'라고 지시하셨기 때문이라고 했다. 친구들이 "야! 넌 대학교수이면서 그까짓 전기세 아낀다고 초저녁부터 아버지 방의 전등을 끄냐, 그러고도 네가 효자냐?!"라는 비아냥을 듣기도 했지만, 그때마다 "아버지가 원하시는 일이니, 난 그렇게 하는 것이 맞다고 본다."라고 대답했다는 것이다. 또 하나는 오 회장님이 결혼주례를 위해 예식장에 갈 때도 80세가 넘으신 아버지를 모시고 다녔는데 그 이유로 "아버지께서 주례사 하는 아들의 모습 보시기 좋아하시고, 공짜밥(?) 드시는 것을 좋아하셨기 때문입니다."라는 설명이었다.

효라는 것이 낮은 단계의 효는 부모님을 걱정시켜 드리지 않는 것이고, 높은 단계의 효는 부모님을 기쁘게 해드리는 것이며, 이를 한마디로 요약하면 부모님이 원하시는 방향으로 해드리는 것이 효라는 점에서 매우 현실적인 효 실천방법이라 생각되었다. 필자도 오 회장님 부친을 두 차례 뵌 적이 있지만, 필자가 오 회장님에게 배운 효는 쉽게 하는 효, 부모님이 원하시는 방향으로 해드리는 효이다. 현재 대한민국의 효 운동이 추진되는 광역시도 중에 대전이 가장 활발한 것으로 느껴진다. 2007년도 효행장려지원법이 제정된 이후 더욱 탄력을 받고 있는데, 이는 시민운동을 이끄는 오원균 회장님의 리더십 때문이라는 생각을 하게 된다. 『효경』에 "효는 덕의 근본이요, 모든 가르침이 그로 말미암아 생겨난다(孝德之本也敎之所由生也)."고 했다. 오 회장님이 교육계에서 효 교육의 필요성을 역설하는 것도 결국 교육의 근본은 교육에서 찾아야 한다는 점 때문이다. 대전지역의 효가 살아서 교육이 살고 대전·충남을 거점으로 대한민국 전체의 효 교육이 살기를 기대해 본다.

질문 및 토의

❶ 시민사회단체에서 무신불립(無信不立)의 리더십을 발휘하기 위해 보완 및 발전되어야 할 내용에 대해 발표해봅시다.

❷ 효행장려지원법 시행과 효문화진흥원 개설 및 운영과 관련하여 리더십 구성요소의 역동적 관계를 중심으로 보완 및 발전방향을 발표해봅시다.

❸ 사례(①김평일 교장의 리더십, ②배갑제 이사장의 리더십, ③오원균 회장의 리더십)를 통해 현재 시민사회단체의 효 리더십을 재조명해봅시다.

에필로그

처음에 『효의 이론과 실제』라는 제목으로 책을 집필하기 시작했을 당시는, 모든 것을 한 권의 책에 담아 보려는 생각이었다. 그러나 "효란 무엇인가?", "효를 왜 행해야 하고 어떻게 행할 것인가?", "효를 왜 가르쳐야 하고 어떻게 가르칠 것인가?", "리더가 왜 효를 알아야 하고 행해야 하며, 효를 어떻게 리더십에 접목할 것인가?"에 대한 내용을 담으려다 보니 3권의 책으로 마무리하게 되었다.

대한민국은 동방예의지국(東方禮義之國), 군자(君子)의 나라라는 좋은 별명을 가지고 있지만, 농경사회에서 산업사회로, 대가족제도에서 핵가족제도로 변화하면서 이런 '별명'을 가지고 있기엔 부끄러움을 감추기 어렵게 되었다. 그 이유는, 우리는 그동안 오직 '잘 살아보세'라는 것을 목표를 향해 경쟁시스템에 익숙해진 탓이다. 그러다보니 경제분야 세계 10위라는 괄목할만한 성장을 가져왔음에도 OECD국가 중 이혼율의 증가, 자살율 1위라는 불명예와 함께 묻지마 범죄, 가정파괴, 학교폭력, 저출산 · 고령화, 다문화가정 문제 등 많은 현안 과제들을 안게 되었다. 이제

선진국의 문턱에 서 있는 우리로서는 이런 것들을 해결하는데 고민해야 할 때가 됐다. 그렇다면 과연 어떤 해결책이 있는가?

지금 이 시점에서 우리에게 절실히 요구되는 것이 있다면, 그것은 주저 없이 리더십이라고 말하고 싶다. "한국에는 리더는 있으나 리더십은 없다."는 표현에 대한 답이 나와야 하기 때문이기도 하지만, 지식 · 정보화 시대, 문화의 시대를 성공적으로 이끌 리더십이 나와야 하기 때문이다. 그리고 이를 위해서는 가정과 학교, 사회교육에서 좋은 리더십을 발휘할 리더를 양성해내야 한다. 특히 우리가 살고 있는 21세기는 무엇보다도 문화가 중요한데, 문화는 우리의 삶을 밝은 모습으로 변화시켜준다는 점에서 좋은 문화를 만들어가는 노력이 필요하다. 그리고 그 노력의 하나가 교육다운 교육을 하는 것이고, 문화는 오직 교육에 의해 바꿀 수 있다는 점에서 교육이 중요하다.

지식(知識) · 정보화(情報化)라는 용어에 부합하고 문화인(文化人)으로 살아가도록 교육이 뒷받침하기 위해서는 리더로서의 철학이 서 있어야 한다. 우리는 흔히 교육을 백년대계(百年大計)라고 하고 문화를 천년대계(千年大計)라고 하는데, 교육은 백 년 앞을 내다봐야 하고, 그런 교육으로 문화를 만들어가야 한다는 뜻이다. 우리에게 다행인 점은 우리는 좋은 문화를 가지고 있고, 그것을 누릴 수 있으며 발전시킬 의무가 있다는 점이다.

이제 우리는, 선조들이 물려준 이러한 문화적 토양과 자산을 소중히 여기고 잘 가꾸어서 천년만년 이어가도록 지혜를 모아야 할 때이다. 그리고 그러기 위해서는 이에 걸맞는 리더십이 있어야 하고, 이를 구사할 수 있는 리더를 양성해야 할 것인데, 그러한 리더는 인륜질서의 근본이자 모든 가르침의 시발(始發)인 '효(孝, HYO)'를 가르쳐야 하고 '소통(疏通)'이 전제되어야 한다.

최근 관심사 중에 "이제는 가족이다."라는 제목의 언론 기사가 눈길을 끈다. 묻지마 살인, 자살율 1위라는 부끄러움을 치유할 수 있는 근본적

대안을 '가정'에서 그 실마리를 찾아보자는 제안이다. 아무리 세상이 바뀐다 해도 부모와 자식은 있기 마련이고, 가족사랑이라는 자양분을 필요로 한다는 점에서 가정은 중요할 수밖에 없다. 때문에 이러한 제안에 대해 공감하며, 그러한 제안을 내놓은 언론사 당국에 고마움을 전하고 싶다.

지난 연말에 치열했던 대선이 끝났다. 다른 대선과 달리 세대 간, 지역 간, 이념 간의 갈등이 크게 느껴진 선거였다. 여기에 박근혜 당선인은 '통합과 화합', '민생'이라는 주제로 다가섰고, 결국 승리했다. 대선 직후 나온 화두가 '모성 리더십', '민생 리더십'이었다. 이런 리더십으로 부친께서 다져놓으신 중흥기조를 기반으로, 이제는 자식이 대를 이어서 글로벌 시대에 걸맞게 대한민국을 선진국으로 이끌어야 하는 과제를 안고 있다.

이제부터라도 우리는 기본에 관심을 가져야 한다. 그리고 그 기본은 가정과 학교, 사회적 시스템이 제대로 작동되도록 하는 것이다. 정부는 가정을 책임지겠다면서 돈으로 해결하려 할 것이 아니라 가정의 역할과 기능을 정상화하는 일에, 그리고 학교 교육을 정상화해야 할 것인데, 이를 위해서는 교권확립과 교육자다운 상(像)을 정립하는 일에 힘써야 한다. 그리고 그것은 교육의 기본을 바로 세우는 것이고, 리더십을 살리는 길이다. 때문에 우리에게 적용될 수 있는 리더십이 어떤 리더십이고, 어디에 주안을 두어야 할 것인지에 대해서 지혜를 모아야 한다. 이제부터라도 기본에 대한 관심과 한국의 문화적 토양에 맞는 효와 소통을 바탕으로 하는 리더십이 개발되어야 한다는 점을 주장하고 싶다.

이런 소원(所願)을 담아 책의 제목을 『효와 소통의 현대적 리더십』으로 했다. 아무쪼록 가정에서부터 부모의 리더십이 서고, 학교에서 참 스승의 리더십이 서며, 종교와 군대, 직장과 시민사회단체의 리더십이 바로 서는데 조금이나마 도움이 됐으면 하는 기대와 바램으로 이 책을 내놓는다.

찾아보기

ㄱ

ㄴ

ㄷ

ㄹ

ㅁ

ㅂ

ㅅ

ㅇ

ㅈ

ㅊ

ㅋ

ㅌ

ㅍ

ㅎ

효의 이론과 실제 ❸

효와 소통의 현대적 리더십

초판 인쇄 ‖ 2013년 2월 18일
초판 발행 ‖ 2013년 2월 22일

지은이 ‖ 김종두
삽　화 ‖ 장한별
디자인 ‖ 이명숙 · 양철민
발행자 ‖ 김동구
발행처 ‖ 명문당(1923. 10. 1 창립)
주　소 ‖ 서울시 종로구 윤보선길 61(안국동)
우체국 010579-01-000682
전　화 ‖ 02)733-3039, 734-4798(영), 733-4748(편)
팩　스 ‖ 02)734-9209
Homepage ‖ www.myungmundang.net
E-mail ‖ mmdbook1@hanmail.net
등　록 ‖ 1977.11. 19. 제1~148호

ISBN 978-89-7270-306-8 (93190)
정가 ‖ 24,000원